U0902772

中国社会科学院创新工程学术出版资助项目

# 俄罗斯经济现代化进程与前景

程亦军　主编

中国社会科学出版社

图书在版编目（CIP）数据

俄罗斯经济现代化进程与前景／程亦军主编．—北京：中国社会科学出版社，2017．5

ISBN 978－7－5161－9002－9

Ⅰ．①俄…　Ⅱ．①程…　Ⅲ．①经济现代化—研究—俄罗斯　Ⅳ．①F151．241

中国版本图书馆 CIP 数据核字（2016）第 232669 号

出 版 人　赵剑英
责任编辑　孔继萍
责任校对　朱妍洁
责任印制　李寡寡

出　　版　中国社会科学出版社
社　　址　北京鼓楼西大街甲 158 号
邮　　编　100720
网　　址　http://www.csspw.cn
发 行 部　010－84083685
门 市 部　010－84029450
经　　销　新华书店及其他书店

印刷装订　北京市兴怀印刷厂
版　　次　2017 年 5 月第 1 版
印　　次　2017 年 5 月第 1 次印刷

开　　本　710×1000　1/16
印　　张　24
插　　页　2
字　　数　394 千字
定　　价　98.00 元

# 目　录

# 前　言

本书是中国社会科学院创新工程项目“俄罗斯经济现代化：进程、问题、前景”的终极成果。

关于现代化，学者有学者的定义，政治家有政治家的考量，不同的国家有不同的纲领和规划、不同的侧重点，莫衷一是。我们这里不准备对现代化的内涵和外延进行纯学理的探讨，而是主要关注俄罗斯精英层的理解、认识和期盼，因为这才是俄罗斯经济抱负的最直接的、最真实的和最准确的反映，并且最终将左右俄罗斯社会的发展进程。

一般认为，俄罗斯现代化这个概念是时任俄罗斯总统梅德韦杰夫于2009年正式提出的。当年9月，他发表了著名的《前进，俄罗斯!》。这篇长文的核心内容就是俄罗斯必须改变现有的发展模式，实现经济现代化。梅德韦杰夫认为，俄罗斯的经济现代化，就是要建立“聪明”的经济。这种“聪明”的经济就是要彻底摆脱国民经济对能源原材料的过度依赖，确立具有创新能力的、能为居民提供必需且具有市场竞争力的物质产品和技术的经济，其终极目标是重新将俄罗斯置身于世界最发达的国家行列。俄罗斯的富强“靠的不是原料，而是智力资源，靠的是用独特的知识创造的‘聪明的’经济，靠的是最新技术和创新产品的出口”。现代化是一个长期远大的目标，它的实现需要数十年的艰苦努力。为了达到这一目标，必须首先落实科技领域的现代化。为此俄罗斯政府确定了国家经济现代化的五个战略目标：“第一，我们要成为生产运输效率和能源利用方面领先的国家之一。要为国内外市场研发新型能源。第二，保持并提高核技术水平，以此达到一个新的高度。第三，利用超级计算机和其他必要的物质基础，完善信息技术，并对全球公用数据网络的发展进程产生重大影响。第四，我们要配置自有的地面和空间基础设施，以提供各类信息的传输。我们的卫星将能够‘看到’整个地球，为我国公民与其他国家公民的交流、旅游、科学研究、农业和工业生产提供便利。第五，俄罗斯要在某些类型的医疗设备、高度现代化的诊断设备和抗病毒药物、心血管疾病、癌症和神经性疾病药物的生产上占据领先地位。”与此同时，传统产业的现代化也是必不可少的，“在遵循这五个高新技术领先领域的战略之外，我们也将对最为重要的传统产业予以经常性的关注。首先是农工综合体”①。

2009 年 11 月，在向联邦议会所做的国情咨文中，梅德韦杰夫再次花费大量篇幅论述现代化。他开宗明义地指出，俄罗斯面临的核心任务就是在 21 世纪重新实现全面的现代化。他说，国家的威望和人民的福祉不能无限期地依靠过去所创造的成就。目前国家预算收入的最大来源是石油和天然气开采业，国家的安全保障是核武器以及工业和市政基础设施，绝大部分都是苏联留下来的，而不是当代俄罗斯人创造的。他坦率地承认，过去几年俄罗斯并未采取足够的措施来解决遗留的历史问题，未能摆脱粗放的经济结构和有损尊严的原材料依赖，生产不能满足人们的实际需求，对出口的依赖阻碍了创新经济的发展。②

事实上，早在 2004 年普京总统就对相关问题发表过谈话。在这年 4 月 26 日的国情咨文中普京指出：“从（20 世纪）90 年代初，俄罗斯在发展中走过了几个阶段。第一阶段是打破过去的经济体系，习惯的生活方式也随之被打破，出现了尖锐的政治和社会冲突，社会经历了严重困难。”“第二阶段是清除‘旧建筑’坍塌的废墟，同时成功地制止了最危险的经济和政治发展趋势。那些年做出的决定不都具有长远性。更确切地说，联邦政府的所作所为是为了应对严重的威胁。”“事实上我们是在不久前才开始走向发展现代化俄罗斯国家的第三阶段，才有可能高速发展，才有可能解决大规模的社会性问题。现在，我们有了足够的经验和

---

① Медведев Д. А.，Россия，вперед！http：//www. kremlin. ru/news/5413.

② Медведев Д. А.，Послание Федеральному Собранию Российской Федерации，http：//www. kremlin. ru/events/president/transcripts/5979.

必要的手段，可以为自己提出真正长期的目标。”① 我们可以这样理解普京所说的三个阶段：第一阶段是破除旧体制，第二阶段是建立新体制，第三阶段则是在新体制下推进经济发展和社会进步，而这个阶段将是长期的，需要确立远大的发展目标，这个目标就是现代化。

2008 年 2 月 8 日，普京总统在俄罗斯国务委员会扩大会议上发表了题为《关于俄罗斯到 2020 年的发展战略》的纲领性讲话。普京明确指出，谈论到 2020 年前的远期战略规划，“实际上就是要讲到对我们整个社会来说极为重要的俄罗斯未来发展道路的选择”。俄罗斯究竟要选择什么样的发展道路呢？普京认为，“我们尚未摆脱惯性地依赖于依靠能源原料的发展版本。当然，无论是增长能源动力，还是增加能源开采，这里面没有什么不好的东西，相反，建立世界上现代的、优秀的能源动力部门，建立高新技术的原料开采和加工企业，这是我们要无条件地加以考虑的优先项目”。“但是，现在就在有利于我们的经济行情的背景下，我们也只是局部地在抓经济的现代化。这种状况将不可避免地导致俄罗斯不断依赖于商品和技术的进口，让我们担当世界经济的原材料附庸国的角色，而在将来导致我们落后于世界主导经济体，把我们国家从世界领头人的行列中挤出去。”“沿着这个版本，我们就不可能在提高俄罗斯公民的生活质量方面取得应有的进步。更有甚者，我们势必不能保障国家的安全，也不能保障国家的正常发展，势必将使国家的存在本身受到威胁，我这么说可绝不是危言耸听。”

普京所倡导的经济发展战略，那就是充分利用本国的独特优势，在继续加强能源工业建设的同时，尽快摆脱国民经济过度依赖能源原材料的发展模式，发展多元经济，从而实现全面的现代化。经济现代化的目的在于不断提高人民生活水平，改善人民生活质量，确保俄罗斯的国家安全和正常发展，避免其沦为世界经济的原材料附庸国，最终让俄罗斯跻身于“世界领头人的行列”。

普京接着指出，为了过渡到创新发展道路上去，必须做好以下几个方面的工作：加大人力资本投入，发展教育，加大科研领域投入，改善

① ［俄］普京：《2004 年致联邦会议的国情咨文》，载《普京文集（2002—2008）》，中国社会科学出版社 2008 年版，第 115 页。

人口状况，改革医疗体制，支持家庭经济，降低赋税，缩小收入差距，减少贫富差距，提高中产阶级比重，稳定社会提高社会保障水平。“这一切综合起来就是那个现实的和平等的社会，没有贫穷的社会，保障每个人的安全的社会。我们应该努力建造的就是这样的社会。”①

2012 年 1 月，作为再次竞选总统的经济纲领普京发表了《我们需要新型经济》。在这篇文章中普京系统地阐述了他对俄罗斯新型经济的认识和期待：“俄罗斯新型经济应当是多元化经济。除现代燃料能源部门之外，还有其他有竞争力的行业。到 2020 年，高科技产业和知识型产业在国内生产总值中的比重将提高 50%，俄罗斯高技术产品出口将翻一番”；“俄罗斯新型经济应当是高生产率和低能耗的高效经济。我们要大力缩小与发达国家的差距。这意味着劳动生产率要翻一番，某些关键行业的生产率要赶上甚至超过竞争对手，否则，我们在全球竞争中就根本没有胜算”；“俄罗斯新型经济应当是就业岗位高效高薪的经济。经济部门的平均收入要实际增长 60%—70%，即按 2011 年价格水平衡量达到近 4 万卢布，名义收入显然还要更高”；“俄罗斯新型经济应当是技术不断更新的经济。2020 年，采用先进技术企业的比例要增加一倍半，从目前的 10.5% 增至 25%，达到目前欧洲的平均水平”；“俄罗斯新型经济应当是小企业至少占有就业市场半壁江山的经济。2020 年，大部分小企业应该是向全球市场出口产品和服务的知识创新型企业”；“新型经济应该为每个人——企业家、公职人员、工程师、高级技师——创造实现自我价值的前景”②。

综合分析上述文献，我们可以从中归纳出俄罗斯现代化的主要内涵和行动方向。普京和梅德韦杰夫主张的现代化是个国家综合发展战略，它涵盖政治、经济、社会、教育、军事、科学、人文等各个方面。单就经济而言，那就是要进一步加快经济结构调整力度，推动国民经济多元化，摆脱对能源原材料行业的过度依赖；顺应经济一体化的国际潮流，对现有的所有经济领域进行大规模的现代化改造和升级，重新振兴被 20

① ［俄］普京：《关于俄罗斯到 2020 年的发展战略》，《普京文集（2002—2008）》，中国社会科学出版社 2008 年版，第 670—689 页。

② ［俄］普京：《我们需要新型经济》，载《普京文集（2012—2014）》，世界知识出版社、华东师范大学出版社 2014 年版，第 25—40 页。

世纪90年代去工业化运动冲击得七零八落的工业体系，实现二次工业化（或称再工业化），使俄罗斯重新回到世界最发达经济体的行列；大力发展创新经济，建立创新机制，逐渐培养自我修复、自我完善、自我发展的机能，从而确保俄罗斯经济长盛不衰。

从国际经济实践来看，俄罗斯的经济现代化不可能在短期内完成，它必然将经历一个漫长的过程，这个过程无疑将是艰苦的，有可能还将是曲折的。这个过程及其最终结果决定着俄罗斯的未来，也将在一定程度上决定着未来世界政治经济格局。本书的目的在于对这一过程中已经出现和可能出现的各种问题开展研究，尝试从不同的角度对这一历史进程做出恰如其分的论述和评价。

本书由下列作者共同完成：程亦军（中国社会科学院俄罗斯东欧中亚研究所研究员、本课题主持人，全书框架设计、前言、第二章、第六章、全书定稿）；陆南泉（中国社会科学院荣誉学部委员、俄罗斯东欧中亚研究所研究员，第一章）；郭晓琼（中国社会科学院俄罗斯东欧中亚研究所副研究员，第三章）；李中海（中国社会科学院俄罗斯东欧中亚研究所研究员，第四章）；高际香（中国社会科学院俄罗斯东欧中亚研究所副研究员，第五章）；许文鸿（中国社会科学院俄罗斯东欧中亚研究所副研究员，第七章）；张聪明（中国社会科学院俄罗斯东欧中亚研究所研究员，第八章）；蒋菁（中国社会科学院俄罗斯东欧中亚研究所助理研究员，第九章）；李洁（中国人民解放军63916部队研究员，第十章）；姜永伟（中国人民解放军95830部队副译审，第十章）。

# 第一章

# 历史的经验与教训

通过对世界各国现代化问题的考察，我们很容易看到各国因受各种不同条件的影响，现代化的道路、类型是各不相同的。长期以来，一直是欧洲现代化后来者的俄国，它的现代化更具有自身特有的特点与复杂性，这是由于俄国现代化是在长期存在的农奴制与沙皇专制制度的基础上进行的。俄国现代化进程是十分艰难的，这个过程延续了两百多年，一直到当今的俄罗斯，仍处在持续之中。

## 一　帝俄时期的现代化进程

研究俄国现代化进程，首先碰到的一个问题是，它的现代化始于何时。在研究俄国历史的学术界，大体上有两种意见：一种意见认为，18世纪初由彼得大帝开始改革可视为俄国现代化的起点或是源头；另一种意见认为，19世纪60年代的农奴制改革是俄国现代化的起点。[①] 至今，对此问题仍没有一致的认识。

产生以上两种不同的看法的根由在于对现代化的不同理解。一种意见认为："现代化是指以现代工业和科学技术为推动力，实现由传统的农业社会向现代工业社会的大转变，它包括经济、政治、文化、思想的各方面。同西化、欧化相比，它是一个更为复杂的过程。按照上述现代化定义，俄国现代化，俄国的现代化进程，即俄国由封建社会向资本主义

① 张建华所著的《俄国现代化道路研究》一书（北京师范大学出版社2002年版，第4—5页）对此问题做了简要论述。

工业社会的大转变，应当界定在1861—1917年。”[①] 另有学者指出：现代化主要是指一个社会从前资本主义（一般是封建社会）向近代社会（一般是指资本主义社会）的转变。[②] 还有一种意见认为，现代化的含义应广泛一些，不能只局限于由封建的农业社会向资本主义的工业社会过渡或转变，而应涉及各个领域。

关于俄罗斯现代化的起始时间问题，笔者的基本看法是：

第一，先从现代化的含义来讲，笔者主张应从更广泛的视角来研究，不一定只是界定为从封建农业社会向资本主义工业社会转变这个范围，而应从社会各个层面的各个变革因素去分析现代化问题。

第二，现代化是一个复杂又漫长的过程，每个国家在此过程中的各个历史阶段都是相互紧密联系的，一定要明确地确定在哪个时间段甚至哪年才开始现代化，从而把相关的历史联系决然隔离开，这样做也未必是十分科学的。但是，要指出的是，笔者这样讲，并不否定1861年农奴制改革在俄国现代化历史进程中具有重要的标志性意义。

第三，至于俄国欧化或西化与现代化的关系问题，笔者的看法是：首先，不应把这两者完全画等号；其次，也不应把这两者的关系视为绝对的无关联。人所共知，大规模的、声势浩大的社会现代化始于18世纪的欧洲。作为落后于欧洲的俄国从彼得大帝开始一直在学习、追赶欧洲，通过各种途径，采取种种政策向欧化方向发展，这种趋势显然在一些方面含有现代化的因素，尽管有人称这个时期在俄国的资本主义“不过是封建磐石下的一株幼芽”，但毕竟出现了幼芽。再说，正如有的学者指出的：“在18、19世纪的历史语境中，‘欧化’与‘现代化’是等价的。”“西方仍被认为是决定性地取代着世界上其他各地的传统文化”。“在近代的发展进程中西欧民族和英语民族产生了最适应现代生活方式的政治、经济和社会体制，这些体制是普遍适用的。这个论点的力量基于下述事实，即作为现代特征的知识迅速增长，首先发端于西欧，而西欧一些社会……一般地说是最成功地利用了这些知识去改进人们的生活。这些社

---

① 刘祖熙：《改革和革命——俄国现代化研究（1861—1917）》，北京大学出版社2001年版，第2页。

② 参见陶惠芬《彼得使团和岩仓西方之行的比较》，《世界历史》1986年第10期，第45—52页。

会……已经得到普遍的承认，作为一个群体，他们已经成为衡量其他社会的榜样。在这个意义上，它们是最‘现代化’的社会……认为它们的制度应当最适合于其他社会去仿效，也就毫不足奇了。”这一历史阶段，“欧化”的内涵是“西方或者欧洲的制度本身是现代化的根本内容，其他社会可以忘掉自己的历史传统采纳西方式欧洲式的现代价值标准和制度，就像他们把牛车换成汽车或把土耳其帽换成大英帽一样”①。

所以，列宁谈到俄国欧化问题时指出：“总的来说，从亚历山大二世时代，甚至从彼得大帝时代就开始进行了。”② 左凤荣等也持有类似的看法，她指出：“俄国‘赶超’欧洲发达国家始于18世纪初彼得一世的改革，由此开启了俄国现代化的进程。虽然彼得一世的改革还谈不上从传统农业社会向现代工业社会的演进，但正是彼得大帝让俄国人认识到了自己的落后，并开始在许多方面效仿西方的发达国家。因此，本书在考察俄国现代化历程时以彼得时代为起点，或许这样能更好地说明俄国现代化的特点，更便于把俄国的传统与其现代化进程结合起来进行考察。”③

鉴于上述看法，笔者在本章论述俄国现代化进程问题时，是从彼得大帝执政时期开始的。

### （一）从彼得一世到尼古拉一世（1682—1855年）

这是一段长达180年的历史时期，先后经历了叶卡捷琳娜（1727—1730年）、安娜（1730—1740年）、伊凡六世（1740—1741年）、伊丽莎白（1741—1762年）、彼得三世（1762年）、亚历山大一世（1801—1825年）与亚历山大二世前6年（1855—1861年④）的统治。

1. 彼得大帝执政时期（1682—1725年）

彼得大帝的统治，与以前的俄国相比可称为进入了一个新时代。有人称这个时代的俄国为帝国时代，有人因其首都迁到圣彼得堡故将其称

① 转引自王云龙《现代化的特殊道路——沙皇俄国最后60年社会转型历程解析》，商务印书馆2004年版，第49页。

② 《列宁全集》第22卷，人民出版社1990年版，第393页。

③ 左凤荣、沈志华：《俄国现代化的曲折历程》（上），社会科学文献出版社2012年版，第4页。

④ 亚历山大二世实际统治时期为1855—1881年。

为圣彼得堡时代，也有人称其为全俄罗斯时代，因这时的俄国已纳入更多的民族，不再是单一的俄罗斯民族。

彼得执政后，清楚地意识到俄国在经济、政治、军事与文化等各领域落后于欧洲，也深刻地认识到在国家管理与社会治理方面的严重混乱，不论是中央还是地方的政权机构都十分庞杂。特别是他看到世袭贵族与封建王公仍把持着国家的政权机构，成为阻碍社会进步与反对改革的主要力量。另一个突出问题是，在不断战争的情况下巨大的军事开支致使财政不堪重负。鉴于这种情况，彼得认识到，必须通过大刀阔斧的改革来促进俄国的发展，从欧洲文明中吸取有益的营养。

彼得一世改革的主要内容是军事改革。可以说，彼得大帝的改革首先是从军队体制入手的。不少军事改革的直接起因与战争需要有关。

行政改革是彼得一世的另一项重要改革。在把主要精力用于军事方面的同时，彼得对中央、地方与教会的行政管理及财政方面都进行了改革。

财政政策的变革，在彼得一世改革中占有重要地位。由于不断地进行战争，彼得在执政期间一直感到资金严重短缺，有时甚至财政困难到令人绝望的境地。财政政策的变革的一个重要内容是，开征五花八门的税收，难以置信的有胡须税、澡堂税、棺材税等。有数据表明，与1680年相比，政府收入在1702年翻了一番，到1724年则已增加到了4.5倍。[①]

彼得一世通过改革，首先考虑如何满足战争的直接需要，同时从1710年开始亦着手大力发展民用工业，其目的是增加出口。彼得还想方设法促进私人企业发展。据统计，彼得统治时期建立了200家工场，其中86家由政府开办，114家属于私人和公司所有。而在1695年，全俄只有21家工场。另一份材料说，当这位皇帝去世之际，已经开工的俄国企业有250家。发展最快的是冶金、采矿和纺织业，纺织业实际上是由这位皇帝开创的。[②]

① 参见左凤荣、沈志华《俄国现代化的曲折历程》（上），社会科学文献出版社2012年版，第216页。

② 参见［美］尼古拉·梁赞诺夫斯基等《俄罗斯史》（第7版），杨烨等译，上海人民出版社2007年版，第219页。

在彼得大帝统治时期，教育与文化改革在所有改革中成效最持久。不少学者认为："教育和文化改革推动着俄罗斯坚定地、不可逆转地向西方文化的方向前进。"① 彼得还积极鼓励兴办培养专门人才的各类学校，他还设想当时还没有条件实现的创办一个科学院。为了推进俄罗斯欧化，彼得还试图引进西方的服装、礼仪与生活习惯。②

如何评价彼得一世时期的改革？首先，应该指出的是，这一时期的改革并不是事先有计划地、相互协调地进行的，不少改革是为了应对战争压力而采取的各种特殊的措施。人所共知，这一时期只有 1724 年没有战争，没有战事的时间总共不超过 13 个月。但同时又要看到，把彼得的改革视为仅仅是为了赢得战争的看法，也是片面的。实际上，他希望俄国的一切领域，如政府、社会、日常生活和文化等都能西化与现代化。他发展教育事业所持的看法是：如果没有教育的发展，一个现代化的行政系统就不可能有效运作。

其次，彼得为了推动改革，消除阻力，对反对改革者实行残忍的镇压政策，大开杀戒。彼得镇压了一大批敢于反对改革的贵族（包括他们的妻子和儿子）和僧侣。马克思对彼得一世的评价是："彼得大帝用野蛮制服了俄国的野蛮。"③

再次，彼得执政时期的经济发展，是以牺牲处于最贫困阶层的农奴利益为代价的。他通过改革，借助名目繁多的税收尽可能地压榨农奴。为兴办军工企业，彼得下令，允许工场主把整村农奴买到工场做工，使广大农奴在人身上更加依附地主贵族，更加没有社会地位。

最后，彼得改革，使俄国建立与完善了在严格等级制基础上的绝对君主制国家。

从对彼得统治时期的改革进程来看，可以说俄国欧化或向西方学习，是从彼得一世开始的。但同样亦应看到，他改革的主要目标是建立强大的俄国。尽管学术界对彼得一世的改革对俄国现代化关系的评价有不同看法，但笔者认为：第一，总的来说，彼得一世的改革，打开了通往欧

---

① ［美］尼古拉·梁赞诺夫斯基等：《俄罗斯史》（第 7 版），杨烨等译，上海人民出版社 2007 年版，第 220 页。

② 同上。

③ 《马克思恩格斯全集》第 21 卷，人民出版社 2003 年版，第 62 页。

洲的大门，引进了欧洲的科技、文化、教育乃至生活习惯。虽然彼得亦希望有控制地学习欧洲，如他亦实行贸易保护主义等措施，但已经发生了变化，很难得到控制，资本主义虽处于萌芽状态，但毕竟出现了。这无疑对俄国社会经济的发展与现代化具有进步意义。第二，彼得一世改革的结果是使俄国成为欧洲的军事强国，大大提高了俄国在欧洲的地位，从而俄国成为帝国，彼得加冕为“彼得大帝”。同时，彼得不断实行扩张政策。第三，从当时俄国的历史条件来看，建立绝对君主制国家体制，对于维护国家统一、抵御外国侵略等，都有积极意义。正如恩格斯所说：“王权在混乱中代表着秩序，代表着正在形成的民族（Nation）而与分裂成叛乱的各附庸国的状态对抗。”①

2. 叶卡捷琳娜二世的“开明专制”（1727—1730 年）

从 1725 年彼得大帝辞世到 1762 年叶卡捷琳娜通过宫廷政变成为女皇，在这 37 年期间，俄国王位不断更迭，宠臣起起落落。这期间，反封建的斗争以各种形式连绵不断地出现，贵族上层统治集团之间的争夺皇位的斗争日益激化，但有两点始终没有变化，即皇权贵族的暴政与对外侵略扩张一直没有停止。

叶卡捷琳娜二世执政至 1796 年，共 34 年，这是俄国封建社会发展历史上一个重要时期。研究这一时期对于了解俄国有重要意义。正如著名学者卡·瓦利舍夫斯基指出的：“要摸清这个组织的底细，首先就应该研究叶卡捷琳娜，因为现代俄国多半不过是这位伟大国君的遗产。”②

叶卡捷琳娜二世执政时期正值 18 世纪下半期，从客观上讲，这正是以法国大革命为标志的欧洲资本主义迅速发展的时期，也是欧洲许多国家宣布实行“开明专制”的时期；从俄国国内来讲，俄国社会矛盾、阶级矛盾处于激化的时期，1762—1772 年，农民暴动不断，起义就达到 50 多次。叶卡捷琳娜二世预感到，不断出现的农民暴动与反抗，将会影响到俄国封建统治的基础，1773—1775 年发生的大规模的普加乔夫农民起义就是一个明显的信号。从叶卡捷琳娜二世本人来讲，她出生在普鲁士

① 《马克思恩格斯全集》第 21 卷，人民出版社 1975 年版，第 453 页。

② ［波］卡·瓦利舍夫斯基：《俄国女皇——叶卡捷琳娜二世传》，姜其煌等译，上海译文出版社 1982 年版，序言第 3 页。

边境的什切青市，从小接受的是欧洲教育，其父母都是“开明专制”的拥护者。

叶卡捷琳娜二世“开明专制”的思想，其理论来自18世纪法国一些启蒙思想家。伏尔泰的《共和国思想》一书提出的看法是：“开明专制”是最文明和最合理的政治制度。他认为专制制度的缺点在于权力过于集中，势必会造成当权者的专制独断和扼杀自由，而共和制度也不是最好的制度，尽管它提倡自由平等，但平等会导致无政府状态。因此，最完善的政治制度是“保存着专制政体中有用的部分和一个共和国所必需的部分”的开明君主制度，“开明专制是向君主立宪制过渡的桥梁”①。

叶卡捷琳娜二世为推行“开明专制”实施了一些改革措施。在女皇地位巩固后，1766年，她认为可以根据启蒙思想对俄国的政治进行重大改革了，于是她召集了立法委员会。该委员会的主要任务是编纂法律，目的是要使俄国的法律与生活合理化与现代化。叶卡捷琳娜二世的另一项改革是，从1775年开始组建新的地方政府体系，调整中央与地方政府的关系。在土地方面，叶卡捷琳娜二世进行了一次大规模的土地丈量和土地权力调查工作，目的是使土地所有权合法化。女皇在发展俄国工商业、教育与文化方面也做出了不少努力。

对叶卡捷琳娜二世的评价褒贬不一。有人严厉批评她统治时期把俄国农奴制推到了极点，她所推行的“开明专制”主要目的是巩固贵族封建统治，有其很大的局限性和欺骗性。无疑这些都是客观存在的事实。但是，在叶卡捷琳娜执政时期，在推行“开明专制”过程中，以下两点是不能忽视的：首先，应该看到，叶卡捷琳娜二世在其执政期间，把欧洲自由主义思潮下的“开明专制”引进俄国，从而对传播西方先进思想与文明是有积极意义的，并且在带动俄国文化领域的西化方面有了很大的进展。还应看到，这些对俄国今后的现代化进程还会继续产生影响。其次，在叶卡捷琳娜二世统治时期，连同她逝世后的继承者保罗执政5年（到1801年）在内的这段历史时期，俄国社会经济、文化与教育等各个领域有了很大发展。

从工业生产来看，这段时期俄国工业有了不少发展，工厂数从彼得

---

① 转引自张建华《俄国现代化道路的研究》，北京师范大学出版社2002年版，第30页。

大帝去世时的200—250家增加到18世纪末的1200家，如把规模很小的制造厂家算上，其数目可能超过3000家。工人数量为10万—22.5万人。许多工厂雇佣工人达百人以上，最多的达3500人左右。具有十分重要意义的采矿业与金属业有了很快的发展。这个时期一些地主建立了庄园工厂，使用他们的农奴作为没有人身自由的劳动力，这类工厂主要从事轻工业生产。特别要指出的是，这一时期，在俄国工业发展中自由劳动力的地位日益提高，这些自由的劳工通常是为了缴纳代役租而外出做工的属于地主个人的农奴，但此时，这种劳工在工厂中逐渐成为一种新型的、具有“资本主义”色彩的经济关系。①

这一时期对外贸易也在增长。在叶卡捷琳娜二世时期，以卢布计算的俄国年度进出口总额增长了两倍。在整个18世纪，俄国的出口值远远大于进口值。②

从人口变化来看，叶卡捷琳娜二世时期的俄国总人口持续增长。在彼得大帝时期俄国人口基本不变，在1725年的俄国版图内，居住着约1300万人，1762年增至1900万人，1796年达2900万人，到18世纪末已超过3600万人，这其中由于叶卡捷琳娜对外扩张带来的新臣民约700万人。与此同时，城市人口也有所增加。1724年俄国城市人口占全国人口的比例为3%，到1796年上升为4.1%。

从教育与文化来看，在彼得一世去世后，俄国教育出现了衰退，但在1755年俄国创办了第一所大学——莫斯科大学，该大学刚创办时只有10名教授与一些助教，10名教授中只有两位是俄国人，一位是数学家，一位是修辞学家。10年后教授人数增加了1倍，其中俄国人已占了半数。学校最初授课用拉丁语，从1767年起改用俄语。在文化方面亦有较大进步，彼得大帝时期俄国出版了600种书籍，1725—1775年出版了2000种，1775—1800年出版了7500种。1783年叶卡捷琳娜二世为私人出版社颁发许可证，这对推动出版有重要作用。在科学与学术研究方面，女皇

① 参见［美］尼古拉·梁赞诺夫斯基等《俄罗斯史》（第7版），杨烨等译，人民出版社2007年版，第259页。

② 同上书，第261页。

一直提倡学习西方，吸收现代科学、知识与艺术。①

以上简要分析说明，叶卡捷琳娜大帝时期，从改革对俄国向现代化过渡方面的影响来看，确有积极意义。从俄国历史的发展来看，也是一个非常重要的时期，所以，有人称她为俄国创造了历史的杰出英雄人物。

3. 亚历山大一世到尼古拉一世（1801—1855 年）

1801 年 3 月，粗鲁、暴戾与难以预测行事风格的保罗在宫廷政变中丧命。其儿子亚历山大一世登上皇位。新沙皇执政的最初时期，曾打算废除专制制度与农奴制。但这样做，当时对俄国来说有很大风险与困难：农奴制代表着俄帝国的最大利益，必然影响着对俄国极端重要的贵族阶级；至于废除专制制度转向共和国，将会削弱皇权。这些使亚历山大一世很快打消了以上念头。但他还是采取了恢复参政院等措施，并实施了一些有限的社会立法，如 1801 年将财产拥有权从贵族延伸到俄国的一切自由民，“自由农民法”于 1803 年生效，该法规定农奴主有权自愿解放农奴，保证被解放的农奴拥有土地，同时建立相关的规章与法庭以确保法案的实施。但这一法案从开始实施到半个世纪后“大变革”前夕被废除为止，共有 384 名农奴主依据该法解放了 115734 名从事非家务劳动的男性农奴和他们的家庭。②

1807—1812 年是亚历山大一世改革的第二阶段。作为皇帝助手的斯佩兰斯基于 1809 年应亚历山大一世的要求，提交了一份彻底的宪政改革计划。该改革计划的主要内容：一是把俄国人分为三类，即贵族、“中等地位的人”和劳动者（中等地位的人包括商人、工匠、农民以及拥有一定资产的小经营者；劳动者包括农奴、仆役和学徒）。二是该计划也规定了三项权力：一般的公民权；特殊的公民权，如免除各种服役；受财产资格限制的政治权力。贵族拥有所有权力；中等地位的人享有一般公民权，如果财产达到一定要求，也拥有相应的政治权力；劳动者也享有一般公民权，但由于没有足够的财产，没有参与政治的权力。三是把俄国的行政划分为四个级别：乡或镇（Volost）、县、省和国家。每一级均

① 参见［美］尼古拉·梁赞诺夫斯基等《俄罗斯史》（第 7 版），杨烨等译，人民出版社 2007 版，第 268—271 页。

② 同上书，第 283—284 页。

设有以下机构：（1）立法会或杜马，全国一级的立法机构称国家杜马；（2）法院系统，其中参政院是最高法院；（3）各级行政委员会，在中央一级包括各部及中央执行权力机关。要指出的是，亚历山大一世未能实施斯佩兰斯基的改革计划，一个重要原因是遭到官僚与贵族的反对。但是亚历山大一世在执政期间，在斯佩兰斯基的努力下，在立法方面还是取得了一些进展，主要表现在1810年创建了国务会议。国务委员会的成员由沙皇任命，协助沙皇开展立法工作，但无权限制专制政府的原则。尽管委员会倾向于极端保守，但还是强调法制、能力和按程序办事的精神。还应看到，在国务会议创立后俄国的历史中，"所有重大改革方案都是由国务会议经正规程序通过的，历届政府的几乎所有最有害的法令，都是在国务会议的职权之外，作为行政法规通过的，名义上都只是暂时性的措施"。另一项重要改革措施是，在斯佩兰斯基的努力下，通过采用文官考试制度及其他旨在强调文官的业绩及提高政府效率的措施，俄国的官僚机构有所加强。①

由于俄国内情况日益恶化，阶级矛盾十分尖锐，俄国封建王朝日趋腐朽衰落，这样，俄国历史上出现了第一个革命组织，后被称为十二月党人，因他们在1825年12月发动了一场不成功的起义。十二月党人是由一批年轻的贵族革命家组成的。起义虽失败了，但这是俄国反封建革命运动的新起点，他们企图在俄国建立宪政，实现基本的自由并废除农奴制。列宁在评价十二月党人的历史地位时指出："这些革命者的圈子是狭小的。他们同人民的距离非常远。但是，他们的事业没有落空。"②

1825年12月，亚历山大一世去世，俄国进入尼古拉一世统治（1825—1855年）时期。尼古拉一世继位时发生了十二月党人起义。这使这位新沙皇下决心要与革命进行彻底的斗争。他热衷于军事，在其统治后期，他的亲信中几乎没有文职人员。这个长达30年的统治时期被认为是俄国历史上最为反动腐朽的一个时期。面对欧洲资本主义的迅猛发展，亚历山大一世竭尽全力来挽救农奴制与封建贵族专制制度。他曾说过：

---

① 有关斯佩兰斯基改革计划的有关论述，笔者参考了［美］尼古拉·梁赞诺夫斯基等著的《俄罗斯史》［（第7版），杨烨等译，上海人民出版社2007年版］第284—285页有关内容。

② 《列宁全集》第21卷，人民出版社1990年版，第267页。

“革命到了俄国的门槛，但我发誓，只要我还有一口气，绝不会让它闯进来。”① 在国内政治方面，他实行高度专权的军事化管理，把全俄国变成高度集权统治的兵营；在文化思想方面，实行严格的监控，为此成立的第三厅即政治警察，成为尼古拉一世独裁统治的象征。

总之，尼古拉一世统治期间，实际上把俄国冻结了30年，而欧洲各国正经历着种种变革，从而又大大推迟了俄国欧化的进程。

### （二）农民改革：俄国农奴制度废除与迈向现代化的重要一步

对1861年俄国废除农奴制的改革，有人称为“大改革”，有人称为是一场自上而下的经济变革，也有人称之为“农民改革”。用词虽有差别，但实质内容大体上是相同的——废除农奴制，也就是说，通过这个大改革解放农奴，使其获得人身自由，从而逐步使主导社会经济形态的资本主义在俄国建立，向现代化迈出了重要一步。

笔者认为，亚历山大1861年的大改革，是由以下重要原因决定的。

第一，从当时的国际环境看，在19世纪中期，沙皇俄国与欧洲的旧势力勾结在一起镇压了1848年的革命，使俄国成为欧洲阻碍乃至抗衡资本主义发展的主要力量。同时，随着克里米亚战争的失败，俄国不仅失去主导欧洲大陆的霸主地位，并在经济实力上进一步拉开了与欧洲资本主义国家的距离。这充分显露了俄国封建农奴制的腐败。正如列宁指出的：“克里木（指克里米亚——引者注）战争表明了农奴制俄国的腐败和无能。”② 如果不废除农奴制俄国将进一步衰落下去，在欧洲就失去了应有的地位。这正如赫尔岑所说：“如果在俄国奴隶制将继续存在下去，那么，一切最终结果将是，我们像一群野蛮人那样闯入欧洲，将一切踏碎，将一切都毁掉，而自身也将在这种绝望的行动中毁灭。”③

第二，长期没有发生根本性变革的农奴制，导致其经济效率十分低下，这种生产方式不具有在国际市场上竞争的比较优势，成为生产社会

① ［苏联］波诺马廖夫主编：《苏联史》第四卷（俄文版），苏联科学院历史研究所1967年版，第260页。

② 《列宁全集》第20卷，人民出版社1989年版，第174页。

③ ［俄］安·米格拉尼扬：《俄罗斯现代化之路——为何如此曲折》，徐葵等译，新华出版社2002年版，第5页。

化与资本主义工业化的主要障碍。再说，到了19世纪中期，许多地主特别是一些小地主，已经不能养活自己的农奴，不少贵族积累了大量债务。在此情况下，在19世纪前半期，自由劳动力，无论是真正的自由身份还是其他农奴主的合同债务农奴的身份，已经普遍地存在于俄国经济中。据有关资料表明，1811年，农奴占总人口的比重为58%，在大改革的前夕为44.5%。[①] 这在客观上已反映出，农奴制在大改革前，由于日益变得不合时宜，已出现了日益松散的状态。

第三，克里米亚战争失败与农奴制的严重腐败，生产效率的极其低下，所有这些导致俄国内部阶级矛盾尖锐化，引发了反农奴斗争的加剧，加速了俄国封建专制制度的全面危机。根据俄官方统计，在废除农奴制之前，曾发生了550次农民起义。苏联历史学家伊格纳托维奇的统计为1467次，对此他还进行了详细的分类：1801—1825年农民暴乱有281次，占总数的19%；1826—1854年农民暴乱有712次，占总数的49%；在亚历山大二世废除农奴制的六年零两个月里发生了474次，占总数的32%。不少苏联历史学家认为，农民暴动在农奴解放中起到至关重要的作用，事实上可以说是经历了一场革命。这也是为什么亚历山大二世登基一年后在加冕礼上说“与其等待农奴自下而上地解放自己，不如主动地自上而下地废除农奴制”的一个原因。

第四，不能忽视的道德因素。十二月党人、斯拉夫文化优越主义者、西方化人士，以及由于当时俄国文学进入繁荣期，导致人道主义的情感越来越普遍与强烈。在不少小说中描写农奴精疲力竭、痛苦不堪的悲惨情景令人难以忘怀。人们日益意识到农奴制的不人道，不能再继续实行这种制度了，这种道德观对废除农奴制有着促进作用。

以上废除农奴制的四个原因，是相互联系、相互促进的。

农民改革的主要内容是废除农奴制。随着农民改革的进行，亚历山大二世还着手地方政府的改革。1864年1月所颁布的新法律，反映了地方政府强烈现代化与民主化的趋势。实行地方自治是地方政府改革的一项重要内容，它激发了地方政府的积极性与主动性。尽管地方政府改革

① 参见［美］尼古拉·梁赞诺夫斯基等《俄罗斯史》（第7版），杨烨等译，上海人民出版社2007年版，第340页。

存在不少问题，如“地方自治”机构税收权力有限，在区一级议会中贵族所占的席位过多，一般要占42%，在省级的议会中要占到74%，在“地方自治”委员会占了62%。但成立一个“地方自治”系统，这对长期实行专制独裁的俄国来说，无疑是向民主方向迈出了一大步。还应看到，“地方自治”制度在不少地区发挥了一定的作用。有人认为，这个制度从1864年建立起到1917年帝俄消亡，在为大众开展医疗与教育等方面做出了不少贡献。在1864年推行“地方自治”改革后，在法律系统特别是立法方面的改革，使司法机构不再是行政官僚制度的一个组成部分，而成为一个独立部门。司法的独立，体现了资产阶级的“三权分立”的思想，俄国再也不可能回到农奴制或大改革之前的司法状况了。1874年俄国又进行了军队改革，主要内容是义务服役从低级阶层扩展到所有的俄国人，服役期限也从亚历山大二世统治初期的25年缩短到1874年改革后的6年。在军队废除肉体惩罚，提高军官的专业素质，并使军队内部更加民主，建立专门的军队院校，对应征入伍者进行初级教育。所有这些改革措施，对推进俄国整个国家现代化和民主化均有重要意义。

从改革对现代化影响的视角来分析，1861年俄国以废除农奴制为主要内容的农民改革并带动其他的改革，无疑加速了从封建专制制度向资本主义制度过渡的进程，促进了资本主义生产关系的发展，对俄国社会经济的变革、发展有深远的影响。1861年改革后，俄国一些农村较为发达地区，农业生产专业化与农产品的商业化有了一定的发展，农业机器使用也有一定的推广，雇佣工人也从19世纪60年代的70万人增加到19世纪90年代的360万人。资本主义的工业也有了发展。在1861年改革后的30年间，作为主要工业的机器制造业的发展，与军工发展有密切的关系。在70年代，俄国主要铁路干线已基本建成。铁路从1861年的1488俄里（1俄里相当于1.0668公里）增加到了1891年的2.8万俄里，1900年达到4.78万俄里。①

俄国1861年改革以来的变化，也反映了欧洲自由主义思想在俄国得到传播，同时在激进的知识分子阶层得到认可。

对亚历山大二世的农民改革，俄罗斯学者的评价是：“奴隶制废除

① 参见陆南泉等主编《苏联兴亡史论》，人民出版社2004年版，第86页。

后，居民的绝大多数在俄国历史上第一次获得了最起码的权力。其中包括支配自己生活的权力、自由迁徙的权力、财产权。像独块巨石般的整体社会的破坏过程开始了。亚历山大的改革在某种程度上遏制了贵族的绝对专断。农民和贵族的分化、城市和工业的发展、独立的强有力的经济中心的出现，使得一部分俄国居民产生了向国家要更多自由的愿望。特别是资产者及雇员这样的城市居民以及成了独立主人的那部分农民均有这种愿望。尽管俄国各阶级政治上无权的状况并没有改变，缺少行使公共权力的环境，但相当大的一部分居民获得了一些权力，这仍是一个巨大的进步。俄国沿着资本主义道路的进一步发展，深化和加强了这一进程。知识分子、居民中的受教育阶层、大小资产阶级、工人阶级和个体农户的增多，为进一步的演进发展创造了必要的前提，也使人们更加相信只有进行政治体制改革，个人才有可能获得基本的公民权力。遗憾的是，由于亚历山大二世遇刺的悲剧事件的发生，使这种情况没有出现。"① 应该说，上述评价较为客观与全面。

### （三）农民改革之后的两次革命

亚历山大二世被暗杀之后，1845 年出生的亚历山大三世于 1881 年继承了俄国王位。从此开始一直到 1917 年十月革命长达 36 年之久的这段时间，经历了 1905 年与 1917 年的革命，其中有些年份是进行了一些改革。这是俄国沙皇统治危机日益深化、各种反抗活动频繁发生的历史时期。

亚历山大三世执政后，不仅没有继承其父王亚历山大二世推行的进步措施，反而实施了反改革措施。他的基本信念是：沙皇掌控的不受限制的个人权力是神圣的和必要的。这位新统治者竭力维持俄国体制的中央集权化、官僚化和等级制度，为此，他一方面决心镇压革命以保证其独裁统治；另一方面在改革方面不断倒退。由于以上原因，亚历山大三世在俄国历史上以"改革反对者"著称。

1894 年亚历山大三世去世后，由他的长子尼古拉二世继位。这位皇帝对彼得大帝时期的俄国有着浓厚的怀旧心理。他认为："沙皇不受限制

① ［俄］安·米格拉尼扬：《俄罗斯现代化之路——为何如此曲折》，徐葵等译，新华出版社 2002 年版，第 18—19 页。

的个人权力是俄国实力和稳定乃至整个国家进步的唯一保障。”① 一般都认为，尼古拉二世统治时期是极端保守的。但要指出的是，这个时期在任财政大臣谢尔盖·维特着重在经济领域采取了一些比俄国政府其他部门较有进步且有远见的政策。他改革的主要内容与政绩有：

首先，积极引进外国资产阶级的资本，推动外国资本与沙皇政府的合作。

其次，货币改革（1897 年），并使卢布在市场上的价格降低三分之一。从经济现代化或欧化视角来讲，这一改革的重要意义在于使俄国的金融体制与欧美国家接轨，有利于俄国与国际金融市场的联系以及为引进外资创造条件。

再次，修建西伯利亚大铁路。维特认为，俄国经济发展缓慢，生产率低下，在诸多原因中交通不发达是一个重要因素。大规模地、快速地发展铁路，带动了其他工业部门的发展，促进了俄国经济与国际市场的联系，这为俄国加速资本主义生产方式的建立创造了条件，从而对俄国从封建农奴制度向资本主义工业化过渡起到了重要的推动作用。

最后，通过实行高关税保护俄国民族工业的发展。在俄国于 19 世纪 80 年代工业发展有了相当基础与发展之后，在有些欧洲国家如德国实行高关税的情况下，维特决定提高关税来保护尚难与发达的欧美国家竞争的本国民族工业，这一政策也使得财政收入有所增加。维特除实施上述经济改革政策外，还实行酒业类专卖制与制定斯托雷平改革的基本原则。

尼古拉二世统治后期，即到了 19 世纪 80 年代初期，一方面工业取得了迅速发展，在俄国资本主义终于取得了优势地位；另一方面俄国仍然是沙皇专制统治、小农经济占国民经济总产值 2/3 的封建主导型国家，加上 1861 年的农民改革，也没有从根本上改善农民的政治地位与生活条件，农奴为了获得土地要支付大量赎金，这使他们背负着沉重债务，只是到了 1905 年农奴所需偿还债务才被最终废除。另外，尼古拉二世执政后又推行了一系列反改革措施。以上各种因素导致俄国国内封建主义与资本主义的矛盾加剧，并出现了直接对抗。以农民为主要力量的社会各

① ［俄］安·米格拉尼扬：《俄罗斯现代化之路——为何如此曲折》，徐葵等译，新华出版社 2002 年版，第 364 页。

阶层反对封建专制主义的斗争日益高涨。与此同时，工人阶级力量开始壮大与觉醒，对封建沙皇专制制度持严厉批判态度的激进政治精英，于1903年建立了解放联盟，又于1905年组建了立宪民主党。激进主义者在世纪之交组织了两个重要政党：社会民主党与社会革命党。

20世纪初，俄国国内工人游行示威、罢工活动在全国蔓延。沙皇政府对人民的反抗进行了残酷的镇压，但这并没有扑灭革命的烈火，1906年和1907年仍分别有110万人和74万人参加了罢工。1906年5—8月中有250个县、9—12月间有72个县爆发了农民起义。军队内部的士兵抗暴斗争也时有发生。

另外，这一时期国家杜马已成为两大势力争斗的舞台。国家杜马一直是由封建贵族控制的，在1905年革命浪潮的冲击下，沙皇政府不得不做出让步，允许社会其他阶级参加杜马选举。封建统治者在反封建斗争浪潮中被迫实行部分的立宪制。这是俄国第一次资产阶级革命取得的一个重要成果，因为沙皇专制统治制度终究被打开了一个缺口。

1906年3月，俄罗斯举行了首届国家杜马选举，紧接着又在次年举行了新一届杜马选举。新一届国家杜马活动期间（1907年3月5日—6月15日），土地问题依然是革命与反革命较量的中心问题。两届国家杜马尽管存在的时间都很短暂，但都是以新的方式和手段，围绕资产阶级民主革命的首要问题——土地问题，同封建贵族进行了较量，从而将革命进程推到了一个新的高度。①

广泛的群众性起义与种种反抗活动，迫使沙皇封建统治者在政治上做了一些让步。但革命进步势力居主导地位的国家杜马日益强烈要求解决俄国最为迫切的土地问题，而这正是贵族地主难以容忍的。1907年6月初，沙皇政府以国家杜马中的革命党人代表在军队中谋反为借口，将他们逮捕，并随即发布命令解散第二届国家杜马。这次事件史称“六三政变”。一般史书以此为界，认为它意味着俄国1905年革命的终结，并将以后的时期称作“斯托雷平政府反动统治时期”。所以，在论述1905年开始的俄国资产阶级民主革命问题时，还应把斯托雷平政府执政时期的有关政策包括进去。“六三”政变后，斯托雷平一方面实行残酷的镇压

① 参见陆南泉等主编《苏联兴亡史论》，人民出版社2004年版，第94—95页。

政策，另一方面实行土地改革，成为俄国最大的自由主义改革家。当时斯托雷平决心实行土地改革，主要出于以下几种考虑：一是从国际比较来看，与欧洲国家相比，俄国的经济特别是农业制度大大落后了，必须向欧洲学习，为此改革旧的土地制度与从根本上废除村社制度已成为一个迫切的问题；二是不论是斯托雷平本人还是一些有远见的贵族都认识到，村社完全是封建制度的典型残余，它既阻碍经济的独立发展，还使已经获得自由的农民难以摆脱对村社的依赖，还得继续忍受村社官吏的残暴统治，从而导致农民日益疏远沙皇的政权；三是由于旧的土地制度束缚了农民的积极性，导致生产效率极低，农民生活十分贫困。斯托雷平认为，村社是制约俄国农民走向富裕的主要枷锁，贫困比奴隶地位更可怕，是造成社会不稳定的主要原因。

鉴于上述原因，斯托雷平土地改革的相关规定与主要内容是：允许农民自由和随时退出村社。将农村村社分为两种：一种是在不实行定期重分土地的村社中，将土地直接归农民所有；另一种是在实行定期重分土地的村社中，任何农户都可以把重分土地时所有应划归他的土地确定为私人所有。当农户占有土地超过应分限额时，超额部分只要向村社支付 1861 年的赎地价格即可确定为原耕种者所有。当分得的地段零散时，农户有权提出要求，让村社将划给他的土地尽可能集中在一起。所有划归农民私有的土地，都可以自由买卖和抵押。原村社的公共产业，如草地、森林、水源仍为公有。

斯托雷平的土地改革，从本质上来讲，虽是为了维护封建贵族与沙皇制度的统治，但从社会进步与国家现代化转变角度来讲，客观上破坏了俄国传统的封建土地所有制，从而动摇了数百年的俄国封建专制制度的经济基础，加速了农村资产阶级的形成与发展，强化了在经济中市场经济原则的作用，也为形成多种经济成分、提高经济效率与在国际经济中的竞争能力创造了重要条件。列宁在评价斯托雷平土地改革问题时指出：“拿右派地主和十月党人所赞同的斯托雷平纲领来说吧。这是公开的地主纲领。但是能不能说，它在经济上是反动的，是排斥或力图排斥资本主义发展的呢？能不能说它是不允许资产阶级的农业演进的呢？绝对不能这样说。相反，斯托雷平按根本法第 87 条颁布的有名的土地法贯穿着纯资产阶级的精神。毫无疑问，这项法律所遵循的是资本主义演进的路线，它促进和推动这一演进，加速对农民的剥夺，加速村社的瓦解，使农民资产阶级更快地形成。从科学的经济学来讲，这项法律无疑是进步的。”①

20世纪初，世界资本主义经济发生了重大变化，由自由竞争发展到国家垄断，引发了主要大国为了重新划分势力范围的以欧洲列强为核心、以欧洲为主要战场的第一次世界大战。而作为这次战争的主要发动者与参与者，俄国不断遭到失败，这使得俄国国内社会矛盾进一步加剧，大量的军费开支使国内广大民众生活更加困难，终于在1917年3月8日到11日（俄历2月23日到26日），在俄国首都圣彼得堡由于严重缺乏面包和煤炭而发生了骚乱与示威活动，并且不断扩大，沙皇政府派去镇压民众的后备部队倒戈，首都市内再也没有其他军队。谁也没有预见到这次最缺乏领导的、最自发的二月革命，最终推翻了罗曼诺夫王朝长达300年的军事封建统治，从而为俄罗斯的新生创造了历史性的机遇。

以上我们简要地论述了从彼得大帝开始一直到1917年十月革命前俄国现代化的进程，可以清晰地看到，俄国现代化具有以下特点：

第一，不论是通过改革以体制转型来推进现代化，还是通过革命来推动现代化，总的来看，都是“自上而下”进行的，都是出于形势所迫。

第二，俄国的现代化往往与对外扩张相联系，因此，在发展工业时往往首先发展与军工有关的部门。正如俄罗斯学者指出的：“一千年来，征服、恫吓及奴役是俄罗斯民族精神的主要表现形式和证明形式。这种情况并没有使俄国知识分子获得自由感、自豪感或庄严感。对俄国来说，对外的每一次胜利都造成了国内的巨大失败，导致了不自由成分的加强。民族的自我肯定是通过地理扩张达到的。”②

第三，每一次改革都遇到封建贵族的强烈反对，这是因为，正如上面指出的，在俄国改革是“自上而下”进行的，改革的领导者是封建贵族，是各时期的沙皇，而改革的对象亦是这些人，因此，改革中的矛盾斗争必然是十分激烈的，历次改革都不可能彻底，有很大的局限性。另

---

①《列宁全集》第16卷，人民出版社1988年版，第209页。

②［俄］安·米格拉尼扬：《俄罗斯现代化之路——为何如此曲折》，徐葵等译，新华出版社2002年版，第10页。

外，每次改革也不允许动摇封建贵族的统治地位。

第四，俄国的现代化进程是十分曲折的、缓慢的，这是因为俄罗斯有别于其他欧洲国家，它长期保留着农奴制及与此相关的种种畸形表现，如沙皇个人专权、独裁，没有任何法律意识，国家就是一切，俄国以国家吞没了一切，等等。

第五，由于俄国在历史上一直落后于欧洲，因此，它的现代化一直具有“赶超”欧洲的特点。但这种“赶超”或者说学习欧洲还是欧化，俄国都尽力保持自身的传统，因此，在现代化过程中经常出现俄国特殊性与世界普世性（或共性）之间的矛盾。这种矛盾突出反映在俄国在向欧洲学习现代化时，主要是在经济、技术与军事层面，而在社会层面，如民主、政治、法制、自由与个人权力等方面，往往是十分谨慎乃至抵制的。这亦是俄国现代化迟缓的一个不可忽视的因素。

第六，如果说，俄国在现代化历史发展进程中，在政治领域的进展是十分有限，到1917年十月革命前，俄国总的来说仍是一个封建专制的国家，没有建立起资产阶级民主制度，那么，在经济领域的现代化还是获得了明显的进步，实现了由封建农奴制经济向现代化工业的转变。

从1861年农民改革开始到1917年十月革命前这一历史时期，经济现代化的进展突出表现在以下三个方面：一是促进了地主贵族阶级逐步走向衰落。普查结果表明，1877年地主贵族拥有7310万俄亩土地，1911年减少到4320万俄亩，加快了地主经济向资本主义道路的演进。二是加速了农民的分化进程，为资本主义发展提供了充分的自由劳动力。与此同时，开始形成农村无产阶级，即有份地的雇农、短工和其他工人。他们占农户总数一半以上，约650万户。① 三是农民改革后，促进了农业技术水平与生产的发展。1876—1894年，农业机器数量增加2.5倍以上。1864—1905年，粮食播种面积增加近50%，粮食产量增加1.6倍。马铃薯的产量增加4.5倍。劳动生产率也有了提高，在改革后的40年间，每个劳动者的粮食平均产量增加27%左右，马铃薯增加2倍以上。② 农业生产的发展，使得商品流转量与国内贸易市场扩大。农民改革初期，国内

① 参见樊亢等主编《外国经济史》第二册，人民出版社1965年版，第187页。

② 同上。

商品的流转主要依赖国内大多数农民从事生产的农产品。后来，随着商品货币关系与交通的发展，农业商品率的提高，更大部分的农产品变成了商品。同时，农民的税捐负担重与必须偿还土地赎金等因素，增加了农民对货币的需要，从而使他们更多地出售自己的农产品。

## 二　摸索与曲折的苏联经济现代化进程

### （一）列宁时期的最初探索

十月革命后，列宁领导的布尔什维克党所面临的乃是资本主义远远落后于欧洲一些国家的俄国，并且它仍保留着浓厚的封建地主占有为基础的政治与经济体制，再加上时间不长，即从1918年5月年轻的苏维埃政权开始就处于外国武装干涉与国内战争状态之中。在两年多的战争期间，客观上要求苏维埃俄国用一种非常的体制去战胜国内外的敌人，即实行“军事共产主义”，后来经过对军事共产主义政策的总结与反思，1921年春决定向新经济政策过渡。

十月革命后的初期，列宁作为第一个社会主义国家的第一位国家领导人，一直在摸索如何通过改革使国家体制实行转型，在此过程中使国家朝着现代化方向发展的道路。

1917年十月革命胜利到1924年1月列宁逝世这一历史时期，从转型对经济体制现代化进程的影响来看，尽管时间不长，但由于是革命后的最初阶段，这一阶段与沙皇俄国时期相比，在经济体制方面毕竟发生了根本性的改变，而这种改变是通过改革和与此相适应的重大政策的实施来推进的经济体制转型。列宁执政时期的转型对经济体制现代化发展所产生的影响是一个曲折与复杂的过程。

1. 十月革命前夕列宁对经济革命性改造的设想

列宁从瑞士回国后的第二天，即1917年4月4日，在塔夫列达宫召开了布尔什维克党代表会议，并在会上作了《论无产阶级在这次革命中的任务》的报告。之后，报告的提纲刊登在4月7日的《真理报》上，这就是著名的《四月提纲》。他在《四月提纲》中对经济的革命改造，主要规定了以下内容：

（1）“在土地纲领上，应把重点移到雇农代表苏维埃。”为此，采取的具体措施有：①“没收地主的全部土地”。②“把国内一切土地收归国有，由当地雇农和农民代表苏维埃支配。单独组织贫苦农民代表苏维埃”。③“把各个大田庄（其面积约100俄亩至300俄亩，根据当地条件和其他条件由地方机关决定）建成示范农场，由雇农代表进行监督，由公家出资经营”。

（2）“立即把全国所有银行合并成一个全国性的银行，由工人代表苏维埃进行监督。”

（3）“直接任务并不是‘实施’社会主义，而只是立刻过渡到由工人代表苏维埃监督社会的产品生产和分配。”①

《四月提纲》首先提出的是土地国有化问题，这是农业方面首要的革命措施，因为俄国的历次改革均未解决土地问题，如果不解决土地国有化问题，就不能彻底解决阻碍俄国经济发展的地主土地占有制。

在十月革命胜利政权转到了工人阶级手里后，新生的苏维埃使俄国刻不容缓地退出战争。为此，1917年11月8日召开的全俄工兵代表苏维埃第二次代表大会通过了列宁提出的和平法令，从而把布尔什维克党在战争发生后即宣布的完全摆脱帝国主义战争的政策从法律上固定下来。十月革命后的最初时期对俄国经济的革命改造纲领与政策，大体上是按照十月革命前夕列宁在《大难临头，出路何在?》中提出的主张进行的。革命胜利后，采取了一些具体实施的政策。

（1）实行土地改革。在通过和平法令之后，紧接着解决关系到千百万农民群众根本利益的土地问题。土地改革是十月革命后苏维埃政权实行的第一批重大经济措施之一。土地法令还规定，地下资源和水域都收归国有。地主的牲畜、农具和建筑物也同土地一起没收。十月革命胜利后立即进行土地改革，具有十分重要的意义：一是巩固了年轻的苏维埃政权；二是在俄国，通过土地改革在农村消灭了阻碍社会经济发展的封建农奴制残余，地主作为一个阶级被消灭了。

（2）银行国有化。通过银行国有化来控制俄国的整个信贷系统，这在苏维埃改造俄国经济方面具有特别重要的意义。

（3）工人监督与工业国有化。1905年列宁首次指出在工业中实行工

---

①《列宁选集》第3卷，人民出版社1960年版，第15—16页。

人监督的思想。后来在二月革命前后列宁又发表了几篇研究工人监督的著作。列宁把工人监督社会生产与产品分配、普遍劳动义务制等措施视为走向社会主义的过渡步骤。

（4）国内贸易和对外贸易的革命性改造。在对外贸易方面，十月革命后不久，就实行垄断。

（5）推行强有力的财政政策与改造国家社会保险。

（6）建立具有集中统一领导职能的中央领导机构——最高国民经济委员会。

2. 制订第一个工业化计划的电气化计划

列宁在十月革命胜利后初期，除了对经济进行革命性改造外，就着手制订为恢复经济、进行技术改造与建立社会主义物质技术基础的发展俄国经济的长期计划（10—15年），即著名的俄罗斯电气化计划。列宁在谈到电气化计划的重要意义时指出："共产主义就是苏维埃政权加全国电气化。不然我国仍然是一个小农国家。"[①] 当时对制订计划提出的要求是：（1）首先保证在资本主义包围下建设社会主义的国家在经济上的独立自主；（2）力求做到重新合理分配生产力，有计划地综合利用俄国各地区的天然财富以节约人民的劳动，其中也包括全力发展和利用各地方燃料基地和动力资源（水利、风力、泥炭、地方煤矿）以取得最廉价的电力；（3）俄国经济发展应立足于先进技术，社会主义经济的基础应是现代化大机器工业、全国电气化。[②] 1918年年初已在彼得格勒、莫斯科和顿巴斯三个地区先后成立了电气化计划的委员会，其中前两个地区的电气化工程已动工。

电气化计划的全称是"苏俄电气化委员会计划"，它包括电气化、燃料供应、水利、农业、运输业和工业六个部分。按计划规定，10年内，大工业产值不仅要恢复到1913年的水平，而且要再增长80%—100%，生产资料生产增加1.2倍，其中发电量增加3倍，消费和生产增加47%。计划期末的主要工业品生产指标如下：生铁820万吨，比1913年增加

① 《列宁选集》第4卷，人民出版社1960年版，第399页。

② 参见［苏联］苏联科学院经济研究所编《苏联社会主义经济史》第1卷，复旦大学经济系等译，生活·读书·新知三联书店1984年版，第200页。

95.2%；钢650万吨，增加54.8%；煤6220万吨，增加1.1倍多；石油1180万—1640万吨，增加28.3%—78.3%；水泥775万吨，增加4.2倍；纸张68.9万吨，增加2.5倍，等等。还规定工业中机械动力增加70%。在农业方面，规定的任务是扩大播种面积、增加产量等。在运输方面，规定建设铁路2万—3万公里，使部分干线电气化，广泛开展水路运输。[①]实际上，电气化计划是十月革命胜利后苏联第一个工业化计划，也是第一个经济现代化计划。

十月革命后，苏维埃政权在短短的时间里，对经济采取了一系列十分急迫的革命改造政策，它涉及经济的各个领域。我们上面所列举的仅仅是一些主要方面，实际内容要广泛得多。这些革命性的、往往是强制性的经济改造政策，既巩固了政权，也形成了社会主义的经济基础。但是，由于这一革命改造政策速度快，时间十分紧迫，工人监督实践过程又很短，难以培养出大批管理经济的干部，从而经济管理难以跟上，加上资产阶级的反抗与捣乱和复杂的国际环境，因而在十月革命后到1918年夏实行的经济改造政策，并未起到促进经济发展与提高经济效益的作用。考虑到这一情况，列宁在1918年3月提出政策的调整问题。他在《苏维埃的当前任务》一文中指出："决不能以继续向资本进攻这个简单的公式来规定当前的任务。""为了保证今后的进攻能取得胜利，应当马上'暂停'进攻。""现在居首要地位的是在资本家已被剥夺的那些企业和其余一切企业中组织计算和监督。""提高劳动生产率，使生产在事实上社会化。"[②] 这一调整政策刚在苏维埃国家开始执行，就因外国武装干涉与国内战争被迫停了下来，苏维埃转入了军事共产主义时期。

3. 推行新经济政策使经济体制朝向现代化方向发展

列宁在总结军事共产主义时期教训的基础上，于1921年提出新经济政策。到列宁1924年逝世这段时间，他着力研究这一政策制定与如何有效地付诸实施。新经济政策关系到如何向社会主义过渡与建立什么样的经济体制等一系列重大问题，反映了列宁晚年思考的一个主要内容，从经济体制视角来看，它主要体现在：

---

① 转引自宋则行等主编《世界经济史》中卷，经济科学出版社1994年版，第26页。

② 《列宁选集》第3卷，人民出版社1960年版，第495、499—500页。

（1）国家在掌握国民经济中居重要地位的大企业的同时，允许多种经济成分的存在，要正确对待国家资本主义、私人资本主义与小生产者，通过利用商品货币关系以迂回方式向社会主义过渡，这就是新经济政策。

（2）新经济政策是十月革命胜利后苏维埃政权在经济体制方面的第一次改革。这一改革使军事共产主义时期产品交换的经济关系过渡到商品货币关系，从坚决排斥市场机制转变为必须运用市场机制。这样，使一系列经济政策符合当时苏维埃俄国的客观实际，新经济政策时期成为苏联历史上最富有生命力的时期，也是列宁对发展科学社会主义理论所做出的最为重大的贡献。正是由于新经济政策符合俄国的实际，因此取得了明显的效果。

（3）列宁明确指出：真正意义上的商品交换实现了，新经济政策才算全面形成。也就是说，要真正转到新经济政策上来，是要以实现商品经济意义的商品交换关系为条件的。

（4）对社会主义的看法发生了根本的变化。1923 年 1 月，列宁在《论合作社》一文中说："……我们不得不承认我们对社会主义的整个看法根本改变了。"[①] 苏联长期受《联共（布）党史简明教程》的影响，往往把这一"改变"仅归结为用粮食税代替余粮征集制。实际上，这一"改变"的内容要广泛得多、深刻得多，还反映在工作重心的转移、对社会主义条件下合作社的性质与商品经济做出新的判断以及"国内和平"、大量裁军及财政改革等方面。在国外方面，包括同资本主义国家经济合作、共产国际的"统一战线"和与社会民主党人关于共同行动的谈判等。正如苏联学者指出的，"这种'根本转变'，就其深刻的程度来说，也许只有 1917 年的十月革命能够与之加以比较"[②]。再从对新经济政策的认识来讲，列宁在 1922 年 3 月联共（布）党的第十一次代表大会期间还认为新经济政策是"退却"，到 1922 年年底 1923 年年初，列宁改变了看法，认为新经济政策是向社会主义过渡的必由之路。

---

① 《列宁选集》第 4 卷，人民出版社 1960 年版，第 773 页。

② ［苏联］尤里·阿法纳西耶夫编：《别无选择》，王复士等译，辽宁大学出版社 1989 年版，第 501—520 页。

### （二）工业化政策是苏联迈向现代化极为重要的一步

如果说，1929 年全面中止新经济政策和斯大林思想占主导地位标志着斯大林模式得以初步确立，那么，到了战前的 1941 年，斯大林工业化方针的全面贯彻不仅标志着斯大林工业管理体制、经济体制模式全面建立并已扎了根，而且也标志着斯大林社会主义模式已全面建立。斯大林时期确立的高度集中的行政指令性经济制度，不论从制度本身讲，还是从对经济发展的影响来看，都谈不上是现代化的，亦不可能依赖这种经济制度实现现代化。这里特别要指出的是，在这种经济制度下苏联长期改变不了落后的经济增长方式。这是最后导致苏联剧变的一个重要经济因素。但如果将由传统的农业社会转向现代工业社会视为现代化的主要标志，那么，斯大林工业化政策对苏联来说，从落后的农业社会的俄国变成现代工业社会，无疑是实现苏联现代化极其重要的一步。

到 20 世纪 20 年代中期，由于实行了新经济政策，苏联基本上完成了经济的恢复工作，1925 年农业基本上达到了战前水平，但并没有改变经济严重落后的状况，仍然是俄国遗留下来的技术经济结构。首先，表现在苏联还是一个以手工劳动为主的落后的农业国。1926 年，农村人口占总人数的 82.1%，农业产值占国民生产总值的 56.6%，农业产值超过工业产值。其次，1925 年工业总产值已达到战前的 73%，但要看到，代表工业主体的机器制造业、冶金、燃料、航空、电力和建筑材料等部门很不发达。实际上，到 1925 年苏联还没有汽车、拖拉机和航空工业这些最重要的部门。再次，工业的设备基本上是旧式的，而且多半是磨损很大的机器与机床。现代化的设备国内又不能生产，因此，很多机器设备要靠进口解决。1927 年机器设备进口额比 1924 年增长 1.3 倍，其中金属加工设备增加 3.9 倍，动力设备增加 5 倍。这严重影响了苏联经济的独立性。最后，由于运输业被严重破坏，它大大落后于国民经济发展的需要。

随着经济的逐渐恢复，斯大林认为，应该把更多的注意力放在工业化问题上。1926 年 4 月 13 日他所作的《关于苏联经济状况和党的政策》报告，集中反映了斯大林思想的变化。他在报告中把新经济政策分成两个时期：1921 年至 1925 年年底为第一个时期，主要任务是在扩大商品流转的条件下，以发展农业为中心建立国民经济基础；而 1926 年开始为第二个时期，“……最重要最突出的一点，就是重心已经转移到工业方面了”，整个国民经济的发展主要“依靠工业的直接扩张了”①。后来，斯大林认为，必须结束新经济政策，否则就难以实行工业化政策，到了1929年他就宣布：“当它（指新经济政策——笔者注）不再为社会主义服务的时候，我们就把它抛弃。”②

在上述背景下，1925年12月召开的联共（布）党的十四大提出了工业化的方针。但并不是说，工业化时期就此开始了。因为工业化并不是十四大讨论的重点问题，也没有提出实现工业化的具体政策、纲领和规定明确的任务。从实际情况看，苏联工业化作为一个运动的全面开展始于1928年，即第一个五年计划之初。

苏联工业化用了三个五年计划（共13年）完成。但要指出的是，随着斯大林在1926年的经济建设思想由农业转向工业，1926年与1927年，苏联已经对发展工业进行了大量投资。在第一个五年计划前，苏联有近千个新建企业投产，其固定资产为8500亿卢布。大量发电站交付使用，还开始兴建包括第聂伯列宁水电站在内的11座巨型电站。冶金工业是重点发展的部门，为此扩建与改建了刻赤冶金厂等企业。苏联还开始着手建设一些大型的拖拉机厂、重型机器厂、车辆厂、钢铁厂、化工厂等。在扩大煤炭、石油与泥炭开采方面，都取得了进展。

苏联工业化的基本政策是完全按照斯大林的思想进行的，其基本政策或者说主要特点是：重工业化、超高速与主要通过剥夺农民的办法用高积累来保证工业化的资金来源。重工业化的实质是集中一切力量片面优先发展重工业，超高速的工业化是通过剥夺农民的办法以高积累来实现的。

1. 对工业化的评价

(1) 工业化促进了工业现代化

在苏联特定的历史条件下，斯大林推行的工业化政策，从工业生产的发展与工业经济现代化角度来看，取得了不少成就，这是应该充分肯定的。斯大林时期工业化的功绩主要表现在以下几个方面：

---

① 《斯大林选集》上卷，人民出版社1979年版，第461页。

② 《斯大林全集》第12卷，人民出版社1995年版，第151页。

一是工业实力大大提高。由于工业的高速发展，在“二五”计划结束时，苏联工业产值从欧洲的第四位跃升为欧洲的第一位，世界的第二位。苏联的工业产值占世界工业产值从1917年的3%提高到10%。按斯大林的说法，“三五”计划结束时，苏联已由一个落后的农业国变成强大的工业国。

二是基本上建立起部门齐全的工业体系，工业独立性大大增强。重工业特别是机器制造业的高速发展，使得为工业其他部门的发展提供装备有了可能，从而使苏联在工业化较短的时间内，建立并迅速发展了很多重要的工业部门，如建立了汽车和拖拉机制造业、机床制造业、飞机制造业、联合收割机制造业、大型涡轮机和发动机制造业、多种化学工业、优质钢材生产等。木材、轻工业和食品工业也得到一定发展。在工业化时期，由于集中力量加速重工业的发展，因此，在工业中机器制造业、冶金工业、燃料工业、建筑材料等部门发展尤为迅速。

三是带动了经济落后地区工业的发展。斯大林从重工业开始的工业化，不仅需要投入大量资金，而且还必须有大量资源做保证。苏联东部地区（西伯利亚与远东）蕴藏着十分丰富的资源。这就要求加速东部地区的资源开发与经济发展。

四是军事实力加强，为打败德国法西斯创造了物质条件。大力发展与军事工业密切相关的重工业，是斯大林一直坚持的战略思想。所以说，苏联工业化过程，也是大力加强国防实力的过程。

五是教育与科技有较大发展。工业化的进程带动了教育与科技的发展。第三个五年计划结束的1940年，苏联劳动者的扫盲已基本完成，9岁到49岁的居民识字率达87.4%，在校学生数为4760万人（1913年为1060万人），全苏具有高等与中等教育学历的人数为1590万人（1913年为290万人），其中，高等院校毕业生为120万人。在高校工作的在编人员为5万人，从事教学活动的有5300名教授，13100名副教授，31600名助教与教师。到战前的1940年，苏联建立了很多科研院所，全国已有2359个科研机构，科研人员为98315人。苏联在物理、微分方程、复变函数、数论与概率等理论领域都取得了重大成就。另外，在科技具体应用研制方面也取得了不少进步，如电气机械制造、机床制造、化学机器与重型机器制造等新部门均已掌握了新型产品。化学工业取得的成绩更为明显，1940 年化学产品的生产量已超过 1928 年水平的 14 倍，超过 1913 年的 24 倍。[①] 教育与科技的发展，它一方面是工业化的要求，另一方面又积极推进工业生产的现代化。

六是推进了城乡人口结构的变化。三个五年计划结束时，苏联农村与城市人口结构有了大的变化。农村人口由 1917 年占总人口数的 82% 下降到 1940 年的 67%，而城市人口相应由 18% 上升到 33%，城市人口增加了 3110 万人。

（2）工业化存在的主要问题

随着对苏联模式与现代化问题研究的不断深入，对斯大林工业化道路的认识也发生了很大的变化。官方与学术界对斯大林工业化道路持简单的完全肯定的观点已不多见，而更多的是既肯定其成绩也明确指出其存在的严重问题。人们越来越清楚地看到，在战前斯大林工业化过程中取得重大成就的同时，也包藏着深刻的矛盾与积累着大量尖锐的问题。戈尔巴乔夫在其下台后发表的论著中，改变了过去对斯大林工业化的看法，他说，过去苏联往往用"增强国家的必要性为苏联采用的方法辩护。（指斯大林工业化方法——笔者注）"。如斯大林所说的，"不这样，我们就会挨打。但是有谁说过，采用别的办法，就不可能使国家发展起来呢?"[②] 苏联学者卡普斯京指出："从历史上看，不惜任何代价的超工业化策略是否站得住脚呢？是否还有别的、非斯大林的实现工业化选择？选择是有的，存在过!"接着他说，这种选择就是列宁提出的新经济政策，而这一政策在 1929 年秋天被斯大林突然提出的"大转变"而停止了，转向"迅速工业化和全盘集体化"[③]。在改革大潮席卷中国大地的大前提下，在解放思想、对斯大林模式的研究不断深化的条件下，"我国学术界开始重新认识斯大林时期的苏联工业化运动。通过 10 多年的艰辛努力，我国学者就斯大林时期工业化问题的研究发表了不少成果，与过去相比，科研水平无论从广度和深度讲都有了极大的提高，如果说人们的认识有了

① 参见［苏联］苏联科学院经济研究所编《苏联社会主义经济史》第 5 卷，周邦新等译，生活·读书·新知三联书店 1984 年版，第 197、199、205—207 页。

② ［苏联］米·谢·戈尔巴乔夫：《对过去与未来的思考》，徐葵等译，新华出版社 2002 年版，第 36 页。

③ 参见［苏联］《十月》杂志，1988 年第 4、5 期。

质的飞跃也是毫不过分的”[①]。不少学者对斯大林工业化的评价与以前相比，要贴近实际得多与深刻得多。如有些学者指出：“把斯大林进行的国家工业化放到历史的长河中考察，只能恰如其分地给予肯定，如实承认这不过是一个集中力量发展工业并取得了一些成效的阶段。但是，就在这个阶段中，伴随着成就，既包含着违反客观规律的理论错误，也包含着严重的实践错误，如果把一时取得的成就夸大为多么正确的理论，多么伟大的功绩，那就极为片面了。至于有人认为这是斯大林的英明决策，吹嘘他给马克思主义增添了多少新内容，为社会主义国家开创了现实的发展道路等等，那更是差之毫厘，谬之千里了。”[②]

苏联著名学者麦德维杰夫在 1974 年指出：“应该直截了当地说，我国二十年代末至三十年代初工业发展过程中所付出的代价，如果有一个更明智的计划和领导，就不会这么大，在这方面斯大林的领导所起的作用并不是无足轻重的。如果把我们的人民为了工业化而付出的巨大努力和牺牲同工业化初步结果比较的话，那么应该承认，如果没有斯大林的话，我们的成就可能会大得多。”斯大林作为一个唯意志论者和空想家，在许多情况下，他的领导“不是引向胜利，相反，在我国制造了额外的困难”[③]。笔者认为，麦德维杰夫对斯大林在工业化中所起的作用的评价，是较为客观的，值得我们思考。

斯大林工业化存在的主要问题，突出反映在以下几个方面：

一是通过“贡税”榨取农民的政策，导致农业破产，影响整个国民经济的正常与平衡发展。在工业化时期，斯大林为了榨取农民，一方面是对农庄不断增加农畜产品的征购量，另一方面是不断压低农畜产品收购价格。斯大林为了工业化推行的农业政策，确实是独特的原始积累方式。当我们说到它在推进苏联从农业文明社会向工业文明社会转换中的作用时，应当说，苏联为此付出的代价太大了。

二是片面优先发展重工业，导致国民经济结构严重畸形。苏联经济的一个重要特点是：重工业过重，轻工业过轻，农业长期落后。1953 年

① 姜长斌主编：《斯大林政治评传》，中共中央党校出版社 1997 年版，第 456—457 页。

② 李宗禹等：《斯大林模式研究》，中央编译出版社 1999 年版，第 156 页。

③ ［苏联］罗·亚·麦德维杰夫：《让历史来审判：斯大林主义的起源及后果》上，赵洵等译，人民出版社 1981 年版，第 172、182 页。

苏联的粮食产量未达到1913年沙皇俄国的水平。赫鲁晓夫上台时，面临的是“实际上半崩溃的农村”[①]，“农村过着贫穷的生活”[②]。当时不少苏联学者指出：“再有二、三年时间，就可能发生灾难性的粮食生产危机和全国性的饥荒。”[③] 农业的长期落后也制约了轻工业与食品工业的发展。在苏联，食品工业80%以上、轻工业2/3以上的原料来自农业，拿轻工业中的纺织业来说，苏联甲类工业为它提供的化纤只能满足它们需要的1/4，其他3/4要靠农业原料。轻工业、食品工业的严重落后，使得在勃列日涅夫时期要花大量外汇进口食品与食品原料，这项费用要占每年外贸进口总额的20%，成了苏联仅次于机器设备进口的第二项大宗商品。由于苏联经济结构的严重畸形，一直被称为短缺经济，市场供应紧张，排长队、抢购一直是苏联社会经济生活的一个重要特征。

三是粗放型的工业化政策，造成资源的极大浪费。斯大林保证重工业高速发展主要靠大量投入人力、物力与财力的办法，这种粗放型的工业化政策，其结果必然是资源浪费大而经济效益低。粗放型的工业化政策，虽然使工业高速发展，但经济效益一直低下。从1928年开始实行“一五”计划后，到1935年才有第一家新建的重工业企业成为营利企业。工业劳动生产率到战后的1950年不到美国的30%，一直到苏联解体前的20世纪80年代末90年代初，这个指标才达到55%，而农业劳动生产力长期停留在20%—25%的水平上。苏联在物质生产部门中，手工劳动占的比重很大，直到20世纪80年代中期，从事手工劳动的还有5000万人，在工业中从事手工劳动的工人约为1/3，建筑业为一半以上，农业为3/4。[④]

四是工业化运动强化了高度集中的靠行政命令的指令性计划管理经济。

---

① ［苏联］尤里·阿法纳西耶夫：《别无选择》，王复士等译，辽宁大学出版社1989年版，第239、584页。

② ［俄］亚·尼·雅科夫列夫：《一杯苦酒——俄罗斯的布尔什维主义和改革运动》，徐葵等译，新华出版社1999年版，第15页。

③ ［苏联］罗伊·A. 麦德维杰夫等：《赫鲁晓夫的执政年代》，邹子婴等译，吉林人民出版社1981年版，第36页。

④ 参见《戈尔巴乔夫言论选集》，人民出版社1987年版，第93页。

### （三）勃列日涅夫时期提出转变经济增长方式

苏联在20世纪70年代以前（第二次世界大战期间除外），经济一直以较高速度增长，这是靠不断地大量投入新的人力、物力和财力达到的，走的是粗放型发展道路，是一种消耗型经济。苏联自20世纪30年代消灭失业后到80年代末，每年平均增加的劳动力为200万人。基建投资不仅增长幅度大，而且增长速度快，一般要占国民收入的30%左右，约占国家预算支出的50%。基建投资增长速度大多数年份快于国民收入增长速度，如1961—1987年，国民收入年均增长率为5.4%，而基建投资为5.6%。1950年苏联的基建投资只及美国的30%，到1971年已与美国相等，1974年超过美国。苏联生产每单位产品的物资消耗很大，如在20世纪70年代末，生产每单位国民收入用钢量比美国多90%，耗电量多20%，耗石油量多100%，水泥用量多80%，投资多50%。20世纪70年代初，苏联经济面临的主要任务是：扭转已开始出现的速度下降趋势与提高经济效益。要做到这一点，必须使经济发展由粗放型转向集约化。1971年苏共“二十四大”正式提出经济向集约化为主的发展道路过渡。

苏联在20世纪70年代初决定改变经济增长方式，走集约化道路的直接原因是，粗放因素日益缩小。表现在：

一是从20世纪60年代中期开始，苏联国民经济的许多部门已感到劳动力不足。

二是由于长期实行粗放型发展经济方式的结果，使原材料、燃料动力资源消耗量大量增加，出现供需之间的不平衡。苏联虽资源丰富，但地区分布极不平衡。

三是资金日益紧张。20世纪60年代中期之后，基建投资增长速度明显下降。苏联20世纪50年代基建投资年均增长率为13.3%，60年代降为7.1%，20世纪70年代降到5.3%。

苏联认识到，在不少产品数量超过美国之后，要想争取优势，必须通过科技进步，由过去的数量赶超转向质量赶超。而达到这一目标的主要途径是改变经济增长方式，实行集约化方针。

20世纪70年代初推行的集约方针，并没有取得成效。苏联经济仍是一种粗放型的增长方式，集约化因素在扩大再生产中的比重不仅没有提高，反而日趋下降。在苏联扩大再生产的增长额中 3/4 是依赖于粗放因素得到的。

苏联从 20 世纪 70 年代初开始实行的集约化方针，并没有取得实质性的进展，其根本原因是体制问题。这可从科技进步与经济集约化发展相互关系上得到反映。苏联长期把加速科技进步视为推行集约化方针最重要的措施，明确指出：加速科技进步、提高劳动生产率与实现经济集约化发展两者之间的密切关系，是“极严格的，毋庸置疑的”，在这个问题上不可能有其他“可供选择的方案”。苏联拥有巨大的科技潜力，20 世纪 80 年代末科技人员为 150 万人，相当于世界科技人员总数的 1/4；每年新技术发明占世界新技术发明总数的 1/3，仅次于日本，居世界第二位。但巨大的科技能力，难以在经济转向集约化发展过程中发挥作用。长期以来，只有 1/4 的科技成果在经济中得到应用，一项新技术从研究到应用的周期长达 10—12 年之久。出现上述情况的主要原因是传统经济体制对科技进步的阻碍作用，苏联学者认为，传统体制在科技进步道路上制造着一种独特的“反促进因素”。另外，苏联保密范围过宽，造成了相互封锁严重的情况，技术情报传播很慢。军工部门的先进技术转到民用部门的速度十分缓慢，造成了同一领域的技术在军事工业部门十分先进，而在民用工业部门十分落后的现象。

另外，还应指出，在勃列日涅夫时期，科技进步缓慢与当时“左”的封闭的思想有关。当时，苏联对 20 世纪 60 年代末开始的世界上已发生新的一轮科技革命的信号“置之不理，直到 70 年代初甚至还不准使用‘科学技术革命’这个概念，不仅想方设法从官方文件中勾掉，而且还从报刊书籍中删掉”①。加上在政治体制方面又“悄悄地重新斯大林主义化”，这就很难在勃列日涅夫时期使经济增长方式转变取得进展。

以上分析说明，传统体制严重阻碍科技进步，从而也成为阻碍苏联经济集约化发展的一个重要因素。所以，一些俄罗斯学者在后来总结科技进步与体制改革关系时明确指出：“要加速科技进步而不在经济上进行

① ［俄］格·阿·阿尔巴托夫：《苏联政治内幕：知情者的见证》，徐葵等译，新华出版社 1998 年版，第 216 页。

根本的改革，简直是不可思议的。”①

### (四) 戈尔巴乔夫对体制进行根本性改革的指导思想

至今，对戈尔巴乔夫时期的改革仍存在不同评价，这里笔者并不准备对戈尔巴乔夫时期的改革加以全面评析，而只是从戈尔巴乔夫改革指导思想与加速战略两个方面来分析当时苏联国家现代化问题。

1. 力图通过改革使体制迈向现代化

戈尔巴乔夫执政时期，在推行体制改革的同时，一直在进行理论讨论，鼓励学术界大胆探索改革理论，使得在理论上有一个原则性的突破，以适应根本改革体制的需要。1986 年 2 月 25 日，戈尔巴乔夫在苏共第二十七大报告中强调：“要改造经济机制，首先得改变思想，抛弃老一套的思维和实践模式。”②

从戈尔巴乔夫执政近七年的发展情况来看，戈尔巴乔夫提倡的新思维是一个较为完整的思想体系，涉及的领域十分广泛，“它实际上包括了当代所有的主要问题”③。新思维有关国内问题的内容，主要是围绕社会主义的一些主要原则问题，特别是根据根本改革体制而提出的一些新观点，这也是构成苏联体制改革的重要理论基础。

戈尔巴乔夫在整个执政期间，在其体制改革（不论是经济体制还是政治体制）过程中，一直强调人的地位和作用。从改革的实践过程看，戈尔巴乔夫的指导思想是要解决人的问题，强调人的作用，人的积极性和人的利益是改革的出发点。戈尔巴乔夫认为，社会主义思想的核心是人。斯大林时期所形成的社会主义，发生了严重的变形，实际上建立的是“专制极权和行政命令的官僚体制”。在这种体制模式下，人不被当作目的，而是当作手段来使用，也就是说，把人当作党和国家机器的“螺丝钉”。这样的结果必然是，在经济上产生人与生产资料、劳动成果的疏远；在政治上产生人与政权的疏远。为了克服上述弊端，通过改革，要使社会主义重新振作起来，发挥社会主义的潜力，克服人与所有制、与

① ［俄］格·阿·阿尔巴托夫：《苏联政治内幕：知情者的见证》，徐葵等译，新华出版社 1998 年版，第 217 页。

② ［苏联］《真理报》1986 年 2 月 26 日。

③ ［苏联］米·谢·戈尔巴乔夫：《改革与新思维》，苏群译，新华出版社 1987 年版，第 6 页。

生产资料、与政治进程、与政权、与文化的疏远现象，从而需要明确人是问题的中心，明确社会主义“是真正的、现实的人道主义制度”，“人是万物的尺度”。

在戈尔巴乔夫时期的体制改革过程中，有关人、人权问题，提出了不少看法。从经济体制改革来看，解决人与人权问题，其主要出发点是：首先是要使经济面向人、面向社会，全部生产面向消费者的要求，目的是使苏联能创造出无愧于现代文明的劳动条件与生活条件，保证公民经营自由；其次是保证劳动者变成生产的主人，使劳动者感到自己是全权主人，是真正的主人。为了通过经济体制改革解决人、人权问题，调动人的积极性，使人民真正成为国家的主人，苏联特别强调了管理民主化和自治理论。

从解决人、发挥人的积极性、使人成为生产资料的真正主人等角度来看，在生产资料所有制问题上，戈尔巴乔夫还特别强调完善经济管理体制与完善公有制是同一个过程，是不可分的。实现了生产资料社会主义改造任务之后，生产者取得主人的权力同成为真正和有主动精神的主人，这并不是一回事。因为，实现了社会主义革命的人民还需要长期熟悉自己作为整个社会财富最高的唯一的所有者的新的地位，这就需要在经济上、政治上和心理上熟悉、培养集体主义的思想和行为。另外，要使劳动者成为生产资料真正的主人，最重要的一条是要在完善经济管理体制方面做大量工作，即只有在那种充分调动生产者积极性的经济管理体制条件下，才能做到。因此，必须认识到，要完善和发展生产资料的所有制，就必须完善和发展经济管理体制。这两者是紧密结合的同一个过程。戈尔巴乔夫反复强调经济管理的民主化和社会主义自治，亦是为了使劳动者成为生产资料的真正主人，调动生产者的积极性。

在政治体制改革方面，戈尔巴乔夫在1988年6月召开的苏共第19次全国代表会议上所作的报告中，把“改革与人权”单列一个问题加以论述，并第一次明确提出：“全面充实人权，提高苏联人的社会积极性”，是苏联政治体制改革的“最终目的”，也是决定改革能在多大程度上实现的“主要标准”。①

---

①　参见［苏联］《真理报》1988年6月29日。

这次代表会议指出，苏联政治体制与党的变形，主要表现在以下几个方面：

（1）广大人民群众没有实际参与解决国家和社会事务的权力。

（2）部门管理机关的职能和结构都过于膨胀，苏维埃和党的机关均难以对部门利益进行有效监督。

（3）社会生活过分国家化，国家调节扩大到了社会生活的极广泛范围。

（4）国家结构的官僚化和群众的社会创造精神下降，这导致社会思想单一化和停滞不前。

（5）传统的政治体制其运行机制不是靠法律而是靠行政命令，即靠强制的命令和指示。①

上述五个方面，集中到一点，那就是苏联传统的政治体制缺乏民主；没有把人、人权、人的社会价值放在首位，这是导致社会经济停滞不前与难以实现国家现代化的一个重要原因。

戈尔巴乔夫时期围绕充实人权为主要取向的政治体制改革，基本趋向是：（1）坚持和发展民主化进程；（2）逐步向建立起公民社会和法制国家的目标前进。这包括两个方面的内容：一是强调经民主程序制定的法律应在社会生活中占统治地位，实现法律面前人人平等的原则；二是国家与公民之间相互拥有的权力应承担的义务，都必须按法律行事，换言之，应由法律来制约。苏联还强调立法过程的民主化与公开性，允许意见多元化，目的是排除政治权力的垄断。

在对外关系方面，戈尔巴乔夫上台后强调人、人权问题，在对外方面主要目的是改变苏联形象，改善与西方国家的关系，为国内改革创造良好的国际环境。为此，在人权政策上做了一些调整。例如，在1988年联合国《世界人权宣言》发表40周年之际，苏联不少报刊全文发表了这个宣言，进行了广泛报道与宣传；1989年苏联宣布承认1948—1984年的6项人权条约，表示撤销过去对人权条约的保留意见；还表示，今后苏联的立法改革要与它签字的国际人权条约相一致。在实际行动中，也采取了一些措施：如1988年苏共中央专门成立一个委员会，

① 参见［苏联］《真理报》1988年6月29日。

负责对 30 年代案件的重新审理，对大批冤假错案进行平反。戈尔巴乔夫亲自给著名的持不同政见的苏联最高苏维埃代表大大放宽了移民的限制。提倡民主、公开性，允许公民对过去认为属于禁区的一些问题发表意见，等等。

以上三个方面的情况分析说明，在戈尔巴乔夫推行改革过程中，人的问题在其改革中一直居重要地位，是他改革的指导思想。与此相联系，对人的问题的研究也越来越被重视，成为哲学研究的一个主题。人学曾一度兴起，苏联科学院成立人的问题综合研究学术委员会，建立了人的研究所，创办《人》杂志。

笔者认为，虽然戈尔巴乔夫时期的改革失败了，但他在改革期间针对斯大林专制制度产生的严重问题，重视人与人权问题的理论探索，应该说是使苏联在体制与意识形态等领域向现代化方面前进的。另外，从转型视角来讲，到了戈尔巴乔夫执政的后期，经过激烈争论，“到 80 年代末，俄罗斯的大多数政治力量和居民在必须进行自由化和向市场经济过渡方面实际上已达成共识”①。普遍认为：“人类还没有创造出比市场经济更为有效的东西”，“市场经济是人类在经济运行方面所取得的成果，不应把它拒之门外”，经济体制改革不能停留在继续寻找计划经济与市场经济的“最佳结合点”上，否则，“对传统体制起不了治本的作用”，因此，“除了向市场经济过渡，别无选择”。虽然戈尔巴乔夫还未来得及实施以市场经济模式为目标的改革就下台了，但毕竟提出了以市场经济为取向的改革，这给为经济现代化而实施改革在理论与思想方面提供了有利的初始条件。

2. 力图通过实施加速战略推进经济现代化

长期以来，由于片面发展重工业，特别是军事工业，苏联的国民经济结构的比例严重失调，是一种畸形的经济。20 世纪 80 年代中期从社会总产值的部门结构来看，农轻重三者的比例关系大致为 2 ∶ 2 ∶ 6。重工业过重，轻工业过轻，农业长期落后的状况，成了影响经济正常发展、改善市场供应、提高人民生活水平的一个重要因素。十分明显，在这种

---

① ［俄］Л·Я·科萨尔斯等：《俄罗斯：转型时期的经济与社会》，石天等译，经济科学出版社 2000 年版，第 59 页。

条件下，戈尔巴乔夫在推行根本性的经济体制改革时，必须同时下大决心和采取重大战略性措施来调整不合理的经济结构，即在改变旧的经济体制模式的同时应及时改变发展战略，使后者与前者相适应，并为前者创造有利的条件。

戈尔巴乔夫在其执政后不久召开的苏共中央四月全会（1985 年）上，在分析如何克服经济困难时，就提出了加速战略的思想。1986 年二月召开的苏共二十七大，正式提出并通过加速战略的方针。当时戈尔巴乔夫虽然强调，加速战略不是粗放的、纯数量的和速度上的加速，速度上的加速是要在集约化的基础上来实现。但从实质上来看，加速战略的重点仍是速度。在当时来说，戈尔巴乔夫面临十分困难的市场供应问题，应首先调整经济结构，加强农业、轻工业与食品工业，而不是加速工业特别是重工业的发展。但是从经济现代化角度来看，加速工业发展与大规模的更换设备无疑是使工业现代化的重要步骤。

戈尔巴乔夫执政后，一再批评苏联经济转向集约化的进程不快，效果不大，基本上还是粗放型经济与一种浪费型经济。从苏共中央四月全会（1985 年）以来的戈尔巴乔夫一系列重要讲话来看，“加速战略”大致包括的内容有：首先是指提高经济增长速度，特别要使那些具有战略意义的部门得到迅速发展；其次是指在加速科技发展、调整经济结构、有效管理的基础上，使生产转向集约化，达到提高经济质量的目的。另外，还包括执行积极的社会政策，确定社会主义的公正原则，改善社会关系，更新政治机关和意识形态机关的工作方式和方法，加强社会主义民主，消除怠惰、停滞不前和保守主义，即消除阻止社会进步的一切东西。

十分明显，“加速战略”与过去的集约化战略方针是不同的，它有以下的特点：

第一，“加速战略”的侧重点在速度。苏联计划国民收入的增长速度从“十一五”计划（1981—1985 年）的 3.1% 提高到 21 世纪末的 5%，在 1986—2000 年的 15 年中，年平均增长速度要达到 4.7%。战略的主要经济目标是在今后 15 年内使国民收入翻一番。

第二，“加速战略”实现的经济规模要比以往任何时期大，今后 15 年内要做完苏维埃政权 68 年里所做的事情。

第三，速度、数量上的加速，不是粗放的、纯数量上的加速。戈尔巴乔夫一再强调，加速要求有新的质量，是集约化的加速。1986 年 3 月 21 日《真理报》的一篇论述实现“加速战略”途径的理论文章指出：提高经济发展速度将在全面集约化基础上实现。全面集约化的实质是生产上做到多、快、好、省。集约化是加速的基础。显然，在这里，全面集约化是作为实现“加速战略”的方法、手段提出的。集约化与“加速战略”并不矛盾。但不能认为，“加速战略”与集约化方针是一回事，并得出结论说，戈尔巴乔夫执政后，苏联的社会经济发展战略的内容与过去一样，没有发生变化。

第四，“加速战略”涉及的面积广，它包括了社会政策与社会关系方面的改造问题。因为，在这些方面如果不能进行重大改革，就可能仍然让各种惰性、消极的因素堵塞社会经济的发展，从而使“加速发展”难以实现。

苏共二十七大提出，实现“加速战略”的一个重要途径是加速科技进步。戈尔巴乔夫在加速科技进步的大会上就说过：“加速科技进步问题的迫切性还在于，科技革命的新阶段已经到来。”“应当骑上科技进步的快马，其他出路是根本没有的”，因为“粗放的发展方法基本上已经耗尽潜力了”。戈尔巴乔夫执政头几年在加速科技进步方面采取的主要政策有：

第一，加速新兴工业的发展。苏联在这方面的方针是：增加高效能的、先进的劳动资料和劳动对象的生产，以保证微电子工业、自动化设备、新工艺流程、机器人、聚合材料、微生物工程等部门以更快的速度发展。戈尔巴乔夫把微电子工业、计算技术、仪表制造以及整个信息技术工业，视为现代科技进步的催化剂。

第二，优先发展机器制造业。这是更新苏联生产结构，使科学思想物质化的重要条件。当时苏联计划在六七年内使重要的机器、设备和仪表的参数达到世界最高水平，从而使国民经济各部门建立起高效机动的科学生产力量，以满足国民经济对现代化技术设备的要求。

第三，调整产业结构。在新技术革命蓬勃发展的情况下，苏联日益感到过去那种以重工业为主导的传统工业结构不能适应新技术革命的要求。今后，苏联的产业结构将主要朝着以下两个方向变化：一是在产业结构上实行由传统产业（重化工）为主的一元化结构向新老产业并举的多元化结构转变；二是在产品结构上，实行从资源密集型向知识、技术密集型的转变。实现这种转变的具体做法是：用增加的新产品、优质产品去取代过时的旧产品。同时，大力开发知识密集、技术密集的新产品。苏联在“十二五”计划期间，计算技术装备的产量将增加 1.3 倍，工业机器人的数量将增加两倍。

第四，调整投资结构。要实现加速科技进步的上述三个措施，就必须在投资结构上进行调整。今后几年里，用于改建的投资在投资总额中所占的份额应当至少从 1/3 提高到 1/2。

第五，改革科研与生产一体化的组织形式。为此，应从以下两个方面着手：一是把各部、委所属的大部分研究所和设计单位列入生产联合公司和企业的编制，从而加强工厂的科研部门。这样会使科研生产联合公司成为科技进步的真正先锋。二是为了打破部门之间的壁垒，建立跨部门的科技综合体（如机器人、激光工艺、生物基因等）。另外，在科研政策方面，戈尔巴乔夫强调，仍要坚持优先发展基础科学。各部的科研机关，主要解决与生产脱节的问题，其科研项目应以取得优异的国民经济成果为目标。为此，要使科研单位直接参加“科研—研制—生产—销售—维修”完整周期的全部工作。

第六，加强对科研人员的物质刺激。这包含的内容大致有：（1）要采取切实措施来提高社会对科研人员劳动的重要作用的认识；（2）由于科技的迅速发展，要系统地重新培训科技人员，让他们有机会及时学到新的专业知识；（3）提高科技人员的劳动报酬。苏联为此通过决议，决定从 1986 年起，增加科学、设计和工艺工作者的职务工资。企业和组织的领导有权为那些做出创造性贡献和富有成效地完成复杂工作的设计师和工艺师增加工资。

要加速科技进步，除了采取以上一些具体措施外，最根本的一条还是要改革经济管理体制。原因很简单，正如上面已指出的，当前阻碍苏联科技进步和经济发展的主要因素是体制问题。戈尔巴乔夫曾指出：科技进步在叩体制的大门，这在苏联表现得尤为突出。他认为，“加速科技进步就必定要求深刻改革计划和管理体制以及整个经济体制”。苏联科技进步的进程，在很大程度上取决于经济体制的发展状况。

戈尔巴乔夫的改革失败，加速战略不可能实现，以推行经济现代化为主要途径的科技进步也就难以取得进展，但戈尔巴乔夫毕竟为经济现代化提出了一种构想，看到了苏联经济的落后性，远非现代化经济。

# 第二章

## 与世界经济的重新融合

融入世界，参与国际竞争，是一个经济体对外获取信息、技术、资金、机械设备、先进工艺、先进管理模式和管理经验的最佳路径，也是维持一个国家长久立于不败之地的根本保证。这个道理适用于世界上任何国家，对于像俄罗斯这样经历了残酷的“去工业化”（普京语）、忍受了长达20年的衰退之后才重新回到原有经济起点的国家来说尤其如此。因此，融入世界，遵守共同规范，将自身纳入世界经济发展大潮流当中，这是俄罗斯追赶先进、摆脱落后从而实现经济现代化的前提和必要条件，没有这个前提条件，经济现代化就无从谈起。可以毫不夸张地说，俄罗斯经济现代化的进程在一定程度上取决于融入世界的速度、深度和广度。

对于融入世界，转型之初的俄罗斯不仅乐于接受，而且迫切向往，表现得非常积极。20世纪90年代，俄罗斯相继修订和废除了一系列与国际惯例和国际规则相抵触的原有法律法规，几乎是依照国际通行法律原则重新建立了经济法律体系，力争与世界经济体制接轨。然而，在融入世界的道路上俄罗斯走得并不顺利，不时遭遇来自各方面的阻力和障碍。造成这种现象的原因是多方面的，既有外部的，也有内部的；既有政治因素，也有技术因素。在回顾这段历史时普京曾经这样分析道：“苏联解体后，俄罗斯本应融入全球分工体系。这个体系的主要力量中心及其格局是在俄罗斯缺席的情况下、甚至是在与苏联对抗的情况下形成的。发达国家筑起重重市场壁垒保护本国利益。技术标准差异则是俄罗斯融入世界经济的另一个问题。”① 正因为世

① ［俄］普京：《我们需要新型经济》，载《普京文集（2012—2014）》，世界知识出版社、华东师范大学出版社2014年版，第25页。

界经济体系的主要框架是在俄罗斯缺席的情况下确定的，俄罗斯认为它没有恰当地体现俄罗斯的利益和诉求，因此在与世界经济接轨的过程中俄罗斯始终扮演着一个不确定的角色，时而充当合作者，时而充当挑战者。

## 一　全球化背景下的俄罗斯经济

### （一）全球化浪潮及其对世界经济的影响

在当今世界，各经济体之间的跨国贸易、跨国投资以及其他各种形式的跨国合作迅速发展，高新技术广泛传播，跨国经济实体作用凸显，致使国与国之间的经济联系变得越来越紧密，也越来越复杂，彼此间经济活动的相互关联度也随之越来越高，世界正在朝着成为一个整体的方向发展。在经济全球化的背景下，传统的生产方式、工艺流程、营销策略、资金融通以及技术研发和信息传播都发生了根本性的变化。生产不再拘于一地一厂，销售也不再受地域限制，资本跨境流动畅通无阻，信息快速传播，跨国贸易急剧扩大，国际竞争日益激烈。

很难给经济全球化确定一个公认的标准定义。就一般意义而言，经济全球化指的是各经济体在全球范围内的全面合作和高度融合，商品、劳务、技术、货币和资本可以跨界流动，各国经济紧密联系，相互依赖的程度日益提高。它是人类社会生产力发展到一定阶段所产生的必然需求，也是世界经济发展的自然结果。

20世纪人类社会先后经历了两次大规模的经济全球化浪潮的洗礼。第一次发生在世纪之初，遗憾的是由于当时缺少权威的跨国经济组织的协调和推动，加之随后人类社会两次陷入世界大战的极度混乱当中，全球化进程被迫中止。在战后，意识形态将人类社会分割为资本主义和社会主义两个完全不同的世界，并在此基础上形成了相互严重对峙、互不关联的东西方两大阵营，彼此不仅在政治上针锋相对，在经济上也相互排斥和挤压。西方阵营在美国的主导下成立了国际货币基金组织、世界银行和关贸总协定，成为具有权威性的协调跨国金融合作和贸易合作的重要国际组织。东方阵营则在苏联的主导下成立了经济互助委员会（简称经互会）和国际经济合作银行，以此协调相关社会主义国家的国际经济合作。两大阵营在全然不同的政治经济理论推动下，朝着不同的方向发展。这种状况一直持续到20世纪80年代末。

1991年苏联的解体摧毁了横亘在东西方两大阵营之间的壁垒，使世界重新合为一体，为经济全球化的重新启动创造了必要的条件。正当此时，以亚洲、北美一系列新兴市场经济国家为代表的新兴经济体的大量涌现和快速崛起，极大地促进了世界经济的发展和各经济体之间的相互融合。在这一背景下，经济全球化进程再次重启，并且迅速向世界各个角落蔓延，成为一股难以抗拒的历史潮流。俄罗斯与一系列中东欧转型国家也先后被卷入这股潮流之中。

经济全球化正在深刻地改变着整个人类社会，它给世界经济的发展带来的积极影响是不言而喻的。

第一，经济全球化有利于各个经济体之间生产要素的合理利用和优化配置，使自然资源、人力资源、市场资源以及金融资源有条件实现最佳融合。就常理而言，任何一个经济体，不论它的运行多么顺畅，效率有多高，最终还是会受到自身资源、市场、资本、人力等多方面因素的限制，而经济全球化则为其提供了巨大的选择空间，可以最大限度地利用各种要素条件，最充分地发挥各种优势，使得商品在最佳状态下进行生产、销售和服务成为可能，这将极大地改善市场环境，最大限度地提高经济效率和社会效益，减少或避免各种资源的浪费。

第二，经济全球化有助于提高国际竞争力，深化国际分工，使世界经济格局变得日趋合理。在经济全球化背景下，跨国经济活动越来越频繁，资本和技术的流动更加迅速和合理，产业的转移和升级换代可以在全球范围内进行，区域性和次区域性等跨国经济组织的影响力日益增强，国际市场不断统一和扩大，各个经济体得以充分发挥本体优势，致力于具有比较优势的生产和服务，从而最大限度地实现自身价值。

第三，经济全球化有助于各国经济结构和产业结构的调整，促进经济结构和产业结构的合理化，理性扩大生产能力，增强产能的针对性和合理性。有助于同时加强南南、北北、南北之间的多向合作，拉近发达国家与发展中国家之间的距离，缩小贫国与富国之间的悬殊差距，使世界变得更加和谐和富有生机。

第四，经济全球化有助于世界经济的多极化，促进公平竞争。全球化突破了政治意义上的领土疆界的概念，在一定程度上打破了发达经济体在经济和技术方面的垄断，使得国际经济关系日益复杂化和多样化，部分原有的国际规则和国际惯例将不再适用，迫使人们在制度上寻求创新，从而形成新的国际规则和国际惯例。在这个过程当中，后起的经济体将有机会参与新规则和新惯例的制定，从而维护自身的经济利益和民族利益。

第五，经济全球化对于稳定地缘政治关系、维护世界和平也具有重要意义。经济全球化在促进世界经济发展的同时也为国与国之间开展人文交流和政治对话创造了条件，增加了相互间的政治透明度和政治韧性，为通过政治协商来解决彼此间的矛盾和纠纷提供了更加广阔的空间和更加坚实的基础，由此避免或降低了爆发政治冲突的可能性。

当然，经济全球化给人类社会带来的影响不完全是正面的，同时也有负面的。由于各国经济发展的严重不平衡，发达经济体在全球化过程中显然占有更多的主导权和机动性，它们有可能依靠自身的优势，借助经济全球化进一步强化本国在一些经济领域的垄断地位，从发展中国家获得更多的利益和回报，而将一些不利的因素转嫁给发展中国家。相反，处于相对劣势的发展中国家为了获得资金、技术和市场不得不做出更多的让步，被迫放弃部分利益，进而给经济安全、文化安全乃至国家安全埋下隐患，并有可能最终为此付出沉重的代价。

### （二）全球化给俄罗斯带来的机遇与挑战

如同对世界经济产生的影响一样，经济全球化的深入发展给俄罗斯社会带来的影响也是复杂的，既有积极的一面也有消极的一面，所谓机遇与挑战并存，应当充分肯定经济全球化给俄罗斯的经济发展带来了一系列难得的机遇。

机遇之一，在全球经济一体化的大背景下，各国均不得不主动或被动地放弃部分原有的、不符合时代潮流的观念和行为准则，接受新的共同的思想观念、经济规则和市场规范，这将有效地促进尚属于初级阶段的俄罗斯市场经济体制的进一步发展和完善。

机遇之二，经济全球化使俄罗斯与西方发达国家平等地开展各项合作成为可能，同时也增加了其参与制定新的国际规范的话语权，从而得以从容施展其大国抱负，维护自身的经济利益和民族利益，这是多年来俄罗斯梦寐以求的。

机遇之三，经济全球化突破了对信息、技术、人才和资本的国境限制，这将十分有利于俄罗斯吸引外国投资，引进高新技术、工艺和设备，接受先进的管理模式和管理经验。俄罗斯的再次工业化的效率将因此而大大提升，使国民经济在短期内实现跨越式发展成为可能。

机遇之四，经济全球化有利于俄罗斯充分发挥自身的潜力和优势，大力开拓外部市场，深入和广泛地参与国际分工和市场竞争，从而提高本国企业的活力和竞争力。

机遇之五，经济全球化在一定程度上有助于俄罗斯改变经济增长方式，由传统的粗放型模式向现代的集约化模式过渡，合理调整经济结构和产业结构，从而为国民经济的稳定、健康、可持续发展创造必要的条件。

与此同时，也应当看到，经济全球化是一把双刃剑，它在带给俄罗斯一系列机遇的同时，也有可能造成一些负面影响。其中最令人担忧的是全球化有可能在一定程度上拖延甚至阻碍其民族工业的复兴，对其经济多元化和产业结构调整也将带来一些不利影响。经过20世纪90年代的去工业化劫后余生的俄罗斯民族工业的地位岌岌可危，根本承受不住具有绝对优势的国际品牌的冲击，俄罗斯国内市场几乎完全被外国商品所占领，民族品牌遭受空前挤压，生存空间进一步缩小。俄罗斯是在百业尽废、唯有能源工业一枝独秀的情况下迎接经济全球化浪潮的，能够参与国际分工和国际竞争、在国际市场获得一席之地的只有能源工业，这极有可能进一步强化能源工业在俄罗斯经济中的地位，使得国民经济能源化倾向恶性发展，从而使俄罗斯长期陷入严重依赖国际能源市场的不利局面，经济发展缺乏稳定性和自主性。

### （三）俄罗斯在当今世界经济格局中的地位与作用

1. 按经济总量的国际排名

整个20世纪90年代，俄罗斯不折不扣地延续了苏联自70年代中期开始的历史性衰落，不仅如此，苏联的解体以及由此引发的政局动荡、不成功的经济社会转型、残酷的去工业化运动使俄罗斯经济遭受了空前的打击，国际经济地位大不如前。1991年苏联解体当年，俄罗斯国内生产总值为5595.84亿美元，占同期全球国内生产总值的2.41%，经济总量位居美国、日本、德国、法国、意大利、英国、加拿大、西班牙之后名列第九（中国当年居于第十位）。次年，俄罗斯被中国反超，位次降到了第十位。此后数年，俄罗斯经济总量的国际排名一降再降，1995年落到了第十四位，1999年再降至第二十位。1999年之后，在旺盛的市场需求推动下国际石油价格一路飙升，依靠大量出口石油，俄罗斯国民经济得到快速复苏，其国际经济地位也随之开始回升。2000年上升到第十九位，2005年前进到第十四位，2008年重新进入世界前十名的行列，位居第八位。然而，在国际金融危机的拖累下，2009年俄罗斯国民经济大幅滑坡，同比下降7.8%，再次被挤出世界前十名的序列，2010年位居世界第十一位。[①]

2008—2009年的国际金融危机使俄罗斯经济元气大伤，危机后虽然有所恢复，世界排名也略有回升，但是鉴于自身经济结构的严重缺陷，无法摆脱国际油价下跌带来的困扰，发展动力严重不足，国民经济增长逐年减弱。根据俄罗斯联邦国家统计局的统计，2014年俄罗斯国内生产总值为70.98万亿卢布，较上年同期仅仅增长了0.6%，比上年微弱的1.3%的增长率又下跌了0.7个百分点。这是1999年至今除2009年出现下降之外的最低指标，说明俄罗斯经济已经基本陷入停滞状态。[②] 由此可见，多年来俄罗斯的经济发展严重缺乏稳定性，这一特点决定了其国际经济地位也处于极不稳定的状态，20年前如此，目前依然如此。

---

① 参见《历年世界前十大经济体GDP及所占世界经济比重列表（联合国数据）》，http：//zh.wikipedia.org/wiki/。

② *Об итогах социально-экономического развития Российской Федерации в* 2014 *году*，с.3，http：//economy.gov.ru/minec/activity/sections/macro/.

根据国际货币基金组织的最新统计数据，以现行汇率为依据，2014年世界前十大经济体分别为美国、中国、日本、德国、法国、英国、意大利、巴西、俄罗斯和印度。由于2014年第四季度卢布大幅贬值，当年俄罗斯以美元计算的国内生产总值与上年相比不升反降，大约折合20414亿美元，相当于同期美国经济总量的11.74%、中国的19.58%。①

表2—1　　2014年世界前十大经济体（按汇率计算）　　单位：万亿美元

| 位次 | 第一位 | 第二位 | 第三位 | 第四位 | 第五位 | 第六位 | 第七位 | 第八位 | 第九位 | 第十位 |
|---|---|---|---|---|---|---|---|---|---|---|
| 国家 | 美国 | 中国 | 日本 | 德国 | 法国 | 英国 | 意大利 | 巴西 | 俄罗斯 | 印度 |
| GDP | 17.392 | 10.424 | 4.685 | 3.931 | 2.964 | 2.899 | 2.175 | 2.106 | 2.041 | 1.902 |

资料来源：国际货币基金组织统计数据，转引自《图解：历年来世界前十大经济体及GDP数据一览》，中商情报网，http://www.askci.com/finance/2015/03/04/15516m5pg.shtml。

通过表2—1可以看出，尽管同属世界前十大经济体之列，但彼此间的经济规模相差巨大。如果将每5万亿美元确定为一个等量级的话，那么在这十大经济体当中，美国以超过17万亿美元的规模遥遥领先，稳居第一等量级，中国以10万亿美元的总量位居第二等量级，其余八国经济总量均在1万亿至5万亿美元之间，同为第三等量级。其中，俄罗斯位居第九，在第三等级中处于靠后的位置，经济总量与位居第十的印度相差无几，从俄印两国目前的经济发展趋势来看，后者超越前者只是个时间问题。

2. 外贸规模及其世界占比

统计资料显示，在21世纪的最初10年，除去2009年因国际金融危机而出现严重下降之外，其他年份俄罗斯对外贸易均保持了增长，而且多数年份实现了两位数的高速增长。2000年俄罗斯对外贸易总额只有1370亿美元，其中出口1031亿美元，进口339亿美元。到了2008年对外贸易总额已经达到了7349亿美元，扩大了4倍多，年均增长率达到54.6%。其中，出口4679亿美元，进口2670亿美元，较之2000年均获

① 《图解：历年来世界前十大经济体及GDP数据一览》，中商情报网，http://www.askci.com/finance/2015/03/04/15516m5pg.shtml。

得了大幅增长。

近两年由于受到各种复杂因素的影响，俄罗斯的对外贸易额时涨时跌，形势很不稳定。国际市场需求增长趋缓和大宗产品的降价导致2014年俄罗斯对外贸易规模同比出现下降，但依然实现了8016亿美元的贸易额，其中出口4936亿美元，进口3080亿美元，实现贸易顺差1856亿美元。①

**表2—2　　俄罗斯历年对外贸易情况**　　单位：亿美元

| 年份 | 2000 | 2005 | 2010 | 2011 | 2012 | 2013 |
|---|---|---|---|---|---|---|
| 进出口 | 1369.73 | 3401.81 | 6259.80 | 8224.78 | 8419.98 | 8422.33 |
| 出口 | 1030.93 | 2414.73 | 3970.68 | 5167.18 | 5247.35 | 5272.66 |
| 进口 | 338.80 | 987.08 | 2289.12 | 3057.60 | 3172.63 | 3149.67 |

资料来源：ЭКСПОРТ И ИМПОРТ РОССИЙСКОЙ ФЕДЕРАЦИИ，Российский статистический ежегодник - 2014 г，http：//www.gks.ru/bgd/regl/b14_13/IssWWW.exe/Stg/d04/26-04.htm。

随着贸易规模的扩大，俄罗斯进出口额在全球进出口总额中所占的比重也明显增加。根据俄罗斯官方的统计，2000年，俄罗斯出口额在全球出口总额中的占比只有1.6%，2008年增加到3.0%。同一时期，俄罗斯进口额在全球进口总额的比重由0.9%提高到1.7%。这一演变趋势与发达国家进出口占比不断下降的趋势形成鲜明对照，与一般新兴市场经济国家的发展脉络基本吻合。

**表2—3　　俄罗斯出口额在全球出口总额占比的国际比较**　　单位：%

| 年份 | 2000年 | 2003 | 2004 | 2005 | 2006 | 2007 | 2008 | 2010 | 2012 |
|---|---|---|---|---|---|---|---|---|---|
| 俄罗斯 | 1.6 | 1.8 | 2.0 | 2.3 | 2.5 | 2.6 | 3.0 | 2.6 | 2.8 |
| 比利时 | 3.0 | 3.4 | 3.4 | 3.2 | 3.1 | 3.1 | 3.0 | 2.7 | 2.4 |
| 德国 | 8.6 | 10.1 | 10.0 | 9.5 | 9.4 | 9.6 | 9.3 | 8.4 | 7.6 |

① *Об итогах социально-экономического развития Российской Федерации в* 2014 *году*, c. 140，http：//economy.gov.ru/minec/activity/sections/macro/.

续表

| 年份 | 2000 | 2003 | 2004 | 2005 | 2006 | 2007 | 2008 | 2010 | 2012 |
|---|---|---|---|---|---|---|---|---|---|
| 意大利 | 3.8 | 4.0 | 3.9 | 3.6 | 3.5 | 3.6 | 3.5 | 3.0 | 2.7 |
| 加拿大 | 4.3 | 3.7 | 3.4 | 3.5 | 3.3 | 3.0 | 2.9 | 2.6 | 2.5 |
| 中国 | 3.9 | 5.9 | 6.5 | 7.4 | 8.1 | 8.8 | 9.0 | 10.5 | 11.1 |
| 荷兰 | 3.4 | 3.6 | 3.5 | 3.4 | 3.3 | 3.5 | 3.4 | 3.3 | 3.0 |
| 美国 | 12.3 | 9.7 | 9.0 | 8.8 | 8.7 | 8.4 | 8.2 | 8.5 | 8.4 |
| 法国 | 4.7 | 4.9 | 4.6 | 4.2 | 4.0 | 3.9 | 3.8 | 3.4 | 3.0 |
| 日本 | 7.5 | 6.3 | 6.2 | 5.8 | 5.4 | 5.2 | 5.0 | 5.1 | 4.3 |

资料来源：2000—2008 年数据见［俄］俄罗斯联邦国家统计局《俄罗斯统计年鉴（2009）》，俄罗斯统计出版社 2009 年版，第 781 页；2010—2012 年数据见《俄罗斯统计年鉴（2013）》，俄罗斯统计出版社 2013 年版，第 704 页。

**表 2—4　俄罗斯进口额在全球进口总额占比的国际比较**　单位:%

| 年份 | 2000 | 2003 | 2004 | 2005 | 2006 | 2007 | 2008 | 2010 | 2012 |
|---|---|---|---|---|---|---|---|---|---|
| 俄罗斯 | 0.9 | 0.5 | 0.8 | 0.9 | 1.1 | 1.4 | 1.7 | 1.5 | 1.7 |
| 比利时 | 2.7 | 3.1 | 3.1 | 3.0 | 2.9 | 3.0 | 2.9 | 2.6 | 2.4 |
| 德国 | 7.6 | 7.9 | 7.7 | 7.4 | 7.6 | 7.6 | 7.5 | 7.0 | 6.4 |
| 意大利 | 3.6 | 3.9 | 3.8 | 3.6 | 3.6 | 3.6 | 3.5 | 3.2 | 2.7 |
| 加拿大 | 3.7 | 3.1 | 2.9 | 3.1 | 2.9 | 2.7 | 2.5 | 2.6 | 2.6 |
| 中国 | 3.4 | 5.4 | 6.0 | 6.2 | 6.5 | 6.8 | 7.1 | 9.2 | 10.0 |
| 荷兰 | 3.0 | 3.1 | 3.1 | 2.9 | 3.0 | 3.0 | 3.1 | 2.9 | 2.7 |
| 韩国 | 2.5 | 2.3 | 2.4 | 2.5 | 2.5 | 2.6 | 2.7 | 2.8 | 2.9 |
| 美国 | 19.3 | 17.1 | 16.4 | 16.4 | 15.8 | 14.4 | 13.5 | 13.0 | 12.8 |
| 法国 | 4.8 | 4.9 | 4.8 | 4.6 | 4.4 | 4.4 | 4.4 | 4.0 | 3.6 |
| 日本 | 5.8 | 5.0 | 4.9 | 4.9 | 4.8 | 4.4 | 4.8 | 4.6 | 4.9 |

资料来源：2000—2008 年数据见［俄］俄罗斯联邦国家统计局《俄罗斯统计年鉴（2009）》，第 781 页；2010—2012 年数据见《俄罗斯统计年鉴（2013）》，第 704 页。

3. 主要贸易伙伴

伴随着对外贸易规模的逐渐扩大，俄罗斯的外贸伙伴也在不断增加。目前俄罗斯的外贸伙伴已经遍及全球，其中主要贸易伙伴集中于欧亚大陆。以 2014 年对外货物贸易为例，在区域经济组织当中俄罗斯最大的贸易伙伴是经合组织，对其货物进出口分别占到了其对外进出口总额的 58.9% 和 63.7%。与俄罗斯货物贸易额在俄罗斯对外货物贸易总额中占比达两位数的区域经济组织还有欧盟 28 国（进口占 41.4%，出口占 52.1%）、亚太经合组织（进口占 36.4%，出口占 21.6%）、东盟 10 + 6 国（进口占 29.3%，出口占 19.2%）（见表 2—5）。除此之外，俄罗斯其他重要货物贸易伙伴还有中东 15 国、中欧自由贸易区、北美自由贸易区、石油输出国组织、拉美一体化协会和南方共同市场。

**表 2—5　　　　俄罗斯对主要区域组织货物出口额（2014 年）**

| 区域组织 | 金额（百万美元） | 占比（%） |
|---|---|---|
| 总值 | 496931 | 100.0 |
| 经合组织 | 316463 | 63.7 |
| 欧盟 28 国 | 258720 | 52.1 |
| 亚太经合组织 | 107282 | 21.6 |
| 东盟 10 + 6 国 | 95234 | 19.2 |
| 中东 15 国 | 34787 | 7.0 |
| 中欧自由贸易区 | 34717 | 7.0 |
| 北美自由贸易区 | 12805 | 2.6 |
| 石油输出国组织 | 8725 | 1.8 |
| 拉美一体化协会 | 6338 | 1.3 |
| 南方共同市场 | 6036 | 1.2 |

资料来源：商务部综合司、商务部国际贸易经济合作研究院：《2014 年俄罗斯货物贸易及中俄双边贸易概况》，商务部网站，http：//countryreport. mofcom. gov. cn/record/qikan110209. asp? id = 6996。

表 2—6　　俄罗斯自主要区域组织货物进口额（2014 年）

| 区域组织 | 金额（百万美元） | 占比（%） |
|---|---|---|
| 总值 | 285934 | 100.0 |
| 经合组织 | 168485 | 58.9 |
| 欧盟 28 国 | 118377 | 41.4 |
| 亚太经合组织 | 104191 | 36.4 |
| 东盟 10+6 国 | 83707 | 29.3 |
| 中欧自由贸易区 | 21775 | 7.6 |
| 北美自由贸易区 | 21002 | 7.4 |
| 拉美一体化协会 | 9725 | 3.4 |
| 中东 15 国 | 8758 | 3.1 |
| 南方共同市场 | 8423 | 3.0 |
| 石油输出国组织 | 2186 | 0.8 |

资料来源：商务部综合司、商务部国际贸易经济合作研究院：《2014 年俄罗斯货物贸易及中俄双边贸易概况》，商务部网站，http：//countryreport. mofcom. gov. cn/record/qikan110209. asp? id = 6996。

如以国别计算，2014 年俄罗斯最大的货物出口市场分别为荷兰（占 13.7%）、中国（占 7.6%）、德国（占 7.5%）、意大利（占 7.2%）以及土耳其、日本、白俄罗斯、韩国、乌克兰、波兰、哈萨克斯坦、拉脱维亚、英国、芬兰和美国。俄罗斯的主要货物进口来源地分别为中国（占 17.8%）、德国（占 11.5%）、美国（占 6.5%）、意大利（占 4.5%）以及白俄罗斯、日本、乌克兰、法国、韩国、英国、哈萨克斯坦、波兰、土耳其、荷兰、捷克（见表 2—7、表 2—8）。

表 2—7　　俄罗斯对主要贸易伙伴货物出口额（2014 年）

| 国家 | 金额（百万美元） | 占比（%） |
|---|---|---|
| 总值 | 496931 | 100.0 |
| 荷兰 | 67935 | 13.7 |
| 中国 | 37509 | 7.6 |

续表

| 国家 | 金额（百万美元） | 占比（%） |
|---|---|---|
| 德国 | 37124 | 7.5 |
| 意大利 | 35746 | 7.2 |
| 土耳其 | 24452 | 4.9 |
| 日本 | 19877 | 4.0 |
| 白俄罗斯 | 19692 | 4.0 |
| 韩国 | 18292 | 3.7 |
| 乌克兰 | 17114 | 3.4 |
| 波兰 | 15932 | 3.2 |
| 哈萨克斯坦 | 13865 | 2.8 |
| 拉脱维亚 | 12577 | 2.5 |
| 英国 | 11505 | 2.3 |
| 芬兰 | 11381 | 2.3 |
| 美国 | 10719 | 2.2 |

资料来源：商务部综合司、商务部国际贸易经济合作研究院：《2014 年俄罗斯货物贸易及中俄双边贸易概况》，商务部网站，http：//countryreport. mofcom. gov. cn/record/qikan110209. asp? id = 6996。

**表 2—8　　　　俄罗斯主要贸易伙伴货物进口额（2014 年）**

| 国家 | 金额（百万美元） | 占比（%） |
|---|---|---|
| 总值 | 285934 | 100.0 |
| 中国 | 50890 | 17.8 |
| 德国 | 32961 | 11.5 |
| 美国 | 18490 | 6.5 |
| 意大利 | 12722 | 4.5 |
| 白俄罗斯 | 11739 | 4.1 |
| 日本 | 10923 | 3.8 |
| 乌克兰 | 10748 | 3.8 |
| 法国 | 10742 | 3.8 |
| 韩国 | 9025 | 3.2 |

续表

| 国家 | 金额（百万美元） | 占比（%） |
| --- | --- | --- |
| 英国 | 7810 | 2.7 |
| 哈萨克斯坦 | 7163 | 2.5 |
| 波兰 | 7074 | 2.5 |
| 土耳其 | 6649 | 2.3 |
| 荷兰 | 5251 | 1.8 |
| 捷克 | 4898 | 1.7 |

资料来源：商务部综合司、商务部国际贸易经济合作研究院：《2014 年俄罗斯货物贸易及中俄双边贸易概况》，商务部网站，http：//countryreport. mofcom. gov. cn/record/qikan110209. asp? id = 6996。

4. 贸易结构与国际经济地位

得天独厚的自然资源在很大程度上决定了俄罗斯的对外贸易结构，能源原材料始终是其优势出口产品。能源是俄罗斯当之无愧的经济支柱，这本身也决定了其在国际分工中所扮演的角色——全球首屈一指的石油和天然气出口大国、举足轻重的国际能源供应商、欧洲能源的最大供给国。俄罗斯所处的地理位置以及其独特的贸易结构决定了其在国际市场上占有特殊的地位，并且具有十分敏感的地缘政治意义。

出口结构的单一化和出口产品的初级化是当前俄罗斯对外贸易面临的主要问题。二十多年前的苏联时期，在大量出口能源产品的同时，俄罗斯还向国际市场提供了其他各类工业产品，包括大型机械设备、宽体干线飞机等高技术产品。苏联解体后，俄罗斯工业在残酷的经济转型过程中遭受重创，丧失了大部分生产能力，也丧失了原有的市场份额，创新能力更显不足，如今已经无法再向国际市场提供像样的高新技术产品，甚至连提供普通深加工产品都很困难，出口商品结构越来越单一，燃料能源几乎成为唯一的大宗出口项目，在对外出口总额中最近若干年一直占据 60%—70% 的份额。

能源出口对于俄罗斯的重要性非同寻常。对此，俄罗斯领导人并不避讳。早在 2003 年 5 月发表的国情咨文中普京总统就坦率地承认，俄罗斯的经济成就完全依赖于石油出口，民众生活水平的提高，外债的如期偿还，财政状况的改善，投资规模的扩大，国家储备的增加，等等，无一不得益于石油出口。2012 年 1 月，普京第三次竞选总统时发表了著名的《我们需要新型经济》，在系统阐述了其经济纲领的同时也对俄罗斯在全球分工中的地位进行了论述。他指出：俄罗斯已经重新建立起本国的经济体系“并成为世界经济的有机组成部分。这主要依托于我们的自然资源。俄罗斯国内生产总值的 1/4 以上来自向国际市场销售天然气、石油、金属、木材和其他原材料或初级产品”。“资源型经济是苏联经济和俄罗斯经济的共性。苏联自给自足、封闭孤立的国民经济模式根本无法适应新形势。在市场转型（在很大程度上是自发的）的过程中，与未加工原材料和半成品出口相关的、变现率高的行业得以生存下来。我们实际经历了大规模的去工业化，生产质量下滑，生产结构全面简化。因此，俄罗斯的消费品、科技和复杂产品高度依赖进口，对主要出口商品价格波动极其敏感，也就是受制于许多我们无法控制的因素。”①

在这里，普京总统很清楚地说明了俄罗斯经济的基本特征，同时为俄罗斯在世界经济格局中的地位做出了很准确的定位。那就是，俄罗斯在国际市场上越来越明显地扮演着原材料供应商的角色。对此，俄罗斯的出口商品结构提供了很有说服力的依据。以 2014 年俄罗斯的主要出口商品构成（章）为例。在全部货物出口产品当中，矿物燃料、矿物油及其产品、沥青等占据了 58.5% 的份额，加上木材、木炭、矿砂、矿渣及矿灰、盐、硫黄、土及石料、石灰及水泥、木浆、废纸，占比超过了 60%。如果再加上初级金属制品，占比就更高了（见表 2—9）。

**表 2—9　　2014 年俄罗斯主要出口商品构成（章）**

| HS 编码 | 商品类别 | 商品金额（百万美元） | 占比（%） |
|---|---|---|---|
| 章 | 总值 | 496931 | 100.0 |
| 27 | 矿物燃料、矿物油及其产品；沥青等 | 290678 | 58.5 |
| 72 | 钢铁 | 20517 | 4.1 |
| 71 | 珠宝、贵金属及其制品；仿首饰；硬币 | 11842 | 2.4 |

① ［俄］普京：《我们需要新型经济》，载《普京文集（2012—2014）》，世界知识出版社、华东师范大学出版社 2014 年版，第 25、26 页。

续表

| HS 编码 | 商品类别 | 商品金额（百万美元） | 占比（%） |
|---|---|---|---|
| 84 | 核反应堆、锅炉、机械器具及零件 | 9277 | 1.9 |
| 31 | 肥料 | 8986 | 1.8 |
| 44 | 木及木制品；木炭 | 7757 | 1.6 |
| 10 | 谷物 | 7084 | 1.4 |
| 76 | 铝及其制品 | 6590 | 1.3 |
| 28 | 无机化学品；贵金属等的化合物 | 5103 | 1.0 |
| 74 | 铜及其制品 | 4905 | 1.0 |
| 85 | 电机、电气、音像设备及其零件 | 4883 | 1.0 |
| 29 | 有机化学 | 4488 | 0.9 |
| 75 | 镍及其制品 | 4031 | 0.8 |
| 26 | 矿砂、矿渣及矿灰 | 3288 | 0.7 |
| 87 | 车辆及其零附件（不含铁道车辆） | 3165 | 0.6 |
| 73 | 钢铁制品 | 3123 | 0.6 |
| 40 | 橡胶及其制品 | 3000 | 0.6 |
| 03 | 鱼及其他水生无脊椎动物 | 2859 | 0.6 |
| 39 | 塑料及其制品 | 2644 | 0.5 |
| 15 | 动植物油脂、蜡；精制食用油脂 | 2258 | 0.5 |
| 48 | 纸及纸板；纸浆、纸或纸板制品 | 2253 | 0.5 |
| 90 | 光学、照相、医疗等设备及零件 | 1421 | 0.3 |
| 25 | 盐；硫黄；土及石料；石灰及水泥等 | 1393 | 0.3 |
| 23 | 食品工业的残渣及肥料；配制的饲料 | 1217 | 0.3 |
| 47 | 木浆等纤维状纤维素浆；废纸及纸板 | 1196 | 0.2 |
| 24 | 烟草、烟草及烟草代用品的制品 | 812 | 0.2 |
| 81 | 其他贱金属、金属陶瓷及其制品 | 804 | 0.2 |
| 86 | 铁道车辆；轨道装置；信号设备 | 766 | 0.2 |
| 89 | 船舶及浮动结构体 | 733 | 0.2 |
| 38 | 杂项化学产品 | 689 | 0.1 |
|  | 合计 | 417762 | 84.1 |

资料来源：商务部综合司、商务部国际贸易经济合作研究院：《2014 年俄罗斯货物贸易及中俄双边贸易概况》，商务部网站，http：//countryreport. mofcom. gov. cn/record/qikan110209. asp？id = 6996。

俄罗斯主要出口商品构成（类）对此反映得更为明显。光是矿产品一类就占到了全俄对外货物出口总额的68.8%（见表2—10）。

**表2—10　　　　2014年俄罗斯主要出口商品构成（类）**

| 海关分类 | HS编码 | 商品类别 | 商品金额（百万美元） | 占比（%） |
|---|---|---|---|---|
| 类 | 章 | 总值 | 496931 | 100.0 |
| 第5类 | 25—27 | 矿产品 | 295359 | 68.8 |
| 第15类 | 72—83 | 贱金属及其制品 | 40630 | 9.5 |
| 第6类 | 28—38 | 化工产品 | 21215 | 4.9 |
| 第16类 | 84—85 | 机电产品 | 14159 | 3.3 |
| 第14类 | 71 | 贵金属及其制品 | 11842 | 2.8 |
| 第2类 | 06—14 | 植物产品 | 8132 | 1.9 |
| 第9类 | 44—46 | 木及其制品 | 7758 | 1.8 |
| 第7类 | 39—40 | 塑料、橡胶 | 5645 | 1.3 |
| 第4类 | 16—24 | 食品、饮料、烟草 | 5136 | 1.2 |
| 第17类 | 86—89 | 运输设备 | 4665 | 1.1 |
| 第10类 | 47—49 | 纤维素浆；纸张 | 3876 | 0.9 |
| 第1类 | 01—05 | 活动物；动物产品 | 3374 | 0.8 |
| 第3类 | 15 | 动植物油脂 | 2258 | 0.3 |
| 第18类 | 90—92 | 光学、钟表、医疗设备 | 1437 | 0.3 |
| 第13类 | 68—70 | 陶瓷；玻璃 | 1273 | 0.3 |
| | | 其他 | 70173 | 14.1 |

资料来源：商务部综合司、商务部国际贸易经济合作研究院：《2014年俄罗斯货物贸易及中俄双边贸易概况》，载商务部网站，http：//countryreport. mofcom. gov. cn/record/qikan110209. asp? id = 6996。

由此可见，从国际分工来看，俄罗斯主要为国际市场提供石油、天然气等能源原料，基本处于整个工业生产链的上游。它的国际经济地位和国际贸易地位已经完全不能与当年的苏联相比。然而，正是这样的出口结构使得俄罗斯在过去的十多年间获得了巨大的利益。多年来，由于国际能源市场需求的不断扩大和国际地缘政治的微妙影响，手中握有充足的能源资源的俄罗斯在对外贸易中占尽先机，处于绝对的优势地位，因为贸易伙伴对其能源的需求是刚性的，而俄罗斯对对方的需求则很大程度上是柔性的，为此俄罗斯获得了极大的经济利益和政治利益。不过，近年来上述情况正在悄然发生变化。全球经济增长速度放缓、国际市场能源需求减弱、新型能源的开发和利用、页岩油气开采的革命性突破、液化天然气的广泛使用解决了远程运输的难题、伊朗核问题的解决等，所有这一切使得国际能源格局发生了重大变化，俄罗斯的能源强势地位受到很大削弱。

## 二　重新融入世界经济体系的历程

俄罗斯融入世界经济体系的进程是从“重返欧洲”开始的。

众所周知，苏联的经济自成一体，长期处于封闭、半封闭状态。对于这个结论，部分俄罗斯领导人并不认可。梅德韦杰夫在担任俄罗斯总统期间曾经对此有过专门论述。他说：“通常人们举例子时说，苏联是一个自给自足的国家，好像它的经济是完全封闭的。一些分析人士认为，全球化开始影响到苏联是在1985年以后，并最终导致了苏联的解体。还有一些经济学家认为，苏联拒绝参与国际劳动分工，并以此阻碍经济全球化的发展。”“情况真的是这样吗？不论怎么说，有一点是可以肯定的，那就是苏联是全球化的重要成员之一。而且，苏联从一开始致力于全球化就是有计划的，尽管有些人为因素，但苏联毕竟奠定了全世界国际共产主义体系的基础。”因此他认为，“在相当程度上，苏联经济与世界经济是相融合的”。“我们还不应该忘记的是，在所谓经互会框架内有过合作。假如苏联真的是自给自足的国家，那么其经济就不应该受到诸如国际油价波动的外部影响。但苏联的经济危机正是源于（20世纪）80年代中期国际石油价格的暴跌。”①

苏联的经济危机确实与当时国际石油价格暴跌有一定的关联，因此

---

① 《德米特里·梅德韦杰夫在圣彼得堡经济论坛上的讲话》（2006年6月），载［俄］德·阿·梅德韦杰夫《俄罗斯国家发展问题》，陈玉荣等译，世界知识出版社2008年版，第33页。

梅德韦杰夫的上述讲话不能说完全没有道理，但并不能以此证明苏联经济是开放的。苏联时期，意识形态高于一切，世界被划分为资本主义和社会主义两大阵营，苏联的对外经济合作主要限于经互会成员国之间，而经互会是个与国际市场完全不相容的小团体，充其量是个地域性的、政治性的经济组织，其内部合作带有强烈的主观的、计划分配的色彩。除了部分初级产品（如石油、天然气等）之外，苏联极少参与经互会之外的物质交流和经济往来（与芬兰进行的富有成效的经贸合作是个极为特殊的例子，因此一直被苏联当作其与资本主义国家开展经济合作的典范广为宣扬）。在当时的苏联市场基本看不到西方国家的产品，同样地，苏联产品也极少进入西方市场。苏联不仅封闭了自己，同时也封闭了一系列当时的中东欧社会主义国家，这是不争的历史事实。

冷战结束之后，苏联充分意识到了自身的落后，而落后的原因之一就在于自我封闭。因此，从苏联后期开始就试图摆脱半封闭的、自成一体的经济发展模式，加入世界经济大循环。最初的尝试就是提出重回欧洲，希望借助于与欧洲的合作融入世界经济。这一选择既与自然地理因素和历史文化传统有关，也与当时苏联（俄罗斯）的政治、文化思潮有关。在那个年代，许多俄罗斯人幼稚地认为，只要放弃原有的意识形态，欧洲就会迫不及待地接纳它。叶利钦时期的俄罗斯政府还曾经有过加入欧洲联盟的动议，甚至个别政府高官和国会议员还表达过希望成为北大西洋公约组织成员的意愿。

1991 年 4 月 14 日，以向市场经济体制转型的中东欧国家提供金融支持为己任的欧洲复兴开发银行宣告成立，这为俄罗斯回归欧洲、进而融入世界提供了绝佳的路径。同年 6 月 28 日，经互会在布达佩斯召开了最后一次成员国峰会，随后这个成立于 1949 年的带有浓厚意识形态色彩的地区经济组织彻底走进了历史。经互会的终结和加入欧洲复兴银行，是俄罗斯开始融入世界的重要起点。前者宣告了一个时代的结束，后者则标志着另一个时代的开始。

然而，融入欧洲的进程并不像俄罗斯人起初想象的那样自然和顺利，最终由于各方面的复杂原因使这一进程被迫中止，俄罗斯到底也没有被欧洲所真正接纳。直至今日，俄罗斯除了加入欧洲复兴开发银行之外，依然徘徊在欧洲门外，既没有成为欧盟成员，也没有同欧盟以及其他欧洲经济组织建立起更加紧密的经济联系，与欧洲的合作基本上还停留在货物贸易层面。

最初，欧洲似乎做出了接纳俄罗斯的姿态，首先接受俄罗斯为欧洲复兴开发银行的成员，此后又不遗余力地从财政上帮助俄罗斯。但是，欧洲并没有做好真正地、完全地接纳俄罗斯的心理准备。姑且撇开所有的政治和经济因素不论，单是这个国家不甘人后、事事都要争话语权的个性和惯于充当老大的做派就让许多欧洲国家不快和担忧，因此在许多问题上难免有意无意地设置障碍。俄罗斯融入欧洲的许多具体主张和建议都没有得到相关国家的认同，俄罗斯得到的最通常的回应要么是拒绝，要么是拖延，有时甚至是置之不理，这使得俄罗斯倍感痛苦和屈辱，不断指责西方歧视俄罗斯，不平等待人，把俄罗斯视为小伙计。

多年以后，普京总统在论及俄罗斯与欧洲一体化的关系的讲话中仍然透露着不平和愤怒。他说："20 世纪 90 年代初俄罗斯人民的选择不单是扩大了大陆上的自由地带，实际上也确定了欧洲今后一体化的道路。这一选择在很大程度上是俄罗斯的国家历史做出的。就本性、文化来讲，我们国家是欧洲文明不可分割的部分。我国人民为欧洲文明的发展和保存做出了不可估量的贡献。欧洲文化没有柴可夫斯基和肖斯塔科维奇的音乐、列·尼·托尔斯泰和弗·弗·纳博科夫的文学、瓦·瓦·康定斯基和卡·谢·马列维奇的绘画是无法想象的。"他指出："没有俄罗斯，欧洲在世界上永远都不能保持自我本色——就像俄罗斯没有欧洲也不可能摆脱自己的'欧洲苦闷'（陀思妥耶夫斯基语）。我坚信，在俄罗斯——这个最大的欧洲国家还没有成为欧洲进程固有的一部分之前，我们大陆的完全统一是不可能的。"随后，普京带着明显的不满情绪抱怨道："我要强调的是：发展与欧盟多层次的关系，这是俄罗斯的根本选择。是的，在不久的将来，由于十分明显的原因，我们既不打算加入欧盟，也不打算同它一起加入某种联合形式。出于对事态的符合实际的考虑，俄罗斯打算在条约基础上和战略伙伴原则上建立同欧盟的关系。因此，罗马诺·普罗迪有一次提出的'除了不加入欧盟各国机构什么都行'的公式比较合我的心意。""当然，俄罗斯和欧盟的利益不可能始终在各个方面都一致。竞争——这是合作的反面和全球化进程不可分割的部分。但此时不应当，比如在'纯'经济的背后探寻某种政治意图，对捍卫民族利益的合法的和完全能够令人理解的行动贴上来自‘冷战’武库的意识形态‘标签’。”①

### （一）加入世界金融体系

1. 与欧洲复兴开发银行（EBRD）的合作

成立之初，欧洲复兴开发银行拥有资本金100亿欧洲货币单位，大约折合120亿美元。该行股东包括欧盟委员会、欧洲投资银行以及39个国家，其中美国持股比例最高，占10%，德国、法国、意大利、英国4个欧洲国家以及亚洲的日本各占8.5%，东欧国家合占11.9%，苏联单独占6%。苏联解体后，俄罗斯继承了其在该行的股份和权益。

多年来，欧洲复兴开发银行一直是俄罗斯私人经济部门的重要资金提供者，它的投资领域几乎涵盖了所有经济领域，特别是实体经济部门。俄罗斯的许多著名私营企业，如卢克石油公司、车里雅宾斯克电子芯片厂、北方钢铁公司等都曾得到过欧洲复兴开发银行的资金支持。在这里，银企合作形式大多采取股权质押换取贷款的方式。欧洲复兴开发银行还通过自身设立的各种专项基金（如企业发展基金、技术援助基金、区域发展基金等）对俄罗斯境内私营企业实行对口支持，促进了俄罗斯私有经济的发展。在1998年金融危机之前，欧洲复兴开发银行对外贷款中相当比例的资金提供给了俄罗斯。1998年的金融危机几乎使俄罗斯丧失了基本的偿债能力，进而导致该行对俄贷款急剧缩减，但从2000年开始，随着俄罗斯经济形势的好转，该行对俄贷款规模重新扩大。据该行公开发表的2000—2003年中期发展战略显示，这一时期该行对俄贷款占到了该行信贷计划总额的30%。在俄罗斯经济形势进一步好转之后，金融财政困难明显缓解，其对欧洲复兴开发银行的需求出现下降，但双方依然保持着密切合作。为了进一步加强合作，在俄罗斯设立联邦区之后，欧洲复兴开发银行还专门向各大联邦区派出了常驻代表。

俄罗斯积极开展与欧洲复兴开发银行合作的最直接的目的在于获得资金援助，以此来缓解国内日益紧张的资金状况。据统计，1991—2002

① ［俄］普京：《欧洲一体化的50年及俄罗斯》，载《普京文集（2002—2008）》，中国社会科学出版社2008年版，第423、425页。

年，欧洲复兴开发银行共计为俄罗斯提供了140亿欧元的长期优惠贷款，并且以自有资金对俄投资50亿欧元。这些资金主要用于工业、交通、通信、电力和采掘业，还有一部分用于金融财政、农业和市政建设等方面。应当说俄罗斯与欧洲复兴开发银行的合作是卓有成效的，在一定程度上减轻了俄罗斯政府的财政压力。

2. 与国际货币基金组织（IMF）的合作

国际货币基金组织是当今世界最重要的国际金融组织。对于稳定国际货币体系、加强国际金融合作、促进国际投融资，国际货币基金组织发挥着不可替代的作用。1944年，苏联应邀参加了美国布雷顿森林国际金融货币会议，本来是有机会参与国际货币基金组织和世界银行的筹建的，但是最终因拒绝接受由美国主导制定的国际货币基金组织和国际复兴开发银行（即世界银行）章程而未能成为上述两家国际金融机构的创始国，在此后很长的一段时期内与该组织基本没有往来，直到80年代中期情况才有所改变。1985年，苏联与国际货币基金组织就技术咨询等事项签订了合作协定，自此双方联系开始逐渐密切起来。1992年6月，在苏联解体半年后，俄罗斯正式加入了国际货币基金组织。当时俄罗斯经济正处于危急时刻，债务危机和支付危机严重困扰着俄罗斯政府，因此急于寻找国际金融援助，国际货币基金组织正是在这一关键时刻接纳了它。

国际货币基金组织对于转轨时期的俄罗斯具有极为特殊的现实意义，正是该组织直接和间接地为俄罗斯提供了大量的资金支持，在一定程度上缓解了其财政困难，推动了金融秩序的重建和稳定。在国际货币基金组织专家的指导下，俄罗斯在降低关税、推进资本自由化乃至由计划经济体制向市场经济体制过渡的整个进程中取得了明显的进步。国际货币基金组织直接参与了俄罗斯货币体系的建立，并为其制定了价格自由化方案。

加入国际货币基金组织后，俄罗斯得到的最直接也是最大的利益是获得了大量的财政支持。成为国际货币基金组织成员国后俄罗斯自然进入了该组织的特别提款权机制，这扩大了俄罗斯从该组织的借款规模。据不完全统计，俄罗斯独立后的最初10年从国际货币基金组织直接获得的贷款超过300亿美元。不仅如此，国际货币基金组织还利用自身的特殊地位帮助协调俄罗斯与巴黎俱乐部和伦敦俱乐部的关系，使其成为上述两个国际金融俱乐部的全权合作伙伴，为俄罗斯的债务重组、削减外债规模并获得新的贷款做出了突出贡献。如果没有该组织的鼎力相助，俄罗斯将难以完成上述工作。

国际货币基金组织对俄罗斯的接纳不仅为其拓宽了融资路径，同时也提高了俄罗斯的国际经济地位，加快了其融入世界经济和货币金融体系的步伐，为其通过该组织参与解决紧迫的世界经济问题提供了一个重要的国际舞台。在此之后，在诸如如何应对国际金融危机、如何稳定全球货币市场、如何建立新的国际经济秩序和金融秩序等重大国际经济问题上，俄罗斯都有了阐述自身立场的机会。

俄罗斯与国际货币基金组织的合作并非一帆风顺，在合作的过程中产生过许多矛盾和纠纷，因为国际货币基金组织提供的解决方案有的并不符合俄罗斯国情，个别贷款附加条件也让俄罗斯难以接受，此外该组织的一些做法也引起俄罗斯的不满。20 世纪 90 年代末，随着俄罗斯国内经济形势开始好转，国际货币基金组织逐渐减少了对它的金融支持。同时，双方的矛盾也开始表面化。1999 年，国际货币基金组织一度全面停止了对俄贷款，要求提高对俄贷款门坎。与此同时，巴黎俱乐部也暂停了对俄合作，因为根据该俱乐部的原则，只有在俄罗斯经济计划得到国际货币基金组织认可的情况下，该俱乐部才可以与俄罗斯商谈债务减免与重组。次年，俄罗斯与国际货币基金组织的关系有所缓和，双方商定不再将对俄贷款与俄债务重组挂钩，随后国际货币基金组织恢复了对俄的金融支持，同时帮助协调俄罗斯与巴黎俱乐部的债务重组问题。次年年初，在国际货币基金组织的努力斡旋下，俄罗斯与巴黎俱乐部就债务重组达成共识，并且获得了新的贷款。2002 年起，俄罗斯财政状况明显改善，开始提前偿还国际货币基金组织的贷款，双方关系也随之获得进一步改善。此后，俄罗斯不再仅仅扮演国际货币基金组织受援国的角色，而是更多地参与对该组织改革的行动。

经过战后数十年的发展，国际经济格局已经发生了重大改变，在原有经济格局中形成的国际货币基金组织的一些规定和原则已经不适应新的形势，改革成为成员国越来越频繁的话题。在包括俄罗斯在内的多数成员国的推动下，2008 年 4 月，国际货币基金组织理事会投票批准了关于份额和投票权改革的方案。这一方案将适当增加发展中国家在该组织中的代表性和发言权。国际金融危机的爆发进一步显露了国际货币基金组织在某些方面存在的漏洞和弊端，国际社会对该组织改革的呼声由此进一步提高。2009 年 9 月，在匹兹堡举行的二十国集团峰会上，各国领导人经过深入磋商之后，共同决定对国际货币基金组织治理结构进行改革。根据会议决议，发达国家需将部分配额转让给发展中国家，发展中国家的配额将从 43% 提高到 48%。这是该组织发展史上一个空前的重大改革步骤，它对提高发展中国家在国际金融机构中的地位和话语权具有积极作用。随后，国际货币基金组织又于 2010 年年底通过了治理与份额改革方案，交由各成员国批准落实，并计划在 2012 年 10 月世界银行和国际货币基金组织年会前完成改革。根据改革方案，国际货币基金组织的份额将增加一倍，成员国的份额比重也将进行调整，约 6% 的份额将向有活力的新兴市场和发展中国家转移。此外，国际货币基金组织还提议改革执行董事会，以促成一个更具代表性、全部由选举产生的执行董事会。执行董事会改革完成后，欧洲国家将让出两个席位，以提高新兴市场和发展中国家在执行董事会的代表性。2012 年 4 月 20 日，国际货币基金组织宣布，根据成员国最新承诺，该机构获得成员国增资总额已超过 4300 亿美元。因为改革触及部分享有特权的成员国利益，所以遭到部分成员国的抵制和拖延。由于历史的原因，美国在该组织中享有绝对控制权，各项决议必须经美国的认可后方能生效，这意味着该组织的所有决定都必须符合美国的意愿，因此美国几乎成为国际货币基金组织改革的最大障碍。对美国的许多主张和做法俄罗斯方面表示出强烈不满，并予以公开谴责。

2013 年 6 月，俄罗斯总统普京在接受俄罗斯媒体采访时指出，国际货币基金组织需要进行重大改革，因为“该组织时常来不及适应快速变化的国际金融形势，尤其是做出及时有效的决定时。这些决定的落实情况也不敢恭维。一个鲜明的例子是最近的国际金融危机，国际金融基金组织的体系没能预防”。普京认为，建立新的理事会、基金会等国际机构来解决问题的做法是错误的。应以国际货币基金组织的独特合作经验为依托，努力争取进一步将其完善；应探讨该组织综合重组、使其与现实经济形势相符的问题。首先要改变国际货币基金组织的配额和话语权分配制度。应提高发展中国家包括金砖国家伙伴的作用。他还强调说，国际货币基金组织的改变只是国际金融架构改革的一部分。这种改革的其他优先方向是贷款政策和国债管理，以及加强地区金融机构与国际货币基金组织的互动。[①] 普京在这里明确且强硬地表达了俄罗斯的立场，即国际货币基金组织的现有机制和规则必须全面彻底地进行改革以适应新的世界经济形势、符合新兴市场国家的要求，同时强调，改革应在现有框架下进行，反对推倒重来，另起炉灶。

2014 年 2 月，在悉尼召开的二十国集团峰会财政部长联席会议上，俄罗斯财政部长西卢阿诺夫再度重申俄罗斯的立场，要求切实推动国际货币基金组织的改革，其中重要的举措之一就是撤销美国一家独享的否决权。2015 年 7 月，在乌法召开的金砖国家峰会上，俄罗斯方面再次公开要求对国际货币基金组织和世界银行进行改革。作为回应，国际货币基金组织呼吁俄罗斯推进国内经济改革，尤其是能源领域的改革势在必行。可以说，随着俄罗斯国内经济形势的变化和综合国力的恢复，国际货币基金组织对于俄罗斯而言已经由原来单纯的融资工具转变为向世界发声和与美国等西方国家斗法的工具。

3. 与世界银行（WB）以及其他国际金融机构的合作

1992 年 6 月，在加入国际货币基金组织的同时，按照惯例俄罗斯也顺利地成为国际复兴开发银行（通常被称为世界银行）的成员。

与欧洲复兴开发银行将贷款直接发放给企业不同，世界银行的贷款对象主要针对受援国政府。该行提供的贷款通常为长期低息贷款，贷款期限一般为 15—20 年，另有 5 年的宽限期，利率在 6.3% 上下。这个特点非常适合 20 世纪 90 年代俄罗斯政府的需求，因此俄罗斯很快便成为世界银行的主要客户之一，双方开展了一系列合作，成效显著。整个 90 年代，世界银行共向俄罗斯提供了 134 亿美元的贷款额度（实际使用额略低），在同一时期的国际金融机构当中，对俄贷款规模仅次于国际货币基金组织。世界银行的贷款共涉及俄罗斯境内的 53 个项目，包括电力、农

① 《普京：国际货币基金组织无法适应形势需重大改革》，中国新闻网，http://www.chinanews.com/gj/2013/06-14/4926711.shtml。

业、煤炭工业、基础设施建设等，部分还用于发展私营经济以及相关领域。[①]

在加入欧洲复兴开发银行、国际货币基金组织和世界银行三大国际金融机构并与之积极合作的同时，俄罗斯还先后加入了国际金融公司（1993 年）、黑海贸易和发展银行（1997 年）等多家国际金融机构。2008 年国际金融危机之后，俄罗斯以更加积极的态度参与国际金融治理，积极推动国际金融合作，并与中国、印度、巴西和南非共同组建了金砖国家新开发银行（NDB）（New Development Bank，一般通称“金砖银行”或“新开发银行”）。

成立金砖银行的动议是在 2012 年被正式提出的，次年 3 月第五次金砖国家领导人峰会正式决定组建该银行，目的在于资助金砖国家以及其他发展中国家的基础设施建设，同时简化金砖国家间的相互结算，减少对美元和欧元的依赖。2014 年 7 月 15 日，金砖国家发表《福塔莱萨宣言》宣布，即将成立的银行正式名称为金砖国家新开发银行，总部设在中国上海，首任理事长、董事长、行长将分别来自俄罗斯、巴西和印度。该行初始授权资本为 1000 亿美元，初始认购资本为 500 亿美元，由 5 个创始成员国均摊。2015 年 7 月 7 日，在金砖国家领导人第七次会议召开前夕，金砖银行在莫斯科举行了首次理事会会议。2015 年 7 月 21 日，金砖银行正式开业。

金砖银行的成立是自 1991 年欧洲复兴开发银行成立以来的又一个重要的国际多边贷款机构，它的建立对以国际货币基金组织—世界银行为骨架的传统的国际金融体系既是一个有效的补充，同时无疑也是一个重大的挑战。在组建金砖银行的同时，金砖国家还考虑成立“金砖应急储备安排基金”，用于金砖国家应对金融突发事件，总规模为 1000 亿美元，其中中国出资 410 亿美元，俄罗斯、巴西和印度分别出资 180 亿美元，南非出资 50 亿美元。

在以中国为主导的亚洲基础设施投资银行（亚投行，AIIB）的筹建过程中俄罗斯也发挥了重要作用。

---

① 参见郭连成《俄罗斯与国际和区域性金融机构的合作关系》，《俄罗斯中亚东欧研究》2005 年第 6 期。

### （二）加入世界贸易体系

加入世界贸易组织在俄罗斯融入世界经济的进程中具有里程碑的意义，它标志着俄罗斯融入世界的深度，也标志着世界对它的接纳程度。

相对于融入世界金融体系，俄罗斯融入世界贸易体系的进程显得漫长而艰难。2012 年 8 月 22 日，经过 18 年的艰苦努力，俄罗斯终于正式加入世界贸易组织，成为该组织的第 156 个成员，同时也成为最后一个加入该组织的世界主要经济体。对于世界贸易组织来说，由于俄罗斯的加入，它的全球贸易覆盖率扩大到了 97%，从而更加强化了其作为世界最大的国际贸易组织的广泛性和包容性。与世界其他主要经济体相比，俄罗斯的对外贸易规模并不大，因此它的加入在短时间内不会给世界贸易组织带来重大的结构性影响。对于俄罗斯而言，加入世界贸易组织对其国民经济发展，特别是对其经济现代化建设则有着不容低估的重大意义。

1. 俄罗斯的“入世”进程坎坷而波折

早在 1993 年 6 月俄罗斯便向世界贸易组织的前身关贸总协定递交了加入申请。关贸总协定于当年 7 月成立了专门工作组，着手制定相关措施和程序。此后进程可分为两个阶段。第一阶段为情况通报阶段，审查俄罗斯经济政策和对外经济活动调控措施与世贸组织的原则是否相适应，就俄罗斯国有外贸企业、知识产权、农产品的国家支持体制、贸易中的技术壁垒、卫生与环保措施、国家采购机制、工业补贴、特惠贸易、金融市场、投资政策及对外经济立法等一系列问题展开具体讨论。第二阶段为谈判阶段，就获得成员国的资格问题进行双边和多边谈判。俄罗斯政府曾希望在七八年内结束所有谈判，但最终却花费了整整 18 年的时间。

俄罗斯加入世界贸易组织的进程之所以如此漫长，原因是多方面的。

第一，世贸组织成员众多，程序繁杂，国际公认加入世界贸易组织的进程是一项耗时费力的庞大工程。为了获得每一个世贸成员的认可，必须进行一系列双边和多边谈判，中小经济体通常也要花费六七年的时间。像俄罗斯这样的大经济体，对外贸易规模相对较大，贸易伙伴众多，贸易品种复杂，在部分商品上对国际市场有重大影响，它加入世界贸易组织直接牵涉到许多国家的切身利益，谈判的内容自然更多，谈判的难度更大，谈判的时间也就更长。加之俄罗斯谈判立场强硬，与谈判对手在降低关税幅度、农产品补贴、汽车组装标准、金融和保险市场开放等关键问题上分歧巨大，互不相让，以致久久达不成共识。可以说，俄罗斯最终加入世界贸易组织是多方长期磨合和相互妥协的结果。

第二，俄罗斯国内政治经济局势严重影响了其加入世界贸易组织的进程。在申请加入世贸组织之初，俄罗斯国内政治动荡，经济凋敝，危机四伏，政府频繁更迭，朝令夕改，谈判专门委员会无法正常工作，致使最初六七年几乎没有取得实质进展。

第三，最初俄罗斯在关税、投资、贸易以及市场准入等方面尚缺乏系统完善的法律制度，而构建这套制度体系需要较长的时间。

第四，一些西方国家对俄罗斯采取的歧视性态度和经济问题政治化的解决方式增加了俄罗斯的"入世"难度。例如，在乌拉圭回合达成的《零关税方案》中规定，消除10种大宗商品的关税，而西方国家却要求俄罗斯增加到13种。再如，克林顿政府公开提出，只要俄罗斯不反对北约东扩，美方就加快其"入世"进程。这些做法自然遭到俄罗斯方面的拒绝，由此也拖延了其"入世"进程。

第五，俄罗斯国内一些垄断部门及其相关利益集团以保护民族经济为借口所进行的百般阻挠也干扰了俄罗斯的"入世"进程。这些持反对意见的人认为，俄罗斯是能源出口大国，国际能源市场需求旺盛，不愁没有买家，现在俄罗斯既不是世贸成员，也不是欧佩克成员，无须承担任何国际义务，可以根据自身利益自由安排经济行为，不受任何约束。一旦"入世"，不仅对扩大出口市场帮助不大，还要被迫开放自身市场，使俄罗斯加工业、农业、金融、汽车、航空等一系列行业遭受巨大冲击，得不偿失。个别极端的看法甚至认为，俄罗斯资源丰富，拥有人类生存所需要的所有资源，不需要与任何人做生意俄罗斯人就能活得很好。就在世贸组织已经同意接纳俄罗斯之后，反对之声依然不绝于耳，以致有人提出延缓"入世"，主张拖一拖再看。

第六，俄白哈关税同盟整体"入世"的设想延缓了俄罗斯的"入世"进程。2009年俄罗斯突然提出，将以正在筹建中的俄罗斯、白俄罗斯、哈萨克斯坦三国关税同盟作为一个整体联合加入世界贸易组织。此举让世贸组织各成员国颇感意外，虽然世贸组织有允许跨国一体化经济组织加入的规则，但在实际中并没有成功的先例，何况俄白哈当时尚未建成，这种捆绑式的强加“入世”的建议理所当然地遭到了拒绝。俄罗斯的本意是希望通过三国联合“入世”的手段来增强自身的谈判筹码，加快“入世”进程，然而事实上却起到了延缓其“入世”的反作用。

此外，一些突发性事件同样延缓了俄罗斯的“入世”进程。比如，2008年夏季俄罗斯与格鲁吉亚爆发武装冲突，格鲁吉亚随即单方面宣布废除已经与俄罗斯达成的“入世”协议，俄罗斯被迫重新开启新一轮谈判。

2. 俄罗斯“入世”的主要承诺

（1）降低商品和服务市场准入门槛

在加入世界贸易组织总体协议框架下，俄罗斯签署了57个货物市场准入协定和30个双边服务市场准入协议，承诺永久废除与世界贸易组织规定不相符的限制、禁令、许可证和授权，并为152个发展中国家（地区）和最不发达国家提供普惠制。承诺降低116个服务业行业的准入门槛，其中包括金融、电信、运输物流。具体承诺包括：允许外国银行在俄罗斯设立分支机构，将在俄联邦境内整体银行体系中的外资比例控制在50%以内的大前提下，不对外资参股境内银行、非保险金融机构设置比例上限；逐步取消对外国保险企业的执照配额制度，“入世”9年后允许外资保险公司在俄罗斯建立分支机构；同意执行《世界贸易组织基本电信协议》的相关规定，同意终止国内通信企业对固定长途电话业务的垄断特权，“入世”4年后取消电信领域外资股份比例限制；开放境内交通运输服务，取消对特定服务领域的限制；外国货物的过境铁路运输费用按照国内标准收取；允许外国独资企业进入批发、零售和专营领域。

（2）全面调整进口关税

俄罗斯承诺在加入世界贸易组织之后即大规模调整进口关税，平均进口税率从10%下调至7.8%。其中，工业品平均进口关税从9.5%下调至7.3%，农产品平均关税从13.2%下调至10.8%。与此同时，参照其他成员国的做法，根据国情允许对少部分产品设立过渡期，过渡期限分别为3—8年不等。税率调整后，绝大多数产品关税下降，但也有个别产品不降反升，例如糖的税率从每吨143%提高到223%。

(3) 削减非关税壁垒

对出口配额和出口补贴予以取消或削减，除了对冷冻肉和冷鲜肉(包括猪肉、牛肉和禽肉) 等产品继续实行配额外，其他产品配额一律予以取消。取消所有工业产品的出口补贴，同时不能因工业品进口补贴而使本国产品相对于进口产品处于优势地位。允许对部分农业产品实行出口补贴，但应在未来一段时期内分阶段削减补贴比例。按照世界贸易组织的相关规定对许可证、原产地、海关估价和通关程序予以全面规范，取消酒类、医药类和密码技术类产品的进口许可证制度。规范境内所有进出口商品的检验检疫行为，严格执行世贸组织制定的国际多边协议，实施《动植物卫生检疫措施的协议 (SPS)》和《技术性贸易壁垒协议(TBT)》规定的检验标准和检验程序。改革境内现有的注册认证机构，在规定的期限内建立单一的国家认证机构。

(4) 提高司法体系和外贸管理程序的透明度

提高司法体系和外贸管理程序方面的透明度，消除歧视和地方保护主义，从而让外国企业在俄罗斯市场真正享受国民待遇，获得与境内企业完全平等的竞争机会。确保俄罗斯境内法律法规符合世界贸易组织的规则要求，对与之相悖的条款应在规定的期限内予以清除或修改与完善，同时确保相关法律法规的制定和修改及时向社会公布。

(5) 保护知识产权

严格遵守世界贸易组织关于知识产权的相关规定，且不设置过渡期；及时公布和更新保护知识产权的相关法律规定，并保证完成做出的所有承诺；加强对俄罗斯网站的监管，加强版权保护，打击非法传播，对侵权企业追究相应的民事或刑事责任；对确认原产地的基本条件和工作程序做出明确规定。

3. 加入世界贸易组织对俄罗斯经济的影响

加入世界贸易组织使俄罗斯更加深入和广泛地融入世界经济当中，这对于未来俄罗斯的经济发展无疑具有十分重要的意义。

关于加入世界贸易组织对俄罗斯的影响，普京总统有过这样的论述："说到世界贸易组织，谁也不曾指望这能让我们直接从今天跳到明天，签署了相关文件后就指望它马上给我们某些红利。关键完全在于其他方面，在于加入世界贸易组织这个国际性经济俱乐部能够在保护本国市场，特别是在保护金融和化学产品市场方面提供一系列优越条件。”“最主要的还在于另一方面。加入世界贸易组织，提高了世界对俄罗斯经济的信心。我们开始按照世界通用的规则做事。这会让我们承担一些特定的责任，但也会让我们那些以前合作过的、今后还打算继续合作的伙伴们建立起信心。这是经济发展的可持续和长期运行的因素。”“至于说到消极后果，确实存在，我们看到了，这是可能出现的，但它们不是根本性的。”①

从表面形态来看，加入世界贸易组织之后，在面向世界开放自身市场的同时俄罗斯也获得了更加广阔的外部市场，并且有望以相对低廉的成本和相对顺畅的路径引进资金、技术和设备，而这恰恰是俄罗斯确立的多元化和现代化经济发展目标所需要的。加入世界贸易组织等于进入了一个良性循环的世界贸易机制，俄罗斯的商品能够更加顺利和便捷地进入国际市场，俄罗斯的能源类产品和农业产品将因此而受益，从而使其能源出口大国和粮食出口大国的地位更加稳固。2000 年以来，俄罗斯农业取得长足进展，谷物出口量不断增加。加入世界贸易组织之后，国际社会原有的对俄粮食出口的限制将被逐步取消，俄罗斯因此有望在短期内成为全球最大的小麦出口国。此外，加入世界贸易组织将广泛惠及俄罗斯普通民众。根据承诺，“入世”后俄罗斯政府将在短期内大范围、大幅度地下调进口关税，与民众日常生活密切相关的食品、药品、家用电器以及其他生活用品的价格将随之明显下降，并且还将在一定程度上起到平抑总体物价水平的作用，这将显著提升俄罗斯公民的消费能力和生活质量。

从深层次来看，俄罗斯将因加入世界贸易组织获得许多根本性的利益。加入世界贸易组织使俄罗斯在国际经济合作中获得了平等的贸易地位，有利于消除贸易歧视和贸易壁垒，公平合理地解决贸易纠纷和贸易争端，避免一些西方国家对俄罗斯的无端封锁和制裁，维护本国企业和商品的正当权益。加入世界贸易组织改变了以往俄罗斯在制定和修改国际贸易规则方面的被动局面，被赋予了话语权和主动权，为维护自身利益和发挥大国作用奠定了基础。加入世界贸易组织为进一步健全俄罗斯

① ［俄］普京：《在 2013 年度大型新闻发布会上的讲话》，载《普京文集（2012—2014）》，世界知识出版社、华东师范大学出版社 2014 年版。

国内市场经济结构、完善法律法规体系、规范法治环境、改善投资环境、提高商品竞争力创造了有利条件。根据“入世”承诺，俄罗斯将全面清理法律条款，剔除或修改与世界贸易组织准则不相符的内容。加入世界贸易组织还将促进俄罗斯调整经济结构，加快经济现代化步伐，而经济现代化正是当前和未来一个相当长时期内俄罗斯国家的核心任务。正如普京所说，不加入世界贸易组织就无法对国民经济进行现代化改造，因为俄罗斯的企业家在没有感受到实际竞争力之前是不会投入现代化改造的。因此，拒绝加入世界贸易组织实际上就是保护落后生产力。

当然，世上没有免费的午餐。在获得各种利益和好处的同时，俄罗斯也将因加入世界贸易组织付出一定的代价，其中最大也是最明显的代价恐怕要算制造业、化学工业和轻纺工业遭受的冲击和损失。在未来若干年内，这些产业无疑将面临极其严峻的考验，竞争将是十分激烈和残酷的。在20世纪90年代大规模去工业化过程中，曾经在苏联时期被俄罗斯人引以为荣的上述产业遭受了严重破坏，在随后的经济复苏进程中，由于国家没有制定明确的产业政策，在旺盛的国际能源市场需求的引导下，各种资源主要向采掘业倾斜，而加工制造业等相关产业却没有得到应有的恢复和发展，完全不具备比较优势，很难抵御汹涌的市场冲击。

## 三　以俄罗斯为主导的地区一体化

苏联的解体导致原有的统一大市场骤然分裂成十五个独立的个体，原本畅通的人员往来、资金流通、货物进出被一个个新设立的海关边卡无情地阻断，长年自然形成的劳动分工和产业布局被彻底打乱，原料市场、加工市场和消费市场相互脱节，地区间的经济联系受到严重破坏，各国经济毫无例外地因此陷入混乱，亟须建立新的地区合作机制。在这种情况下，组建地区统一经济空间便成为该地区各国的共同愿望，因为各国都希望借此来恢复被割断的经济联系，转入正常的发展状态。

出于对地缘政治和经济发展的多重考虑，在融入世界经济的同时，俄罗斯一直在努力整合除波罗的海三国之外的后苏联空间，希望建立一个以自身为核心的、跨国的、稳定的一体化经济共同体。历史资料表明，在独联体成立之初，俄罗斯便开始了这方面的尝试。但是，在整个20世纪90年代，独联体各国政府均忙于新建国家政治体制的建设和内部治理，跨国经济合作被迫被放在了次要位置，一体化进程走走停停，时续时断，没有取得任何实质性进展。随着时间的推移，国际形势、地缘政治关系以及各国的内部状况不断发生变化，各国间的利益差异逐渐拉大，诉求各不相同，新的矛盾和纠纷接连出现，一体化进程变得更加困难。

### （一）名目繁多的一体化组织

20多年来，在独联体框架下先后成立了一系列经济一体化组织，单是以俄罗斯为核心的一体化组织（或方案）就有好几个，从“统一经济区”“新型卢布区”到“独联体经济联盟”“俄白哈吉一体化国家共同体”，再到“欧亚经济共同体”“俄白哈乌统一经济空间”，名目繁多。这些组织（方案）有双边的，也有多边的，彼此既有联系，又相互排斥，有的共同推进，有的交替进行，但没有一个真正进入实际运行状态。各国间签署的大量法律文本与合作意向最终均流于形式，成为一纸空文。

#### 1. 独联体经济联盟

1993年3月17日，俄罗斯总统叶利钦发表致独联体国家元首呼吁书，提出三点建议：（1）在独联体框架内建立安全体系；（2）加强独联体各国在国际舞台上的外交合作；（3）在独联体范围内建立统一经济区。这是俄罗斯首次在公开场合正式提出在独联体框架下实现经济一体化的设想。这一建议很快得到了多个独联体成员国的响应。7月10日，俄罗斯、乌克兰、白俄罗斯三国总理签署了关于加深经济一体化紧急措施声明，表示愿意在独联体范围内成立经济联盟。8月20日，俄罗斯、亚美尼亚、哈萨克斯坦、乌兹别克斯坦四国签署了关于成立新型卢布区的协议，决定在卢布基础上逐步实行统一的货币机制。9月7日，俄罗斯、白俄罗斯、亚美尼亚、哈萨克斯坦、塔吉克斯坦、乌兹别克斯坦六国正式签署了关于建立新型卢布区措施的协议。9月23日，俄罗斯总理切尔诺梅尔金与哈萨克斯坦总理捷列先科在莫斯科又进一步签署了两国关于实行统一货币体系的原则协议。

1993 年 9 月 24 日，独联体十国及阿塞拜疆（此时尚未加入独联体）[①] 在莫斯科举行首脑会议，格鲁吉亚（此时也未加入独联体）[②] 总理以观察员身份与会。会上，除土库曼斯坦之外的九个独联体成员国及阿塞拜疆签署了建立“独联体经济联盟”的条约，其中乌克兰作为联系国在条约上签字。12 月 24 日，独联体十一国（此时阿塞拜疆已加入独联体）及格鲁吉亚在土库曼斯坦首都阿什哈巴德召开首脑会议，集中讨论了独联体范围内的经济合作，会上接收土库曼斯坦作为联系国加入经济联盟条约。至此，“独联体经济联盟”拥有九个成员国（俄罗斯、白俄罗斯、哈萨克斯坦、吉尔吉斯斯坦、塔吉克斯坦、乌兹别克斯坦、阿塞拜疆、亚美尼亚、摩尔多瓦），两个联系国（乌克兰、土库曼斯坦），尚未加入独联体的格鲁吉亚虽未签约，但参加了相关会议。该联盟涵盖了除波罗的海三国外的原苏联所有加盟共和国。然而，这一条约签署之后便被束之高阁。在此背景下，中亚地区的哈萨克斯坦、吉尔吉斯斯坦和乌兹别克斯坦三国经协商就单独组建三国统一经济空间达成一致，并于 1994 年年初共同签署了相关条约。

2. 俄白哈关税同盟和俄白哈吉一体化国家共同体

1994 年 10 月 21 日，独联体十二国（此时格鲁吉亚已加入独联体）首脑会议在莫斯科举行，决定成立独联体国家间经济委员会，签署了独联体国家一体化进程基本方向的备忘录等文件。然而，就在 10 月 25 日，白俄罗斯总统卢卡申科发表讲话，猛烈抨击四天前在莫斯科举行的独联体首脑会议，指责这是一次浪费精力和钱财的会议。

1995 年 1 月 28 日，俄罗斯、白俄罗斯、哈萨克斯坦三国总理在莫斯科举行会议，就三国间取消海关监管、建立统一关税区和统一经济空间达成一致，决定成立三国关税同盟并签署了相关文件。从此，俄、白、哈三国成为独联体内部积极推进一体化的中坚力量。

1996 年 3 月 29 日，俄罗斯、白俄罗斯、哈萨克斯坦、吉尔吉斯斯坦四国元首在莫斯科签署了“深化经济与人文领域一体化条约”。决定在主权、平等、互利、不改变现有边界、不干涉内政原则基础上分阶段深化

---

① 阿塞拜疆于 1993 年 10 月加入独联体。

② 格鲁吉亚于 1994 年 3 月加入独联体。

经济、科学、教育、文化、社会等领域的一体化，实现建立“一体化国家共同体”的目标。决定成立跨国委员会、一体化委员会、跨议会委员会三个一体化共同管理机构。白俄罗斯总统卢卡申科当选跨国委员会首任主席，一体化委员会主席由哈萨克斯坦第一副总理伊辛加林担任。俄罗斯总统叶利钦对条约的签订给予高度评价，称该条约为独联体国家一体化找到了新形式。

4 月 2 日，俄罗斯与白俄罗斯在莫斯科签署建立两国共同体条约。双方决定，以联合开发两国现有潜力促进经济发展，提高人民物质、精神生活水平为宗旨，以保留本国国家主权、独立、领土完整及所有国家主权象征为前提，在对外政策及重大国际问题上协调立场；在保障安全、保卫外部边界方面相互协作；建立统一的经济空间，包括统一经济活动的法律基础，建立共同市场，为实现商品、劳务、资本和货币流动创造条件；建立统一管理的海关空间。为实施条约，共同体建立由两国元首、总理及执行委员会主席组成的最高理事会作为最高权力机构，白俄罗斯总统卢卡申科担任主席。最高理事会下设由俄罗斯总理切尔诺梅尔金任主席的执行委员会。同时组建两国等额议员组成的跨议会大会。这是当时独联体成员国之间签署的合作领域最广泛、相互融合程度最深的条约，为日后的俄白联盟做了铺垫，而俄白联盟则已经远远超出了经济一体化的范畴。

5 月 16 日，俄、白、哈、吉总统在莫斯科召开跨国理事会会议，讨论了巩固四国一体化进程的主要措施。会议通过了跨国理事会组织条例，确定跨国理事会为四国“一体化国家共同体”的最高管理机构，其职能是领导执行四国条约的所有工作。会上，俄罗斯总统叶利钦建议不要急于扩大四国条约，而应实行“战术停顿”，待四国共同体工作走上正轨后再邀请其他独联体国家加入。

俄罗斯等国撇开其他成员国在“独联体经济联盟”之外单独组建新的经济合作组织的行为，引起了一些独联体成员国的不满。5 月下旬，在会见到访的独联体执行秘书科罗特切尼亚时，阿塞拜疆总统直言不讳地表示，阿塞拜疆对在独联体内建立各种不同的新联盟持谨慎态度，认为这“很像分离主义”，无益于独联体经济一体化的建设。同时，由于经济一体化未取得任何实际成果，独联体内部开始出现各种抱怨，俄罗斯作为一体化的主导国遭到越来越多的批评和指责。

7月22日，白俄罗斯总统卢卡申科指责俄罗斯对白俄罗斯没有履行盟友关系的义务，未按海关联盟协定对白降低出口关税，而且违反两国“零点方案”协定，即未悉数免除白俄罗斯所有能源债务，而白俄罗斯却无偿向俄提供两个军事基地。随后，白俄罗斯总理奇吉里对来访的俄罗斯副总理博利沙科夫抱怨说，俄罗斯对白进出口课以高额关税，导致当年白俄罗斯对俄贸易逆差大幅上升。

7月26日，独联体经济联盟跨国委员会在莫斯科举行会议，通过了1996—1997年一体化发展计划草案，并讨论了以下经济合作问题：稳定轻工企业生产措施；货币政策协调与合作草案；修订海关联盟委员会机构章程草案；石油、化工和石油、天然气两个政府间委员会条例草案；建立跨国银行。同日，俄、白、哈、吉一体化国家共同体委员会在莫斯科举行会议，着重讨论海关联盟问题。哈萨克斯坦第一副总理伊辛加林会后强调指出，当前独联体经济合作的主要问题不是去勾画不切实际的一体化宏伟蓝图，而是为实现合作创造基本条件。

这一时期，独联体地区政治形势极不稳定。中亚和外高加索地区连年武装冲突不断。在俄罗斯，总统与议会之间的权力斗争引发大规模社会动荡，最终演变成“炮打白宫”的极端事件，随后又爆发了更为惨烈的车臣战争。各国之间的关系复杂且微妙，特别是俄罗斯与相关国家的关系时常因某些突发事件而陷入紧张状态。俄乌关系因克里米亚地位和黑海舰队分割等问题出现裂痕，动辄相互指责。俄白之间也纠纷不断，甚至在1997年10月发生了俄罗斯不允许准备访问俄罗斯城市的白俄罗斯总统专机进入领空。独联体一体化进程由于上述原因受到严重影响，内部的离心倾向开始显现。

1997年10月6日，格鲁吉亚总统谢瓦尔德纳泽公开宣称，格鲁吉亚实行同俄罗斯和欧洲平等发展关系的外交政策，在经济方面将以欧洲作为首要合作对象，把融入欧洲当作今后一个时期的中心工作，因为欧洲是格鲁吉亚未来安全与富裕的保证。格鲁吉亚方面认为，其与欧洲的一体化丝毫不会损害俄罗斯的利益，也不会影响俄罗斯融入欧洲的努力。此番讲话表明，格鲁吉亚在方向选择上发生了重大转变，主动放弃对独联体经济一体化进程的参与，希望摆脱俄罗斯的束缚，转而投向欧洲。

10 月 16 日，俄罗斯外交部表示，当前俄、白、哈、吉四国一体化形势十分复杂，虽然每个成员国都对海关联盟抱有希望，但是要具体落实已经签署的条约却绝非易事。10 月 22 日，俄、白、哈、吉四国举行海关联盟首脑会晤，决定 1997 年内通过有关海关联盟下一步发展的一揽子文件，并委托四国海关联盟政府委员会共同研究塔吉克斯坦加入海关联盟的问题。同日，乌兹别克斯坦总统卡里莫夫称，独联体国家应该是独立的，在平等基础上建立相互关系。独联体一体化要想取得进展，首先的问题是应该相互开放边界，同时他强调坚决反对回到过去的联盟体制。

1998 年 1 月 6 日，中亚五国总统举行会晤。会后发表的联合声明重申，哈萨克斯坦、吉尔吉斯斯坦和乌兹别克斯坦三国于 1994 年签署的建立统一经济空间条约对于本地区的经济发展具有重要意义。五国领导人表示，将在双边和多边基础上进一步加强相互间经济联系。此次会议的重要成果是接纳塔吉克斯坦加入建立统一经济空间条约。

1999 年，独联体内部出现新的裂痕，格鲁吉亚、阿塞拜疆、乌兹别克斯坦相继提出退出独联体集体安全条约，经济一体化又面临了新的障碍。同年 2 月 26 日，俄、白、哈、吉四国海关联盟及塔吉克斯坦在莫斯科分别举行总统和总理会晤。在随后召开的海关联盟国家委员会会议上，四国一致同意接纳塔吉克斯坦为该联盟正式成员，五国共同签署了海关联盟和统一经济空间条约。条约规定，海关联盟的工作目标是在成员国之间取消关税，对外实行统一的贸易制度和贸易政策。

9 月 4 日，俄、白、哈、吉、塔五国海关联盟成员国在阿斯塔纳召开总理会议，会议各方签署了一揽子经济合作协议，并决定就加入世界贸易组织问题制定海关联盟成员国统一立场。俄罗斯总理普京在会议上提出，海关联盟成员国合作的优先方向之一是建立独联体自由贸易区，否则就不能扩大成员国之间的贸易额。哈萨克斯坦总统纳扎尔巴耶夫在会见与会各国总理后称，独联体作为一个合作机制正在丧失其功能，因为在独联体范围内签署的 3000 多个文件中只有 5%—10% 在落实。10 月 26 日，五国海关联盟再次会晤，又签订了若干个新的合作协议，并发表了莫斯科宣言。

3. 欧亚经济共同体

2000 年 5 月 23 日，俄、白、哈、吉、塔在明斯克举行五国关税同盟首脑会议，决定争取使关税同盟成为一个享有国际法主体的国际经济组织，为此成立的工作小组将在 9 月 1 日前制定出有关文件和建议的草案。10 月 10 日，五国关税同盟在阿斯塔纳再次举行首脑会议并签署条约，决定在关税同盟基础上建立一个新的国际经济组织——欧亚经济共同体。理由是五国在经济政策和发展水平方面存在明显差异，关税同盟的目标无法在短期内完成，因而分阶段实现目标是合理的选择。同时，签约国共同强调，成立欧亚经济共同体的目的是为了切实推进经济一体化进程，建立关税同盟和统一经济空间是该共同体的终极发展目标。次年 5 月 31 日，五国在莫斯科举行首脑峰会，宣布欧亚经济共同体正式成立。

2002 年 2 月 26 日，欧亚经济共同体成员国政府首脑会议在莫斯科举行，各方就推动成员国经济合作、加快一体化进程等问题交换意见。5 月 13 日，欧亚经济共同体成员国在莫斯科举行元首峰会，讨论加快经济一体化进程。各国商定不相互使用反倾销措施，在加入世界贸易组织谈判时相互协调立场。乌克兰和摩尔多瓦两国总统作为观察员出席了会议。

2003 年，欧亚经济共同体获得联合国大会观察员的地位，正式成为一个得到国际社会认可的国际经济组织。当年 4 月，亚美尼亚成为该组织观察员。2006 年 1 月，乌兹别克斯坦加入该组织，成为正式成员。至此，欧亚经济共同体覆盖了独联体绝大部分区域，拥有六个成员国（俄罗斯、白俄罗斯、哈萨克斯坦、吉尔吉斯斯坦、塔吉克斯坦、乌兹别克斯坦）、三个观察员国（乌克兰、摩尔多瓦、亚美尼亚），只有格鲁吉亚、阿塞拜疆和土库曼斯坦三国游离在外。

4. 俄白哈乌统一经济空间

2003 年 2 月 22 日，俄罗斯、白俄罗斯、哈萨克斯坦、乌克兰四国在莫斯科举行首脑会晤。会后发表联合声明称，四国将开始建立统一经济空间的实质性谈判，成立由四国副总理组成的联合工作小组，哈萨克斯坦副总理马西亚莫夫出任小组组长，小组工作地点设在乌克兰首都基辅。该小组成立后表现出很高的工作效率，当年接连召开了七次工作会议，完成了大量前期准备工作。4 月 1 日，在莫斯科召开的联合小组第三次会议上，俄罗斯总统普京坦率地指出，根据当前的各国状况，建立四国统一经济空间还存在很多困难。但在 6 月 20 日联合小组第五次会议之后，哈萨克斯坦副总理门巴耶夫又表示，四方已就所有文件协商完毕。9 月 18

日，四国总统举行非正式会晤，继续讨论统一经济空间问题，并签署了关于建立统一经济空间的原则协议和实施纲要。12 月 19 日，四国草签建立统一经济空间文件。俄罗斯副总理赫里斯坚科表示，该文件将由四国总统在年底前正式确认。俄罗斯总统普京在会见白、哈、乌三国副总理时表示，四国应采取一系列措施落实已经签署的协议。俄罗斯将成立必要的海关、政策、技术、税收、预算、服务、资本运作及人员方面的机构和工作组，予以全力推动。2004 年 4 月 20 日，俄罗斯国家杜马批准了俄、白、哈、乌四国建立统一经济空间的协定。

与俄、白、哈、吉、塔五国组成的欧亚经济共同体相比，俄、白、哈、乌四国统一经济空间成员国之间的差异相对要小得多，而市场规模更大，发展程度更高，合作空间也更广阔，彼此联合的难度也相对小一些，所以各成员国也表现出了更多的积极性，因而前期工作的进展速度明显要快得多。然而，这种良好的合作氛围很快就因成员国之间双边关系的恶化而遭到严重破坏。2004 年年初，俄罗斯与白俄罗斯之间就天然气贸易纠纷相互指责，白俄罗斯甚至召回驻俄大使。卢卡申科总统公开威胁说，俄白关系将由于这场风波长期受损。俄罗斯外交部予以强硬回应，指责白俄罗斯总统的讲话带有挑衅性。不久，俄罗斯与乌克兰之间也因天然气贸易和天然气过境运输产生矛盾，不仅严重影响了两国经贸合作，甚至还殃及欧盟一些国家，被国际媒体称作“俄乌能源战争”“俄乌斗气”。①

### （二）俄白哈关税同盟（统一经济空间）

无论是俄、白、哈、乌（克兰）四国统一经济空间还是俄、白、哈、吉、塔、乌（兹别克斯坦）六国欧亚经济共同体，在关税同盟的建设上都没有取得任何实质进展。鉴于这种形势，俄罗斯、白俄罗斯和哈萨克斯坦三国开始酝酿撇开其他成员单独组建关税同盟，重新回到 1995 年三国签署的成立三国关税同盟文件的法律基础上。2006 年 10 月，哈萨克斯坦总统纳扎尔巴耶夫对媒体发表谈话，宣布俄、白、哈三国关税同盟的

① 以上内容参见《俄罗斯联邦内政外交大事记（1990—2004）》，世界知识出版社 2006 年版。

组建工作将于2007年7月之前完成。但是，这个愿望最终由于三国在关税总额的分配、俄白两国之间石油贸易是否征收关税等问题上出现严重分歧而未能如期实现。直到当年10月，俄、白、哈三国在杜尚别首脑峰会上签署成立关税同盟协议和行动计划时，上述问题依然没有得到解决。

俄、白、哈三国的上述行动直接导致了欧亚经济共同体内部的分裂。乌兹别克斯坦首先发难，它公开指责拟建中的俄白哈关税同盟是典型的自利行为，根本没有考虑其他成员国的利益。2008年10月，乌兹别克斯坦单方面宣布，终止其欧亚经济共同体成员国的资格，理由是共同体工作效率低下，无助于成员国的经济发展，继续留在该组织已经毫无意义。同时乌兹别克斯坦政府发言人还表示，乌方更情愿选择双边合作形式，因为建立在双边基础上的经贸合作远比无效的多边合作来得实际和可靠。

乌兹别克斯坦的声明使欧亚经济共同体内部矛盾公开化，为这个跨国经济组织的前途蒙上了厚厚的阴影。面对这一形势，俄、白、哈三国加快了关税同盟的建设步伐。2008年12月12日，三国成立了超国家机构——关税同盟委员会。2009年6月，三国又明确了关税同盟正式运营的时间表和领土范围。随后，经过高层频繁协商，俄、白、哈三国确认并签署了《关税同盟海关法》，决定自2010年1月1日全面启动关税同盟，进入试运行阶段，7月1日统一执行新的海关法，进入正式运行阶段。然而，由于俄白之间在石油、天然气的关税问题上无法达成一致，致使原定计划未能如期实现。直到这一问题得到解决之后，白俄罗斯才于7月3日最终决定加入关税同盟。

7月5日，俄、白、哈三国总统在阿斯塔纳签署了关税同盟启动协议，宣告三国在独联体欧亚经济共同体框架内正式建立关税同盟区，实行统一的海关法，对彼此间商品往来不再征收进出口税，对第三国商品实行统一税种、统一税率。12月9日，俄、白、哈三国总统在莫斯科召开的欧亚经济共同体元首会议期间发表声明宣布，自2012年1月1日起，三国形成统一经济空间。

迄今为止，在独联体内众多的一体化组织当中，俄白哈关税同盟是唯一一个具有现实意义并且进入实际运作状态的组织。在此基础上形成的三国统一经济空间又使一体化进程向前推进了一步。与关税同盟相比，统一经济空间的层次更高，开放程度更大，合作领域更广，成员国之间相互开放的不仅仅是商品市场，还有资本市场、服务市场和劳务市场，真正实现了货物、资金、劳动力的自由流动。依照成立当年的统计数据计算，三国人口总数达到1.4亿，国内生产总值合计约20000亿美元，对外贸易规模约9000亿美元，工业总产值约6000亿美元，农业总产值约1120亿美元，石油储量约900亿桶，小麦产量占全球总产量的12%，小麦出口量占世界粮食市场的17%。这意味着，在东欧中亚地区出现了一个统一的、巨大的新兴市场。

### （三）欧亚经济联盟的构想与实践

2011年10月初，正当俄白哈关税同盟建设进入关键时期，时任俄罗斯政府总理的普京在《消息报》撰文宣称，俄罗斯正在致力于建立欧亚经济联盟，俄白哈关税同盟和统一经济空间将成为这一联盟的基础。当年11月18日，俄罗斯总统梅德韦杰夫与白俄罗斯总统卢卡申科、哈萨克斯坦总统纳扎尔巴耶夫在莫斯科共同签署了欧亚经济一体化宣言，确立了一体化进程“路线图”。三国首脑宣布，成立统一管理一体化进程的跨国机构——欧亚经济委员会，并共同签订了《欧亚经济委员会条约》及《欧亚经济委员会工作章程》。此举标志着欧亚经济联盟的建设正式拉开了序幕。

2012年4月，普京在国家杜马发表了其总理任期内的最后一个政府工作报告。在这份报告中普京指出：俄罗斯“应该集中精力解决具有重大战略意义，并同我们国家历史性前景息息相关的问题”。为此，他以现任政府总理和联邦总统候选人的双重身份提出了政府工作的五个优先方向：（1）在恢复传统道德价值观的基础上改善国家的人口发展状况；（2）促进国家和谐发展，缩小地区差别，重点推动和扶持远东和东西伯利亚地区的社会经济发展；（3）努力增加就业机会和就业岗位，为居民创造崭新的、高质量的工作岗位；（4）探索建立可持续发展的、能够在严酷竞争条件下表现出高质量增长的新型经济；（5）通过建立欧亚联盟、实现后苏联空间新的一体化等手段来加强和巩固俄罗斯的世界地位。

普京指出：“在我看来，成立关税同盟和统一经济区，我相信，是自苏联解体以来后苏联地区极其重要的地缘政治和一体化大事。”“我们的下一步措施是从 2015 年开始启动欧亚经济联盟计划。”①

在许多俄罗斯人看来，苏联解体后仓促拼凑起来的独立国家联合体（独联体）只是一个临时性产物，它的框架和决策机制决定了它在地区政治和经济发展中不可能发挥实际作用，并且随着时间的推移该组织已经被严重虚化，名存实亡，地区经济一体化进程必须通过其他途径来实现，而最佳途径就是构建以俄罗斯为核心的欧亚经济联盟。这个横跨欧亚大陆的崭新的经济体的建成将让俄罗斯人重新找回民族自信。因此，构建欧亚经济联盟对俄罗斯不仅具有十分重要的经济意义，而且具有特殊的政治意义，此举将重振俄罗斯的国际地位，帮助它再次回到世界政治舞台的中心。同时，这一构想的实现也将在一定程度上改变地缘政治关系，对 21 世纪上半叶的世界政治经济格局和力量对比产生重大影响。

经过数年的多轮谈判，俄、白、哈三国于 2014 年 5 月 29 日在哈萨克斯坦首都阿斯塔纳签署了《欧亚经济联盟条约》。三方在新闻稿中称，这部将于 2015 年 1 月 1 日正式生效的条约是俄、白、哈三国在业已建立的关税同盟和统一经济空间基础上继续向下一阶段推进、加快一体化进程的共同约定，它将有效地保障联盟的运作，有助于促进全面的内部经济合作，扩大合作规模和领域，提高国有生产竞争力和加强联盟成员国在国际经济体系中的作用。该条约由两部分组成，第一部分阐述了欧亚一体化的目标和任务，将联盟地位定位于全方位发展的国际组织。第二部分为功能性章节，规定了经济合作机制，确定了部门一体化的具体义务。缔约各方将在该联盟框架下确保商品、服务、资本和劳动力的自由流通，奉行协调一致或统一的经济部门的政策。同时规定，欧亚委员会总部将设在莫斯科，欧亚经济联盟仲裁法庭设在明斯克，金融管理机构设在阿拉木图。

2014 年 9 月 1 日，普京总统将有关批准欧亚经济联盟条约的联邦法草案提交国家杜马审议。9 月 26 日，俄罗斯国家杜马（议会下院）以罕见的绝对高票（441 票赞成，1 票弃权）予以通过。10 月 1 日，该草案又获得了俄罗斯联邦委员会（议会上院）审议通过。10 月 3 日，普京总统签署了《关于批准欧亚经济联盟条约的联邦法律》。与此同时，哈萨克斯

① 普京：《政府工作报告》（2012 年），转引自新华社译稿。

坦和白俄罗斯也分别于 10 月上旬完成了条约的法律审批程序。10 月 10 日，在莫斯科举行的欧亚联盟峰会上，亚美尼亚成为联盟的第四名正式成员。

### （四）欧亚经济联盟的前景

最近数年，以俄罗斯为主导的独联体一体化进程虽然总体进展缓慢，但与 20 世纪 90 年代相比确实取得了实质性进步，这与近年来俄罗斯所处的国内外形势的变化以及其国际地位的上升是密切相关的。

从国内形势来看，稳定的政治局势和持续增长的国民经济为俄罗斯推行地区经济一体化战略创造了必要条件。2000—2008 年，在普京的强力统治下，俄罗斯已经从动荡不定的政治局势中彻底走了出来。寡头势力遭到沉重打击，一度猖獗的寡头干政现象基本绝迹；地方政治集团已经不再可能各行其政，中央政权的权威得以重新树立；街头政治逐渐被议会党团政治所替代，爆发大规模社会冲突的可能性大大降低。2008—2012 年梅德韦杰夫当政阶段（即所谓“梅普组合”期间）可以说是一个调整阶段，普京政策基本得以延续，社会政治体制得到进一步稳定。2012 年普京再次当选总统，重新掌握国家最高权力，为未来一个时期的平稳发展铺平了道路。此外，曾经长期困扰俄罗斯社会的车臣分裂主义势力在遭受持续有效打击之后，已经不足以再对国家整体安全构成根本性影响，反恐、反分裂的任务对于俄罗斯而言已经不像早几年那样紧迫。

1999—2008 年，俄罗斯经济获得了持续增长，国家恢复了元气，各项宏观经济指标在 2007 年已全面恢复到了苏联解体前的历史最高水平。伴随着旺盛的石油需求，国际能源市场石油价格一路飙升，依靠石油的大量出口，俄罗斯国民经济在 2008 年创造了新的历史纪录，与此同时积攒了大量的财政盈余，国家外汇储备和财富基金达到了空前的规模。虽然受国际金融危机的拖累，2009 年俄罗斯经济出现严重萎缩，但是此时的俄罗斯已经不再像 1998 年那样面对金融危机全无招架之力，而是凭借雄厚的储备基金积极开展自救。经过 2010—2011 年的恢复，到 2012 年年初基本回到了危机前的状态，对外贸易大幅增长，外国投资明显增加，外汇储备持续扩大，福利基金和养老基金重新积累起来。这些都表明俄罗斯已经走出了国际金融危机的阴影。这也为努力推进一体化的俄罗斯政治家们增添了底气和信心。

从国际层面来看，在过去若干年里，欧盟和北约分别从经济和军事领域的向东扩张不断蚕食俄罗斯的传统势力范围，成为其重新整合独联体的重大障碍。国际金融危机之后，欧洲经济持续低迷，欧盟和北约均被迫放缓了东扩的步伐。与此同时，美国的外交政策发生重大调整，将战略中心由欧洲和其他地区转向亚洲和太平洋地区，把矛头更多地指向迅速崛起的中国。西方势力在欧亚地区的削弱极大地减轻了俄罗斯的外部压力，为其落实一体化构想提供了便利。

在上述国际背景下，独联体内部的向心力有所恢复。经历了二十多年的风风雨雨，在与大国取取舍舍的博弈当中，尤其是在饱尝了“颜色革命”带来的酸甜苦辣之后，一些独联体国家逐渐清醒地认识到，西方国家往往口惠而实不至，它们远非想象中的那样仗义，在关键时刻常常是靠不住的，将自己国家的未来托付给西方大国是不明智的。因此，它们开始重新审视周边环境和自身发展道路，进而发现，由于历史渊源和文化传统的原因，它们在很大程度上依然依赖于俄罗斯的商品和市场、俄罗斯的技术和资金，这种局面短期内不可能改变，因而不得不将目光重新转向俄罗斯。在这方面，白俄罗斯、哈萨克斯坦、亚美尼亚和吉尔吉斯斯坦表现得较为明显。

尽管拥有上述诸多有利因素，然而通往欧亚联盟的道路仍然是不平坦的，在建设统一经济空间的进程中还面临着许多困难和难以逾越的障碍。阻力主要来自以下几个方面。

1. 独联体各国普遍不认同欧亚联盟

2008 年 8 月在外高加索爆发的大规模武装冲突，尽管为时短暂，但是却彻底摧毁了俄罗斯与格鲁吉亚的国家关系，随后格鲁吉亚宣布退出独联体，公开与俄罗斯决裂。与格鲁吉亚同处外高加索的阿塞拜疆对独联体内部事务从不热心，没有任何迹象表明它对欧亚联盟的设想发生兴趣。中亚地区本应是俄罗斯整合后苏联空间可以倚重的中坚力量，可是该地区近年来在政治和经济上所表现出的发展趋势恰恰不是一体化，而是逆一体化。由于该地区各国在经济发展上的差距日益扩大，加之其他多方面的原因，彼此间的关系越来越疏远，双边关系日趋多边化、复杂化，合作基础不断削弱，合作意愿显著降低。当地各国均不看好由俄罗斯主导的地区一体化进程。在中亚五国当中，土库曼斯坦在国际交往中努力保持中立国的立场，奉行不结盟政策，它不太可能成为欧亚联盟成员。塔吉克斯坦也不看好欧亚联盟，该国高级官员明确表示，欧亚联盟没有任何前途可言。①

乌兹别克斯坦长期以来与俄罗斯的关系若即若离，在独联体内部始终扮演着一个另类的角色，经常与俄罗斯唱对台戏。1999 年，乌兹别克斯坦曾宣布退出独联体集体安全条约组织，2008 年 10 月又宣布终止自身欧亚经济共同体成员国的资格，公开显示不愿与俄罗斯合作的姿态。虽然后来乌兹别克斯坦又重新回到集体安全条约组织，但与俄罗斯的关系并未明显改善。2012 年 6 月，乌兹别克斯坦再次宣布终止其在集体安全条约组织中的职能，说明其与俄罗斯在某些领域的矛盾进一步激化。乌兹别克斯坦对建立欧亚联盟持公开的批评态度。乌方认为，目前的俄白哈关税同盟模式不可取，因为在同盟之上有一个超国家的欧亚委员会，这损害了相关国家的主权，与乌兹别克斯坦宪法相抵触。此外，关税同盟主要维护了俄罗斯的利益，而没有充分体现其他成员国的利益。因此，乌方不认可关税同盟，基于同样的理由，乌方也反对在关税同盟的基础上建立欧亚联盟。②

独联体各国对欧亚联盟的理解和期盼有明显差异，主要表现为俄罗斯与其他国家的利益诉求不一致，而这有可能引发一系列矛盾和纠纷。显而易见，俄罗斯倡导建立欧亚联盟有经济方面的考量，这就是通过实现经济一体化，促进地区经济融合，加强本地区各国的经贸合作，抵御经济风险。但更多的则是出于地缘政治的考虑，细读普京的文章和政府工作报告就可以明显体会到，俄罗斯启动欧亚联盟计划、构筑共同经济空间的根本目的在于，通过融合昔日苏联各加盟共和国来提高俄罗斯的全球地位，在与美国、欧盟（北约）和中国的地缘政治竞争中争取主动，因此在合作的过程当中俄罗斯不可能不试图加强对相关国家的实际控制。

---

① 塔吉克斯坦总统直属战略研究中心主任波波洪·马赫马多夫与中国社会科学院学者代表团座谈时的讲话，2012 年 11 月 5 日于杜尚别。

② 乌兹别克斯坦总统直属战略与国际问题研究所研究员阿吉斯·拉苏洛夫在中乌学者座谈会上的发言，2012 年 8 月 22 日于塔什干。

这种控制既包括经济层面的，也包括政治层面的。就连俄罗斯学者也公开表示，“后苏联一体化是俄罗斯所需要的，这是长期外交政策的首要任务，符合国家利益”①。（俄罗斯欧亚发展银行一体化研究中心主任叶夫根尼·维诺库罗夫语）

客观地说，欧亚联盟对部分独联体国家还是有一定吸引力，一些国家希望通过地区一体化在经济方面受益，一方面可以获得俄罗斯这个巨大的商品市场和劳务市场，本国的商品和劳动力可以不受阻碍地进入俄罗斯，另一方面可以获得来自俄罗斯的廉价油气资源（这对乌克兰和白俄罗斯尤为重要）以及资金和技术。此外，有些国家还希望以此来抵消个别国家（如中国）商品对其国内市场的强大影响力，从而提高本国的经济安全水平，哈萨克斯坦就曾明确表示有这方面的考虑。但是，该地区的任何一个国家都不会以丧失部分主权或其他政治利益为代价来换取上述经济利益。哈萨克斯坦学者古利纳拉·达达巴耶娃就明确指出：“从纳扎尔巴耶夫和卢卡申科在普京文章面世后相继发表的文章来看，这两国领导人存在一定的担忧。尤其是纳扎尔巴耶夫的文章提到以经济务实主义和自愿为优先，而非以地缘政治或其他利益为优先。哈萨克斯坦总统明确提出了维护政治主权的方针。”白俄罗斯总统卢卡申科也曾公开表示，反对联盟决策机构将自己的意志强加于成员国，联盟决策机构的决定应当接受成员国议会的审议，成员国有权拒绝联盟的任何决定。哈萨克斯坦的另一位学者鲁斯兰·然加济更是直截了当地说：“俄罗斯需要一体化，哈萨克斯坦也同样需要，所有国家都需要，尤其是后苏联地区国家。但这是经济一体化，而非政治一体化，是纳扎尔巴耶夫总统提出的那种一体化，以不同的形式、不同的速度，但平等而互利。如果核心是经济考量，那一体化才会有未来。如果只为政治，那就会有流血，而且会很多。俄罗斯明白这一点吗？”② 白俄罗斯和哈萨克斯坦是关税同盟最积极的支持者和参与者，连这两个国家的领导人都对欧亚联盟表现出深深的忧虑，由此可见俄罗斯式的欧亚联盟在独联体遭到严重质疑。

---

① 转引自尼古拉斯·格沃斯杰夫《新俄罗斯帝国》，［美国］《国家利益》双月刊网站，转引自新华社信息网。

② 观点综述《如果只为政治，那将出现流血》，俄罗斯信息分析中心网站，2012 年 2 月 13 日，转引自新华社信息网。

2. 俄罗斯经济增长乏力，自身财力难以支撑欧亚联盟

无论从现有能量还是近期发展潜力来看，俄罗斯的经济实力都难以支撑欧亚联盟，这是对实现独联体一体化最根本的制约。要实现独联体的一体化必然要经历一个长期重新磨合、相互靠拢的过程，在这个过程中需要庞大的财政开支。后苏联空间小国多、穷国多，其中个别国家的经济至今还没有恢复到 20 年前苏联后期的水平（例如塔吉克斯坦），哪个国家都没有能力也没有愿望为欧亚联盟建设注资，资金来源只能指望俄罗斯。然而俄罗斯也不过刚刚恢复元气，财力十分有限，何况自身也面临着一系列重大财政挑战——调整经济结构、填补基础设施历史欠债、重新实现工业化、发展创新经济、开发远东和东西伯利亚，等等。更为关键的是，未来俄罗斯的经济发展存在很大的不确定性，在国际市场还将面临前所未有的竞争，持续发展的动力明显不足。

后金融危机时期，俄罗斯再次陷入困境，经济增长率连年下降，2013 年同比只增长了 1.3%，2014 年这一指标下降到 0.6%。进入 2015 年以来，经济形势进一步恶化，第一季度国民生产总值同比下降 2.2%，第二季度同比下降到 4.6%，呈现出加速下降态势，前景堪忧。从目前的情况看，俄罗斯政府原定的国内生产总值到 2018 年在 2008 年基础上翻一番的目标无法实现，这意味着《俄罗斯联邦 2020 年前社会经济发展构想》中的许多规划都将落空，因为没有经济的支撑，任何计划都只能是纸上谈兵。2012 年 4 月，俄罗斯科学院能源研究所发布的预测报告称，根据目前俄罗斯经济的实际发展状况推测，经济总量翻番的目标要到 2032 年才有可能实现，比原先预想的时间延后整整 14 年。

3. 乌克兰危机使得欧亚联盟变得更加艰难

乌克兰在独联体中的地位举足轻重，没有乌克兰的参与，欧亚联盟将是不完整的、残缺不全的。从某种意义上可以说，乌克兰的加入与否最终决定着欧亚联盟的成败。除去俄罗斯和已经终止自身在独联体职能的格鲁吉亚，独联体其余十国总人口大约为 1.3 亿人，其中乌克兰一国就占了将近 5000 万人，剩余九国合计只有 8000 万人。乌克兰人口比白俄罗斯和哈萨克斯坦两国人口合计还多了将近一倍，与中亚五国的总人口相差无几。乌克兰是独联体内第二大经济体和第二大市场，它的经济总量、工农业生产水平、科技水平以及综合发展潜力仅次于俄罗斯，远高于独

联体其他成员国。乌克兰对于俄罗斯不仅具有重要的政治意义，而且具有重要的经济意义。就全球范围来说，乌克兰是俄罗斯的第四大贸易伙伴，2011 年俄乌实现双边贸易 506.3 亿美元，占俄罗斯对外贸易总额的 6.2%。如果单就独联体范围来说，乌克兰是俄罗斯最大的贸易伙伴，俄乌贸易规模占到了俄罗斯对独联体整体贸易的 41.31%。这意味着，俄罗斯对独联体国家贸易额的将近一半是由对乌贸易来实现的。没有乌克兰的参加，欧亚联盟的作用和意义将大打折扣。何况，有着浓重“乌克兰情结”的俄罗斯十分清楚，历史上曾经几次“失而复得”的乌克兰一旦在欧亚联盟建设进程中再次丢失，那就有可能意味着俄罗斯将永远失去乌克兰。因此，俄罗斯领导人一而再，再而三地向乌克兰表达善意，诚恳地邀请乌克兰加入关税同盟，最终成为欧亚联盟大家庭的一员。然而这却与乌克兰的意愿相违背，因为乌克兰的既定方针是融入欧洲，尽早实现与欧洲的政治经济一体化，乌克兰官方曾经多次公开表达这一立场。可以说，脱俄入欧是乌克兰的基本国策，而且带有不可逆转的特点。所以，对俄罗斯一再主动表示出的合作善意乌克兰从不买账，而是以种种理由加以推脱，不断强调实际并不存在的阻碍彼此合作的客观因素。

虽然乌克兰对欧亚联盟并不感兴趣，却始终没有明确回绝俄罗斯。但是，2014 年爆发的乌克兰危机却彻底将其加入欧亚联盟的道路堵死了。这场危机使乌克兰陷入内战，不仅南部的克里米亚半岛被俄罗斯强行霸占，而且东部多个地区在俄罗斯的支持下与中央政府分庭抗礼，致使乌克兰时刻面临着新的分裂。在这种情况下，乌克兰自然更加向北约和欧盟靠近，不仅不会考虑加入欧亚联盟，甚至有可能退出独联体。由于这场危机，俄罗斯遭到了整个西方世界的联合经济制裁，这对本已陷入困境的俄罗斯经济无疑是雪上加霜。俄罗斯与西方关系降至苏联解体以来的最低点，俄罗斯面临的国际环境明显恶化，这都将对欧亚联盟的建设带来负面影响。

# 第三章

# 产业结构调整与经济现代化

俄罗斯产业结构失衡的问题由来已久。早在苏联时期，斯大林之后的历代领导人就力图对农、轻、重发展不平衡的产业结构进行调整，但由于传统计划经济体制的种种弊病，结构调整政策很难触及其根本。苏联解体后，俄罗斯作为苏联的继承国，继承了其畸形的产业结构。经济转型时期，俄罗斯面临着严重的转型性经济危机，为了尽快走出危机，能源和原材料的比较优势凸显，俄罗斯产业结构发生了自发性调整，向着低度化、原材料化方向发展，产业结构畸形成为实现经济现代化目标的重要障碍。

## 一 产业结构的形成与演变

由于苏联时期的工业化政策，苏联的工业在压榨农业和挤压消费的条件下迅速发展起来，苏联的产业结构中工业占比逐年增长（1983 年，工业产值在国民经济总产值中的比重已达到 84.9%）。工业中，重工业比例也过大，形成超重型产业结构（1985 年，重工业产值在工业总产值中占比达到 74.8%）。此外，在计划经济体制下，由于长期将国防建设放在优先发展的地位，国家运用高度集中的权力直接组建封闭而自成体系的、政企合一的军事生产和科研体系，集中大量人力、物力和财力投入军事工业。因此，苏联解体前的产业结构主要表现为“重工业过重、轻工业过轻、农业和第三产业严重落后”的状态。

苏联解体后，俄罗斯产业结构的演变总体上分为两个时期：第一个时期为 1991—1998 年，俄罗斯经历了从计划经济到市场经济体制的制度转型，转型过程中国民经济大幅下滑，产业结构在经济下降的条件下发生变化，可以称之为“在衰退中演变”时期。第二个时期为1999年至今，俄罗斯经济逐渐走出转型阴霾，实现恢复性增长，宏观经济形势整体向好，产业结构在经济增长的前提下发生变化，可以称之为“在增长中调整”时期。下文对这两个时期产业结构的变化进行具体阐述。

### （一）“在衰退中演变”时期

1991—1998年，在经济转型过程中，俄罗斯产业结构出现了第一、第二产业在国内生产总值中所占比例迅速下降的现象。工业占国内生产总值的比重由1991年的48.6%下降至1998年的35.6%；农业占国内生产总值的比重由1991年的13.9%锐减至1998年的6.1%。与第一、第二产业形成鲜明对照，第三产业迅速发展。1991年服务业增加值在国内生产总值中的比重仅为37.5%，1992年激增到52%，1993年该比重回落到49.5%，1994—1998年这一比重为51%—58%。第三产业的迅速发展与经济转型后私有化的开展和市场型服务机构的建立有关，但不能认为这是俄罗斯产业结构优化的表现。因为结构调整并不是通过各部门经济增长的差异实现的，而是在普遍下降的情况下实现的，是由于第一、第二产业增加值下降的速度快于第三产业造成第三产业在国内生产总值中的比重激增，而事实上这种产业结构的变化具有明显的消极性和被动性。

### （二）“在增长中调整”时期

1999年以后，俄罗斯经济开始走出危机，随着经济的逐步复苏、增长，产业结构也相应出现变化。第一产业整体呈下降趋势，其增加值在国内生产总值中的占比由1999年的6.7%下降至2008年的4.4%。第二产业的发展经历了两个阶段，以2004年为界，1999—2004年，第二产业增加值占比呈上升趋势，由36.8%增长至40.4%；2004年之后，第二产业增加值占比呈下降趋势，由40.4%下降至36.1%。第三产业发展与第二产业的发展表现出相反的走势，2000—2004年，第三产业增加值占比由55.3%下降至54.4%；2004年之后，第三产业增加值占比则由54.4%上升至59.5%（见表3—1）。

**表3—1** **俄罗斯三大产业结构** 单位:%

| 年份 | 第一产业 | 第二产业 | 第三产业 |
|---|---|---|---|
| 1991 | 13.9 | 48.6 | 37.5 |
| 1992 | 7.0 | 41 | 52 |
| 1993 | 7.8 | 42.7 | 49.5 |
| 1994 | 6.5 | 42.3 | 51.2 |
| 1995 | 7.2 | 37.2 | 55.6 |
| 1996 | 7.0 | 35.9 | 57.1 |
| 1997 | 7.1 | 35.6 | 57.3 |
| 1998 | 6.1 | 35.6 | 58.3 |
| 1999 | 6.7 | 36.8 | 56.5 |
| 2000 | 6.5 | 38.2 | 55.3 |
| 2001 | 6.9 | 38.5 | 54.6 |
| 2002 | 5.9 | 38.5 | 55.6 |
| 2003 | 5.4 | 39.2 | 55.3 |
| 2004 | 5.1 | 40.4 | 54.4 |
| 2005 | 4.9 | 39.9 | 55.2 |
| 2006 | 4.7 | 38.8 | 56.5 |
| 2007 | 4.4 | 37.6 | 58.1 |
| 2008 | 4.4 | 36.1 | 59.5 |

注：根据实际国内生产总值经计算得出。2000年以前的产值按1995年价格计算，2000—2002年按2000年的价格计算，2002年以后的产值按2008年价格计算。

资料来源：根据俄罗斯联邦统计局数据经计算得出。

根据产业结构演变的一般规律，随着一国工业化的发展，产业结构会经历第一、第二产业比重逐渐下降，第三产业比重逐渐上升的过程，在工业化后期，第三产业快速发展，其增加值比重在三次产业中占有支配地位，甚至占绝对支配地位。但这一规律的前提是，产业结构作为以往经济增长的结果和未来经济增长的基础，与经济发展相对应而不断变动。显然，1991—1999年“在衰退中变动”时期，俄罗斯产业结构出现的变化并不符合这一前提。在激进式的经济转型过程中，俄罗斯经济迅速下滑，生产中的资本要素投入大大降低，所以产业结构的演变是伴随着经济衰退的一种自发调整。因此，该时期第一、第二产业比重的下降和第三产业比重的上升并不是产业结构优化的标志。而1999—2004年，俄罗斯产业结构的演变趋势是，第二产业增加值比重上升而第三产业增加值比重下降。该时期宏观经济呈上升趋势，工业生产也逐年恢复，应该说整个经济经历了再资本化的过程。因此，尽管从表面上看，产业结构出现“倒退”的迹象，但与前一时期在衰退条件下第二产业比重下降相比，该时期第二产业增加值占比的提高恰恰说明第二产业在以相对于第三产业更快的速度进行恢复性增长。2004年之后，俄罗斯经济保持持续稳定增长（金融危机时期除外），在此基础上，第一产业增加值比重继续下降，第二产业比重也开始下降，而第三产业比重则持续上升，到2011年已达到60%的水平，在三次产业中占据支配地位。在满足经济增长的前提下，俄罗斯三次产业结构开始遵循产业结构演变的一般规律，朝着高度化的方向发展，出现了一定的优化趋势。然而，由于激进式的经济转型造成了诸多不良后果，第二、三产业内部仍存在非常严重的结构失衡问题，三次产业间结构的高度化尚不足以消除第二、三产业内部结构非合理化所带来的消极作用。因此，产业结构失衡尤其是工业结构失衡的问题在一定时期内仍是俄罗斯经济面临的主要难题，产业结构调整的任务仍然任重而道远。

## 二　产业内部结构变化

### （一）农业发展状况及内部结构变化

1. 农业发展状况

农业一直以来是俄罗斯经济中比较薄弱的部门。1991—1998年农业生产全面大幅下滑，除1997年外均为负增长。这一阶段农业产值快速下滑是俄罗斯实行“休克疗法”的结果，由于实行了价格自由化，工农业价格“剪刀差”加大，同时国家又大幅削减了对农业的补贴，导致农业一路下滑，到1998年经济危机时跌至谷底。从1999年农业开始出现转机，1999—2014年实现连续增长（仅少数几年出现下降），但从整体上看，俄罗斯农业形势仍不容乐观，2014年农业产值按可比价格计算仅恢复到1990年水平。[①]

1999—2014年，根据农业产值增长率的变化，俄罗斯农业发展大体可以分为四个阶段：第一阶段为1999—2001年，农业产值增长速度较快，分别为3.8%、6.2%和6.9%。1998年俄罗斯发生了金融危机，卢布对美元持续贬值。对俄罗斯农业而言，卢布的贬值效应抑制了农产品进口，无形中提高了本国农产品的价格竞争力，进而扩大了市场份额，实现了进口替代，农业生产者的利润率也相应提高。第二阶段为2002—2007年，农业增长速度明显放缓，农业增长低于国内生产总值增长率，年均增长率仅为2%，2003年甚至出现了小幅的负增长。该时期增长放慢的主要原因是卢布贬值效应逐渐消失，导致进口农产品逐渐占据国内市场，同时工农业产品价格“剪刀差”进一步扩大，农业生产者财务状况恶化。但由于经济转型的制度效应逐渐释放和俄政府对农业实行了扶持政策，使得该时期的农业在市场环境恶化的条件下并没有出现转型时期的大幅下滑，而是呈缓慢增长态势。第三阶段为2008—2010年，这一阶段农业增速出现了急剧下降的情况。这一次与美国次贷引发的全球金融危机有较大关系，然而这次危机与1998年的危机完全不同：尽管这次卢布也发生了贬值，但美元自身贬值引致大宗商品的上涨增加了农业生产的成本，造成农业下滑。此外，2010年农业生产下滑的另一重要原因是发生了严重的旱灾，43个联邦主体受旱灾影响产出大幅下降。第四阶段为2011年至今，农业产值受市场因素影响上下波动，但整体保持增长态势。2011年，俄罗斯农业同比增长22.1%，增幅为20纪90年代以来的最高水平，不但弥补了2010年的下降，还在2009年的水平上增长了8.3%。2012年，农业产值出现4.8%的下降，2013年和2014年农业又恢复增长，增长率则分别为5.8%和3.5%。

2. 农业内部结构变化

1995—2014年，种植业产量整体上保持了增长的趋势，2004年种植业产量已恢复到1990年的水平，但由于俄罗斯农业现代化水平低，种植业受气候条件和自然灾害影响严重，产量表现出很大的不稳定性，因此，

① 按可比价格计算，2014年俄罗斯农业产值相当于1990年的99.67%。

种植业产值波动也较大，如 2007 年和 2011 年种植业产值大幅增长，但 2009 年、2010 年和 2012 年又出现不同程度的下降（见表 3—2）。

畜牧业在俄罗斯农业中同样占据举足轻重的地位。俄罗斯疆域辽阔，草场面积广大，具有良好的发展畜牧业的条件。20 世纪 90 年代，畜牧业遭受了严重的冲击。牲畜存栏数锐减，畜牧业主要产品产量也大幅下降。2000 年之后，畜牧业开始复苏，畜牧业的产量曲线保持了相对平稳的增长态势，然而随着居民消费结构的升级，对畜牧业产品的消费逐渐增长，从这个角度看，为满足日益增长的消费需求，俄罗斯畜牧业发展仍有待提高。

从俄罗斯农业内部结构看，种植业和畜牧业基本平分秋色。由于畜牧业发展整体呈稳定增长态势，农业内部结构的变化主要取决于种植业产值的变化。

**表 3—2　　1995—2014 年俄罗斯农业产值及内部结构**

| 年份 | 1995 | 2000 | 2005 | 2006 | 2007 | 2008 | 2009 | 2010 | 2011 | 2012 | 2013 | 2014 |
|---|---|---|---|---|---|---|---|---|---|---|---|---|
| 产值（按现价计算，单位：亿卢布） | | | | | | | | | | | | |
| 农业产值 | 2039 | 7424 | 13809 | 15706 | 19316 | 24614 | 25159 | 25878 | 32617 | 33392 | 36871 | 43190 |
| 其中：种植业 | 1083 | 3947 | 6698 | 7648 | 10024 | 13064 | 12389 | 11915 | 17035 | 16364 | 19188 | 22224 |
| 畜牧业 | 956 | 3477 | 7111 | 8058 | 9292 | 11550 | 12770 | 13963 | 15582 | 17028 | 17683 | 20966 |
| 占比（%） | | | | | | | | | | | | |
| 农业产值 | 100 | 100 | 100 | 100 | 100 | 100 | 100 | 100 | 100 | 100 | 100 | 100 |
| 其中：种植业 | 53.1 | 53.2 | 48.5 | 48.7 | 51.9 | 53.1 | 49.2 | 46 | 52.2 | 49 | 52 | 51.5 |
| 畜牧业 | 46.9 | 46.8 | 51.5 | 51.3 | 48.1 | 46.9 | 50.8 | 54 | 47.8 | 51 | 48 | 48.5 |

资料来源：根据俄罗斯联邦统计局数据经计算得出。

## （二）工业内部结构变化

1. 工业内部结构变化特点

第一，重、轻结构失衡加剧。霍夫曼系数是消费品工业净产值和资本品工业净产值的比值，这一指标可以反映一国重、轻工业的比例，霍夫曼系数越小，表示该国重工业产值比例越大。目前发达工业国家的霍夫曼系数一般在 0.4—0.5。根据世界工业化进程的一般规律，工业内部结构变化轨迹是从轻型制造业向重化工业演进，这就意味着工业化进程中霍夫曼系数呈下降态势。从图 3—1 反映的曲线来看，俄罗斯的霍夫曼系数一直呈下降态势，目前已达到 0.2 以下的水平，但我们不能据此简单判断俄罗斯进入了工业化后期，甚至进入了后工业化时代。这是因为：苏联时期由于政治和军事需要，政府以行政指令方式强制进行工业化，跳过了轻工业大发展的阶段，直接实现了以军工业生产为主的重工业化。应该说俄罗斯的霍夫曼系数过低并不是工业内部结构高级化的标志，反倒是轻工业没有得到充分发展的一种失衡表现。图 3—1 中以 1992 年[①]为界，1992 年后俄罗斯的霍夫曼系数比苏联时期更小，这表明苏联解体后，俄罗斯工业内部结构中重轻结构失衡的现象有所加重。1992—2000 年，霍夫曼系数呈下降态势，且降幅较大，这说明在经济转型过程中，俄罗斯的轻工业部门[②]比重工业部门产值下降速度更快。过早的对外开放导致大量外国消费品涌入国内市场，残酷的竞争下，俄罗斯的消费品工业遭受沉重打击，轻工业几乎消失；但能源工业作为当时国民经济的支柱产业在后期才进行个案私有化，资本的规模效应带来产值的迅速增长。2000—2003 年，俄罗斯的霍夫曼系数分别为 0.184、0.198、0.199 和 0.191，呈现上升趋势。这主要是由于该时期一些消费品工业的劳动生产率和全要素生产率都有所提高，缓解了重工业为主的弊病，尽管如此，轻工业部门在工业中的比重仍然很小，并不能改变重工业为主的特点。2004—2008 年，随着国际油价的大幅上涨，重工业中的能源工业得到了更大的发展空间，2008 年国际油价空前高涨，该年俄罗斯的霍夫曼系数下降至 0.132，2009 年的金融危机沉重地打击了俄罗斯的重工业部门，霍夫曼系数提高至 0.158，2010 年和 2011 年随着重工业部门的复苏，霍夫曼系数继续下降，到 2011 年已达到 0.13 的历史最低值，重轻结构失衡的现象愈演愈烈。

---

① 应以 1991 年苏联解体为界，但概念数据无法得到，因此以 1992 年数据代替。

② 这里的轻工业部门包括轻工业和食品工业。

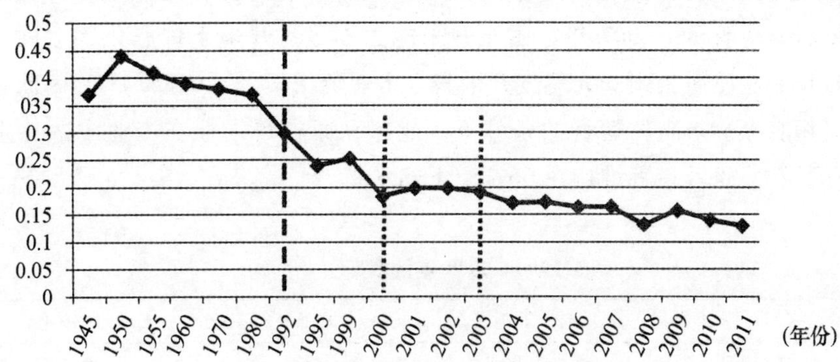


**图 3—1 1945—2011 年俄罗斯霍夫曼系数**

注：2004 年前，消费品工业包括轻工业和食品工业，资本品工业为工业中的其他行业；2005 年后，消费品工业包括食品工业、纺织和缝纫业、皮革及皮革制品的生产和制鞋业，资本品工业为工业中的其他行业。

资料来源：1980 年以前的数据引自陆南泉、张础、陈义初等《苏联国民经济发展七十年》，机械工业出版社 1988 年版，第 124 页。1980 年以后的数据根据俄罗斯联邦统计局数据经计算得出。

第二，能源、原材料化趋势加重。在经济转型之前，苏联的经济是封闭型经济，俄罗斯在向市场经济过渡过程中采取了“休克疗法”方式，立即实行对外贸易自由化，俄罗斯加工制造业部门的产品由于长期存在资源补贴机制以及生产工艺落后，难以与外国产品竞争。为了获取短缺的外汇资金，促进经济复苏，俄罗斯不得不大量出口能源、原材料等初级产品，从而形成了俄罗斯工业能源化、原材料化趋势。近年来，俄罗斯政府已意识到这种畸形的工业结构必将阻碍俄罗斯经济可持续发展，也制定了相关政策试图扭转局势，但能源化、原材料化趋势具有一定刚性，在国际市场价格的推动下，该趋势不但没有缓解反而加重了。

1990 年，俄罗斯工业中能源和原材料工业比重为 33.5%，制造业比重为 66.5%。苏联解体后，随着市场的开放和“军转民”计划的实施，俄罗斯的制造业遭受了前所未有的打击，1995 年，俄罗斯制造业在工业中的比例已下降至 42.7%，而能源和原材料工业比重相应增长至 57.3%。1995—2003 年，俄罗斯工业结构相对稳定。2004 年后，随着国际能源价格的走高，能源工业快速发展，已成为俄罗斯经济的支柱产业。2006 年，能源工业比重已达到67.8%（见表3—3），经济能源化、原材料化的趋势已非常明显。2007年，由于开采能力不足、开采条件恶化等原因，能源开采业遭遇瓶颈，天然气开采甚至出现负增长（-0.8%）[1]，因此，在国际能源价格高位运行的条件下，能源和原材料工业在工业中的比重略有下降，此后一直维持在66%上下的水平。

**表3—3　1990—2008年俄罗斯工业结构**　单位：%

| 年份 | 工业 | 能源和原材料工业 | 制造业 |
| --- | --- | --- | --- |
| 1990 | 100 | 33.5 | 66.5 |
| 1995 | 100 | 57.3 | 42.7 |
| 1996 | 100 | 57.4 | 42.6 |
| 1997 | 100 | 57.7 | 42.3 |
| 1998 | 100 | 57.9 | 42.1 |
| 1999 | 100 | 55.8 | 44.2 |
| 2000 | 100 | 58.4 | 41.6 |
| 2001 | 100 | 56.3 | 43.7 |
| 2002 | 100 | 57.2 | 42.8 |
| 2003 | 100 | 57.6 | 42.4 |
| 2004 | 100 | 60.6 | 39.4 |
| 2005 | 100 | 66.8 | 33.2 |
| 2006 | 100 | 67.8 | 32.2 |
| 2007 | 100 | 66.1 | 33.9 |
| 2008 | 100 | 65.4 | 34.6 |

注：俄罗斯联邦国家统计局于2005年变换了行业的统计口径。上表中，2004年以前，能源和原材料工业包括：燃料、电力、黑色冶金、有色冶金、木材加工、造纸印刷和建材工业；制造业包括机器制造业、化工、轻工业和食品工业。为了与2004年之前的统计口径尽量保持一致，2005年以后，能源和原材料工业包括：采掘业、木材加工和木制品生产、造纸和印刷、焦炭和石油制品生产、其他非金属矿石加工、冶金和金属制品生产和水、电、气的生产与调配业；制造业包括：食品工业、纺织和缝纫工业、皮革及制品的生产和制鞋业、化学工业、橡胶和塑料制品生产、机器和设备的生产、电子设备和光电仪器生产、运输工具和设备生产、其他制造业。

资料来源：根据俄联邦国家统计局每年各部门增加值计算得出。

---

① Е. Гайдар, Российская экономика в 2007 году: тенденции и перспективы（Выпуск №29）, с. 253.

综上所述，从整个产业结构看，结构失衡问题的主要矛盾在于工业结构失衡，而工业结构的矛盾又主要集中体现在工业的能源化、原材料化上。因此，能源化、原材料化是俄罗斯产业结构失衡的核心问题。

2. 工业结构形成的原因

第一，历史惯性。经济发展存在一定的路径依赖，俄罗斯当前的工业结构很大程度上是俄罗斯经济发展的历史惯性造成的。从苏联时期开始，燃料动力综合体就是苏联的支柱产业。20 世纪 50 年代苏联开始大规模开发石油，50—60 年代，依靠伏尔加河沿岸的油田，石油产量增长迅猛。60 年代，苏联在西西伯利亚发现油田，然后依靠向发达国家出口石油来支付大规模进口农产品的费用。1980 年，石油和天然气出口已占苏联向经合组织国家出口额的 67% 。[①] 能源工业的过度发展也是苏联解体很重要的一个经济诱因。国际石油价格上涨为苏联延续了 30 年的经济增长，而油价下跌又给当时处于崩溃边缘的苏联经济沉重一击。由此看来，当前产业结构资源化的特点是苏联时期和叶利钦转型时期的延续和深化，存在一定的历史发展惯性。因此，当前经济结构调整要扭转这种惯性存在一定的难度，这也决定了结构调整的长期性和艰巨性。

第二，比较优势。俄罗斯资源在国际贸易中的先天比较优势使资源出口成为经济发展的必然选择。俄罗斯地大物博，自然资源丰富，拥有的矿产资源占世界储量的 20% 以上。[②] 自然资源禀赋决定了俄罗斯出口的比较优势，并且自然资源禀赋具有不可替代性。这样，俄罗斯在谋求凭借出口创汇快速摆脱经济危机时，能源和原材料出口成为经济发展的突破口，这必然使能源和原材料的生产获得更多投资，形成并强化了俄罗斯产业结构能源化、原材料化的趋势。尽管基于国际贸易理论中的比较优势原理和俄林定理，俄罗斯大力发展能源和原材料出口具有其合理性，但是这一理论的前提是国际商品贸易市场是一个完全竞争的市场。然而国际大宗商品市场受某些国家和金融集团操纵的现象日趋明显，因此过度地依赖能源出口对国家安全存在一定影响，也不利于俄罗斯经济的可

---

① 参见［俄］E. T. 盖达尔《帝国的消亡：当代俄罗斯的教训》，王尊贤译，社会科学文献出版社 2008 年版，第 132—141 页。

② Национальный доклад, *Стратегические ресурсы России*, информационные политические материалы, Москва, 1996, http: //www. iet. ru.

持续增长。

第三，国际分工。俄罗斯能源、原材料产业过度发展是全球化背景下国际分工的自然结果。20 世纪 90 年代，以知识和技术为核心的“新经济”蓬勃发展，对于经济全球化以及各国经济现代化进程产生了重大影响，同时对于国际经济分工格局也产生了决定性作用。“新经济”具有两个突出的特点：一是注重前期大量的研发投入和后期的创新成果保护，而非传统的制造行业规模化生产；二是研发性技术创新成果体现出“非贸易品”的属性，客观上限制了研发中心源的转移力度。全球经济在此次技术创新的背景下形成了“美国—日欧—发展中国家”的垂直型国际分工格局。美国主导高新技术产业的创新与周期性转移，形成了世界经济的霸主地位，日欧利用高新制造产业的技术优势和发展中国家工业化的市场需求，形成了高新制造业的优势地位。在此背景下，俄罗斯则只能利用自身丰富的自然资源参与国际经济合作，在能源及原材料行业发挥成本优势，利用国际市场的“发动机效应”拉动国内经济增长，寻求自身在国际经济格局中的位置。①

第四，国际油价。国际石油市场价格上涨使能源化的产业结构更加固化。近年来，国际石油市场价格一直高位运行。2011 年，英国 Brent 牌石油价格达到 111.33 美元/桶，俄罗斯乌拉尔牌石油价格达到了 109.3 美元/桶。据俄罗斯学者分析，国际油价上涨的主要原因包括：其一，世界经济特别是亚太地区国家，如中国、印度经济的快速发展使能源的需求日益增加；其二，由于产油国的政治原因使国际市场上的能源供应减少；其三，由于能源勘探缺乏足够的投资使得石油、天然气等能源生产速度放慢。② 在供给推动和需求拉动的同时作用下，国际石油价格飞涨。此外，推动国际能源价格上涨的不仅包括供求关系，还有地缘政治、财团利益、国际资本流动、能源战略和政策以及突发事件等多种因素。俄罗斯是世界最大的石油出口国之一，在世界能源市场中的地位举足轻重，国际油价的上涨更加促使俄罗斯加快发展能源行业，增加出口，抢占国

① 参见关雪凌、程大发《全球产业结构调整背景下俄罗斯经济定位的困境》，《国际观察》2005 年第 4 期。

② Кимельман. С.，Андрюшин. С.，Проблемы нефтегазовой ориентации экономики России，*Вопросы экономики*，2006 г.，№4.

际市场份额。这使得整个经济对能源出口的依赖性更强。2008年爆发了全球性金融危机，国际油价暴跌，俄罗斯经济因此遭受了巨大的打击，工业结构失衡的问题凸显，令俄罗斯政府深刻体会到结构调整已迫在眉睫。为此，时任总统的梅德韦杰夫提出了“经济现代化”计划，该计划的核心任务就是调整俄罗斯失衡的经济结构。

### （三）服务业内部结构变化特点

1. 服务业发展的演进过程

在工业化之前，世界上许多发达国家的服务业已占据重要的地位，即存在工业化阶段之前的一个商业化社会阶段，此阶段中商务服务业所占份额甚至超过第二产业，说明服务业具有相当深厚的基础。在进入工业化快速发展时期，服务业比重可能会略微下降，但比重基本不变；当收入水平再向高水平上升时，服务业比重又重新上升。服务业发展的阶段性特征说明服务业和以人均国内生产总值或人均国民收入为代表的经济增长水平之间存在一种宽泛的关系。总体来说，随着经济增长和收入水平的提升，服务业发展的总体趋势是上升的，但却不是单纯线形的。[①]因此我们不能单纯地依据服务业产值和就业占比的情况判断服务业的发展水平以及经济所处的发展阶段。

服务业整体发展与经济增长水平之间并非简单的线性关系，但随着经济的发展，服务业内部存在交替演变的顺序。具体地讲，这一演变顺序可表示为：个人服务和家庭服务→交通通信及公共设施→商务服务、金融和保险业→企业生产者服务→休闲性服务业→社会公共或集体服务业。表3—4给出了经合组织国家服务业增加值和就业的内部变动结构，从表中可以看出，传统的零售、住宿与餐饮业比重呈下降趋势；交通、仓储、通信业保持稳定或有所下降，但其中通信业的比重往往经历过持续上升的阶段；政府服务业部门在增加值比重中基本稳定并略有下降，但在就业结构中却出现较大幅度的上升，这与战后西方国家政府较多地参与国民经济管理进程有相当的关系，到20世纪90年代后，政府服务的

---

① 参见郑凯捷《分工与产业结构发展——从制造经济到服务经济》，复旦大学经济学院，2006年。

就业增长速度已放缓，并有明显的下降趋势，说明西方国家逐步扭转了这种较畸形的“政府经济”形态，而重新转为比较自由的经济形态。

**表3—4　　经合组织国家服务业内部结构及变化**　　单位：%

| | 年份 | 总计 | 批发零售贸易、餐馆与旅店业 | 交通、仓储、通信 | 金融、保险、房地产、商务服务业 | 社会及个人服务业 | 政府服务业 | 其他服务业 |
|---|---|---|---|---|---|---|---|---|
| 增加值 | 1971 | 101.4 | 29.5 | 14.1 | 22.9 | 12.6 | 20.0 | 2.3 |
| | 1980 | 97.2 | 25.0↓ | 11.5↓ | 23.6↑ | 14.4↑ | 20.6↑ | 2.1↓ |
| | 1985 | 95.5 | 23.6↓ | 10.7↓ | 25.0↑ | 14.8↑ | 19.4↓ | 2.0↓ |
| | 1990 | 96.8 | 22.6↓ | 10.7→ | 28.0↑ | 15.6↑ | 18.9↓ | 2.0→ |
| | 1992 | 97.9 | 21.8↓ | 10.6↓ | 27.9↓ | 16.3↑ | 19.2↑ | 2.1↑ |
| | 1995 | — | 22.8↑ | 12.1↑ | 33.2↑ | 21.8↑ | 14.5↓ | — |
| 就业 | 1974 | 97.3 | 32.6 | 12.1 | 10.4 | 15.3 | 26.9 | — |
| | 1980 | 97.8 | 31.0↓ | 11.1↓ | 11.4↑ | 16.1↑ | 28.2↑ | — |
| | 1985 | 97.9 | 30.2↓ | 10.3↓ | 12.8↑ | 16.3↑ | 28.3↑ | — |
| | 1990 | 98.0 | 29.4↓ | 9.9↓ | 13.9↑ | 17.2↑ | 27.6↓ | — |
| | 1992 | 97.9 | 28.8↓ | 9.6↓ | 13.7↓ | 18.0↑ | 27.8↑ | — |
| | 1995 | — | 28.7↓ | 9.5↓ | 16.4↑ | 29.9↑ | 18.4↓ | — |

资料来源：1992年以前的资料来源为：OECD. Services: Statistics on Value Added and Employment , Paris: OECD, 1996。1995年的资料来源为：OECD. Services: Statistics on Value Added and Employment, Paris: OECD, 2000，转引自郑凯捷《分工与产业结构发展——从制造经济到服务经济》，复旦大学经济学院，2006年。

在服务业内部结构中，唯有金融、保险、房地产及商务服务业和社会及个人服务业这两类服务业在所有指标中都呈现出持续上升的态势，但是前者无疑是增长最为显著的。在增加值结构中，金融、保险、房地产及商务服务业从20世纪80年代开始就一直雄踞服务业内部的主导位置，虽然此时其就业比重上升的速度不如增加值比重上升速度快，但这体现了此类服务业高生产效率的增长方式以及对西方服务经济阶段发展所做的巨大的贡献。相反，社会及个人服务业却呈现出就业增长大大快于增加值增长的趋势，虽然该类服务业在20世纪90年代后逐渐占据了就业结构中的主导地位，但在增加值方面却甚至排在传统的批发零售贸易、餐馆和旅店服务业的后面，这与此类服务业劳动生产率大大低于金融、保险、房地产和商务服务的劳动生产率有关。在社会及个人服务业中，传统的个人家庭服务比重逐渐下降，医疗、卫生等社会公共服务逐渐增长。

2. 生产性服务业的重要作用

从上文对服务业内部结构演进的分析中可以看出，在发达工业国家从工业经济向服务业经济转型的过程中，诸如金融、保险以及商务服务之类的服务业逐渐占据主导地位，而这些服务业成为主导的共同特性表现在它们满足了制造业中间需求的特性，即为生产和经营提供服务。对此学术界将这类服务业归结为生产性服务业。

最早提出生产性服务业概念的是布朗宁和辛格曼（Browning，Singelman）。在《服务社会的出现》一书中，布朗宁和辛格曼指出，生产性服务业包括金融、保险、法律工商服务、经纪等具有知识密集和为客户提供专门性服务的行业。除了用这种描述性方法对生产性服务业定义，生产性服务业还可从功能角度进行分析。[①] 格鲁伯和沃克（Gruble，Walker）认为，生产性服务业不是直接用来消费，也不是直接可以产生效用的，它是一种中间投入而非最终产出，它扮演着一个中间连接的重要角色，用来生产其他的产品或服务。同时，他们还进一步指出，这些生产者大部分使用人力资本和知识资本作为主要的投入，因而他们的产出包含有大量的人力资本和知识资本的服务，于是生产性服务能够促进生产专业化，扩大资本和知识密集型生产，从而提高劳动与其他生产要素的生产率。[②]

从理论角度讲，生产性服务业得以产生和发展的动因是劳动分工不断深化和交易成本不断降低的结果。古典经济学家亚当·斯密在《国富论》一书中最早论述了劳动分工促使生产效率提升的结果。

① Browning，Singelman，*The Emergence of a Service Society*，Springfield：[s. n. ]，1975：9.

② ［美］格鲁伯·G. 赫伯特、沃克·迈克尔·A.：《服务业的增长原因与影响》，上海三联书店1993年版，第220—223页。

从实践角度讲，生产性服务业一定是后工业社会的产物。随着人类社会由工业社会进入后工业社会，整个经济的生产和消费模式都发生了深刻转变，其核心特点是信息技术在经济活动中扮演着不可或缺的角色。信息时代的到来使得整个社会的交易成本极大降低，促进了专业化分工的深化。企业出于成本的考虑，将那些可以通过市场以更低价格买入的服务外部化，这促使纯粹成本推动的生产性服务的外部化。企业出于核心竞争力的考虑，将那些内部投资存在风险的服务（如员工培训、市场调研等）外部化，这促使准成本推动的生产性服务外部化。

就现实的经济增长看，西方发达国家生产性服务业的增长已成为经济增长的主要拉动力。2000—2004 年，全球信息服务业的规模从 6660 亿美元增加到 11740 亿美元，北美和欧洲信息服务业已进入稳定发展阶段，而亚太地区将成为重要的信息服务业新兴市场。就研发服务业而言，1996—2004 年，美国研发服务业的年均增长率就达到 9.9%；1990—2001 年，加拿大研发服务业的年均增长率就超过 10%；1996—2001 年，英国研发服务业的年均增长率更是高达 16.8%。在次贷危机没有爆发前，金融业在生产性服务业中占据主导地位，不仅金融市场规模巨大，而且新技术得到广泛应用，同时发达国家的金融业表现出国际化的趋势，即为其他国家和地区提供各种金融服务。此外，在上文对 OECD 国家服务业内部结构变动的考察中，那些满足中间需求的生产性服务业无论是在增加值还是就业方面的比重都呈上升趋势。

综上所述，判断一个国家是否进入后工业化时代（即服务经济时代），不能简单地依据服务业在国民经济的占比进行判断；关键是要看经济增长中中间投入的比例，即生产性服务业对整个经济的渗透，因为这体现了知识资本在经济增长中的作用，是一种集约型的发展方式。

3. 俄罗斯服务业内部结构变化

表 3—5 显示了 2002 年各国服务业及生产性服务业的发展水平。从表中可以得出以下两个结论。第一，2002 年，世界主要发达国家的服务业产值在国内生产总值中的比重都超过了 65%，它们已经完成工业化进程，进入后工业化社会。对俄罗斯而言，其服务业的发展水平低于捷克，但高于中国。这说明俄罗斯仍处于工业化的后期阶段。第二，就生产性服务业占国内生产总值的比重而言，俄罗斯处于同样的位置。然而，从服

务业中生产性服务业占比看，俄罗斯的比重仅为33.44%，是六个国家中最低的。这说明俄罗斯服务业的内部结构并不合理，消费性服务业所占比重较高。这与俄罗斯当时所处的经济环境有关，2002年俄罗斯还没有完全走出金融危机的阴影，工业部门出现了萎缩的现象，这导致对生产性服务业的需求相对下降，因此，尽管整个服务业的比重相对上升，但生产性服务业并没有得到充分发展。

**表3—5　2002年生产性服务业发展水平的国际比较**　单位:%

| 国家 | 生产性服务业增加值占GDP的比重 | 生产性服务业产出占服务业总产出的比重 | 服务业增加值占GDP的比重 |
|---|---|---|---|
| 美国 | 26.25 | 39.18 | 77.14 |
| 英国 | 29.19 | 45.44 | 71.99 |
| 日本 | 19.92 | 36.12 | 69.70 |
| 俄罗斯 | 15.16 | 33.44 | 55.60 |
| 中国 | 12.16 | 36.40 | 30.97 |
| 捷克 | 20.67 | 49.29 | 57.64 |

资料来源：根据OECD投入—产出数据库计算整理。

经过了连续几年的经济增长，俄罗斯服务业在国民经济中的比重继续增加，2008年，俄罗斯服务业增加值占国内生产总值的比重达到59.5%。从服务业内部结构变化看，2002年，批发零售贸易、维修、餐馆和旅店等传统服务业增加值在整个服务业增加值中的比重最大，为29.7%，到2009年传统服务业的比重继续增加，达到35.3%。交通和通信业在服务业结构中的比重出现下降趋势，从2002年的16.7%下降为2009年的15%。再来观察金融、保险、房地产业和商务服务业，金融、保险业主要以资本要素投入生产过程，它们充当着“资本经纪人”的角色；商务服务中包括法律、会计、审计、市场调研、商务管理咨询、税务咨询、建筑和工程服务、广告、人力资源等专业服务，这些行业大都是以人的智力和知识要素作为主要投入，它们充当着“知识经纪人”的角色，体现着知识密集型的特征。2002年，俄罗斯这两类行业占整个生产型服务业的比重之和为21.4%，经过几年的发展，这两类服务业的占比明显增长，到2009年达到26.9%。尽管如此，与世界主要发达国家相比，俄罗斯这类体现资本密集和知识密集特征的生产性服务业的发展仍存在较大差距。最后，就国家管理及社会保障类服务业而言，2002年该类服务业在服务业总增加值中的占比为32.1%，到2009年，该比下降为22.8%，尤其是教育业，从7%下降为4.8%（见表3—6）。

**表3—6　　2002—2009年服务业内部结构变化**　　单位:%

| 年份 | 2002 | 2003 | 2004 | 2005 | 2006 | 2007 | 2008 | 2009 |
|---|---|---|---|---|---|---|---|---|
| 服务业 | 100 | 100 | 100 | 100 | 100 | 100 | 100 | 100 |
| 批发零售贸易；维修业 | 28.0 | 29.8 | 31.3 | 32.0 | 33.2 | 33.4 | 34.1 | 33.8 |
| 餐馆和旅店业 | 1.7 | 1.6 | 1.6 | 1.7 | 1.6 | 1.7 | 1.7 | 1.5 |
| 交通和通信业 | 16.7 | 16.9 | 17.0 | 16.9 | 16.9 | 15.9 | 15.6 | 15.0 |
| 金融业 | 3.3 | 4.0 | 4.3 | 5.3 | 6.0 | 7.0 | 7.3 | 7.9 |
| 不动产业务、租赁服务 | 18.1 | 17.5 | 16.1 | 16.9 | 16.9 | 18.4 | 18.9 | 19.0 |
| 国家管理、军事安全保障、社会保险业 | 12.8 | 12.2 | 12.2 | 10.8 | 10.1 | 9.4 | 9.0 | 9.5 |
| 教育 | 7.0 | 6.7 | 6.4 | 6.0 | 5.5 | 5.0 | 4.6 | 4.8 |
| 医疗服务 | 8.7 | 7.9 | 7.6 | 7.3 | 6.7 | 6.1 | 5.7 | 6.0 |
| 社会及个人服务业 | 3.6 | 3.4 | 3.4 | 3.3 | 3.2 | 3.2 | 3.0 | 2.5 |

资料来源：俄罗斯联邦国家统计局，http：//www.gks.ru/wps/wcm/connect/rosstat_ main/rosstat/ru/statistics/accounts/。

综合以上分析，俄罗斯服务业行业构成的突出特点是：劳动密集型的批发零售贸易、餐馆与旅店业及交通和通信业比重过大，而资本密集和知识密集型的金融、保险、房地产业和商务服务业比重过小。从服务业内部结构演变过程看，俄罗斯尚需经历传统的服务业比重下降过程，与发达国家相比，俄罗斯的金融和商务等高端服务部门还需大力发展，服务业内部结构仍需调整。

## 三　新时期的再工业化

工业化是大国实现现代化的基础。世界上所有的经济大国均为制造业强国，在全球最大的100家跨国公司中，将近80%的公司均为制造业企业。从世界主要发达国家工业化进程看，这些国家之所以成为经济强国，一个共同的特点就是其制造业都曾在世界处于领先地位。因此，可以说，制造业在国民经济中一直起着举足轻重的作用，制造业的发展决定着现代化的成败。2008年国际金融危机之后，世界主要发达国家都对本国制造业发展进行了反思，并做出了相应的战略调整，同时，俄罗斯政府也提出了经济现代化战略，主张推行再工业化，重振制造业，并制定了相应的政策措施。值得注意的是，俄罗斯的再工业化与传统意义上的工业化和西方国家的再工业化均有所不同，有着其自身的特点。

### （一）工业化与后工业化

1. 工业化的含义

多年来，众多经济学家从不同角度对工业化赋予了不同的定义，但在众多定义中大多具有以下两点共识：

第一，工业化是指工业（特别是其中的制造业）的发展，具体表现为工业产值比重和就业人口比重不断上升，同时农业产值比重和就业人口比重不断下降。根据《新帕尔格雷夫经济学词典》的定义："工业化是一种过程。首先，一般来说，国民收入（或地区收入）中制造业活动和第二产业所占比例提高了；其次，在制造业和第二产业的劳动人口的比例一般也有增加的趋势。在这两种比例增加的同时，除了暂时的中断以外，整个人口的人均收入也增加了。"① 刘易斯（A. Lewis）、钱纳里（H. Chenery）、库兹涅茨（S. Kuznets）等经济学家也持有相同观点，认为工业化是指制造业和第二产业的连续上升。

第二，工业化不仅是社会生产力的突破性变革，同时也包含着生产组织和国民经济结构各层次相应的调整和变动。张培刚指出，工业化就是国民经济中一系列基要的生产函数（或生产要素组合方式）连续发生由低级到高级的突破性变化（或变革）的过程。基要生产函数的变化最

① 《新帕尔格雷夫大辞典》第二卷（中译本），经济科学出版社1992年版，第861页。

好用交通运输、动力工业、机械工业、钢铁工业等部门来说明。[1] 此外，他还提出，工业化不仅是一场生产技术革命，还引起了整个国民经济的进步和发展。这种变化将对农业、制造业等生产结构产生巨大影响，工业和服务业等部门的产值比重和劳动力就业比重都将在国民经济中达到优势地位，农业产业或部门的地位逐渐下降；工业化能够引起整个经济体制或社会制度的变化，以及人们生活观念和文化素质的变化。[2] 从这个意义上讲，他首先强调工业化是一个过程，强调工业化是动态的，从一国开始工业化那时起，就是一个不断发展并且具有阶段性特征的过程。其次强调工业化是一个经济结构变动的过程，在此过程中，产业结构不断高级化，城乡结构更趋城市化；要素投入结构逐渐向资本密集型和技术密集型过渡，消费结构也日趋多样化。最后还强调，工业化的作用不仅是工业部门自身的发展，同时还会带动整个国民经济的进步和发展，推动制度日趋完善，提高人们的观念和素质。

2. 后工业化的主要特征

后工业化这一概念最早是由美国经济学家丹尼尔・贝尔在 1973 年提出的。贝尔认为在工业社会中，社会分层的标准是所有权，而在后工业社会中，社会分层的标准则是知识和教育，以科学技术和信息为基础，是知识架构起来的社会。他认为，如果工业社会以机器技术为基础，后工业社会是由知识技术形成的。如果资本与劳动是工业社会的主要结构特征，那么信息和知识则是后工业社会的主要结构特征。[3] 根据他的推测，美国将是第一个进入后工业社会的国家。

贝尔在《后工业社会的来临——对社会预测的一项探索》一书中提出，后工业社会是一个广泛的概念，可以用五个方面特征来加以说明：一是后工业社会的经济已经从产品生产经济转变为服务型经济；二是后工业社会的职业分布中专业和技术人员处于主导地位；三是中轴原理，即理论知识是后工业社会的中轴，是社会革新和制定政策的主要源泉；

① 参见张培刚《农业与工业化》，哈佛大学出版社 1949 年版（英文版），华中工学院出版社 1984 年版（中文版）。

② 参见张培刚《发展经济学教程》，经济科学出版社 2001 年版，第 29—30 页。

③ 参见［美］丹尼尔・贝尔《后工业社会的来临——对社会预测的一项探索》，新华出版社 1997 年版，第 9 页。

四是后工业社会通过技术预测和技术评估对技术的发展进行控制，工业化初期，人们为了追求更高的生产效率，忽视了技术发明的一些副作用，导致工业技术的发展给人类社会带来了诸如环境污染等危害，随着工业化程度的提高，应有意识、有计划地推动技术变革，减少技术发展为人类社会带来的不利因素；五是在政策制定方面，后工业社会创造新的“智能技术”进行决策。[①]

贝尔认为，在由工业社会向后工业社会过渡的过程中，服务性经济有着若干不同的阶段：第一阶段，在工业发展的同时，必然引起运输和公用事业的扩大，商品运动和能源使用的辅助性服务也相应增加，同时引起非制造业蓝领劳动力的增加。第二阶段，在大规模商品消费和人口增长的过程中，销售（批发和零售）和金融、不动产以及保险等传统的白领就业的活动也在增加。第三阶段，随着国民收入的上升，家庭用于食品的费用开始下降，边际增长额首先用来购买耐用消费品（衣着、住房、汽车），然后用于奢侈品、娱乐等方面。相应地，饭馆、旅社、汽车服务、旅游、娱乐、运动等个人服务部门也开始发展。同时，为延长人的寿命而发展保健事业，为加强专业技术训练而发展教育事业。第四阶段，由于对服务业产生更多的要求，以及市场不能充分满足人们对较好环境和较好保健与教育的需要，政府特别是全国和地方一级政府开始发展。[②]

### （二）对俄罗斯工业化所处阶段的研判

根据上文对工业化和后工业化的描述，对比上文对俄罗斯工业结构变化特点的分析，可以说，俄罗斯早在苏联时期就开始了工业化进程，但到目前为止尚未进入后工业化阶段，然而俄罗斯目前到底处于工业化的什么水平和阶段？这里参照钱纳里和塞尔奎的“标准产业结构模型”，结合人均收入水平、三次产业结构以及城市化水平等多方面因素进行判断。

---

① 参见［美］丹尼尔·贝尔《后工业社会的来临——对社会预测的一项探索》，新华出版社1997年版，第14页。

② 同上书，第138—139页。

世界银行经济顾问钱纳里和塞尔奎通过对多国数据的分析，发表了著名的“标准产业结构模型”。他们认为随着经济的不断发展，产业结构的变动具有很大的一致性，大体上可分为三个阶段，即初级产品生产阶段、工业化阶段、后工业化阶段，其中工业化阶段又分为前期、中期和后期。上述五阶段的划分标准主要参照人均收入水平：以1964年的购买力平价计算，初级产品生产阶段的人均收入水平在100美元—200美元；工业化前期的人均收入水平在200美元—400美元；工业化中期对应的人均收入水平为400美元—800美元；工业化后期对应的人均收入水平为800美元—1500美元；后工业化阶段人均收入水平须达到1500美元以上。

我国学者参照钱纳里的计算方法，以美国实际国内生产总值和国内生产总值平减指数推算出换算因子，将1964年的基准收入水平换算到2010年，以2010年的人均收入水平为标准判断工业化所处阶段。根据世界银行的统计，2010年俄罗斯实际国内生产总值为9092.66亿美元（按2005年价格计算），换算成2010年的购买力平价①为16421.34亿美元，2010年俄罗斯人口为1.428亿人，则人均国内生产总值为11494美元。参照表3—7，以人均收入水平判断俄罗斯处于工业化后期阶段。

**表3—7　　　　工业化不同阶段的指标**

| 基本指标 | | 前工业化阶段 | 工业化阶段 | | | 后工业化阶段 |
|---|---|---|---|---|---|---|
| | | | 初期 | 中期 | 后期 | |
| 基准收入水平（人均GDP，美元） | 1964年 | 100—200 | 200—400 | 400—800 | 800—1500 | 1500以上 |
| | 2004年 | 720—1440 | 1440—2880 | 2880—5760 | 5760—10810 | 10810以上 |
| | 2005年 | 743—1486 | 1486—2973 | 2973—5945 | 5945—11158 | 11158以上 |
| | 2010年 | 818—1636 | 1636—3271 | 3271—6542 | 6542—12278 | 12278以上 |
| 三次产业产值结构（产业结构） | | A > I | A > 20%<br>A < I | A < 20%<br>I > S | A < 10%<br>I < S※ | A < 10%<br>I < S |

① 根据国际货币基金组织提供的俄罗斯历年的国内生产总值平减指数，笔者推算出换算因子为1.806。

续表

| 基本指标 | 前工业化阶段 | 工业化阶段 | | | 后工业化阶段 |
|---|---|---|---|---|---|
| | | 初期 | 中期 | 后期 | |
| 制造业增加值占总商品增加值的比重（工业结构） | 20%以下 | 20%—40% | 40%—50% | 50%—60% | 60%以上 |
| 人口城市化率（空间结构） | 30%以下 | 30%—50% | 50%—60% | 60%—75% | 75%以上 |
| 第一产业就业人员占比（就业结构） | 60%以下 | 45%—60% | 30%—45% | 10%—30% | 10%以下 |

注：A、I、S分别代表第一、第二和第三产业增加值在国内生产总值中所占的比重。

※引用文献中为I>S，但基于产业经济学基本理论，工业化后期第三产业比重已占支配地位（参见苏东水《产业经济学》，高等教育出版社2000年版，第235页），故在此进行了修正。

资料来源：陈佳贵、黄群慧、钟宏武：《中国地区工业化进程的综合评价和特征分析》，《经济研究》2006年第6期。

然而，仅仅参照人均收入水平还不够全面，这里还加入三次产业产值结构、制造业增加值占总增加值的比重、人口城市化率和第一产业就业占比这四个指标，对俄罗斯工业所处工业化的阶段进行综合判断：按产业结构标准衡量，2014年俄罗斯三次产业的产出占比依次为4.3%、34.9%和60.8%，对照标准值判断，俄罗斯处于工业化后期或后工业化时期；按工业结构标准衡量，2014年俄罗斯工业增加值占总商品增加值的比重为45%①，处于工业化中期水平；按人口城市化率衡量，2013年俄罗斯城市人口比例为74%②，属于工业化后期指标范围；按照第一产业就业人员占比，2014年俄罗斯农业就业人口占比为6.7%③，属于后工业化范围。

综上所述，按照基准收入水平、产业结构、城市化来衡量，俄罗斯

① 这里的“制造业增加值”实际上是俄罗斯统计中的“加工工业”，因此实际制造业（包括：食品工业、纺织和缝纫工业、皮革及制品的生产和制鞋业、化学工业、橡胶和塑料制品生产、机器和设备的生产、电子设备和光电仪器生产、运输工具和设备生产、其他制造业）的增加值在总商品增加值中的比重要比45%低。

② 俄罗斯联邦国家统计局数据，2014年5月19日更新，http://www.gks.ru/wps/wcm/connect/rosstat_ main/rosstat/ru/statistics/population/demography/#。

③ 俄罗斯联邦国家统计局数据，2015年5月8日更新，http://www.gks.ru/wps/wcm/connect/rosstat_ main/rosstat/ru/statistics/wages/labour_ force/#。

处于工业化后期水平，按照就业结构衡量，俄罗斯处于后工业化范围，但按照工业结构来衡量，俄罗斯仍处于工业化中期水平。由此进行综合判断，俄罗斯大约处于工业化中、后期阶段，但并未进入后工业化时期。

### （三）俄罗斯再工业化的特点

再工业化是工业化国家针对本国出现的去工业化现象所制定的“回归”战略及政策。2008 年国际金融危机之后，世界主要发达国家都对本国制造业发展进行了反思，提出了相应的再工业化战略。对俄罗斯而言，其去工业化与发达工业国家的去工业化有很大不同，在俄罗斯的工业化进程中经历了从计划经济到市场经济的转型，在制度转型过程中，工业基础遭到破坏，工业发展倒退，所以俄罗斯的去工业化实际上是正常工业化进程中出现的停滞、倒退。因此，俄罗斯的再工业化战略也与传统意义上的工业化和发达国家的工业化有所不同，其再工业化进程更多表现为一种重建的过程。

1. 不同于传统意义上的工业化

传统意义上的工业化，是从农业社会向工业社会转变的过程，从这个意义上讲，早在苏联时期，就已完成了这一过程。传统意义上的再工业化则一般是指对传统工业基地的改造和振兴。然而，随着知识经济和网络时代的到来，微电子技术、信息技术快速发展，信息和知识成为重要的资源和财富，信息、知识应用于传统产业的速度大大加快，进而引起全球经济增长方式发生根本性变革，工业化与信息化变得密不可分。因此，当前俄罗斯的再工业化不同于传统意义上的工业化，在经济全球化背景下，在以信息技术为代表的第五次技术革命的推动下，全球化、信息化、网络化、虚拟化、集成化、绿色化等一系列特征都对俄罗斯再工业化产生重要影响，并提出更高的要求。

2. 不同于西方国家的再工业化

近几十年来，世界主要发达国家陆续进入后工业社会，其制造业占国民经济的比重出现逐步降低的趋势，呈现“去工业化”发展趋势。此外，随着新兴经济体的日益发展壮大，西方国家在很多传统产业的竞争优势逐步减弱。2008 年国际金融危机时德国受到的冲击较小，且迅速从危机中恢复，这主要得益于德国有着强大的制造业。在经济复苏步履维艰的情况下，西方发达国家被迫调整立场，反思全球化背景下工业发展与经济增长的关系，纷纷提出“再工业化”战略，强调回归实体经济，重新认识制造业价值，强化工业地位，巩固全球竞争优势。

俄罗斯的再工业化从起点、内容和目标上都不同于发达国家的再工业化。

从起点上看，西方国家已经完成工业经济向服务经济转型升级的过程，进入后工业社会，制造业在国民经济中的比重下降是建立在制造业继续增长的基础之上的。此次西方国家的再工业化则是在进入后工业社会后，针对金融创新快速发展导致金融行业市场过度扩张、实体经济空心化而提出的。与之相比，俄罗斯再工业化的起点则要低得多。根据上文对俄罗斯工业化所处阶段的判断，俄罗斯仍处于工业化的中、后期，尚未进入后工业社会。由于产业结构畸形发展，制造业在国民经济中的地位日益下降，因此，俄罗斯的“再工业化”是指在工业化进程出现倒退、工业结构逐渐低度化情况下的重新工业化。

从内容上看，俄罗斯的再工业化包含两方面内容，一是对传统工业部门的现代化改造。俄罗斯的传统工业，如石油天然气行业、森工综合体等传统的资源部门，技术设备落后，需要进行彻底的更新换代和现代化改造。二是巩固和强化航空航天、原子能工业、军事工业、纳米、生物和遗传工程等部门的技术优势，增强产品在国际市场上的竞争力。欧美等发达国家的“再工业化”则是发展以绿色和高效为核心的先进制造业，控制全球分工体系的战略制高点。欧美等发达国家将经营重点从产品制造环节向微笑曲线的两端转移，致力于研发和品牌营销，发展技术领先、附加值高的先进制造业，淘汰低技术含量、资源浪费和环境污染的传统产业，从而形成以发达国家先进制造业为主导的国际产业化分工体系。在这种体系中，发达国家引导和满足世界范围内的市场需求，掌握着制造业的核心技术，控制着世界制造业领域的技术标准、产品规范和业务流程，控制和管理加工制造环节，获取比物质产品生产多得多的利润。①

---

① 参见金碚、张其仔等《全球产业演进与中国竞争优势》，经济管理出版社 2014 年版，第 168 页。

从目标上看，西方国家再工业化的目标是要维持和重塑其在国际市场上的竞争优势，抢占新兴产业发展先机。因此，西方国家再工业化的政策导向更注重技术应用和新兴产业发展。全球金融危机之后，主要发达国家展开了对未来主导产业选择的激烈竞争，通过各国的战略部署，推动节能环保、信息技术、生物等新兴产业的发展，力图通过新兴产业的发展刺激实体经济增长，继而形成新的主导产业。对他们而言，“再工业化”的实质是产业升级，是发展能够支撑未来经济增长的高端产业。与西方国家相比，由于目前俄罗斯机器设备仍主要依赖进口，因此，俄罗斯再工业化的目标首先仍是满足国内对机器设备的需要，其次才是增强其产品在国际市场上的竞争力。

3. 不同于英美等国的内生模式

俄罗斯的再工业化不同于英美等国的内生模式，具有明显的国家主导、政府干预的特点。

英国是工业革命的发源地，其工业化进程具有一定的自发性特点，英国的工业化经历了一个相当漫长的过程。美国的工业化与英国的发展模式相类似，都是在市场经济发展到一定程度，以市场的发展推动工业化的发展。这种内生模式产生于私有制的基础上，资本的原始积累、劳动力市场的形成和世界市场的开辟为工业化创造了条件，技术的革新使得工业的劳动生产率高于农业，通用制和股份制的产生实现了社会化大生产。市场在英美工业化进程中起到了决定性作用，而政府对市场的干预手段是运用财政政策和货币政策进行间接调控，很少直接参与资源配置。政府在工业化进程中的主要任务是创造有利条件，从而保证市场能够充分发挥其功能。

斯大林时期的苏联工业化完全由国家主导，自上而下推进，国家通过挤压农业、压缩消费、扩大积累等特殊手段为重工业积累资金，为了统一调度和集中使用全国的人力、物力、财力，确保重工业的高速发展，建立并巩固了高度集权的国家统制经济体制，实行指令性计划经济，并以行政手段作为推进工业化和实现经济赶超的主要方法。这种国家主导的模式之所以可行，主要还是要归功于其丰富的资源禀赋和粗放的增长潜力。

苏联解体之后，俄罗斯实行了从计划经济到市场经济的转型，然而新建立起来的市场机制并不完善，依靠市场配置资源完成工业化所需的资本积累尚存在障碍，只能靠政府干预为工业化创造有利条件。在推进工业化的过程中，俄罗斯政府制定战略规划及实施纲要，配套相应的财政资金，由政府干预推进相关产业的发展，如支柱产业、主导产业等。

此外，英美等国的工业化经历了漫长的过程，而无论是苏联的工业化，还是当前俄罗斯的再工业化都具有“赶超”的性质，这就意味着要加快工业化进程，这种非常规的发展模式也需要依靠政府强有力的干预手段。

### （四）俄罗斯再工业化的政策措施

为了改变俄罗斯工业内部结构不均衡、机器制造业发展严重滞后的现状，俄罗斯政府制定了一系列战略规划和政策措施，以促进工业尤其是制造业的发展，其中在2008年11月7日政府批准的《2020年前俄罗斯社会经济发展构想》和2011年12月8日政府批准的《2020年前俄罗斯创新发展战略》中，都对工业发展有相关表述。然而，这两个规划都是俄罗斯经济发展的宏观规划，并没有对工业及其子部门进行具体的规划和设计。

2013年1月，俄联邦政府批准了《发展工业和提高工业竞争力》国家纲要[①]（下文称《纲要》），旨在激发工业领域发展潜能、提高工业企业在国内外市场上的竞争力。《纲要》指出，21世纪之初的发展经验表明，俄罗斯应当制定国家工业政策，形成系统的工业发展战略及相应的实施手段，在俄罗斯，没有国家的参与，工业领域重大的基础设施、投资和创新任务很难完成，在国内和国际市场上的竞争力水平也很难有所提高。这份国家纲要是俄罗斯政府专门针对工业发展而制定的、系统的、长期的政策，是研究俄罗斯再工业化政策的主要参考文件。

1.《发展工业和提高工业竞争力》国家纲要的主要内容

（1）优先发展领域

《纲要》根据不同市场类型制定了不同的优先发展方向。针对新兴市

① Министерство промышленности и торговли Российской Федерации, *Развитие промышленности и повышение ее конкурентоспособности*, http://minpromtorg.gov.ru/.

场（目前尚不存在或规模并不大，但从长期看属于未来新兴工业，比如，新材料行业）的优先发展方向是：复合材料、稀有金属和稀土金属。针对传统消费领域工业部门，其优先发展方向是：汽车工业、轻工业、民族工艺。针对生产投资品的传统工业部门，优先发展方向是：冶金、重型机械制造、运输工具制造、电机制造、车床制造、森林工业、农机制造、食品工业、专业化生产部门的机械制造、化学综合体。在技术标准方面的优先发展方向是：根据 WTO 贸易技术壁垒的标准，建立本国标准化体系；在后苏联空间（包括关税同盟和独联体），制定并实施统一的跨国标准；使国家标准与国际标准相衔接；制定创新领域及优先发展领域的标准；在制定国家标准的过程中吸引商业团体参与；提高俄罗斯国家标准的技术要求。

（2）目标和任务

《纲要》的目标是在俄罗斯建立有竞争力的、稳定的、结构平衡的工业，与世界技术领域接轨，研发世界领先的工业技术和工艺，在此基础上保证工业有效发展，形成创新产品的新市场，保证国家的国防能力。

《纲要》根据不同优先发展领域制定了不同的任务：

建立新兴行业和新兴市场方面，要完成两项重要任务：一是针对新兴产业，建立领先的创新基础设施；二是消除壁垒，为进入创新产品市场创造平等条件。

对于发展国内消费领域工业部门，需要完成的任务包括：刺激预算外投资、逐步削减国家直接拨款、采取措施刺激消费。

对于生产投资品的工业部门，需要完成的任务主要为：对相关工业部门进行技术更新；激励新技术和新材料的生产和研发；保证俄罗斯企业以平等的条件参与国内及国际市场的竞争；鼓励高附加值产品出口；培育竞争机制，逐步削减国家在企业中的资本份额；协调工业部门技术发展规划与能源消费部门技术产品需求趋势。

发展国防工业综合体需要完成的任务是：为保证新型武器和新型军事装备的研发和生产，提高军工综合体生产潜力的利用率。

在技术标准的制定方面，需要完成的任务为：在俄罗斯建立有效的技术调控体系；完善国家标准化系统，使俄罗斯国家标准与国际标准接轨；为保证人民生活水平和经济竞争力的提高，实行统一的度量单位；

不允许俄罗斯在技术上落后于世界公认的精确水平；维护俄罗斯在度量领域的主权。

（3）期限和阶段

《纲要》实施的期限为2012—2020年，分为两个阶段，第一阶段为2012—2015年，第二阶段为2015—2020年（子纲要7实施阶段与其他子纲要不同，2012—2016年为第一阶段，2017—2020年为第二阶段）。

（4）子纲要

《纲要》下设17个子纲要，前16个子纲要针对专门的工业领域，为相关行业领域制定了相应的政策措施，最后一个子纲要则为了保证国家纲要顺利贯彻执行而制定。具体子纲要包括：子纲要1汽车工业，子纲要2农用机械、食品及深加工，子纲要3专业生产部门的机械制造业，子纲要4轻工业及民族手工艺品制造业，子纲要5国防工业综合体，子纲要6运输工具制造业，子纲要7车床及工具制造业，子纲要8重型机械制造业，子纲要9动力工程和电机工程机械制造业，子纲要10冶金业，子纲要11森林工业综合体，子纲要12技术标准，子纲要13化学工业综合体，子纲要14复合材料及制品生产，子纲要15稀有金属和稀土金属工业，子纲要16完善煤矿工人的生活保障体系，子纲要17保障本国家纲要的实施。

（5）配套措施

为了保障国家纲要及相关子纲要的顺利执行，纲要中规定了一系列的优惠措施。例如，国家及政府机构将向重点企业提供各种形式的补贴，用于支付投资项目和创新项目的贷款利息；以关税及非关税措施限制机器设备的进口，并鼓励其出口；对俄罗斯本国生产的技术设备制定长期的国家订货目标参数；打击盗版，保护俄罗斯高技术附加值产品的法律权益；扩大国营企业与私营企业的合作伙伴关系；对相关部门提供税收优惠等。此外，为了保证《纲要》的顺利执行，国家从联邦预算资金中划拨2408亿卢布，在17个子纲要中，对其中11个子纲要的实施提供了预算资金。

2. 对《纲要》的简要评述

（1）逐步削减国家预算

《纲要》中多次提到要逐步削减国家对工业的预算拨款。在国家划拨的联邦预算资金中，2012 年为 555 亿卢布，2013 年为 525 亿卢布，2014 年为 384 亿卢布，2015 年为 308 亿卢布，呈逐年下降趋势；2016 年进入《纲要》执行的第二阶段后，预算拨款更是大幅下降，2016 年划拨预算资金 175 亿卢布，2017 年 115 亿卢布，2018 年 115 亿卢布，2019 年 115 亿卢布，2020 年 116 亿卢布。

国家预算对企业的投资应该起到抛砖引玉的作用。从预算拨款的金额可以看出，预算拨款在《纲要》执行的第一阶段对企业起到重要的支持作用。由于俄罗斯制造业企业利润率低，企业缺乏资金进行固定资产的更新和现代化改造，因此，在第一阶段，国家预算对重点行业和领域进行大规模投资，从根本上改变工业企业固定资产老化、工艺落后的现状。而在《纲要》执行的第二阶段，根据《纲要》的预期效果，相关行业和领域的企业已经连续几年获得预算投资，企业利润率逐步提高，可以获得更多流动资金用于投资，此外，企业产品更具竞争力，这也能提高企业获得融资的可能性。因此，2016 年之后，国家预算投资主要起辅助作用，带动私营企业自主投资或吸引投资资金，私人资金的引进更有利于提高企业的生产积极性和创新积极性。

（2）重点扶持汽车工业

汽车工业具有劳动生产率高、需求收入弹性系数高、产业的向前和向后关联性强等特点，汽车工业的快速发展对经济增长、技术进步和产业升级都将起到重要作用。根据发达国家工业化的经验，美国、德国、日本等发达国家都曾经历过以汽车工业作为主导产业的时期。俄罗斯政府在《纲要》中也将企业工业列为重点扶持领域，这在对子纲要的预算拨款的数额中也可体现。在 17 个子纲要中，12 个子纲要获得了联邦预算拨款：汽车工业获得联邦预算资金 747 亿卢布，专业生产部门的机械制造业获得 3.5 亿卢布，轻工业及民族手工艺品制造业获得 30.75 亿卢布，国防工业综合体获得 402.87 亿卢布，运输工具制造业获得 106.87 亿卢布，车床及工具制造业获得 108.75 亿卢布，森工综合体获得 15.87 亿卢布，技术标准获得了 143.81 亿卢布，复合材料及制品生产业获得 137.79 亿卢布，稀有金属和稀土金属工业获得 80.67 亿卢布，用于完善煤矿工人的生活保障体系的预算资金为 10 亿卢布，还有 142.15 亿卢布用于保证纲要顺利执行。在所有的子纲要中，汽车工业所获得的联邦预算资金大大超过其他子纲要。

(3) 实施效果预测

根据《纲要》的目标可以看出，俄罗斯通过《纲要》的实施不仅要对工业和机器制造业进行技术更新和现代化改造，而且要在俄罗斯建立有竞争力的、稳定的、结构平衡的工业，全面提高俄罗斯工业制成品在国内和国际市场上的竞争力。然而《纲要》实施的时期为2012—2020年，仅有短短的8年时间。到目前为止，《纲要》规定的第一阶段已接近尾声，但整个工业无论从固定资产更新、利润率，还是从产品竞争力、企业创新积极性上看都没有太大改观，而距离《纲要》规定的2020年只剩下5年的时间。俄罗斯的制造业一直是经济中的软肋，以往20多年都没有达成的目标，仅以短短5年时间完成的希望并不大。俄罗斯制造业能否取得长足的发展，需要的不仅仅是大规模的投资，从长期看还需从改善制度环境入手，良好的竞争机制、对私人资本和知识产权的有效保护等机制的建立和完善，都会对创新的培育起到重要作用。俄罗斯制造业的重振和产业结构的调整一样，不可能一蹴而就，要经历一个长期而曲折的过程。

## 四　产业结构调整的成效

### (一) 三次产业结构变化

从三次产业变动关系看，2008—2014年，第一产业变化并不明显，其增加值在国内生产总值中的比重由2008年的4.4%下降至2014年的4.3%，第二产业和第三产业在国内生产总值中比例的变动趋势相反，第三产业在国内生产总值中的比重均略有增长，第二产业占比相对降低。结合当年的经济形势进行分析，2008年，美国次贷危机引发了全球经济危机，俄罗斯经济此后也遭受了沉重打击，2009年国内生产总值呈现7.8%的负增长，该年固定资产投资大幅下滑，工业增加值下降了9.3%，下降速度快于第三产业，由此造成第二产业占比下降、第三产业占比上升的“结构优化”的假象。2010—2012年是危机后的恢复性增长时期，这三年工业增长速度较快，增长率分别为7.3%、5%和3.4%，因此，第二产业在国内生产总值中的占比上升，而第三产业占比相应下降。此后，2013—2014年，俄罗斯经济增长放缓，尤其是2014年，在西方制裁、油价下跌等多重因素的影响下，经济仅保持了0.6%的增长，固定资产投资同比下降2.5%，工业增长率也仅为1.7%，随着工业增长速度的放缓，工业在国内生产总值中的比重也相应下降到34.9%，第三产业比重增长至60.8%。由此可见，在俄罗斯三次产业结构的变动中，第一产业基本保持相对稳定的状态，第三产业已经超过60%，达到相当高的水平，但这并不能说明俄罗斯第三产业高度发达，却恰恰反映了第二产业发展的滞后，第三产业在国内生产总值中的高比重是建立在第二产业产值下降或增长放缓的基础之上的，并不是产业结构高级化的表现（见表3—8）。

**表3—8　2008—2014年俄罗斯经济增长率及三大产业产出结构　单位：%**

| 年份 | GDP增长率 | 第一产业 | 第二产业 | 第三产业 |
|---|---|---|---|---|
| 2008 | 5.2 | 4.4 | 36.1 | 59.5 |
| 2009 | -7.8 | 4.8 | 34.6 | 60.6 |
| 2010 | 4.3 | 4.1 | 35.5 | 60.4 |
| 2011 | 4.3 | 4.5 | 35.9 | 59.6 |
| 2012 | 3.4 | 4.2 | 35.5 | 60.4 |
| 2013 | 1.3 | 4.3 | 35.0 | 60.7 |
| 2014 | 0.6 | 4.3 | 34.9 | 60.8 |

注：根据实际产值经计算得出。

资料来源：根据俄罗斯联邦统计局数据经计算得出。

### （二）工业结构变化

2000年，俄罗斯工业结构中制造业尚能维持在40%以上的比例。2004年之后，国际能源价格高涨，在“资源诅咒”传导机制的作用下，形成了对制造业的挤出效应，劳动力、人力资本、资本等生产要素不断从制造业涌入自然资源部门，能源和原材料行业不断扩大。2008年国际金融危机后，国际能源价格暴跌，俄罗斯获取的出口收入也相应减少，在固定资产投资大幅下滑的条件下，制造业增加值以超过自然资源行业的速度下降，2009年，制造业增加值在工业中的比重仅为34%。2010—2011年，随着国民经济的复苏，在政府的反危机政策的扶持下，制造业固定资产投资保持增长态势，制造业在工业中的比例也略有回升。2013

年俄罗斯经济增速出现明显放缓趋势，2014年，在西方制裁、国际油价暴跌等因素的影响下，经济仅维持了0.6%的增长，制造企业资金紧张，发展步履维艰，制造业在工业中的比重继续下滑至32.8%（见表3—9）。尽管近年来俄罗斯政府一直致力于经济现代化，也制定了不少纲要、规划和措施扶植制造业发展，但从实际数据看，工业结构反倒更趋能源和原材料化，可见政策效果并不理想。

**表3—9　　俄罗斯工业结构变化　　单位：%**

| 年份 | 工业 | 能源和原材料工业 | 制造业 |
|---|---|---|---|
| 2000 | 100 | 58.4 | 41.6 |
| 2004 | 100 | 60.6 | 39.4 |
| 2008 | 100 | 65.4 | 34.6 |
| 2009 | 100 | 66.0 | 34.0 |
| 2010 | 100 | 65.6 | 34.4 |
| 2011 | 100 | 66.2 | 33.8 |
| 2012 | 100 | 65.4 | 34.6 |
| 2013 | 100 | 66.1 | 33.9 |
| 2014 | 100 | 67.2 | 32.8 |

注：能源和原材料工业包括：采掘业，木材加工和木制品生产，造纸和印刷，焦炭和石油制品生产，其他非金属矿石加工，冶金和金属制品生产和水、电、气的生产与调配业；制造业包括：食品工业、纺织和缝纫工业、皮革及制品的生产和制鞋业、化学工业、橡胶和塑料制品生产、机器和设备的生产、电子设备和光电仪器生产、运输工具和设备生产及其他制造业。

资料来源：根据俄联邦国家统计局每年各部门增加值计算得出。

### （三）工业发展水平

工业（尤其是制造业）在一国经济发展中占有至关重要的地位。根据西方国家工业化的经验，工业（制造业）发展是提高国家综合竞争力的核心保障，也是产业技术创新的基础来源。

1. 固定资产老化现象严重

俄罗斯工业部门固定资产老化现象严重。2013年工业企业建筑平均使用年限为25年，使用30—50年的建筑所占比例最大，达到34%；工业设施平均使用年限为21年，使用20年以上的设施占比达到50%以上；

机器设备的平均使用年限为 13 年，使用 15 年以上的机器设备占比高达 33%；交通工具的平均使用年限为 9 年，使用 10 年以上的交通工具比例达到 36%（见表 3—10）。2013 年，俄罗斯工业中矿产资源开采业的固定资产磨损率高达 52.3%，加工工业和水、电、气的生产和调配业分别为 43.5% 和 39.2%。

固定资产磨损率高而更新率低导致生产设备工艺落后、劳动生产率低。目前俄罗斯的机械制造业基本根据本国旧工艺制造，大部分属于第三代和第四代工艺，与之相比，世界机器制造业从 20 世纪 80 年代就开始推广第五代工艺方式。此外，固定资产老化还导致高投入低产出的粗放生产模式难以改变，具体表现在材料消耗高、能源消耗高、劳动力消耗高等方面。

同时也应看到，尽管目前俄罗斯工业企业固定资产老化现象仍很严重，然而与以往年份数据进行比较，近年来已出现更新加快的趋势。2005—2013 年，矿产资源开采业的固定资产更新率从 11.9% 提高到 14.1%，加工工业从 12.6% 提高到 14.2%，水、电、气的生产和调配业从 8.8% 提高到 11.4%。[①] 可以说，再工业化、现代化的政策措施取得了一定的收效，但固定资产的现代化改造有赖于投资的增加，2014 年之后，在西方制裁、油价下跌等因素的影响下，俄罗斯经济深陷困境，卢布贬值期间，俄央行又曾多次提高利率拯救卢布，这一措施的直接恶果是企业融资困难，固定资产投资下降，再工业化和现代化在资金紧张的情况下难以推进。

**表 3—10　　工业固定资产使用年限结构（占受访企业的百分比）**　　单位：%

| 年份 | | 2010 | 2011 | 2012 | 2013 |
| --- | --- | --- | --- | --- | --- |
| 建筑 | 5 年以下 | 5 | 4 | 5 | 5 |
| | 5—10 年 | 5 | 5 | 6 | 6 |
| | 10—15 年 | 6 | 6 | 5 | 6 |

① Федеральная служба государственной статистики, Промышленность России（2014）, с. 105.

续表

| 年份 | | 2010 | 2011 | 2012 | 2013 |
|---|---|---|---|---|---|
| 建筑 | 15—20年 | 9 | 9 | 9 | 8 |
| | 20—30年 | 25 | 23 | 21 | 22 |
| | 30—50年 | 33 | 37 | 35 | 34 |
| | 50年以上 | 5 | 4 | 5 | 5 |
| | 平均使用年限（年） | 26 | 26 | 25 | 25 |
| 设施 | 5年以下 | 7 | 7 | 9 | 8 |
| | 5—10年 | 7 | 8 | 7 | 8 |
| | 10—15年 | 8 | 7 | 7 | 7 |
| | 15—20年 | 12 | 13 | 13 | 11 |
| | 20—30年 | 24 | 28 | 26 | 27 |
| | 30—50年 | 25 | 21 | 22 | 23 |
| | 50年以上 | 2 | 2 | 2 | 2 |
| | 平均使用年限（年） | 21 | 21 | 21 | 21 |
| 机器和设备 | 5年以下 | 15 | 14 | 15 | 15 |
| | 5—10年 | 22 | 24 | 25 | 24 |
| | 10—15年 | 26 | 26 | 22 | 24 |
| | 15—20年 | 14 | 13 | 14 | 16 |
| | 20—30年 | 14 | 15 | 16 | 13 |
| | 30年以上 | 5 | 4 | 4 | 4 |
| | 平均使用年限（年） | 14 | 13 | 13 | 13 |
| 交通工具 | 5年以下 | 19 | 20 | 21 | 22 |
| | 5—10年 | 32 | 30 | 30 | 32 |
| | 10—15年 | 20 | 22 | 23 | 21 |
| | 15—20年 | 13 | 12 | 12 | 11 |
| | 20年以上 | 5 | 6 | 4 | 4 |
| | 平均使用年限（年） | 9 | 10 | 9 | 9 |

资料来源：Федеральная служба государственной статистики，Промышленность России（2014），с. 113。

2. 工业企业财务状况恶化

近年来，俄罗斯工业企业财务状况恶化，具体表现在企业利润率降低和亏损企业增加两个方面。俄罗斯企业的投资主要仍依赖自有资金，因此，企业利润率低是导致投资不足的直接原因，而造成企业利润率下降的主要原因则是需求下降带来销售收入的减少。由表3—11中可以看出，2010—2013年，工业中大多数行业的利润率均呈现下降趋势，矿产资源开采业从31.9%下降至22.1%，加工工业从14.8%下降至8.8%，水、电、气的生产与调配业从7.7%下降至4.4%。其中，利润率降幅最大的行业为焦炭和石油制品生产业（从25.5%下降至9.3%）、化学工业（从25.7%下降至9.3%）以及机器和设备的生产（从19.1%下降至9.9%）。在利润率下降的同时，亏损企业也逐渐增多。2010—2013年，矿产资源开采业中亏损企业从567家增加到777家，亏损企业占比从38.3%提高到43.5%，亏损金额从671亿卢布增长到1769亿卢布；加工工业中亏损企业从4384家增加到4743家，亏损金额从3064亿卢布增长到5546亿卢布；其中，机器制造业亏损企业从434家增加到490家，亏损企业占比从28.6%提高到29%，亏损金额从211亿卢布增长到395亿卢布。①

**表3—11　　工业企业产品销售利润率**　　单位：%

| 年份 | 2010 | 2011 | 2012 | 2013 |
| --- | --- | --- | --- | --- |
| **矿产资源开采业** | **31.9** | **31.4** | **28.0** | **22.1** |
| **加工工业** | **14.8** | **13.2** | **10.7** | **8.8** |
| 其中：食品工业（包括饮料和烟草） | 10.8 | 7.8 | 9.4 | 8.6 |
| 纺织和缝纫工业 | 5.4 | 6.3 | 6.2 | 7.7 |
| 皮革及制品的生产和制鞋业 | 6.6 | 8.6 | 9.1 | 6.9 |
| 木材加工和木制品生产 | 3.0 | 3.7 | 0.7 | 8.0 |
| 造纸和印刷业 | 11.3 | 11.5 | 10.1 | 8.5 |
| 焦炭和石油制品生产 | 25.5 | 21.9 | 12.8 | 9.3 |
| 化学工业 | 25.7 | 22.4 | 12.9 | 9.3 |

① Федеральная служба государственной статистики, Промышленность России (2014), c. 218.

续表

| 年份 | 2010 | 2011 | 2012 | 2013 |
|---|---|---|---|---|
| 橡胶和塑料制品生产 | 19.2 | 24.1 | 21.2 | 15.6 |
| 其他非金属矿石加工 | 6.7 | 6.7 | 7.6 | 7.1 |
| 冶金和金属制品生产 | 8.1 | 10.8 | 11.3 | 8.7 |
| 机器和设备的生产 | 19.1 | 14.2 | 11.3 | 9.9 |
| 电子设备和光电仪器生产 | 6.9 | 6.6 | 7.0 | 7.1 |
| 运输工具和设备生产 | 9.1 | 9.1 | 8.3 | 8.1 |
| 水、电、气的生产与调配业 | 7.1 | 6.4 | 3.9 | 4.4 |

资料来源：Федеральная служба государственной статистики，Промышленность России (2014)，c. 221。

3. 技术密集型产业不发达

19世纪80年代以来，美国的经济效率、劳动生产率和技术创新一直处于世界领先地位，是世界制造业的领导者。根据美国加工工业内部结构的变化，工业化大致分为四个阶段：工业化早期（1884—1920年），以蒸汽机和电力为动力，美国建成了运输网络，在劳动密集型产业发展的基础上，资本密集型产业得以发展，烟草、食品、造纸、冶金等行业发展速度最快。工业化中期（1920—1950年），以内燃机为动力，汽车、电气设备与化工业发展迅速。工业化后期（1950—1990年），橡胶、塑料工业和化工业增长快速，而轻工业部门、食品工业、冶金工业等部门增长放缓。后工业阶段（1990年以后），机器设备、电子产品和运输设备等作为主导产业通过技术创新和全球化的商业模式成为世界技术的领导者。伴随着新技术革命的浪潮，航空航天、计算机、自动化设备等技术密集型产业逐步在工业中占据首位。从美国的工业化进程看，经历了劳动密集型制造业到资本密集型制造业再到技术密集型产业转变的发展历程。

对比俄罗斯工业发展状况，属于劳动密集型产业的食品工业、纺织缝纫、制鞋、木材加工、造纸印刷等行业的占比为21%，与世界主要发达国家和中国的比例相当。焦炭和石油制品生产产业、其他非金属矿石加工和冶金工业属于资本密集型产业，其中焦炭和石油制品生产产业在俄罗斯加工工业中所占比例最大，达到23.3%，远远超过其他四个国家（见

表3—12），资本密集型产业在加工工业中占42.4%，与之相比，美国为27.3%，德国为20.5%，日本为21.5%，中国为27.9%。可以说，俄罗斯资本密集型产业在加工工业中占据主导地位。而产品技术含量较高的化工、橡胶、塑料制品生产业和机器制造业在加工工业中的比重仅为31.8%，与之相比，美国为47.5%，德国为55.5%，日本为57.9%，中国为47.7%，俄罗斯技术密集型产业的比例与其他四个国家尚存在较大差距。对比上文美国工业化的历程，目前俄罗斯资本密集型产业仍占据主导地位，与20世纪50—60年代的美国发展水平相当，其工业化水平与世界主要发达国家相比落后了大约60年。

**表3—12　　加工工业结构的国际比较　　单位：%**

| 国家 | 年份 | 食品工业 | 纺织、缝纫、皮革、制鞋业 | 木材加工、木质品生产、造纸、印刷业 | 焦炭和石油制品生产 | 化工、橡胶、塑料制品生产 | 其他非金属矿石加工 | 冶金和金属制品生产 | 机器和设备的生产 |
|---|---|---|---|---|---|---|---|---|---|
| 俄罗斯 | 2013 | 15.7 | 1.1 | 4.2 | 23.3 | 9.4 | 4.5 | 14.6 | 22.4 |
| 美国 | 2008 | 14.1 | 1.5 | 6.8 | 13.6 | 17.4 | 2.5 | 11.2 | 30.1 |
| 德国 | 2009 | 11.7 | 1.3 | 5.3 | 5.9 | 14.1 | 2.7 | 11.9 | 41.4 |
| 日本 | 2010 | 12.0 | 1.3 | 5.7 | 5.5 | 14.5 | 2.5 | 13.5 | 43.4 |
| 中国 | 2010 | 10.1 | 8.2 | 3.6 | 4.8 | 13.7 | 5.2 | 17.9 | 34.0 |

资料来源：Федеральная служба государственной статистики，Промышленность России（2014），с. 304。

4. 工业企业缺乏创新积极性

在实现现代化的过程中，企业是参与市场经营活动和创新活动的主体，因此，企业缺乏创新积极性是阻碍现代化实现的关键因素。2008年国际金融危机之后，大多数企业疲于应对金融危机带来的不利影响，创新积极性有所下降，工业企业用于技术研发的支出在产值中的占比低于2%①。2010年后，随着宏观经济形势趋好和经济现代化战略的实施，俄罗斯工业企业

① http：//www. gks. ru/wps/wcm/connect/rosstat/rosstatsite/main/enterprise/science/#.

创新积极性略有提高，进行技术创新的企业和产品均有所增加。2005—2013年，矿产资源开采业中技术创新企业的占比从5.6%增长至6.4%，创新产品产值占比从2.7%增长至6%；加工工业中技术创新企业占比从10.9%提高到11.9%，创新产品产值占比从7%增长至11.6%（见表3—13）。从企业创新支出占产值的比例看（见表3—14），工业企业创新支出在产值中的比例低于俄罗斯经济整体水平，2013年，全俄企业创新支出在产值中占2.9%，矿产资源开采业中创新支出占产值的比例仅为1.09%，加工工业为2.67%，水、电、气的生产与调配业为1.79%。美国企业一般将10%左右的销售收入用于产品研发和创新，与之相比，俄罗斯企业无论在创新投入还是在创新积极性方面都存在巨大差距。

相对于自主研发、自主创新和培养企业自身的科研技术潜力而言，俄罗斯企业更乐于进口外国先进的工艺设备，以便能更快速地实现生产设备的现代化。这主要是因为：企业对研发工作的客观需求与科研和实验设计机构的研发方向严重脱节；技术市场的创新基础设施（如中介、信息、法律、金融及其他服务）不发达；知识产权和创新产品技术认证的保护及转让的法律问题并未完全解决，这些因素都会阻碍企业创新积极性的提高。此外，对于大企业而言，由于大型企业多为俄罗斯特权精英把持，他们满足于既得利益，不关心企业的长远发展，因此创新动力不足；而对于中小企业而言，又存在市场准入、行政壁垒和资金约束等诸多障碍，则更多表现为创新能力不足。

**表3—13　　俄罗斯工业企业中创新企业及创新产品占比　　单位：%**

| 年份 | | 2005 | 2010 | 2011 | 2012 | 2013 |
|---|---|---|---|---|---|---|
| 进行技术创新企业占受访企业总数比例 | 矿产资源开采业 | 5.6 | 6.6 | 6.8 | 7.0 | 6.4 |
| | 加工工业 | 10.9 | 11.3 | 11.6 | 12.0 | 11.9 |
| | 其中：食品工业（包括饮料和烟草） | 8.0 | 9.5 | 9.6 | 9.3 | 9.0 |
| | 纺织和缝纫工业 | 4.3 | 7.5 | 7.2 | 7.3 | 7.0 |
| | 皮革及制品的生产和制鞋业 | 6.1 | 8.1 | 5.8 | 3.8 | 10.8 |
| | 木材加工和木制品生产 | 4.6 | 4.1 | 3.8 | 4.7 | 5.1 |

续表

| | 年份 | 2005 | 2010 | 2011 | 2012 | 2013 |
|---|---|---|---|---|---|---|
| 进行技术创新企业占受访企业总数比例（%） | 造纸和印刷业 | 3.3 | 3.0 | 2.8 | 2.9 | 3.2 |
| | 焦炭和石油制品生产 | 31.4 | 30.2 | 31.7 | 31.7 | 27.1 |
| | 化学工业 | 23.5 | 23.3 | 21.4 | 21.5 | 23.0 |
| | 橡胶和塑料制品生产 | 10.7 | 9.6 | 10.3 | 10.9 | 10.0 |
| | 其他非金属矿石加工 | 9.3 | 7.2 | 8.4 | 8.9 | 8.2 |
| | 冶金和金属制品生产 | 11.9 | 13.2 | 13.3 | 13.9 | 13.0 |
| | 机器和设备的生产 | 13.5 | 14.8 | 15.3 | 14.8 | 14.9 |
| | 电子设备和光电仪器生产 | 26.8 | 24.3 | 24.9 | 26.5 | 25.9 |
| | 运输工具和设备生产 | 23.8 | 19.0 | 19.7 | 20.8 | 20.4 |
| | 其他加工工业 | 14.2 | 14.1 | 15.0 | 14.6 | 14.0 |
| | **水、电、气的生产与调配业** | 4.2 | 4.3 | 4.7 | 4.9 | 4.7 |
| **创新产品产值占工业总产值的比例** | **矿产资源开采业** | **2.7** | **2.7** | **6.7** | **6.5** | **6.0** |
| | **加工工业** | **7.0** | **6.7** | **6.8** | **9.6** | **11.6** |
| | 其中：食品工业（包括饮料和烟草） | 4.5 | 4.9 | 4.1 | 3.9 | 3.9 |
| | 纺织和缝纫工业 | 2.0 | 3.3 | 2.3 | 2.3 | 2.4 |
| | 皮革及制品的生产和制鞋业 | 2.8 | 2.3 | 1.4 | 1.4 | 1.6 |
| | 木材加工和木制品生产 | 2.5 | 1.7 | 1.3 | 1.8 | 3.0 |
| | 造纸和印刷业 | 1.4 | 4.4 | 5.9 | 4.7 | 3.2 |
| | 焦炭和石油制品生产 | 7.0 | 3.9 | 2.3 | 10.4 | 15.2 |
| | 化学工业 | 7.1 | 11.5 | 10.2 | 10.0 | 9.6 |
| | 橡胶和塑料制品生产 | 10.5 | 6.5 | 7.8 | 10.4 | 9.2 |
| | 其他非金属矿石加工 | 3.4 | 2.6 | 2.6 | 2.9 | 4.1 |
| | 冶金和金属制品生产 | 3.8 | 4.8 | 6.2 | 5.9 | 7.5 |
| | 机器和设备的生产 | 6.2 | 6.5 | 7.8 | 6.0 | 6.2 |
| | 电子设备和光电仪器生产 | 8.9 | 10.0 | 9.1 | 9.7 | 10.7 |
| | 运输工具和设备生产 | 20.1 | 17.1 | 18.9 | 26.2 | 28.1 |
| | 其他加工工业 | 9.7 | 7.2 | 9.5 | 10.0 | 13.9 |
| | **水、电、气的生产与调配业** | **0.1** | **0.7** | **0.6** | **0.4** | **0.8** |

资料来源：http：//www.gks.ru/wps/wcm/connect/rosstat_ main/rosstat/ru/statistics/science_ and_ innovations/science/#。

表 3—14　　企业创新支出在产值中的比例　　单位：%

| 年份 | 2009 | 2010 | 2011 | 2012 | 2013 |
|---|---|---|---|---|---|
| **整个经济** | **1.93** | **1.55** | **2.20** | **2.52** | **2.90** |
| **矿产资源开采业** | **2.00** | **0.96** | **0.91** | **1.10** | **1.09** |
| **加工工业** | **2.04** | **1.77** | **1.93** | **2.10** | **2.67** |
| 其中：食品工业（包括饮料和烟草） | 0.52 | 0.37 | 0.44 | 0.58 | 0.90 |
| 纺织和缝纫工业 | 0.69 | 0.85 | 0.57 | 0.67 | 0.44 |
| 皮革及制品的生产和制鞋业 | 0.14 | 0.33 | 0.10 | 0.09 | 1.90 |
| 木材加工和木制品生产 | 0.38 | 0.40 | 1.00 | 0.47 | 0.34 |
| 造纸和印刷业 | 0.76 | 0.98 | 1.60 | 2.30 | 2.06 |
| 焦炭和石油制品生产 | 1.32 | 1.52 | 2.16 | 2.49 | 4.13 |
| 化学工业 | 3.12 | 2.19 | 1.99 | 2.53 | 4.00 |
| 橡胶和塑料制品生产 | 1.46 | 2.67 | 1.92 | 1.13 | 1.80 |
| 其他非金属矿石加工 | 0.85 | 0.52 | 2.51 | 1.42 | 0.82 |
| 冶金和金属制品生产 | 3.93 | 2.57 | 2.47 | 2.39 | 1.74 |
| 机器和设备的生产 | 1.70 | 1.47 | 1.18 | 1.19 | 1.32 |
| 电子设备和光电仪器生产 | 3.07 | 3.10 | 2.82 | 3.75 | 4.31 |
| 运输工具和设备生产 | 3.13 | 2.16 | 1.96 | 2.44 | 3.36 |
| 其他加工工业 | 2.49 | 3.52 | 3.53 | 2.99 | 3.81 |
| **水、电、气的生产与调配业** | **1.11** | **1.00** | **0.84** | **1.80** | **1.79** |

资料来源：http：//www.gks.ru/wps/wcm/connect/rosstat_ main/rosstat/ru/statistics/science_ and_ innovations/science/#。

5. 工业制成品国际竞争力不强

一国的出口商品结构是该国经济发展水平、产业结构、资源禀赋和贸易政策的一种综合反映。表 3—15 将俄罗斯出口商品结构与美国、德国、日本三国进行比较。2013 年，美国对外贸易中机械和运输设备、化学品两大类商品占比最高，分别为 33.8% 和 13.2%，武器和弹药、艺术品和古董、医用电子诊断设备、炸药和烟火制品、医用仪器及器械是美国国际市场份额最大的五种商品。机械和运输设备、化学品两大类商品在德国对外贸易中同样占有最高比重，分别为 46.8% 和 14.9%，德国具有一些很强的优势产业，这些行业的国际市场占有率很高。① 日本的出口商品结构中，机械和运输设备这一类商品更是占到57.9%的高比例，其次是以材料分类的制成品和化学品这两类商品，占比分别为13.2%和10.6%。可以说，美国、德国和日本三国中，具有国际竞争力的行业大多属于中等和高等技术水平。再来看俄罗斯出口商品结构，化学品、以材料分类的制成品、机械和运输设备、杂项制品等工业制成品在总出口额中的比例总共还不足20%，属于中等和高等技术水平的化学品、机械和运输设备两类商品占比只有8.6%，而编码为0—4的原材料和初级产品的出口占比则高达76.6%，这充分说明俄罗斯工业制成品的国际竞争力不强，在全球国际分工中仍处于价值链的低端。

**表3—15　　2013年出口商品结构的国际比较**　　单位:%

| 国际贸易标准分类编码 | 商品类别 | 俄罗斯 | 美国 | 德国 | 日本 |
|---|---|---|---|---|---|
| | 所有商品 | 100 | 100 | 100 | 100 |
| 0+1 | 食品，动物+饮料烟草 | 2.6 | 7.2 | 5.4 | 0.6 |
| 2+4 | 原材料+动物及植物油等 | 3.4 | 5.7 | 2.0 | 1.8 |
| 3 | 矿物燃料、润滑油及相关产品 | 70.6 | 9.4 | 2.8 | 2.3 |
| 5 | 化学品 | 4.5 | 13.2 | 14.9 | 10.6 |
| 6 | 以材料分类的制成品 | 10.2 | 9.2 | 12.4 | 13.2 |
| 7 | 机械和运输设备 | 4.1 | 33.8 | 46.8 | 57.9 |
| 8 | 杂项制品 | 1.1 | 9.9 | 10.2 | 7.8 |
| 9 | 非国际贸易标准分类产品 | 3.6 | 11.6 | 5.5 | 5.7 |

资料来源：联合国贸易数据库。

① 如塑料单丝这一商品2010年在国际市场上的占有率达到38%，印刷和装订机械及其零件达到30%，传动轴达到23.5%，客运汽车的国际市场占有率为22.8%，飞机和相关设备、航天飞机的国际市场占有率达到22.3%等。

### （四）未来趋势的预判

1. 发展道路的选择

未来俄罗斯将面临发展道路的选择问题。一条道路是“能源之路”，延续目前依靠能源出口拉动经济的模式，巩固并加强俄罗斯在国际能源格局中的地位和作用，将俄罗斯打造成为能源超级大国。如果沿着这条道路发展，俄罗斯将面临一系列问题：第一，经济增长具有高度的脆弱性和外部依赖性。俄罗斯出口的主要商品为能源产品，而这类商品的定价权并没有掌握在俄罗斯手中，而是取决于国际市场行情。这样就形成了经济增长依赖出口，而出口收入取决于国际能源价格和俄罗斯在国际能源格局中的地位有两方面因素。一方面，一旦国际能源暴跌，俄罗斯经济就会陷入危机，在民生、社会领域的改革也会难以为继。2008 年和 2014 年国际油价两度出现大跌行情，俄罗斯经济都因此遭受了沉重的打击，这充分暴露了能源出口导向型经济的脆弱性。另一方面，国际金融危机和美国“页岩气革命”后，国际能源格局发生深刻变化，俄罗斯在全球能源格局中的地位被严重削弱，这也将在一定程度上影响能源出口。第二，经济发展具有不可持续性。首先，自然资源具有不可再生的特点。其次，从国际分工的角度看，尽管在资源出口的支撑下俄罗斯经济保持较为快速的增长，但这种增长并没有提升俄罗斯的国际竞争力，反而使其逐渐沦为世界经济的“原料附庸”。最后，在应对国际金融危机和全球气候变化的过程中，世界许多国家开始将以碳基能源为基础的经济发展模式转变为以发展低碳经济为特征的绿色发展模式，可持续的经济增长方式成为未来发展的主流。这将引起国际能源市场供需关系发生重大变化，碳减排和能源结构的多元化将会降低石油和天然气价格，这也将对俄罗斯经济发展的可持续性造成威胁。第三，俄罗斯国内行业间和地区间的贫富差距将会继续加大，引发更多社会问题。油气行业与非油气行业以及乌拉尔、西伯利亚和远东等产油区与其他地区间的不平衡将会加剧。显然，随着国际能源格局和全球能源供需关系的变化，在全球经济低碳化、绿色化的背景下，“能源之路”将会越走越窄。对于俄罗斯而言，调整产业结构、寻找新的经济增长点、改变传统发展模式的紧迫性越来越强。

另一条是“创新之路”，在这条道路上，俄罗斯将致力于经济结构的改革，提高高新技术产业和知识经济的比例，重振制造业，增强制造业产品的国际竞争力，逐步实现经济和出口的多元化，增强国家的综合实力。毫无疑问，这才是未来俄罗斯应选择的正确方向。

2. 改革的突破口

2012年，普京在竞选总统期间连续发表了7篇阐述其执政理念的纲领性文章，其中在《论我们的经济任务》① 一文中，他对俄罗斯未来创新型经济发展道路的规划思路并不是单单加大对教育、科研的投入，发展高新技术产业从而带动经济发展，而是基于俄罗斯的自然禀赋，在改革中将能源行业涵盖在内，甚至作为其重点。放弃发展能源行业，转而发展高新技术产业，在俄罗斯是行不通的。在普京看来，能源等传统行业恰恰是改革能够向前推进的突破口，提高能源行业的加工度和出口附加值，从单一能源经济向现代能源经济过渡，同时保住制药、化工、复合材料、航空航天、信息通信技术、纳米技术和核工业等领域的传统优势②是向创新型发展道路迈进的第一步。正如《2020年前俄罗斯社会经济长期发展战略》中提及的，“巩固和增强俄罗斯在传统领域中的全球竞争优势”是向创新型经济过渡的重点方向之一③。从普京的一系列论文和观点表述来看，普京对俄罗斯经济发展道路的选择表现出更加务实、稳健的特征，即在稳定增长的前提下谋求经济结构的突破。④

3. 未来发展趋势

对俄罗斯而言，再工业化和结构改革是一项长期且艰巨的任务，仍将面临一系列阻力。

首先，能源价格的影响。当国际能源价格走高时，俄罗斯经济坐收

---

① Путин В., *О наших экономических задачах*, http://putin2012.ru/events.

② 参见李建民《新普京时代的基本政策走向》,《中国党政干部论坛》2012年第7期。

③ Концепция долгосрочного развития Российской Федерации, http://www.economy.gov.ru/minec/activity/sections/strategicPlanning/concept/.

④ 参见郭晓琼《俄罗斯经济增长动力与未来发展道路》,《俄罗斯研究》2014年第4期。

能源红利，国内改革的压力和动力不强，而当能源价格下跌时，财政收入减少，改革所需要的资金得不到保障，政府疲于应对危机，改革依然难以进行①，这也是俄罗斯结构改革多年来一直未能取得良好成效的重要原因之一。

其次，国际分工的困境。目前，以发达国家先进制造业为主导的国际产业化分工体系已经形成，发达国家掌握着最先进的技术，控制着世界制造业领域的技术标准、产业规范和业务流程。相比之下，新兴市场国家和发展中国家虽然能够依靠承接发达国家产业转移来提高自身制造业水平，然而，这些国家一方面受本国技术水平的限制，另一方面还要承受来自发达国家的技术保密、专利挤压等手段的控制和打压②，很难摆脱处于价值链低端的宿命。在这样的背景下，禀赋着资源先天优势的俄罗斯能否走出“全球原料基地”的国际分工困境，能否在短期的政治、经济利益和长期的经济发展之间找到一个兼顾的折中方案，也是一项严峻的挑战。尽管俄罗斯已经意识到，提高自主创新能力，重振制造业，推进结构改革是打破现有国际分工体系的根本途径，但真正去实现这一目标却非常困难。

最后，制度环境的约束。市场经济体制的确立为产业结构调整奠定了制度基础，经济体制改革的深化则是产业结构调整的前提条件。然而，普京总统执政以来，尤其是第二任期之后，国家对经济的干预范围进一步扩大，干预程度进一步加深。这样，市场经济体制对结构调整功能的释放就会受到一定程度的限制，还会因各种形式垄断的加强导致生产要素难以在竞争中实现优化组合，进而导致产业结构难以优化。发达国家的工业化之所以经历了如此漫长的时期，就是因为在此过程中，制度建设与技术创新交织前行。技术创新的不断涌现、先进制造业的发展必须建立在国家综合实力全面提升的基础上，这既体现在技术水平方面，也体现在经营模式和管理手段上，都需要经历一个长期培育和市场竞争的过程。因此，法律体系的完善、竞争机制的培育、知识产权的保护、创

① 参见李建民《新普京时代的基本政策走向》，《中国党政干部论坛》2012 年第 7 期。

② 参见金碚、张其仔等《全球产业演进与中国竞争优势》，经济管理出版社 2014 年版，第 168 页。

新激励机制的建立、产业化渠道的拓展等一系列制度因素都会在俄罗斯结构改革道路中形成约束，而要突破这种约束又将是与既得利益者之间的一场激烈博弈。

# 第四章

# 能源工业与现代化

能源在现代经济中扮演着独一无二的角色，没有任何一种原料像石油天然气这样对国家命运、经济发展及国家间关系具有如此大的影响力。进入21世纪以后，随着国际石油价格飙升和国际能源格局的变化，各国经济发展和国家安全对能源的敏感性进一步显现。俄罗斯作为能源生产大国和出口大国，在石油价格高涨时期获得了“超额利润”，使其在短时期内完成了从危机频仍到稳定发展的历史性跨越，但由于国际能源市场存在诸多不确定性因素，能源需求是否稳定，能源价格是否维持较高水平，能源出口渠道是否通畅，仍然存在很大变数，这不仅直接关系到俄罗斯国内经济发展和民生质量，也关系到俄罗斯经济现代化的前景。

## 一　能源强国战略的形成与实施

俄罗斯能源强国战略经历了从无到有、从模糊到清晰的演变过程，纵观普京执政以来对能源战略及能源政策进行调整的步骤，大致可分为几个不同的阶段。

### （一）俄罗斯能源强国战略的形成过程

第一阶段（2000年—2003年7月），继承和延续叶利钦时期能源政策。这一时期的主要特点是：第一，对能源工业继续奉行自由化政策，强调减少国家干预，任由各种所有制形式的能源企业进行自由竞争。在这一时期，私营石油公司的实力继续增强，影响力进一步扩大；天然气工业的改革被提上政府的议事日程；电力工业的市场化改革全面启动。

第二，对石油和煤炭行业继续进行私有化改造，石油工业中的国有成分进一步缩小。2002 年国有的斯拉夫石油公司以拍卖形式被卖给私营的西伯利亚石油公司和秋明石油公司，国有石油公司仅剩下俄罗斯石油公司和境外石油公司两家。2003 年煤炭股份公司私有化改造进程结束，私营煤炭公司成为煤炭工业的主力。第三，国有石油公司与私营石油公司之间的竞争进一步加剧。私营石油公司通过加强内部管理，提高了企业经营状况的透明度，吸引国内外资本的能力大幅增强。中小型天然气工业企业虽仍依赖于天然气工业公司的垄断管道，但天然气产量明显提高。国有油气公司与私营公司相比，在公司管理水平、透明度和引资能力方面相形见绌，在与私营油气公司的竞争中处于下风。2003 年总统国情咨文发出信号，国家将加强对战略行业的控制。

第二阶段（2003 年 7 月—2005 年 12 月），以尤科斯事件为标志，俄罗斯政府加强了对石油工业的整顿与控制。这一时期的突出特点是：第一，国家强力介入能源工业，强化国家对能源工业的控制。通过整肃尤科斯石油公司和大力扶持国有的俄罗斯石油公司，使国有石油公司实力迅速壮大。第二，对石油企业停止执行私有化计划。国有的俄罗斯石油公司和境外石油公司本已于 2001—2002 年被列入私有化计划，但普京总统在第二任期开始后，“叫停”了原有的私有化计划，并驳回了经济发展部关于天然气工业公司市场化改革的建议。① 第三，限制私营石油公司进行强强联合。2004 年西伯利亚石油公司与尤科斯公司曾酝酿两公司合并，并已获得联邦反垄断部的批准，但由于尤科斯事件起到了敲山震虎的作用，两公司强强联合的计划最终流产。第四，政府全面控制俄罗斯国内石油公司与国外石油公司的大型合作项目。2003—2004 年埃克森美孚石油公司与尤科斯达成收购后者 25% 股份的协议，西伯利亚石油公司也计划向国外石油公司转让部分股份，上述计划均遭到封杀。② 俄罗斯国内石油公司与外资石油公司的其他合作项目均受到严格审查。第五，能源战略并未最终形成，对国际能源合作的政策混沌不清，时有摇摆。突出表

---

① В. Милов, Проблемы энергетической политики России, http://www.energypolicy.ru/nep.php, апрель 2005 г.

② В. Милов, Проблемы энергетической политики России, http://www.energypolicy.ru/nep.php, апрель 2005 г.

现是在限制外资石油公司进入的同时，批准了秋明石油公司与英国石油公司建立合资企业的计划，转让了卢克石油公司中的国有股份，批准美国大陆康菲石油公司收购卢克石油公司7.6%的股份，并最终将其所占股份提高到20%。[①]

第三阶段（2005年12月—2008年8月），以普京总统2005年12月在国家安全会议发表“俄罗斯要成为世界能源领导者”的讲话为标志，俄罗斯能源强国战略最终形成。普京此次讲话的核心思想是：第一，当前能源仍然是世界经济进步最重要的推动力量，过去、现在和将来很长一个时期都直接影响世界各国人民的生活状况，但世界经济发展很不平衡，仍存在包括经济和生态安全在内的各种风险，持续的能源供应是国际形势稳定的条件之一，能源保障是全球安全的重要因素之一。第二，为解决能源领域存在的一系列问题，必须首先保证世界经济获得可靠的能源保障，实现能源供应的多样化和能源供应安全，发展核能和节能技术，发展高新科技，开发新的清洁能源。第三，俄罗斯珍视其作为世界能源市场可靠的、负责任的伙伴的声誉，俄罗斯正在为保障全球和地区能源安全做出贡献。俄罗斯在能源领域有天然的竞争优势，无论从资源储量还是科技实力方面都在能源市场占据着重要位置。俄罗斯的现在和未来都与俄罗斯在全球能源市场占据什么样的位置密切相关。第四，俄罗斯要争当世界能源的领导者，不仅要扩大能源产量和出口量，还要成为能源创新、新技术和节能技术研发的倡导者。俄罗斯将以其能源工业和科技实力作为实现现代化及经济振兴的催化剂。俄罗斯能源公司有足够能力参与本国及国际合作项目，巩固自己的国际地位，国家应对其提供相应的政策、法律与行政支持。[②] 俄罗斯争当“世界能源领导者”是普京此次讲话的核心思想，标志着俄罗斯将继续走能源强国道路，使能源成为带动经济增长的发动机，成为执行对外政策的强有力工具，成为俄罗斯全面振兴的战略基础。

---

① Я. Ш. Паппэ, Российский крупный бизнес: события и тенденции в 2006 г, http://www.forecast.ru, 31 марта 2007г.

② В. Путин, Вступительное слово на заседании Совета Безопасности по вопросу о роли России в обеспечении международной энергетической безопасности, http://president.kremlin.ru/, 22 дек. 2005 г.

第四阶段（2008 年 8 月—　），以反危机为主要任务的时期。在2008 年 9 月国际金融危机扩散到俄罗斯以来，国际油价下降对俄罗斯油气工业乃至宏观经济的影响再次得到充分显现。国际油价下跌对俄罗斯油气企业收入产生了直接影响。俄罗斯各大油气企业由于油田品质不同，对国际油价的敏感度是不同的，据俄罗斯外贸银行披露的资料，在俄罗斯各大油气企业中，天然气工业石油公司（原西伯利亚石油公司，2005 年被天然气工业公司兼并）和秋明 - BP 是对国际油价最敏感的两大石油企业，国际油价每下降 10 美元/桶，上述两大公司将分别损失 24% 和 20%，其他各大公司因油价下跌可能造成的收入损失分别为：卢克石油公司 16%，俄罗斯石油公司 15%，天然气工业公司 14%，诺瓦德克和苏尔古特油气公司分别损失 6% 和 13%。据媒体披露，俄罗斯各大油气公司盈利和亏损的价格界限分别是：天然气工业石油公司 62 美元/桶，秋明 - BP 公司为 54 美元，俄罗斯石油公司 25 美元，卢克石油公司 28 美元，苏尔古特油气公司为 26 美元，天然气工业公司为 19 美元。从总体上看，如果国际油价从 100 美元/桶跌至 50 美元/桶，各石油公司平均收入减少了 52%，税前利润降低 59%，净利润降低 67%。俄罗斯油气工业下游产业对价格的敏感度更高，亏损的价格界限为 60 美元/桶。在国际金融危机和国际油价的冲击下，各大公司均将无力落实已确定的投资计划。① 同时，油气企业的境外融资能力明显下降，出现了无法偿还到期债务的风险。

国际金融危机暴露出俄罗斯经济面对外部冲击的脆弱性和深层次的结构性矛盾，显示出能源依赖型发展模式无法与俄罗斯的大国战略相匹配。在国际油价低迷形势下，俄罗斯很难找到使经济活跃起来的良方。2009 年 11 月 12 日，时任总统梅德韦杰夫在国情咨文中对俄罗斯经济中存在的问题进行了深刻反思，他指出，金融危机对世界各国都造成了沉重打击，唯独俄罗斯经济的下降幅度最大，降幅超过了所有国家，但俄罗斯不应一味地在外部寻找“罪魁祸首”，首先应该承认的是，没有改变粗放的经济结构，没有摆脱对能源原材料的依赖，是俄罗斯经济存在的

① ВТБ：Снижение мировых цен на нефть сильнее всего ударит по “Газпром нефти” и ТНК - ВР，http：//www. Oilkapital. ru，29. 10. 2008.

主要问题。梅德韦杰夫提出，21世纪的俄罗斯必须实现全面的现代化，建设“聪明的经济”，以取代粗放的能源原材料型经济。梅氏的讲话道破了俄罗斯经济的症结，也指明了未来的发展方向。2014年以来，随着乌克兰危机日益白热化、俄罗斯吞并克里米亚、西方对俄罗斯进行多轮经济制裁，以及世界经济持续低迷和国际油价大幅下降，俄罗斯经济持续衰退，再次证明俄罗斯依赖能源出口的经济模式已难以为继，所谓“能源强国”战略已走到尽头。

### （二）实施能源强国战略的措施

如果说俄罗斯能源强国战略的形成既有主观因素，也有客观因素，那么在能源强国战略的实施层面上则既有政府强力推动的因素，也有能源企业追求利润最大化和企业发展的经济驱动因素，政府和企业均为能源强国战略的实施主体。俄罗斯因其丰富的油气资源储量、规模庞大的产量和出口量，在国际能源市场占据着稳固的地位，但由于历史原因，俄罗斯对国际能源市场的主导能力远落后于其自身实力。俄罗斯为争取世界能源领导者地位，在油气价格形成机制、资源控制、扩大出口能力、油气资源初加工以及培育油气新产区等方面采取了一系列措施。

第一，通过建立石油和天然气交易所，争取在石油价格定价体系中的发言权。

（1）俄产原油牌号分类及价格形成机制

①目前俄罗斯出口国际市场的原油有四种牌号，分别是Urals、Siberian Light、Rebco和Sokol。其中，Urals是乌拉尔和伏尔加河地区所产高硫原油与西西伯利亚轻质原油的混合油，通过黑海岸边的新罗西斯克和“友谊”管道系统向国外出口。它是俄罗斯出口量最大的原油品种，一般将其作为俄产原油价格的基础指标。Siberian Light是西西伯利亚地区所产的轻质原油，通过黑海岸边的图阿普斯港出口。Rebco是俄罗斯出口混合油（Russian export blend crude oil）的缩写，通过波罗的海岸边的普里莫尔斯克港出口。这一牌号的原油是2006年10月推出的，比Urals混合油含硫量低、价格高，已在纽约交易所开始进行期货交易。Sokol是萨哈林-2项目所产的原油，通过哈巴罗夫斯克边疆区的德卡斯特里港出口。②Urals原油价格形成机制。Urals原油价格高低主要取决于三个因素：

Brent 原油价格、原油差异（含硫量高低）及运输成本。Urals 与 Brent 原油价格差异主要取决于质量和运费差异。根据季节不同，价格差异幅度不同，总体上 Urals 原油比 Brent 原油价格低 2 美元左右。[①] ③计划通过改善 Urals 混合油质量、进一步扩大市场份额等方式，提高俄产出口原油价格，改变 Urals 原油低于 Brent 原油价格的局面。普京总统于 2005 年 8 月要求俄罗斯政府采取措施提高 Urals 原油价格。俄罗斯政府计划在 2013 年前解决本国石油在国际市场上价格偏低问题。主要措施是：逐步减少并最终停止把高硫原油注入原油出口管道，在鞑靼斯坦建设石化设施，确保每年加工 700 万吨含硫量高的低质量石油。此外，计划在巴什科尔托斯坦也建设类似设施，就地加工高硫原油。

（2）通过油气交易所建立俄产石油天然气的定价机制

具体步骤是：首先建立石油期货市场。从 2006 年 6 月 8 日起，Urals 混合油开始进入“俄罗斯交易系统”，以期货合同方式、按卢布定价进行交易，同时规划柴油、重油和航空煤油进入商品交易所进行期货和期权交易。其次，建立天然气交易所。2006 年 9 月，俄罗斯政府总理弗拉德科夫签署了关于建立天然气交易所的政府决定，用两年时间对在交易所进行天然气买卖进行试验。此前俄罗斯天然气价格一直由联邦价格费率局确定，建立交易所后，天然气价格将由市场决定。最后，俄罗斯政府决定建立石油交易所，目前交易所地点已选定在圣彼得堡。该交易所将以卢布结算方式进行原油和油品贸易。上述步骤有利于俄罗斯提高其在国际能源价格形成机制中的发言权。

（3）大幅提高对独联体国家的天然气出口价格

2005 年年底以来，针对出口到独联体国家的天然气价格偏低问题，俄罗斯政府采取了一系列行动，先后提高了对乌克兰、格鲁吉亚、摩尔多瓦和白俄罗斯的天然气供应价格。在天然气提价问题上，俄罗斯与上述国家进行了激烈的外交战，进行了多轮讨价还价，虽双方各有让步，但俄罗斯最终还是成功地提高了天然气出口价格。撇开政治因素不谈，俄罗斯与独联体国家的天然气大战，表明俄罗斯在涉及自身利益问题上将持决不妥协的立场，在国际能源市场卖方占有优势的背景下，能源将

---

① Peter Stewart，ЮРАЛС укрепляет позиции，*Нефтегазовая Вертикаль*，№.5 2002 г.

是俄罗斯对外政策的重要工具。

第二，加强对国内资源的控制，鼓励油气公司争夺境外资源。

争夺资源控制权是确立能源大国地位的重要方面。俄罗斯大型油气公司一直是争夺境外油气资源的急先锋，近年来他们除在中亚里海地区继续开展业务外，还在非洲、拉美地区积极布局。俄罗斯在争夺里海油气资源及中亚里海地区油气资源外运管道问题上，屡有斩获。2003 年 4 月，俄罗斯总统普京与土库曼斯坦总统尼亚佐夫签订了为期 25 年的天然气合作协议，并签订了长期购销合同。2005 年俄罗斯按每千立方米 44 美元的价格向土库曼斯坦购买天然气 40 亿立方米。2005 年 12 月，俄土双方再次商定将 2006 年供货量提供到 300 亿立方米，将价格调整为 65 美元。2006 年 6 月，土库曼斯坦再次要求提高天然气供货价格，由每千立方米 65 美元提高到 100 美元。在 2007 年 5 月普京访问中亚期间，俄罗斯与哈萨克斯坦和土库曼斯坦就修建沿里海沿岸天然气管道达成共识。2007 年 12 月，哈萨克斯坦总统纳扎尔巴耶夫访俄期间，俄、哈、土三国正式签署了修建天然气管道的协议。这条管道既包括从土库曼斯坦里海沿岸到“中亚—中央”管道的改建，也包括新建和扩建项目。土库曼斯坦将保证用该管道向俄罗斯天然气工业公司供气 100 亿立方米。但由于种种原因，俄罗斯与土库曼斯坦和哈萨克斯坦达成的上述协议并未得到落实。

此外，俄罗斯还与中东北非及拉美地区的石油生产国进行了广泛合作，力图以此形成石油生产国之间的联合。比如 2006 年普京访问阿尔及利亚期间，俄、阿两国政府就俄罗斯在撒哈拉地区进行石油勘探达成了协议，俄罗斯获得了在这一地区进行石油勘探的垄断权。俄罗斯天然气工业公司分别与阿尔及利亚、利比亚、玻利维亚和委内瑞拉等国的油气公司建立了合作关系，就天然气工业公司参与上述国家油气资源开发达成了协议。俄罗斯卢克石油公司分别与挪威、科特迪瓦等国就石油勘探和开发签订了合作协议，不同程度地获得了上述国家油田的股份。

第三，加快油气出口管道和输油港口建设，解决油气出口瓶颈。

（1）针对俄罗斯油气出口的地理结构，加快规划出口油气管道建设

欧洲是俄罗斯油气资源的主要出口市场。对欧洲的原油出口占俄罗斯原油出口总量的 2/3 左右。2003 年以后，向亚太地区的出口原油量逐

渐提高，其中主要是向中国出口。美国是俄罗斯石油在北美市场的主要进口国，但对美出口量不大。在可预见的未来，欧洲仍将是俄罗斯油气资源的主要市场。从油气资源出口基础设施布局看，俄罗斯仍将维持和扩大对欧洲的出口规模，同时扩大对亚太和美国市场的出口。根据俄罗斯油气资源市场布局，为扩大油气资源出口规模，俄罗斯能源战略提出了重点发展管道运输系统和输油港口建设的措施。为扩大向欧洲的出口，俄罗斯扩大了波罗的海管道系统和普里莫尔斯克港口的输油能力，将管道输油能力扩大到6200万吨/年。为向亚太地区出口，计划修建从东西伯利亚到太平洋的石油管道，并在俄罗斯临近太平洋的港口（如纳霍德卡）修建能停泊30万吨油轮的港口。该管道全部建成后，输油能力将达到8000万吨/年。目前一期工程，即中俄石油管道已建成并投入运营。为向美国出口原油，俄罗斯曾计划铺设从西西伯利亚到巴伦支海的管道，到2020年使输油能力达到8000万吨/年。此外，从里海管道输出的哈萨克斯坦的过境原油将增长到6700万吨/年（130桶/天）。在上述项目完成后，到2010年前，俄罗斯管道和海港输油能力将达到3.03亿吨/年。① 俄罗斯各石油公司为扩大出口，正在执行扩大运输能力的项目。如卢克石油公司通过里海岸边的阿斯特拉罕向伊朗出口石油。“俄罗斯石油公司”通过在摩尔曼斯克进行锚地转运的方式出口石油，该公司萨哈林岛石油出口量也在提高。分阶段完成管道发展项目有利于俄罗斯石油出口量的稳定增长。

（2）为减少对油气管道过境国的依赖，争取油气运输自主权，计划修建绕过过境国直接输往需求国的油气管道

目前俄罗斯油气资源出口的运输瓶颈主要是乌克兰和黑海海峡，运输瓶颈限制了俄罗斯的出口能力。为改变这种局面，俄罗斯计划修建新的油气管道。目前的在建和拟建项目包括：①哈利亚加—印基加管道，用于输送季曼岭—伯朝拉地区开采的石油，设计运输能力1200公里，全长467公里，这条管道的目标市场是美国。②将里海管道的输油能力从2800万吨扩大到6700万吨。扩大向黑海方向的石油出口。③修建从保加

① Виктора Христенко, О развитии ТЭК России, http://www.minprom.gov.ru, 26 октября 2004.

利亚的布尔加斯港到土耳其的亚历山德鲁波利斯的管道，这是绕过博斯普鲁斯海峡和达达尼尔海峡最经济的路线。管道全长287公里，设计运输能力3500万吨，未来可扩大到5000万吨。亚历山德鲁波利斯港可接收30万吨油轮。④计划扩大蓝流管道，直接将天然气输送到以色列和中东其他国家。⑤修建经过波罗的海海底直达德国的天然气管道。这条管道又称为“北流”管道，总长为1200公里，2005年开工，工期预计5年。借助这条管道，俄罗斯的输气管网将绕过乌克兰与白俄罗斯，直接与西欧的输气管网相连。⑥修建“南流”管道，连接俄罗斯和意大利的天然气管道。按照规划，这一全长为900公里的管道从俄罗斯黑海岸边城市新罗西斯克市开始，向西跨过黑海至保加利亚，此后分两路经过巴尔干半岛通向意大利和奥地利，但随着俄罗斯与西方关系的恶化，这条管道的修建计划已经被搁置。

（3）加快输油港口的建设，扩大港口吞吐能力

2008年金融危机前，俄罗斯各大石油公司纷纷加快兴建或扩建输油港口进度。如卢克石油公司修建维索茨克油港，设计年出口能力为1200万吨，一期工程设计出口能力为470万吨，已于2004年6月16日投入使用。待二期工程完工后，年出口能力将达到1060万吨。该港口石油主要运往美国。卢克石油公司还改建了巴伦支海的瓦兰杰油港，大幅提高输油能力。卢克石油公司还计划将阿斯特拉罕的油港进行改造，从2003年的110万吨，扩大到2006年的520万吨，然后再扩充到800万吨，石油运往伊朗。目前，伏尔加和乌拉尔地区所产石油均由此出口。俄罗斯石油公司在摩尔曼斯克兴建了锚地转运石油项目，年出口能力将达到1500万吨。该公司还在列宁格勒州、滨海边疆区的东方港修建石油码头。苏尔古特油气公司和秋明－BP公司在芬兰湾修建了新油港。经过多年的改造和重建，俄罗斯各港口的输油能力都有了很大提高。

（4）加快发展石油加工业，提高资源使用效率

①俄罗斯石油加工工业相对落后。目前俄罗斯石油加工企业的状况是：按原油初加工生产能力，仅次于美国居世界第二位；按初加工产量排列，仅次于美国、日本和中国居世界第四位；按原油加工深度（71%），俄罗斯远远落后于很多国家（85%—95%）。增加原油加工量，

扩大成品油出口，提高加工深度，将是俄罗斯石油工业的重要发展方向。

②石油加工工业面临的问题。石油加工业是能源工业的重要环节。俄罗斯原油初加工水平居世界第四位，近一半的初加工油品用于出口。近年来在俄罗斯政府的政策鼓励下，石油加工工业获得了较大发展，在石油加工量和加工深度方面都有了新的发展。同时，俄罗斯炼油企业所加工的油品的质量仍低于西方国家。据俄罗斯工业能源部发布的数据，目前俄罗斯有大型炼油企业 27 家，小型炼油厂 50 多家。2006 年共加工原油 2.2 亿吨，同比增长 5.7%。俄罗斯石油加工行业落后的主要原因是：固定资产严重老化、投资不足、加工工艺落后、炼油厂远离出口港口以及现有政策对炼油厂设备更新改造的作用不佳等。

③加强石油加工工业的政策措施。《俄罗斯 2020 年能源战略》提出了发展石油加工工业的数量指标，指出了改造和发展石油加工工业的必要性。石油出口结构从以出口原油为主向出口高附加值的成品油转变，需要提高石油加工能力。为促进石油加工工业的发展，俄罗斯政府采取的措施包括：确定燃料油使用及汽车发动机燃油技术标准，控制和减少对高排放汽车的需求；为促进清洁汽油和柴油的生产，制定了消费税分级税率；对先进石油加工设备的进口实施零关税；成品油出口关税计算机制透明化，使石油企业可准确预测成品油出口的收益；从联邦投资基金划拨资金，建设鞑靼斯坦炼油厂。此外，俄罗斯政府正在规划建立燃料能源产品交易所，交易所建成后将限制炼油企业的地区垄断地位，有助于形成成品油的公平价格。

俄罗斯政府对原油出口征收高额出口关税，对国内石油加工业的发展已起到了一定作用。原油和油品出口税一再提高，降低了采油企业的盈利水平。同时，油品价格上涨以及国家对炼油企业提供变相的税收优惠，提高了炼油企业的投资吸引力，石油公司纷纷扩大石油加工规模，提高油品质量。在这种背景下，企业不仅需要国家在基础设施投资领域协调行动，也需要制定促进石油加工企业改造和扩建的具体措施。

（5）继续挖掘现有油气田发展潜力，开发和培育新的油气主产区

目前俄罗斯发现油气田共 3000 多处，主要油气产地有季曼岭—伯朝拉地区、西西伯利亚地区、伏尔加河沿岸地区，其中石油年产量的 50%

以上、天然气的90%以上是在乌拉尔和西西伯利亚地区开采出来的。[①] 这一地区的大部分油田储量丰富，开发程度高。但为实现《俄罗斯2020年前能源战略》所确定的发展目标，必须发现和开发新的油田，在继续挖掘现有油气主产区潜力的同时，必须培育新的油气主产区。从俄罗斯社会经济发展的长远角度以及俄罗斯在亚太地区战略利益的角度看，开发东西伯利亚和远东的油气田都具有非常重要的意义。

据俄罗斯科学院西伯利亚分院石油与天然气地质所的评估，到2020年前，俄罗斯东西伯利亚和远东地区的石油和凝析油开采量将达到9000万吨，天然气开采量将达到515亿立方米。[②] 但这一地区油气工业的发展仍面临很多问题，其中最主要的问题是：矿产资源许可证制度不健全，大型矿产资源使用者多年来一直不遵守许可证协议所规定的开采条件，油气管道布局不合理，缺乏统一规划，确定矿产资源使用条件的法律规定相互抵触等。为保障正在修建的东西伯利亚—太平洋管道有充足的油源，俄罗斯必须加大东西伯利亚石油资源开发力度，通过管道建设和开发新的油田带动远东地区经济发展，并在东北亚经济格局中占据一席之地。

此外，随着陆上油气资源开采量扩大，储量减少，大陆架将成为俄罗斯新的油气主产地。2005年地质勘探证实，俄罗斯沿海大陆架新增石油储量130亿吨，新增天然气储量20万亿立方米。预计到2020年将达到9500万吨。俄罗斯自然资源部报告指出，俄罗斯目前已开发陆地油田的75%，其中大部分油田的成熟度已达到50%。[③] 预计未来陆上仍具有盈利能力的储量将接近枯竭，新增储量不大，分布零散。大陆架油田开发前景乐观，其中油气资源储量较大的地区是北冰洋西部的施托克曼、鲁萨诺夫和列宁格勒茨科耶油气田以及萨哈林东北大陆架油田。目前俄罗斯大陆架石油产量占比远远低于世界平均水平，其原因在于俄罗斯大陆架

---

① Виктора Христенко, О развитии ТЭК России, http://www.minprom.gov.ru, 26 октября 2004.

② 参见［俄］奥斯特洛夫斯基《21世纪初中俄能源合作前景与可能性》，在2006年中俄社会科学论坛上的发言。

③ Михаил Шалаев, Идем на шельф?, http://www.ngv.ru/articles.aspx?articles_currentPage=5&issue=&topic=1&latestIssue, 12 мая 2005г.

地区气候条件差，俄罗斯石油公司缺少开采大陆架油气资源的经验和技术。为培育大陆架油气产地，必须引入外国投资者、技术和资金，并对大陆架油气资源开采提供税收优惠。

(6) 加强中俄能源合作，扩大对华能源出口，开拓亚太能源市场

中俄两国经过多年谈判，最终达成拖延多年的油气管道协议。2008年国际金融危机后和2014年西方对俄进行经济制裁后，中俄能源合作均取得了突破性进展，先后签订了修建中俄石油管道和天然气管道的协议，改变了俄罗斯油气单纯依赖欧洲市场的格局。

## 二 能源发展战略的制定及油气工业布局

石油是能源的核心，国际能源格局在很大程度上就是指国际石油体系，是国际石油市场的主要行为体的相互关系和相互作用的规则。在20世纪30年代，国际石油体系主要操控在少数发达国家以及少数私营或国有公司手中。随着人们对石油重要性的认识以及世界政治经济与石油行业相互作用的增强，石油问题已演变成为涉及全球利益的地缘政治问题，与石油有关的主角明显增加，彼此间的依赖日益增强。它不仅涉及石油消费国、生产国以及出口之间的关系，也涉及跨国石油公司、国有石油公司以及一些小型公司的利益。对俄罗斯来说，由于境内资源储量相对充足，能源工业基础相对较强，通过发展能源工业和扩大油气资源出口，实现经济增长目标，并为结构调整创造条件，是未来一个时期俄罗斯对外能源政策的首要问题。

### （一）俄罗斯能源战略要点

苏联解体以来，俄罗斯已制定过四份中长期能源发展战略，分别是1994年12月颁布的《2010年前俄罗斯能源战略》（其基本原则后被纳入《关于俄罗斯2010年前能源政策基本方针》的总统令）、2000年11月颁布的《俄罗斯2010年前能源战略》、2003年颁布的《俄罗斯2020年前能源战略》和2009年8月批准的《俄罗斯2030年前能源战略》，上述文件提出了俄罗斯能源工业的发展目标、任务和重点，明确提出了俄罗斯对外政策合作的方针政策。

2003年5月俄罗斯政府批准颁布的《俄罗斯2020年前能源战略》，是俄罗斯能源产业发展的纲领性文件，不仅体现了俄罗斯试图以能源产业带动经济增长的思想，也反映了俄罗斯对与世界各国、各地区进行能源合作的总体战略。这份文件提出，俄罗斯与世界能源市场一体化，在能源领域与外国投资者进行合作，提高能源使用效率及开发新的能源市场，不仅是俄罗斯能源政策的最重要部分，也是俄罗斯为解决21世纪前几十年全人类面临的全球能源问题所做的重要贡献。这份文件确定了俄罗斯对外能源政策的目标：（1）巩固俄罗斯在世界能源市场的地位，最有效地发挥国内能源工业的出口能力，提高能源产品和服务在世界市场的竞争力；（2）在能源对外贸易领域建立非歧视制度，其中既包括俄罗斯能源企业可直接进入外国能源市场和金融市场，也包括可直接获得先进的能源技术；（3）在合理规模内并在互利条件下，促进外国投资进入俄罗斯能源领域。这份文件还提出了俄罗斯开拓境外能源市场的战略举措，即在保障国内需求和国际价格合理的情况下，进一步扩大能源出口；在提高质量首先是石油加工、化工和天然气加工质量的同时，扩大高附加值能源产品的出口；促进俄罗斯能源产品标准与国际标准对接；保障销售市场的地理多样性，发展北部、东部和南部方向（首先是北美和东北亚）市场，继续扩大市场份额；保障油气资源的过境安全；开发国外油气田；吸引外国投资；发展新型合作等。①

2009年8月27日批准的《俄罗斯2030年前能源战略》，是对2020年前能源战略的完善和补充。这份文件提出，到2030年前俄罗斯经济和能源领域面临着国内国外双重挑战，能源工业除加快自身发展外，还担负为应对各种挑战做出贡献的任务。新战略提出，俄罗斯的能源工业为国家转向创新型发展承担着重要使命。俄罗斯到2030年应实现的目标是：（1）达到发达国家的福利水平；（2）在保障竞争力优势、国家安全和能源安全方面，成为科技领先的国家；（3）转变经济增长方式，实现低能耗发展；（4）使俄罗斯经济从能源依赖型转变成为能源与创新结合型经济，使能源及关联产业得到现代化改造；（5）在能源投资保持较高水平

① Энергетическая стратегия России на период до 2020 года，http：//www. government. gov. ru.

的同时，降低能源工业在总投资中所占的比重；（6）提高能效，降低能耗，使能耗水平达到同等气候和地理条件的国家的水平；（7）降低污染物、温室气体和污水的排放，限制能源工业对环境和气候的消极影响。此外，能源工业还应为人力资本的发展和各地区的平衡发展创造有利条件。

2030年前能源战略提出，俄罗斯对外能源政策的战略目标是保障最有效地利用俄罗斯的能源潜力和在能源领域的国际活动潜力，实现与世界能源市场的全面接轨，巩固自身地位并为本国经济发展获得最大的好处。能源问题的全球性特征和政治化趋势的加强以及俄罗斯能源工业在世界能源体系中的重要意义，决定了俄罗斯对外能源政策的重要性。俄罗斯在世界能源贸易体系中占据着一定的主导地位，并积极参与国际能源资源开发的国际合作。俄罗斯的利益在于保障劳动分工的深化，提高资源和技术的生产和出口效率。与传统消费国之间保持稳定的关系，并在新的能源市场建立合作关系，是俄罗斯保障国际能源安全的重要方针。同时，能源战略指出，促进全球能源安全，不应损害俄罗斯本国的能源安全和国家利益。

这份文件指出，俄罗斯对外能源政策的目标是降低国际市场不稳定和价格波动的消极影响，能源行业为提高对外经济活动效率做出贡献，强化俄罗斯在世界经济体系中的地位。为此，俄罗斯对外能源政策将着重解决以下问题：（1）在全球竞争和能源争夺日益激化的背景下，对外能源合作应稳定有序发展；（2）消除全球金融危机的不良影响，并使其成为能源行业加快创新发展和技术改造的促进因素；（3）提高俄罗斯在能源高技术产品和智力服务市场上的战略性存在；（4）增加对石油消费国的能源供应，并保障供应的稳定性，在此基础上实现能源出口在地理上的多样化和出口产品的多样化；（5）降低燃料能源产品在俄罗斯出口构成中的比重，一次能源和原材料出口转为深加工产品的出口；（6）利用新的能源技术，建设国际能源基础设施枢纽。由此可见，能源工业仍将在俄罗斯经济发展中发挥基础性作用，能源工业对俄罗斯未来一个时期的经济发展具有重要支撑和保障作用。

综上所述，俄罗斯2030年前能源战略的首要目标仍然是为加快创新型发展、提高能源工业效率、满足经济对能源需求和实现俄罗斯地缘政治利益创造条件。为实现这一目标，能源战略也提出了应着重解决的技术和制度问题，其核心是：（1）提高能源资源勘探、开采和加工的规模和效率，满足日益增长的内部需求和外部需求；（2）以对能源工业进行大规模投资和技术更新为基础，建立新的能源基础设施，对原有的能源基础设施进行现代化改造；（3）在能源领域建立良好的制度环境，包括建立自由化的能源市场；（4）提高俄罗斯经济和能源效率，注重生态保护，实现节能发展；（5）实现俄罗斯能源与世界能源体系的一体化。①

### （二）俄罗斯油气行业发展计划

1. 增强能源工业实力

增强能源工业综合实力是俄罗斯能源强国战略的基础，主要体现在发掘能源资源储量、提高能源产量、扩大加工量和出口量四个方面。俄罗斯油气资源及煤炭储量极为丰富，其中石油远景储量为440亿吨，天然气储量127万亿立方米，煤炭储量2000亿吨。但矿产资源产量的增长必然导致剩余可采储量的下降。《俄罗斯2020年前能源战略》对能源资源储量、产量及出口量做出了远景规划，2020年前计划新增石油储量75亿—100亿吨，新增天然气储量11.2万亿—18.8万亿立方米，铀矿储量增加3万—5万吨。在能源产量方面，计划到2020年电力生产达到12150亿—13650亿千瓦时，原油产量达到4.5亿—5.2亿吨（后修正为5.5亿—5.9亿吨），成品油产量达到1.15亿—1.35亿吨，天然气产量6800亿—7300亿立方米，煤炭产量3.75亿—4.45亿吨。在能源出口方面，将根据国际市场价格和国内供需平衡状况，扩大出口量。2020年前俄罗斯原油出口量将维持在1.4亿—3.1亿吨，成品油出口将达到3000万—5000万吨，天然气和电力的国外市场将进一步扩大。② 2005年俄罗斯可证实石油储量增长了3%，储量增幅首次超过产量增幅。截至12月1日，2007年俄罗斯新增石油储量5.5亿吨，天然气新增储量6700亿立方米。新增储量超过了当年油气产量。

---

① Энергетическая стратегия России на период до 2030 года, http://www. government. gov. ru.

② Энергетическая стратегия России на период до 2020 года, http://www. government. gov. ru.

2. 强化国家对能源工业的宏观管理

俄罗斯政府提出国家对能源工业进行宏观管理的目标有两个，一是保障油气资源勘探、开采、加工和运输各环节的稳定发展；二是充分发挥能源工业发展潜力，以能源工业的发展带动经济与社会的全面发展。具体的调控机制在五个方面：第一，通过制定和实施相应的税费和关税制度及反垄断措施，为各类企业发展创造合理的市场环境；第二，提高国有资产的管理水平，提高国有资产效益；第三，制定符合现代化要求的能源工业技术规章、国家标准和技术规范，促进能源工业提高科技水平；第四，鼓励和支持能源企业增加投资、发展创新、节约能源；第五，资源管理从以行政手段为主逐渐过渡到以法律手段为主。俄罗斯政府力图通过修改《矿产法》，改变沿袭多年的资源使用与分配制度，增强中央政府对资源分配的决策权，限制地方政府的权限，同时，鼓励能源企业加强地质探勘和环境保护，提高现有储量的开采水平。

3. 壮大能源工业中的国有成分，构建符合国家根本利益的能源工业格局

具体做法是：通过兼并重组，组建国有或国家控股的超级油气公司，使其成为油气工业的领头羊和贯彻国家能源政策的工具。2003 年以前俄罗斯私营石油公司的石油产量占比远远大于国有公司，2004 年以后形势发生了根本变化。2005 年天然气工业公司兼并西伯利亚石油公司后，成为油气并举的超级油气巨头；俄罗斯石油公司在获得尤科斯公司的资产后，已成为俄罗斯第一大石油公司。2006 年俄罗斯国有石油公司的石油产量已增长到占石油总产量的 29%，石油工业中国有成分的石油产量已达到 34.2%。[①] 同时，俄罗斯政府鼓励建立若干有实力、发展稳定并与国家进行建设性合作的能源公司。

4. 调整能源消费结构，促进能源工业各行业平衡发展

目前天然气在俄罗斯能源消费结构中所占比例较大，煤电所占比例较低，俄罗斯能源战略提出了建立合理的能源消费结构的目标，加大煤炭和包括核电在内的电力生产。核电作为国家完全控制下的产业，将会

① Ольга Сухова, Кремлевская доля. Госпакет в нефтяной отрасли превысил 34%, http: //www. rusenergy. com/pub_ re/a20070719. htm, 19 июля 2007г.

获得较大发展。2006 年 3 月，俄罗斯政府为整合核能机械的生产，组建了核能机械制造控股公司，该公司生产的核能设备将占世界同类产品市场的 1/3。2007 年 1 月，俄罗斯国家杜马通过专门法律，确定了国家在管理民用核能领域政策的优先方向，并决定建立国有的“俄罗斯核能工业公司”，所有与民用核能有关的企业都将统合在该公司旗下。①

5. 国家、社会与能源企业共享“能源红利”

随着国际油价不断上涨，俄罗斯政府从 2002 年起修改了石油出口关税税率的计算办法，规定根据石油价格变动情况，对石油出口关税税率进行动态调整，每两个月调整一次。2004 年俄罗斯开始建立稳定基金，将石油企业由于油价上涨带来的超额利润纳入联邦预算。通过上述措施，俄罗斯政府将其预算收入与国际油价建立起联动关系，对政府获得稳定的油气收益起到了保障作用。“石油美元”成为俄罗斯偿还外债、解决社会问题的重要资金来源。同时，以矿产资源开采税为杠杆，促使企业提高石油开采效率。国家杜马审议了自然资源开采税分级税率草案。根据这份法律文件，将对东西比利亚石油资源开发实行自然资源开采税零税率政策，对采油量已超过储量 80% 的油田降低自然资源开采税税率，对废弃油田的自然资源开采税税率将降到标准税率的 30%。这些措施将有利于中小石油企业对废弃油井继续进行开采，国家在 2015 年前将多采石油 5000 万吨。

### （三）俄罗斯对外能源合作的重点

俄罗斯作为油气资源储量丰富、油气工业基础雄厚的国家，在国际油价高涨情况下，对国际能源格局的形成和发展有举足轻重的影响力。过去几年，俄罗斯与世界主要国家都建立了双边能源对话机制，以规范和协调双边能源合作。（1）俄美能源对话机制。2002 年 5 月，俄美两国领导人在莫斯科会晤期间，签署了建立俄美能源对话机制的联合声明，并组建两国政府间能源合作委员会，责成该委员会制定和协调双方在环保、节能、美国技术进入俄罗斯、在能源领域相互投资的方案。同年 7

---

① Валерий Цветков, Госсобственность и эффективность экономики: особенности национальной модели развития, http://www.cemi.rssi.ru, 10 ноября 2007 г.

月，俄罗斯开辟了通过邮轮向美出口石油的新渠道。同年 9 月，首届“俄美能源首脑会议”在美国“能源之都”休斯敦举行。此后俄美两国每年举行一次能源高级峰会。俄罗斯的设想是未来 10 年对美原油出口达到占美进口石油总量的 10%。[①]（2）俄欧能源合作机制。俄欧能源合作历史较长，早在 1986 年荷兰首相就曾提出将苏联纳入欧洲能源市场的设想。1997 年俄欧签订的《伙伴关系与合作协定》，则是俄欧能源对话的法律基础。2000 年召开的俄欧巴黎峰会通过了欧盟委员会主席普罗迪提出的关于俄罗斯将出口欧洲的能源增加 1.5 倍，并换取欧洲技术和投资的倡议，此次峰会还将俄欧电网连接和核燃料贸易纳入双边能源合作范畴。欧盟定期就俄欧能源对话发展方向、进展、问题及前景提出报告。最新一份报告指出，俄欧双方在保障稳定能源供应和消除能源产品贸易壁垒方面取得了进展，双方天然气长期购销合同有重要意义，欧方确认将取消关于从某一能源供应国进口能源产品不得超过进口总量 30% 的限制。《俄罗斯 2020 年前能源战略》也强调了欧洲市场对俄罗斯能源出口的重要性，并对向欧洲出口油气资源的规模做出了规划。（3）俄罗斯还与中国、日本和印度等国建立了双边能源对话机制，定期就能源合作问题进行磋商，确定能源合作重点。进入 2014 年，随着俄罗斯与西方关系恶化，俄罗斯将能源出口的重点转向中国。

在多边合作领域，俄罗斯利用多边合作舞台，推动多边能源合作，力图增强在国际能源合作中的话语权，提高其作为能源超级大国的地位。主要表现在：（1）将全球能源安全列为 2006 年圣彼得堡“八国峰会”的主题，这次峰会按俄罗斯的建议讨论了全球能源安全问题，并通过了《圣彼得堡能源安全行动计划》。这一文件的指导思想是：全球能源安全有赖于能源输出国和能源进口国的共同努力；应着力解决一些国家的能源短缺问题；加大对能源领域投资，深化能源生产、消费和过境运输国之间的对话；加强能源运输反恐合作，保障能源基础设施安全；探讨核能与新能源开发合作新方式。在一些核大国设立铀浓缩中心，吸引有关国家自愿参加和共同开发及使用核原料。（2）积极寻求建立“天然气欧

① Дэвид Г. Викто, Надежда М., Виктор, Нужна ли нам “ось нефти”?, *Россия в глобальной политике*, № 2, апрель-июнь 2003.

佩克”。2006年8月，海湾地区天然气生产国首先提出了关于建立“天然气欧佩克”的倡议，俄方起初对此持观望态度。2007年2月俄罗斯总统普京公开表示支持建立“天然气欧佩克”后，这一倡议引起了各方关注。据媒体披露，这一拟议中的机构的正式名称为“天然气生产和运输国非政府天然气组织国际联盟”。俄罗斯国家杜马能源、交通和通信委员会主席亚泽夫认为，“为平衡国际天然气市场，除天然气需求国卡特尔以外，还应存在一个天然气生产国卡特尔”，“除俄罗斯和欧亚经济共同体其他成员国外，伊朗等国也应加入该组织，俄罗斯应成为这一组织的领导者”①。（3）加强欧亚经济共同体框架内的能源合作。俄罗斯工业能源部官员2007年10月的“莫斯科国际石油周”研讨会上发表讲话指出，俄罗斯非常重视欧亚经济共同体内部在能源领域的合作，倡议欧亚经济共同体建立成员国讨论和协同各自能源战略的平台，认为这是该组织成员国降低能源风险的基础性因素，也是未来制定共同能源战略、建立共同能源空间的中心环节。据预测，到2015年，亚太和中亚地区国家将占俄罗斯石油出口量的25%—30%，占天然气出口量的10%—15%。为使欧亚经济共同体成员国能源改革步调一致，根据俄罗斯的倡议，该组织制定了2020年前欧亚经济共同体成员国燃料能源综合体发展战略草案。

### （四）俄罗斯油气企业布局与发展

俄罗斯上下游一体化石油公司形成于20世纪90年代石油工业股份制和私有化改革时期，到普京上台时，上下游一体化石油公司已成为俄罗斯石油工业的主体。所谓上下游一体化公司是指集勘探、生产、运输、加工、销售等上游和下游产业为一体的石油公司。2004年俄罗斯八大石油公司原油产量占俄罗斯原油总产量的88%，炼油能力占79%。除一体化石油公司外，俄罗斯还有100多家小型独立公司，它们控制的油田小，出油量低，油质不高，产油量占全俄石油产量的3%。天然气工业公司所采石油占全俄的3%，合资企业产油量占6%，产品分割协议项目所产石油占比接近1%。

俄罗斯大型石油公司有三种类型：第一类是金融工业集团所控制的

① Федор Чайка，Алжир + Россия = ОПЕК?，*Известия*，22января 2007 г.

公司，主要包括尤科斯公司、秋明石油公司、西丹科和西伯利亚石油公司。这类公司更加重视金融和财务绩效，重视投资回报率。第二类是传统石油产业人员控制的公司，如卢克石油公司和苏尔古特油气公司等，他们重视提高开采效率和油井使用效率，重视能源的有效利用和员工的社会保障。第三类是国有公司和地方政府控制的公司，如俄罗斯石油公司、鞑靼斯坦石油公司和巴什基尔石油公司。这类石油公司在财务效率和产业指标等方面均落后于前两类公司。

石油公司所有权人及公司管理战略的差异决定了上述三类公司与国家的关系。金融工业集团控制的石油公司是在私有化过程中通过不透明的交易而形成的，其所有权人多为私有化过程中出现的暴发户。石油公司的私有化损害了国家利益，新的所有权人虽然对石油公司管理方式进行了有效管理，但这类公司独立性强，更加重视本企业的经济利益，社会反映较差。同时，它们积极进行“院外活动”，并向政权机关进行渗透，既破坏了国家经济调控体系，也损害了一些官员的利益。①

1. 石油公司的重组

2003 年 7 月梅纳捷普国际金融集团总裁、尤科斯石油公司重要股东被捕，拉开了俄罗斯油气工业新一轮重组的序幕。这一时期，俄罗斯石油领域发生了许多举世瞩目的重大事件。

（1）国有公司或国家控股公司兼并了由金融工业集团控制的尤科斯石油公司和西伯利亚石油公司，石油工业中的国有成分大幅提高，国家掌握了石油工业的控制权。

首先，俄罗斯石油公司收购了陷于破产的尤科斯石油，一跃成为俄罗斯最大的石油公司。2003 年 10 月尤科斯石油公司总裁因涉嫌偷漏巨额税款等犯罪活动被捕，俄罗斯税务部门同时查实尤科斯公司拖欠巨额税款。2004 年 7 月，俄罗斯政府主管部门要求尤科斯石油公司拍卖其子公司尤甘斯克油气公司，用以偿还拖欠税款。同年 12 月，有政府背景的贝加尔金融集团公司拍得尤甘斯克油气公司 76.79% 的股份，俄罗斯石油公司随后又收购了贝加尔金融集团公司，成为尤甘斯克公司股份的持有者。

---

① Костантин Симонов, Русская нефть: последний передел, Москва, Алгоритм, 2005 г., с. 17 – 20.

此前，俄罗斯石油公司还收购了北方石油公司。2006 年 8 月莫斯科仲裁法院认定尤科斯石油公司破产，并宣布正式启动为期一年的破产程序。2007 年尤科斯公司正式破产。俄罗斯石油公司兼并尤科斯石油公司后，石油产量迅速提高，实力日益壮大，已一跃成为俄罗斯最大石油公司。2006 年 7 月，俄罗斯石油公司在伦敦证券交易所和莫斯科银行间外汇交易所同时上市，通过首次公开招股（IPO）共筹集资金 104 亿美元，成为俄罗斯迄今为止最大的一起公司 IPO 活动。俄罗斯石油公司随着实力的壮大，对地质勘探、石油开采和加工都加大了投资力度。

其次，天然气工业公司并购了西伯利亚石油公司，成为油气并举的超级油气巨头。2005 年国家完全控制了天然气工业公司，该公司的国有股从 2000 年的 38% 提高到 2005 年年底的 50%。2005 年 10 月，天然气工业公司斥资 130 亿美元收购了西伯利亚石油公司 72.66% 的股份，将其持有的股份提高到 75.68%。2006 年 5 月西伯利亚石油公司正式更名为"天然气工业石油公司"。2007 年年初与"俄罗斯金刚石公司"签订了建立合资企业的协议。"金刚石公司"将其辖下的石油公司（萨哈林油气公司、雅库茨克地球物理公司、金刚石—天然气公司）转让给新成立的合资公司。

俄罗斯石油公司收购尤甘斯克石油公司，天然气工业公司收购西伯利亚石油公司，基本确立了国家对油气行业的控制权，上述公司产油量占俄罗斯石油总产量的 26% 左右。如果加上与政府关系密切的卢克石油公司和苏尔古特石油公司，国家控制石油产量占比已达 58%。[①]

（2）传统型石油公司发展平稳，未受到行业内企业重组的冲击，但来自国有公司的竞争压力加大，企业发展前景堪忧。

卢克石油公司积极对外拓展生存空间。卢克石油公司是俄罗斯历史最长、实力最强的石油公司之一。2006 年该公司所控石油储量继续提高。按油田及储量控制权排名，卢克石油公司居俄罗斯各大石油公司之首，在全球私营石油公司中居第二位。据 2006 年年初的统计，该公司控制的油气资源储量超过 203 亿桶标准燃料，其储量增幅已连续 6 年实现超过产量增幅，油气储量的提高为该公司持续发展奠定了坚实基础。卢克石油

① В. А. Цветков，Госсобственность и эффективность экономики：особенности национальной модели развития，http：//www. cemi. rssi. ru/mei/articles/zve07-6. pdf.

公司是俄罗斯对境外投资力度最大的石油公司，近年来继续以收购境外炼油企业等方式，向境外发展，先后与捷克、荷兰、英国、土耳其就收购当地炼油厂事宜密切接触，收购完成后，其在欧洲市场所占份额将大幅提高。苏尔古特油气公司是俄罗斯产量排名第四的石油公司。近年来该公司对西伯利亚、季曼岭—伯朝拉地区加大了地质勘探力度，公司石油储量、产量均有所提高。苏尔古特石油公司对向海外扩展业务持谨慎态度，近年来专心扩大在东西伯利亚的油气开采项目。[①] 鞑靼石油公司等地方政府控制的石油公司，力图通过扩大原油加工量、改善炼油设备以高质量油品替代低质量的原油供应，占据国内外市场。巴什石油公司则呈现出发展乏力的态势。

(3) 俄罗斯石油公司与境外石油公司的合资项目受政府严格控制，在摇摆中继续发展。

近年来，俄罗斯与境外石油公司最大的合资项目是秋明石油公司与英国石油公司合资组建了秋明－BP石油公司。2003年2月，俄罗斯秋明石油公司和英国石油公司决定合资组建新公司，6月俄罗斯总统普京访问英国期间，两国签署了成立该合资公司的协定，明确了双方的各项权利和义务，从而为成立合资公司铺平了道路。8月26日，俄罗斯政府主管部门正式批准了秋明石油公司与英国石油公司合资组建新股份公司的申请，秋明－BP石油公司正式建立，这是俄罗斯石油业最大的合资公司。最近两年来，由于俄罗斯政府对油气行业外国资本的排斥态度越来越明显，该公司正在力图与俄罗斯有影响的国有公司建立战略联盟，以此换取国家的支持。[②] 此外，俄罗斯石油公司还与中国石油天然气公司合资组建了东方能源公司。荷皇壳牌公司、埃克森美孚等公司也与俄罗斯石油企业组建了一些合资公司。

2. 天然气工业公司的发展与扩张

俄罗斯在国际天然气市场占据着三分天下有其一的重要地位。天然气工业公司控制着丰富的资源储量和庞大的开采、运输与销售网络，在

① *Аналитическая служба "Нефтегазовой Вертикали"*, ВИНК России: стратегии пятилетки, http://www.ngv.ru/article.aspx? articleID = 24968.

② Там же.

俄罗斯天然气领域一直保持着超级垄断地位，在俄罗斯国内、欧洲乃至世界天然气市场上都扮演着重要角色。2005 年该公司进入全球十大公司之列。2006 年俄罗斯政府制定颁布了《天然气出口法》，进一步确立了天然气工业公司在天然气出口中的法定垄断地位。

将天然气工业公司建成超级跨国公司是俄罗斯在天然气领域的重要目标。长期以来，俄罗斯国内外对天然气工业公司在天然气领域的垄断地位提出诸多质疑，要求将其肢解为天然气开采企业和运输企业两个部分，但由于该公司在俄罗斯经济甚至政治领域都有举足轻重的作用，普京总统明确表示反对肢解该公司的主张，支持其在油气领域全面扩张，力争使其成为超级跨国公司。

近年来天然气工业公司进一步壮大，根据该公司 2030 年前天然气工业矿产基础发展纲要，天然气工业公司计划将其天然气储量提高到 23.5 万亿立方米。仅 2005 年新增储量 5834 亿立方米，增长部分就可对德国出口 15 年。到 2006 年年底，该公司天然气实际储量已超过 19 万亿立方米。近年来天然气工业公司的投资额增长了两倍多，年投资总额达到 100 亿—110 亿美元。

天然气工业公司除兼并了西伯利亚石油公司外，还于 2005 年收购了“诺尔特天然气公司” 51% 的股份。2006 年以 74.50 亿美元的价格获得了萨哈林－2 项目的作业公司萨哈林能源公司 51% 的股份。该公司积极与俄罗斯另外两个相对较大的天然气企业伊杰拉公司和诺瓦燃料动力综合体进行了广泛合作。2006 年 6 月，天然气工业公司与伊杰拉公司签订了 2006—2010 年合作协议，后者将参与俄罗斯天然气统一供应系统的扩建、改造和升级，合作发展运输基础设施，还将与天然气工业公司组建合资企业。此外，天然气工业公司还与中亚地区以及中东、北非甚至拉美地区的油气生产国进行了富有成效的合作。如收购了吉尔吉斯斯坦 100 个加油站，占据该国加油站网络的 30%；与土库曼斯坦达成联合开发里海土库曼斯坦段大陆架的协议；与伊朗计划在油气田勘探和开发、天然气运输、使用和销售方面加强合作，双方还决定就建立合资公司事宜进行协商。

天然气工业公司积极向电力行业进军，宣称将该公司建设成为全能型的能源控股公司。2007 年 2 月 8 日，天然气工业公司与西伯利亚煤炭能源公司签订协议，以两公司现有的电力和煤炭企业为基础，建立合资企业。天然气工业公司所占股份为50% +1 股，新建电力企业将成为仅次于统一电力系统的俄罗斯第二大电力公司。根据该公司 2007 年 3 月颁布的文件，该公司计划收购第 2 号和第 6 号批发电力公司的股份。

## 三　油气工业与现代化的关系

能源对俄罗斯经济具有双重意义，一方面，油气工业是俄罗斯经济的支柱产业，对其经济发展乃至国家兴衰都有着举足轻重的影响。过去几年国际石油价格的持续飙升，为俄罗斯恢复国力提供了难得的历史机遇，不仅使俄罗斯经济得以起死回生，也为俄罗斯在 2008 年跻身世界前十大经济体之列做出了贡献。另一方面，高油价对俄罗斯经济结构调整起到了抑制作用。这种作用突出体现在以几个下方面：首先，油价成为决定俄罗斯经济增长和财政收入的决定性因素。其次，“石油美元”的大量流入导致卢布持续升值，工业制成品进口增加，出口受到抑制；更为重要的是，油气行业的超常发展和高额利润，对资金、技术和劳动力产生了“虹吸效应”，抑制了制造业的发展，使得俄罗斯经济的脆弱性更加突出。

### （一）资源的界定及资源类型

自然资源是指自然环境中存在的人类可以直接获得的用于生产和生活的各种物质，如土地资源、森林资源、矿产资源、草原资源、水产资源、海洋资源等。按其存在的特点，自然资源分为可更新资源、不可更新资源和恒定资源。可更新资源指利用以后还能恢复再生的资源，动物、植物、微生物和土壤等资源，如人类社会合理加以利用，是可再生和可以被重复使用的。不可更新资源，是指利用以后不复存在的资源，包括各种金属矿物，以及煤、石油、天然气等化石燃料，这类资源的形成大多经历漫长的地质年代，其储量和分布有限，是不可更新和再生的。恒定资源是指取之不尽、用之不竭的资源，如光、热、空气等。以上三类资源彼此相互依存、互为条件，既成为一个有机的生态系统，又为人类提供赖以生存的能源和原材料。资源是由人而不是由自然来界定的，正是人的需求才使自然界存在的物质变得有价值。

资源潜力及资源型经济是经济学界近几十年来一直关注的重大问题，对此存在形形色色的看法和主张。英国资源经济学家朱迪·丽丝将资源分为两大类型，分别是储存性资源（或不可更新资源）和流动性资源。储存性资源是指所有的矿藏和土地，他们是经过千百万年才形成的物质，因而从人类的视角看来其当前供给是固定的。因此，其最终可利用的数量必然存在某种极限。流动性资源限定为那些在充分短暂的、与人类相关的时间间隔内可自然更新者。[①] 一般而言，储存性资源是资源经济学关注和研究的主要对象。20 世纪 60 年代后期和 70 年代，人们普遍认为在某些重要资源的可得性与将来对它们的需求之间存在某种不平衡，由此产生了资源稀缺的“悲观论者”，他们认为，资源稀缺将成为经济发展的限制因素，随着主要矿产储量的彻底衰竭，可能导致社会在 21 世纪早期完全崩溃。与此相对应的乐观派认为，矿产资源由于其稀缺性必然导致价格上涨，随着报酬递减的出现，生产成本的增加，在现有价格水平下生产者会减少市场供给，直到恢复供求均衡。资源用户在高价格时代会转向较为便宜的替代产品，或采取节约措施，减少需求。但总体来说，资源的稀缺性是资源的最主要特征。资源枯竭的风险和不确定性将始终是世界经济发展的“达摩克利斯”之剑。而相对于资源储量丰富的国家而言，过度发展资源型产业同样存在种种弊端。

### （二）资源型经济的界定及政策选择

1. 资源型经济的利弊与风险

资源型经济一般定义为自然资源产出占国内生产总值的 10% 以上、占出口 40% 以上的经济。[②] 资源型经济有明显优势：资源行业的发展尤其是出口增长，能够成为经济增长的动力。出口收入的增长能够带动国内服务业和建筑业的发展，也能够刺激进口，不仅可改善居民生活水平，也可通过更多地购买投资品，加快非资源型企业的发展，从而使资源开

① 参见［英］朱迪·丽丝《自然资源：分配、经济学与政策》，蔡运龙等译，商务印书馆 2005 年版，第 24—26 页。

② OECD, How to Sustain Growth in a Resource Based Economy? The Main Concepts and Their Applicantion to The Russian Case, http://www.oecd.org, Feb., 09, 2006.

采和出口转化为经济发展的动力。资源型经济的弱点在经济增长潜力相对较小，其原因有二：一是自然资源储量有限；二是自然资源开采的技术含量低，劳动生产力增长幅度有限。

资源型经济的主要风险体现在以下几个方面：一是价格风险，资源出口价格受国际市场影响，价格涨落的可预测性差，如国际市场价格骤降，可能引起财政赤字，对宏观经济造成冲击。二是汇率风险，资源出口创汇大量流入国内，导致本币升值，对制造业产品出口有抑制作用，刺激进口。三是“荷兰病”风险，能源行业对资金和劳动力产生虹吸效应，制约非能源类产业的发展。

2. 资源型经济的制度安排与政策选择

资源储量丰富对一国经济发展来说，既是“恩赐”也是“诅咒”，资源能否促进经济持续发展、改善人民生活，关键在于制度安排与经济政策是否明智合理。(1) 谨慎的财政政策，不宜盲目扩大预算开支。国家财政收支应建立在对资源出口价格保守预测的基础上，如对资源出口价格的预测过高，不利于维持国际收支和财政收支的平衡。(2) 保持浮动汇率，谨慎应对本币升值。一般来讲，更多地用本币进行结算，能够规避或降低资源型经济的美元化（或欧元化）。而对个人、企业或银行来说，用外币借款、存款、定价或结算可能是更合理有利的。但是，对转型经济而言，大量使用外币在汇率波动情况下将产生系统性风险。因此资源型经济应限制或禁止大量使用外币。(3) 建立下一代基金（或称稳定基金）。设立稳定基金是石油输出国规避能源价格风险的通常做法。稳定基金一般应由独立机构管理，以保证其来源与使用透明合理，其用途：一是在价格变化情况下，保障政府收入，这种机制要保证在价格长期波动情况下拥有足够资金。在理论上讲，当价格下降时，国家举借外债，也是一种保障机制。但在实践上，当价格下降时，资源型经济的风险是其资产相对于国际信贷是受到限制的。因此，设立稳定基金是一种有效防范风险的手段。二是有助于稳定经济。在价格高时，增加稳定基金，在价格低时，使用稳定基金。无论价格高低，对经济的稳定都有好处。三是设立稳定基金有利于降低汇率波动。(4) 对资源型经济的长期发展而言，最根本的出路在于调整产业结构，通过金融、财税及产业扶持政策，促进非能源类产业的发展，实现经济全面发展。

近年来能源在俄罗斯经济中的作用主要体现在以下方面。

1. 通过大力发展能源工业和扩大能源出口，国家经济实力明显增强

增强能源工业综合实力是俄罗斯能源强国战略的基础。俄罗斯能源工业的超常发展主要体现在发掘能源资源储量、提高能源产量、扩大加工量和出口量等方面。俄罗斯油气资源及煤炭储量极为丰富，其中石油远景储量为440亿吨，天然气储量127万亿立方米，煤炭储量2000亿吨。但矿产资源产量的增长必然导致剩余可采储量的下降。《俄罗斯2020年前能源战略》对能源资源储量、产量及出口量做出了远景规划。《俄罗斯2030年前能源战略》又对一些指标进行了调整，2030年前，俄罗斯石油年出口将达3.7亿吨，天然气年出口约3700亿立方米。同期石油天然气年产量相应要超过5亿吨和9000亿立方米。

丰富的油气资源储量为俄罗斯带来了巨额油气出口收入。从2000年到2014年，俄罗斯出口原油总量为34.32亿吨，收入1.57万亿美元；出口成品油16.37亿吨，收入8186.27亿美元；出口天然气2.83万亿立方米，收入6202.93亿美元。合计以上各项，俄罗斯在2000—2014年油气出口的直接收入已高达3万多亿美元（见表4—1）。

**表4—1　　2000—2014年俄罗斯油气产品出口情况**

| 年份 | 原油 | | | 成品油 | | | 天然气 | | |
|---|---|---|---|---|---|---|---|---|---|
| | 出口量（百万吨） | 均价（美元/桶） | 收入（百万美元） | 出口量（百万吨） | 均价（美元/吨） | 收入（百万美元） | 出口量（10亿立方米） | 均价（美元/千立方米） | 收入（百万美元） |
| 2000 | 144.4 | 23.94 | 25271.9 | 62.6 | 174.53 | 10918.8 | 193.9 | 85.84 | 16644.1 |
| 2001 | 164.5 | 20.78 | 24990.3 | 63.3 | 147.99 | 9374.5 | 180.9 | 98.25 | 17777 |
| 2002 | 189.5 | 21.02 | 29113.1 | 75.5 | 149.13 | 11253.2 | 185.5 | 85.69 | 15897.3 |
| 2003 | 228 | 23.81 | 39679 | 77.7 | 181.01 | 14060 | 189.4 | 105.51 | 19980.9 |
| 2004 | 260.3 | 31.02 | 59044.8 | 82.4 | 233.84 | 19269.1 | 200.4 | 109.05 | 21853.2 |
| 2005 | 252.5 | 45.21 | 83483 | 97.1 | 348.27 | 33806.5 | 209.2 | 151.36 | 31670.5 |
| 2006 | 248.4 | 56.32 | 102282.9 | 103.5 | 431.63 | 44671.7 | 202.8 | 216 | 43806.2 |
| 2007 | 258.6 | 64.28 | 121503 | 112.3 | 465.15 | 52228 | 191.9 | 233.66 | 44837 |
| 2008 | 243.1 | 90.68 | 161147 | 118.1 | 676.54 | 79885.6 | 195.4 | 353.69 | 69107 |
| 2009 | 247.5 | 55.61 | 1000593 | 124.5 | 386.76 | 48144.9 | 168.4 | 249.27 | 41971.4 |

续表

| 年份 | 原油 | | | 成品油 | | | 天然气 | | |
|---|---|---|---|---|---|---|---|---|---|
| | 出口量（百万吨） | 均价（美元/桶） | 收入（百万美元） | 出口量（百万吨） | 均价（美元/吨） | 收入（百万美元） | 出口量（10亿立方米） | 均价（美元/千立方米） | 收入（百万美元） |
| 2010 | 250.7 | 74.11 | 135799.2 | 133.2 | 529.16 | 70471.1 | 177.8 | 268.48 | 47739.3 |
| 2011 | 244.5 | 101.74 | 181812.4 | 132.1 | 724.69 | 95709.9 | 189.7 | 338.88 | 64290.1 |
| 2012 | 240 | 103.14 | 180929.7 | 138.2 | 749.94 | 103624.2 | 178.7 | 348.33 | 62253.3 |
| 2013 | 236.6 | 100.41 | 173669.6 | 151.6 | 721.35 | 109334.8 | 196.4 | 342.29 | 67232.3 |
| 2014 | 223.4 | 94.22 | 153887.9 | 165.3 | 700.84 | 115874.7 | 174.3 | 317 | 55240.3 |
| 合计 | 3432 | | 1573161.9 | 1637.4 | | 818626.6 | 2834.7 | | 620293.4 |

资料来源：根据俄罗斯中央银行《国际收支与外债报告》编制，http：//www.cbr.ru/statistics/？Prtid = svs。

同时，俄罗斯经济增长与国际油价存在密切的关联度。国际经济组织和俄罗斯国内经济学界及政府主管部门均对油价与国内生产总值增长率之间的关系作过估算。世界银行在2004年发布的《从转型期经济到发展型经济报告》中指出，俄罗斯国内生产总值增长率与国际油价的弹性比为0.07，即国际油价每增长1个百分点，俄罗斯国内生产总值增长0.07个百分点。国际油价每桶增长1美元，俄罗斯联邦预算收入就将增长国内生产总值的0.35%，联邦统一预算收入增长国内生产总值的0.45%。[①] 俄罗斯国民经济预测研究所对此的结论是，石油价格增长对国内生产总值的贡献度为1.5个百分点（2003年）。[②] 俄罗斯发展中心对建立稳定基金后国内生产总值与石油价格关联度进行过评估，他们认为，2005—2006年俄罗斯国内生产总值增速放缓，是由于石油出口收入的1/3以上退出流通，进入了稳定基金。稳定基金对金融形势的稳定起到了不可替代的作用，但对经济增长有抑制作用，按目前稳定基金征缴标准

① OECD, How to Sustain Growth in a Resource Based Economy? The Main Concepts and Their Applicantion to The Russian Case, http：//www.oecd.org, Feb.09, 2006.

② В. Милов, Проблемы энергетической политики России, http：//www.energypolicy.ru/nep.php, апрель 2005 г.

（27 美元/桶），石油价格每超过这一标准 10 美元，国内生产总值增长率提高 0.2—0.3 个百分点。如石油价格继续上涨，稳定基金规模将继续增加，但对国内生产总值增长影响不大。换言之，即使石油价格下降到一定水平（如不低于 35 美元/桶），对国内生产总值的影响同样是有限的。[①] 俄罗斯经济发展部官员认为，2005 年以后，能源出口作为经济增长发动机的动力已经下降。2003—2005 年，俄罗斯石油工业增长速度年均为 10%。从 2006 年起，油气资源出口增速下降，回落到 3% 的增长速度。石油出口增幅下降使国内生产总值增幅减少 1.5—3 个百分点。如果石油价格继续上涨，石油工业对国内生产总值的贡献率仅能提高 0.3—0.4 个百分点。[②]

此外，国际油价对俄罗斯联邦预算也有着决定性意义。油气企业税收和出口关税是俄罗斯联邦预算收入的重要来源。近年来俄罗斯联邦预算连年平衡有余，与国际油价上涨密切相关。根据国际货币基金组织和俄罗斯财政部的计算，如果排除来自油气行业的税收收入，俄罗斯整个预算体系将会出现巨额赤字。俄罗斯财政部认为，联邦预算收入与石油价格的弹性系数是 0.28，即国际油价每上涨 1 美元，联邦预算收入增长国内生产总值的 0.28%。[③]

2. 油气工业超常发展的经济风险日益增大

油气作为不可再生的一次性能源，存在储量不断减少的可能性。自从美国石油专家哈伯特提出石油峰值理论以来，石油储量随着开采量的增加而日益减少这一经验性判断被赋予了理论意义。目前，世界各大机构的石油供应长期预测专家基本都同意存在开采极限这个总的判断，但是在具体的极值和供应极值出现的时间点方面存在分歧。观点一认为，世界石油总供应量还可以增长 50%，以现在的总供应量 8700 万桶/日为基点，还可以增长到 1.2 亿桶/日的总量，这个供应极限值应该出现在

---

① Центр развития，Обзор россиийкий экономики за 2006 год.，http：//www.dcenter.ru.

② Г. Греф，Тезисы выступления на Совете по конкурентоспособности и предпринимательству，http：//www.economy.gov.ru，6.09.2006 г.

③ Министерство финансов Российской Федерации，Основные направления налоговой политики в Российской Федерации на 2008 - 2010гг.，http：//www1.minfin.ru/common/img/uploaded/library/2007/05/taxpoltend.pdf.

2025 年。观点二认为，全球石油供应总量大约可以再增长 15%—20%，到每天石油供应量 1 亿桶的水平上，这个极值大约在 2025 年前就会来临。2025 年是一个关键的年份，在这一年石油供应将出现拐点。对石油产量高峰的临界点在哪里这个关键问题，世界各主要机构的能源信息预测部门每年都发布预测报告，其中，美国能源署估计的峰值年份是在 2021—2067 年，极值是 1.1090 亿桶/日；剑桥能源研究会（CERA）估计石油产量高峰的峰值年份是 2020 年，俄罗斯石油开采的峰值年份是在 2015 年。[①] 俄罗斯能源专家认为，目前俄罗斯陆上石油已接近产量峰值。其中，西西伯利亚已开采 45%，乌拉尔—伏尔加地区已开采 50%—70%。[②] 由于陆上石油资源储量难以有较大增长，俄罗斯石油工业的中心未来将移向东西伯利亚、远东和大陆架地区。据地质学家估计，在俄罗斯总面积为 620 万平方公里的大陆架地区，约 400 万平方公里有油气开采前景。据俄罗斯自然资源部估算，俄罗斯大陆架地区油气储量约为 1000 亿吨标准燃料，其中石油储量为 135 亿吨，天然气储量为 79 万亿立方米。目前俄罗斯的大陆架已发现 20 多个有开采前景的油气区，1100 个有前景的区块，已发现的油气田有 36 个。但由于开采能力的限制，目前俄罗斯大陆架石油产量仅占其石油总产量的 0.5%。[③] 据俄罗斯科学院西伯利亚分院石油与天然气地质所的评估，2020 年前，俄罗斯东西伯利亚和远东地区的石油和凝析油开采量将达到 9000 万吨，天然气开采量将达到 515 亿立方米。由于大陆架石油开发难度大、技术要求高，需要巨额投资，大规模开发可能是未来的事情。

从油气资源的储量特点及其经济影响角度看，油气工业对俄罗斯经济存在正反两方面的影响。目前俄罗斯国内对油气工业发展及影响存在四种不同观点：第一种观点认为，俄罗斯经济对国际能源市场依赖性过高，必须降低油气工业在国内生产总值中的比重，国家应加大对油气开

---

① 参见闫林《后半桶石油——全球经济战略重组》，化学工业出版社 2007 年版，第 10—11 页。

② К. Р. Белорусец, Перспективы привлечения иностранных инвестиций в топливно-энергетический сектор экономики РФ, *Россия и глобальная экономика*, № 7, 2007 г.

③ Донской С., Медлить нельзя спешить, Нефть и капитал – 2006 г., №6., с. 138 – 142..

采工业的税收，同时对油气加工业提供税收优惠。这是所谓“自由派”学者和官员的主张。第二种观点认为，国家对油气企业增加税收将抑制油气工业发展，油气产量下降将导致预算收入减少，损害经济发展和稳定。他们认为，油气企业不仅投资于主营业务，也投资于关联产业，油气企业投资扩大有利于装备制造业的发展。这是石油公司的主张。第三种观点认为，俄罗斯不仅要对油气工业增加税收，也应在预算收入增长后，扩大预算支出规模，使全社会均获得“油气红利”。这是俄罗斯主要政党和一些地方官员的主张。第四种观点认为，虽然目前油气工业格局已发生有利于国家利益的变化，但仍要继续对油气企业所有权进行重新划分，进一步增加国家的控制力。这是普京上台以来既得利益集团的主张。① 上述观点的交锋博弈对俄罗斯油气工业发展方向起着决定性作用。

同时，俄罗斯油气工业也存在自身发展的风险。俄罗斯油气工业发展前景面临着诸多挑战：一是可采储量集中度过高。目前约 80% 的可采储量集中在 5 大公司，而这些公司的石油产量仅占全国总产量的 50%。这种局面不利于油气资源勘探和开发，即地质勘探规模不符合产量增长的需要。二是石油开采和加工的设备及管道老化严重。据俄罗斯经济发展部评估，俄罗斯石油加工企业设备老化率已高达 65%。在现有的 27 个炼油厂中，有 12 个是 1950 年建成投产的，其中 6 个甚至是第二次世界大战前建成的。设备老化导致生产效率难以提高。俄罗斯炼油厂每加工 1 吨原油，获得汽油 140 升，是美国的 50%。② 三是部分油田的地质条件和气候条件恶劣，利用现有技术进行开采的难度较大。俄罗斯现有石油储量的 19% 处在油气矿床的下气层区，14% 属于污浊的高黏滞性石油，约 80% 的储量是在偏远的北部地区，开发难度大，开采和运输的成本高。四是石油勘探、开采、运输、加工与出口等环节的相互制约与影响。在国际油价高涨情况下，石油运输能力受限，导致石油产量难以快速增长；在国际油价下跌情况下，新建的铁路转运站和输油港将无法收回投资成本。

---

① Костантин Симонов, Русская нефть: последний передел, Москва, Алгоритм, 2005 г., с. 29 – 54.

② В. Милов, Проблемы энергетической политики России, http: //www. energypolicy. ru/nep. php, апрель 2005 г.

### （三）俄罗斯能源强国战略及经济现代化面临的新挑战

2008 年国际金融危机打乱了普京政府的经济发展战略，虽然在此期间俄罗斯制定了旨在实现创新发展的《2020 年前经济社会发展战略》，但在金融危机背景下，俄罗斯政府必须将主要精力和财力用于应对危机挑战，解决燃眉之急，无力顾及经济长远发展问题。此外，2013 年年底至今，由于乌克兰危机的爆发以及俄罗斯吞并克里米亚，俄罗斯与西方关系降至冷战结束以来的最低点，西方国家对俄罗斯包括油气领域在内的一些行业进行经济制裁，俄罗斯经济陷入困境。更为重要的是，近年来国际能源格局发生了深刻变化，能源供求双方的地位发生了较大变化，这些变化对以能源强国自居的俄罗斯造成一定程度的打击。首先，美国页岩气革命，改变了国际能源供给格局，无论页岩油气未来发展前景如何，以及页岩油气能在多大程度上取代传统化石能源，都将深刻地影响国际能源供给，能源供给能力的增强对俄罗斯传统能源生产、出口及使用能源武器打压能源需求国的策略起到了抑制作用。其次，世界经济发展前景不明朗，欧元区经济可能长期低迷，中国改变了追求国内生产总值高速增长的经济发展战略，其他新兴市场国家的能源需求是有限的，因此，国际能源需求格局的变化，同样不利于俄罗斯能源战略的实施。再次，以美国和欧盟为代表的西方国家，在应对俄罗斯能源外交方面一直怀有戒心。欧盟正在酝酿建立欧洲共同能源市场，力图以统一身份和共同声音与俄罗斯进行能源合作，避免俄罗斯在与欧盟的能源合作中，对其成员国采取各个击破的策略，同时，欧盟一直将能源来源多样化作为维护其能源安全的战略，主动增加来自其他能源产地的进口，减少对俄罗斯能源的依赖。最后，俄罗斯吞并克里米亚已成为俄与西方关系的死结，如果不出现其他变故，西方国家不会轻易咽下这枚苦果，可能长期维持对俄罗斯的经济制裁，俄罗斯能源工业所赖以发展的资金和技术无从得到保障，不仅不利于能源工业的发展，对其经济现代化也将产生负面影响，俄罗斯经济现代化前景存在诸多变数。

# 第五章

# 投融资体系与现代化

投资是经济现代化的重要支撑，本章着重分析俄罗斯投融资体系对其经济现代化的支撑作用。按照固定资产投资资金来源结构，俄罗斯投资资金除了企业自有资金外，主要来自预算体系、银行体系、资本市场和外商投资。

## 一　预算体系投融资

在实际运行过程中，俄罗斯预算投资主要通过联邦目标规划、联邦专项投资规划和联邦投资基金三个渠道实施，政府全权负责投资项目的审核决策。

### （一）联邦目标规划

联邦目标规划是俄罗斯主要的国家投资政策工具，专门为完成国家经济和社会长期发展任务及实施大型基础设施项目而设立。根据俄罗斯联邦预算法的规定，俄罗斯一部分国家投资须通过联邦目标规划的形式下拨。如2010财政年实施的联邦目标规划有53个，投资金额达7309亿卢布（约合240亿美元），在联邦预算总支出中的比重达8.3%。从投资领域看，其中用于基础设施项目的投资3366亿卢布，占46%；用于国家制度建设的投资166亿卢布，占2.3%；地区发展项目投资1188亿卢布，占16.3%；科技发展投资1667亿卢布，占22.8%；安全与环保领域的投资843亿卢布，占11.5%；年轻一代培养项目投资79亿卢布，占1.1%。联邦目标规划投资大多用于基本建设投资，2010年基本建设投资4749亿卢布，占65%；研发投资1050亿卢布，占14.4%；其他投资1510亿卢布，占20.6%。

以地区发展为例，联邦目标规划已经成为俄罗斯区域经济政策的主要工具[①]。首先主要针对萧条地区或者地缘政治地位较为特殊的地区，如南方地区、远东和贝加尔地区、加里宁格勒州、车臣共和国和南千岛群岛；其次是与联邦中央关系特殊的地区，如鞑靼斯坦共和国和巴什科尔托斯坦共和国；最后是用于对个别地区的支持，如索契[②]。目前在各个地区实施的联邦目标规划主要有：《2002—2010年及2015年前缩小俄罗斯地区经济社会发展差距联邦目标规划》《2010—2016年印古什共和国经济社会发展联邦目标规划》《2007—2015年千岛群岛（萨哈林州）经济社会发展联邦目标规划》《2020年前克里米亚共和国和塞瓦斯托波尔市经济社会发展联邦目标规划》《2020年前加里宁格勒州发展联邦目标规划》《2018年前远东和贝加尔地区经济社会发展联邦目标规划》等。

联邦目标规划项下投资中，除了预算投资外，一般都会吸纳52%的预算外资金，即私人资本。

因联邦预算法对联邦目标规划的制订程序未做规定，因此直至目前，联邦目标规划一般是由相应的国家机构按自己的内部规程编制，之后提请政府批准。正因为如此，联邦目标规划作为主要国家投资政策工具的透明度颇受诟病。

### （二）联邦专项投资规划

联邦专项投资规划是另一个重要的国家投资政策工具。根据预算法、调节投资活动联邦法、总统国情咨文、总统预算咨文，联邦专项投资规划是为实施大型基建项目和不动产项目而设立。联邦专项投资规划分为三类：第一类是民生项目，第二类是生产项目，第三类是专门项目。第一类项目涉及科教、文化、医疗、公共服务、住房等；第二类生产项目中包括电力、地质勘探、机械制造、医药工业、海运、河运、航空运输、

---

① А. Гранберг：Основы региональной экономики. Издательский дом ГУ ВШЭ，Москва，2004. стр. 423 – 426，430.

② А. Малчинова，Доктрина регионального развития Российской Федерации：макет-проект，Центр проблемного ан. и гос. – упр. Проект，М.：Научный эксперт，2009.

铁路运输、通信、水利和环保、农工综合体等；第三类是专门项目，如提高道路交通安全项目。

大部分联邦预算投资支出是联邦专项投资规划项下的支出。2009年联邦专项投资规划项下投资占国内生产总值的比重为2.7%，占联邦预算投资支出的比例约为87.1%；2010—2012年联邦专项投资规划项下投资占国内生产总值的比重为1.5%—1.6%，2013—2014年为1.2%—1.3%，占联邦预算投资支出的比例均接近60%。根据新的联邦预算草案，2015年仍占1.2%，但之后会有所下降，2016年将占1.1%，2017—2018年将维持在0.9%的水平（见表5—1）。

**表5—1　　2009—2018年联邦预算投资支出占国内生产总值的比重　　单位：%**

| 年份 | 2009 | 2010 | 2011 | 2012 | 2013 | 2014 | 2015 | 2016 | 2017 | 2018 |
| --- | --- | --- | --- | --- | --- | --- | --- | --- | --- | --- |
| 投资支出占比 | 3.1 | 2.7 | 2.8 | 2.5 | 2.4 | 2.0 | 2.1 | 1.9 | 1.6 | 1.5 |
| 联邦专项投资规划项下支出 | 2.7 | 1.6 | 1.6 | 1.5 | 1.3 | 1.2 | 1.2 | 1.1 | 0.9 | 0.9 |

资料来源：俄罗斯经济发展部数据。

### （三）联邦投资基金

2006年1月1日，俄罗斯联邦投资基金成立。基金开始归经济发展部管理，2007年秋转归地区发展部。俄罗斯联邦投资基金通过投资配套的交通、生产生活配套基础设施和能源基础设施来支持国家和地区的具体投资项目。

1. 投资项目分类

俄罗斯联邦国家投资基金项目分两类：一类是地区级项目，另一类是国家级项目。地区级项目的最低投资金额为5亿卢布，私人投资占比下限为50%，项目融资最高年限为5年。国家级项目的最低投资金额为50亿卢布，私人投资占比下限为25%，项目融资最高年限为5年。上述两类项目对国家投资总额均未设限（见表5—2）。

**表 5—2　　俄罗斯联邦国家投资基金项目**

| 标准 | 地区级项目 | 国家级项目 |
|---|---|---|
| 项目最低投资金额（亿卢布） | 5 | 50 |
| 私人投资最低比例（%） | 50 | 25 |
| 项目融资最高年限（年） | 5 | 5 |
| 国家投资总额 | 根据额度而定 | 未设限 |

2. 项目审批程序

联邦国家投资基金出资的项目主要由俄联邦地区发展部来筛选与监督，项目审批一般要经过五个程序。

一是向地区发展部提交项目文件。提交的文件包括申请、计划书和项目财务模式说明。二是项目鉴定。收到项目文件后，俄联邦地区发展部把相应文件提交相关机构进行鉴定。鉴定机构有三个：首先是制定相应领域国家政策和法律条文的联邦权力执行机构抑或是国家原子能公司。其次是俄罗斯经济发展部（仅针对国家级项目）。最后是作为俄联邦政府独立财务顾问的俄罗斯外经银行。上述三个机构从接受相关文件之日起，在一个月内向俄罗斯地区发展部提交结论报告。三是投资委员会开会审议。俄联邦地区发展部组建项目筛选投资委员会，委员会成员由相关联邦权力执行机构代表组成。投资委员会开会对所提交项目进行审议，在外经银行对某些项目做出否定结论的情况下，投资委员会亦有权选择该项目作为国家投资基金投资项目。地区发展部在投资委员会会议后10天内，将投资委员会的决议公布在俄联邦地区发展部的官方网站上。四是提交政府委员会审核。俄联邦地区发展部向政府委员会提交投资委员会会议决议、政府拟批准投资项目决议草案、俄罗斯地区发展部对预算资金投资基础设施项目的资金使用效率评估报告。政府委员会在审核上述文件后，做出是否同意动用俄联邦投资基金支持该项目的决议。如果项目经政府委员会审核通过，则形成政府决议。五是签署投资协议。政府决议生效后两个月内，项目有关参与方签署投资协议。

但是，俄罗斯联邦投资基金的运作中也存在几个问题：一是项目投资门槛设定的问题。对于国家级项目，设定的最低投资额为50亿卢布，很多大型项目远远超过该门槛，有的甚至需要联邦投资基金倾尽一年的积累，联邦投资基金难以承受。而对地区级项目设定的门槛是不低于5亿卢布，很多地区难以拿出这样的项目。二是投资项目筛选程序和基金的运行状况存在不透明问题。三是项目审批程序复杂。

近年来俄罗斯政府创新预算投融资机制，在预算投融资领域力推国家和私人伙伴关系（Государственно-частное партнерство）模式，类似国际上的政府和社会资本合作模式（Public-Private Partnership，PPP），即政府通过特许经营权、合理定价、财政补贴等事先公开的收益约定规则，引入社会资本参与基础设施及公共服务领域的投资和运营，以利益共享和风险共担为特征，发挥双方优势，提高公共产品或服务的质量和供给效率。2013年3月《国家和私人伙伴关系法》已经俄联邦政府批准。2014年3月俄罗斯经济发展部部长签署决议，在经济发展部设立国家和私人伙伴关系协调委员会。

## 二　银行体系融资

银行作为一国经济运行的核心部门，其基本职能在于吸收国内外资金并将其转化为对本国的投资。俄罗斯银行体系经过多年改革，透明度和稳定性有所增强，但在俄罗斯投融资体系中，乃至在促进俄罗斯实体经济发展中，银行的贡献作用尚待提高。就某种程度而言，这也是制约俄罗斯经济迅速发展的一个重要原因。

### （一）银行体系改革

苏联时期的集中计划经济体制下，奉行“大财政、小银行”方针，长期实行“大一统”的单一银行体系。银行体系作为财政的簿记和出纳，被动为政府完成一些初级的财政任务，与市场经济中应当发挥的金融中枢作用相去甚远。这种银行信贷体制扭曲了资源配置，对经济的调节作用有限。苏联解体前的1988年，银行体系改革已经开始，初步形成了以苏联国家银行为中央银行，以工业建设银行、对外经济银行、农工银行、住宅公用事业银行和社会发展银行、苏联储蓄银行等五家国营专业银行和少量合作、合资银行为商业银行的二级银行体制。可以说，苏联解体后的1992年，俄罗斯二级银行体制已初具雏形。1995年俄罗斯国家杜马通过了《俄罗斯联邦中央银行法》和《俄罗斯联邦银行和银行业务法》，俄罗斯二级银行体制改革处于基本稳定阶段。1998 年金融危机后，俄罗斯进一步推进银行体系改革。1998—2000 年主要进行银行业重组，由“信贷组织重组代理公司”与中央银行协同对银行体系的重组负责。2001 年之后，俄罗斯银行体系改革的主要任务是剔除银行体系中缺乏竞争力的银行，在银行的经营活动中建立和发展竞争机制，加强银行体系与实体经济的互动互促。

纵览俄罗斯银行体系改革历程，俄罗斯银行体系改革主要包括下述内容：

1. 转换中央银行职能

《俄罗斯中央银行法》确立了中央银行的法定地位，使其真正成为“执行金融政策的银行”。中央银行运行的基本目标是保证卢布的稳定性，并将其作为中央银行的核心任务。中央银行的职能是制定和实施有关货币流通、贷款以及有价证券发行和流通等政策，保障本国货币的稳定；从单纯的资金供应者转变为货币供应量的宏观调节者；通过实行法定准备金制度、调整贴现率和公开市场业务等基本手段来调节市场货币供应量，实现货币政策目标；实行外汇监管和调节，稳定币值。总之，使中央银行成为国家银行基本职能的执行者，国家金融的监督者，国家宏观金融的调控者。①

为保证中央银行顺利执行宏观调控功能，俄罗斯在改革过程中采取措施逐步剥离中央银行的商业银行业务。中央银行只保留部分专项贷款，如对军工综合体、农业、北极圈附近地区及列入国家专项发展规划项目的融资业务，其他贷款业务全部转给商业银行。

向商业银行注资的方式也发生了较大的改革。逐渐通过信贷拍卖和其他形式向商业银行注入信贷资金。为避免商业银行将这些贷款拿到银行间贷款市场重新拍卖，将其兑换成外汇，中央银行规定，信贷拍卖的利率将大大高于市场贷款利率。此外，中央银行开始向商业银行发放抵押贷款，商业银行可用国家有价证券和初期商业期票作为抵押，随时得到贷款。能够作为抵押用的国家有价证券由中央银行理事会确定并定期

① 参见米军《当前俄罗斯银行体系发展战略评析》，《东北亚论坛》2009 年第 1 期。

审核，抵押贷款利率也高于中央银行的再贷款利率。

2. 完善商业银行体系

俄罗斯通过对从苏联时期继承下来的对外经济银行和对外贸易银行进行改组，以及对俄罗斯储蓄银行进行私有化，减少国家对银行资本的参与，以此打破国有商业银行的垄断地位。现今俄罗斯已经形成中央银行为主导，商业银行为主体，多种金融机构并存和分工协作的银行体系。中央银行构成一级银行系统。二级银行系统由银行（商业银行、储蓄银行和抵押贷款银行）和专业非银行金融信贷机构（保险公司、投资基金、退休养老基金、投资公司等）构成。非银行金融部门成为银行金融活动的必要补充。商业银行经重组后，按金融实力划分，可以分为四类银行：一是国家控股的大型银行，如储蓄银行和对外贸易银行；二是大型私人银行，包括复兴银行、汽车银行、梅纳捷普银行、阿尔法银行、苏尔古特石油天然气银行、天然气工业银行、罗斯银行、莫斯科银行等；三是外资银行；四是地区银行。

3. 加强银行业监管

俄罗斯银行体系的监管权集中于中央银行。银行监管活动的主要目的是维护俄罗斯银行体系的稳定性，保护存款人和贷款人的利益。在市场准入方面，依照《俄罗斯联邦银行和银行活动法》，新设银行的最低注册资本金规模不得低于1.8亿卢布（约合500万欧元）。若新设银行办理自然人业务，则最低注册资本金规模应该不低于9亿卢布。在资本充足率监管方面，按照俄罗斯中央银行《若干银行监管强制性指标实施细则》的规定，对于自有资本在500万欧元及以上的商业银行，自有资本充足率最低指标为10%；对于自有资本规模低于500万欧元的银行，自有资本充足率最低指标为11%。在资产安全性监管方面，俄罗斯中央银行要求设立准备金，并具体规定了建立准备金的贷款和贷款类项目类别。在流动性风险监管方面，俄罗斯中央银行规定了即时清偿率、即期清偿率、长期清偿率和一般清偿率四项指标。在负债风险监控方面，俄罗斯中央银行推行强制准备金制度，并且要求各银行加入银行存款保险体系。在反洗钱监管方面，2008年1月生效的《俄罗斯反洗钱法和打击恐怖主义法》修订案责成所有俄罗斯银行、典当行和保险公司等机构对外国官员、商业管理人员及其家属办理的资金业务和资金来源进行监控。俄罗斯中央银行规定，自然人在商业银行汇款、提取现金须提供本人全名、税号登记、居住地或出生地、出生日期等资料；法人之间的汇款和转账须提交汇款人全名、税号或驻外机构代码、合同文本复印件等，违者予以严处。在退出机制方面，1999 年通过的《信贷组织破产法》中引入了银行破产预警制度，规定中央银行可以对财务状况恶化达到中央银行规定的相应指标的信贷机构采取提前介入的办法，督促其实施财务健康化计划，或者指定临时行政管理机构，或者要求信贷组织进行重组。对于那些已经实施了破产预警措施而不见成效的银行，或者严重违法违规的银行，中央银行有权责令其停业直至吊销其银行业务经营许可证，并追究银行管理者和所有者的责任。①

4. 建立存款保险制度

2003 年 12 月《俄罗斯联邦自然人在银行存款保险法》（简称《存款保险法》）颁布实施，俄罗斯正式引入存款保险制度。俄罗斯建立存款保险制度的目标：一是提高居民对银行体系的信心，重新引导居民储蓄进入国内银行体系；二是提高银行获取长期资金的能力，加快储蓄向投资转化；三是减少银行危机的发生频率，增强金融系统稳定性；四是创建公平竞争环境，强化银行之间的竞争，提高金融体系效率。2004 年 1 月俄罗斯存款保险局成立。存款保险局的主要职责是确定存款保险费水平、接受注册登记银行的缴费、在银行破产时对存款人进行偿付、管理存款保险基金。作为独立运行机构，联邦主体的国家政权机关、地方自治机关和俄联邦中央银行均无权干涉存款保险局的工作。

### （二）银行业发展现状

经过多年改革，目前俄罗斯银行业呈现如下发展态势：

1. 银行数量持续减少

1998 年金融危机爆发之前，俄罗斯有 2600 家银行，经过 1998—2000 年的重组，到 2001 年 9 月初，俄罗斯共有银行 1322 家，比 1998 年金融危机时减少了近一半。之后又经过几年的兼并与重组，到 2007 年年初，俄罗斯共有 1189 家银行。2008 年金融危机后，银行数量继续呈逐年减少

① 参见马骥《俄罗斯存款保险制度的绩效评价》，《俄罗斯中亚东欧研究》2012 年第 2 期。

态势，2014 年银行数量又减少了 89 家，至 2015 年年初俄罗斯共有 834 家银行（见表 5—3）。银行体系的稳定性得到提高。

**表 5—3　　2007—2015 年年初俄罗斯银行数量　　单位：家**

| 年份 | 2007 | 2008 | 2009 | 2010 | 2011 | 2012 | 2013 | 2014 | 2015 |
|---|---|---|---|---|---|---|---|---|---|
| 数量 | 1189 | 1136 | 1108 | 1058 | 1012 | 978 | 956 | 932 | 834 |

资料来源：Отчет о развитии банковского сектора и банковского надзора` в 2014 году, Банк России. , Москва, 2015。

2. 银行整体实力有所增强

银行业整体实力增强体现在三个指标上，分别是银行资本与国内生产总值之比、银行资产与国内生产总值之比、发放给非金融机构和自然人的贷款与国内生产总值之比。2015 年年初俄罗斯银行资本为 79280 亿卢布，银行资本与国内生产总值之比达 11.2%；银行资产达 77.7 万亿卢布，银行资产与国内生产总值之比为 108.7%；非金融机构和自然人的贷款额达 40.9 万亿卢布，贷款额与国内生产总值之比是 57.2%。根据《2015 年前俄罗斯银行业发展战略》[①] 确定的目标，到 2016 年年初银行资本与国内生产总值之比、银行资产与国内生产总值之比、发放给非金融机构和自然人的贷款与国内生产总值之比三个指标分别应为 14%—15%、超过 90% 和 55%—60%。可见，后两项指标已经达到预期目标，只有银行资本与国内生产总值之比尚有差距。当然，从 2010 年到 2015 年银行资本增加明显，增幅达 71.6%（见表 5—4）。

**表 5—4　　2010—2015 年俄罗斯银行资本（自有资本）变化**

| 年份 | 2010 | 2011 | 2012 | 2013 | 2014 | 2015 |
|---|---|---|---|---|---|---|
| 银行资本（亿卢布） | 46210 | 47320 | 52420 | 61130 | 70630 | 79280 |

资料来源：俄罗斯中央银行数据。

① Заявление Правительства Российской Федерации и Центрального банка Российской Федерации от 5апреля 2011 г. , О Стратегии развития банковского сектора Российской Федерации на период до 2015 года.

3. 大型银行数量增多，规模扩大

资本金超过3亿美元的银行数量从2007年年初的437家增至2015年年初的773家，其在银行总资本中的比重达99.9%；相应，资本金超过10亿美元的银行数量从2007年年初的206家增至2015年年初的369家，在银行总资本中的比重为97.6%（见表5—5）。2015年年初，最大的200家银行坐拥俄罗斯银行资本总额的96.5%（2014年年初为93.4%），前5家最大银行的资本在银行总资本中的比重达51.6%（2014年年初为49.7%）。

**表5—5　　2007—2015年俄罗斯大型银行数量变化　　单位：个**

| 年份 | 2007 | 2008 | 2009 | 2010 | 2011 | 2012 | 2013 | 2014 | 2015 |
|---|---|---|---|---|---|---|---|---|---|
| 资本超过3亿卢布银行 | 437 | 542 | 562 | 582 | 587 | 623 | 654 | 683 | 773 |
| 资本超过10亿卢布银行 | 206 | 247 | 276 | 292 | 291 | 315 | 346 | 367 | 369 |

资料来源：俄罗斯中央银行数据。

银行业务集中度提高，国家控股银行和大型私有银行地位突出。2011—2015年俄罗斯前5家最大银行吸纳的居民存款在居民存款总额中所占比重基本维持在60%左右，最大的俄罗斯银行——俄罗斯储蓄银行，其吸纳的居民存款额度在居民存款中占45%—48%（见表5—6）。从私人存款在各类银行分布看，2015年国家控股银行和大型私有银行吸纳的私人存款占88.6%，在其负债中占48.5%的比例；从法人存款的去向看，2015年国家控股银行和大型私有银行吸纳的法人存款占89.5%，在其负债中占比达44.5%。从银行资产结构看，至2015年年初，银行总资产中，国家控股银行占58.5%，大型私人银行占28.3%，外资银行占9.8%，莫斯科和其他地区的中心银行占3.1%。从银行发放给非金融机构的贷款看，截至2015年年初，国家控股银行和大型私有银行发放的贷款占89.2%。特别是在满足企业长期贷款需求方面，国家控股银行和大型私人银行具有绝对优势，截至2015年年初，超过1年期的贷款中，有90%是由上述两类银行提供的。

表 5—6　　**2011—2015 年年初居民存款主要去向**　　单位:%

| 年份 | 2011 | 2012 | 2013 | 2014 | 2015 |
|---|---|---|---|---|---|
| 俄罗斯储蓄银行吸纳的存款占比 | 47.9 | 46.6 | 45.7 | 46.7 | 45 |
| 5 家最大银行吸纳的存款占比 | 60 | 59.4 | 58.3 | 60.5 | 59.9 |

资料来源：俄罗斯中央银行数据。

4. 银行资产结构尚不理想

俄罗斯银行资产构成发生了较大变化，对非金融机构的贷款占银行资产的比重曾从 2000 年年初的 30% 提高到 2007 年年初的 44%，截至 2015 年年初，占银行资产的比重为 38%。银行贷款中的不良贷款比例从 2001 年年初开始，基本稳定在 6%—7% 的水平，比 1998 年金融危机前降低 50%。截至 2015 年年初，银行贷款中，国家控股银行坏账比例为 5.4%，莫斯科地区的中小银行坏账比例为 9.7%。从贷款的部门结构看，2014 年提供给加工工业的贷款占向非金融机构贷款总额的 22.2%，批发零售行业的贷款占 19%。2014 年贷款增幅较大的是资源开采企业，增幅达 65.3%，加工工业贷款增幅为 37.9%。

5. 银行业面临的系统性风险增加

2014 年受美欧制裁和国际石油价格下跌等因素影响，俄罗斯银行业面临的系统性风险增加。首先是银行利润下降，亏损银行增加，银行资产回报率和资本回报率均减少。2014 年银行业利润为 5890 亿卢布，同比下降 68.8%。盈利银行占比从 2013 年的 90.5% 降至 84.9%，亏损银行从 2013 年的 88 家增至 126 家，而且大部分是国家控股和国有公司控股的大型银行。2014 年俄罗斯银行的资产回报率为 0.9%，资本回报率为 7.9%，而 2013 年分别为 1.9% 和 15.2%。具体到各类银行，资产回报率和资本回报率下降幅度最大的是国家控股银行和大型私人银行。其次是资本不足问题显现。因吸纳私人储户的存款减少，对外融资能力下降（2014 年银行外债减少 370 亿美元），银行体系对中央银行的融资依赖程度加深，2014 年银行体系来自中央银行的贷款已占国内生产总值的 10%（2009 年金融危机时仅为 8%）。资本充足率也有所下降。2014 年资本充足率高于 14% 的有 578 家银行，2014 年资本充足率在 10%—28% 的银行在银行总资产中的比重降至 10.8%（2013 年占 14.7%）。2015 年年初与

2014 年年初相比，银行业整体的资本充足率从 12.9% 降至 12.5%。按银行资产排名，排名前 50 位的银行，其资本充足率均出现下降，排名第 200 位以后的银行资本充足率大幅下降。

银行盈利能力下降和资本充足率不高，贷款能力必然下降，这将对银行体系构成严重风险。穆迪预测，因面临着尖锐的流动性缺失问题，2015 年俄罗斯银行业或将亏损约 1 万亿卢布（约折合 145 亿美元）。

## 三 资本市场融资

俄罗斯资本市场主要包括三个板块：股票市场、国债市场和公司债券市场。最初俄罗斯主要有两大证券交易中心：一是莫斯科银行间外汇交易所（MMBБ），是集资本、期货和外汇交易于一体的交易市场；二是俄罗斯交易系统（PCT），从 1995 年起运营，拥有传统市场、交易所市场、期货期权市场等交易平台。2011 年 6 月上述两大证券交易所协议合并。

### （一）股票市场

股票市场是俄罗斯资本市场中最活跃的板块。俄罗斯股票市场形成于 1990 年。

1998 年之后，俄罗斯股票市场发展几经起落：1998—2007 年为快速发展期；2008 年受金融危机影响飞速下滑时期；2009—2010 年的较快恢复时期；2011—2013 年的平稳时期；2014 年开始的急速下降时期。1998 年俄罗斯股票市场总市值为 170 亿美元，2007 年高达 15030 亿美元。2008 年金融危机时一度跌至 3970 亿美元。2009 年之后俄罗斯股市进入快速恢复期，2010 年股票市场总市值高达 10960 亿美元。2011—2013 年基本保持在 10000 亿美元以上。2014 年受国际市场石油价格下挫和美欧制裁等因素影响，资金外逃加剧，俄罗斯股票市场总市值下落至 5170 亿美元。俄罗斯股票市场规模不大，从股票市值与国内生产总值之比看，2013 年为 49.7%，2014 年降至 27.7%。2014 年俄罗斯股票市场总市值甚至低于苹果公司的市值（其 2014 年年底的市值为 6474 亿美元）。从国际比较看，2008 年金融危机之后，俄罗斯股市总市值恢复乏力，2014 年股票市场总市值仅为2007年的34.4%，与世界主要国家相比差距较大：如2014年美国股票市场（包括纽约证券交易所和纳斯达克）总市值是2007年的133.9%，中国（上海证券交易所）为106.4%，日本（东京交易所）为101.1%，英国为91.7%，德国为82.6%，加拿大为95.8%，澳大利亚为99.3%。①

从股票市场交易额看，1998—2003年每年的交易额不足1000亿美元；2004—2006年每年不足6000亿美元；2007—2008年是交易较为活跃的年份，交易额分别为12060亿美元和14050亿美元，2009年交易额跌至10000亿美元之下，2010年之后恢复增长，2011年达到峰值，为17170亿美元，之后的2012—2014年交易额逐年下降，但均保持在15000亿美元左右（见图5—1）。

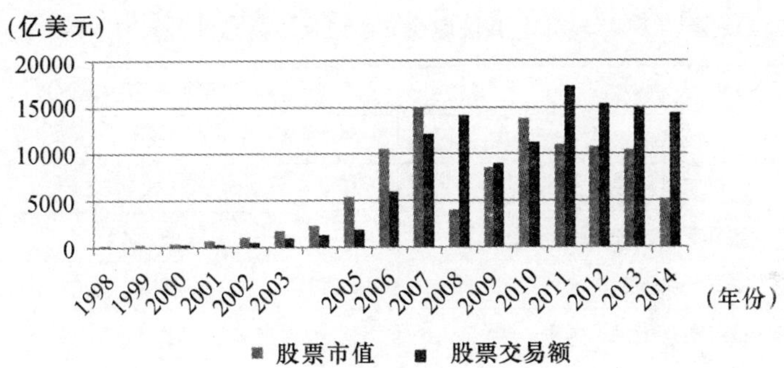


**图5—1　1998—2014年俄罗斯股票市值和股票交易额变化趋势**

资料来源：盖达尔经济政策研究所。

俄罗斯股票市场的主要投资者有国内机构投资者、外国机构投资者和个人投资者。俄罗斯国内机构投资者主要是养老基金、对冲基金和保险机构。俄罗斯机构投资者发展处于较低的水平。2013年俄罗斯开放式基金和共同基金资产价值占国内生产总值的比例为0.2%，养老储蓄金占国内生产总值的比例5.8%，保险机构资产占国内生产总值的比重为

① 根据世界交易所联盟数据计算。

1.2%，商业银行资产占国内生产总值比重为85.8%。[①] 外国机构投资者对俄罗斯证券市场的投资相对保守。目前在俄罗斯市场投资的主要外国机构投资者是挪威政府养老金和加州公务员退休基金。截至2014年10月1日，挪威政府养老金在俄罗斯的股票投资达23亿美元，但在其证券投资总额中，俄罗斯公司股票仅占0.5%。2014年加州公务员退休基金在俄罗斯的资产价值达9.56亿美元。俄罗斯股市的个人投资者数量较少，且个人投资额微不足道，主要原因：一是俄罗斯家庭的储蓄率为10%—12%，股票投资实力不足；二是股票市场风险较大。截至2014年年底，从主要机构投资者持有的具有投票权的股票比例看，俄罗斯的主要机构投资者占约42%，外国机构投资者，包括中国投资公司、欧洲银行以及美国的对冲基金，持有的拥有投票权的股票占29.5%（见表5—7）。

**表5—7　截至2014年年底主要机构投资者持有的具有投票权的股票**

| 机构 | 拥有投票权股票占比（%） |
| --- | --- |
| 俄罗斯银行 | 12.1 |
| 俄罗斯储蓄银行 | 10 |
| 俄罗斯对外贸易银行 | 3.8 |
| 俄罗斯对外经济银行 | 8.4 |
| 俄罗斯直接投资基金 | 5.3 |
| 莫斯科银行间外汇交易所金融公司 | 2.2 |
| 中国投资公司 | 5.6 |
| 欧洲银行 | 6.1 |
| 其他机构 | 46.5 |

资料来源：俄罗斯中央银行数据。

近年来俄罗斯股份公司股票在国内交易平台的交易比例增加。2006年之后俄罗斯股票的国内交易超过了国外交易。从交易比例看，俄罗斯股份公司股票在俄罗斯证券交易所交易的比例逐年提高，从2005年占48.2%增至2014年占82.6%；在伦敦交易所交易的股票占比在2005年

① http://www.stat.org OECD，http://www.econ.worldbank.org.

达43.1%，2014年降至14.3%；德国证券交易所交易的股票比例也逐年减少，2005年为2.6%，2014年仅占0.2%；纽约证券交易所和纳斯达克占比从2005年的6.2%降至2014年的2.8%。[①] 主要原因有两个：一是2005—2006年俄罗斯对有价证券市场法和股份公司法进行了完善，要求简化在俄罗斯发行股票的程序。二是联邦金融市场管理署推行“回归俄罗斯市场”的政策，该政策要求俄罗斯公司在国外市场以全球存托凭证形式发行股票许可比例不得高于35%。

大公司市值在股票市场总市值中占比过高，股票市场行业集中程度高。俄罗斯经济是石油出口型经济，其经济特征也体现在股票市场上。长期以来，主要上市公司，如天然气工业公司、俄罗斯石油公司、卢克石油公司、诺瓦德克能源公司、诺里尔斯克镍业公司、储蓄银行、苏尔古特油气公司、“磁铁公司”、外贸银行、俄罗斯铝业公司市值占股票市场总市值的2/3左右。截至2014年年初，上述公司股票市值在俄罗斯股票市场总市值中仍占71%。2007年之前，采掘业、电力、黑色金属、有色金属冶金、通信和金融类六大行业股占股票总市值的94%。2007年之后，轻工业、建材业、煤炭业开始进入资本市场融资，机器制造业、建筑业、运输业股票占比开始明显上升，致使前六大行业占比有所下降，但仍占近90%。

国际市场石油价格和外国证券投资者资金进出对俄罗斯股票市场的影响不容小觑。源于俄罗斯经济的能源原材料特性，俄罗斯股票市场与国际市场石油价格的相关性较高，同时与外国证券投资者的资金进出也密切相关，其对俄罗斯股市的影响不亚于石油价格。俄罗斯储蓄银行КИБ的分析家评估，俄罗斯自由流通股目前约有70%集中在非公民手中。石油价格上涨，外国证券投资者大量进场，俄罗斯交易系统指数则稳定上扬，而当石油价格下跌，外国证券投资者大量离场，则股市大幅下挫。

### （二）国债市场

在国债市场交易的既包括联邦债券，也包括联邦主体债券，此外还有市政债券。联邦国债发行始于1991年，1993—1998年是俄罗斯国内交易所国债市场的急剧扩张时期，该进程在1998年8月金融危机发生时被

① ［俄］盖达尔研究所根据俄罗斯及主要外国证券交易所计算。

阻断，之后俄罗斯国债在资本市场发挥的作用再也无法与1998年金融危机之前相比。俄罗斯联邦主体债券和市政债券规模微乎其微，不仅难与联邦债券规模同日而语，也难望公司债券规模之相背，因此这里仅探讨联邦债券。

联邦债券①的发行量1999年仅为40亿卢布，2011年达到13710亿卢布的峰值，2014年为13490亿卢布（见图5—2）。联邦债券的持有者中，2013年非居民占比增至24.9%，已远远超过俄罗斯财政部的预期（根据《2013—2015年俄罗斯联邦国家债务政策主要方向》，非居民的持有比例中期达到10%，长期达25%）。联邦债券的交易中，主要的参与者有国家机构（不包括俄罗斯中央银行）、俄罗斯银行和其他交易者。近3年来，在莫斯科交易所联邦债券的交易中，俄罗斯银行和国家机构所占比例下降，其他交易者占比增加（见表5—8）。

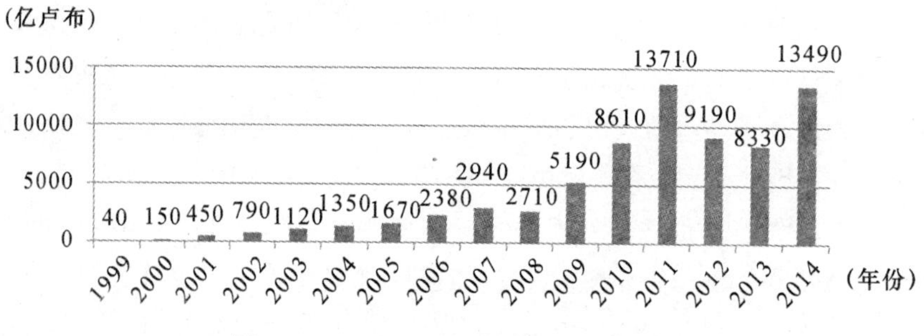


**图5—2　1999—2014年联邦债券发行量**

资料来源：莫斯科证券交易所及 http：//www. cbonds. ru/。

**表5—8　2012—2014年联邦债券交易中主要交易者占比情况**　单位:%

| | 国家机构（不含俄央行） | 俄罗斯银行 | 其他交易者 |
|---|---|---|---|
| 2012 年年底 | 35. 1 | 42. 2 | 22. 7 |
| 2013 年年底 | 25. 4 | 41. 2 | 33. 4 |
| 2014 年年底 | 30. 2 | 27. 7 | 42. 1 |

资料来源：莫斯科交易所资料。

① 包括国家短期债券（ГКО）、联邦债券（ОФЗ）和国家储蓄债券（ГСО）。

### （三）公司债券市场

俄罗斯公司债券市场的出现晚于股票市场和国债市场。自1999年起，俄罗斯企业积极利用债券进行债务融资。与其他许多证券市场不同，俄罗斯的公司债券市场从一开始就主要在交易所发行。从2000年开始，公司债券市场成为俄罗斯金融市场发展较为活跃的板块之一。俄罗斯公司债券市场的发展经历了如下阶段：2001年1月—2004年7月的流动性适度时期；2004年8月—2009年3月的套利交易时期；2009年4月—2012年10月危机后的恢复时期；2013年至今的国家资本扩张时期。俄罗斯公司债券市场的整体特点是发债公司数量稳步增长，借债期延长，借债额扩大，特别是2000年之后，公司债券市场发展较快，2000—2014年流通中的公司债券市值从460亿卢布增至66230亿卢布，增加了近143倍，与国内生产总值之比从0.6%增至9.3%。

市场集中度高，主要资金募集者是大型国有企业。金融危机后，在一级公司债券市场上较为活跃的是大型国有公司。2013年24家发债最多的公司占公司债券发行总量的59.4%，其中国有公司债券发行量占公司债券发行总量的47.7%。2014年24家发债最多的公司占公司债券发行总量的76.7%，其中国有公司债券发行量占公司债券总发行量的59.7%。2014年与2013年相比，一级债券市场的集中度提高。2013年10家发债最多的公司占公司债券发行总量的40.5%，其中，国有公司债券发行量占公司债券发行总量的36.8%。2014年10家发债最多的公司占公司债券发行总量的60.4%，其中，国有公司债券发行量占公司债券总发行量的53.7%。①

公司债券承销中，国有银行占主导；持有者中，银行和国内机构投资者占较大比重。2007年国有金融机构承销公司债券发行量的36.3%，2013年达60.1%，2014年降至53.1%。② 公司债券的主要持有者中，银行持有的公司债券份额从2012年的30.9%降至2013年的21.2%，养老储蓄金管理公司（包括对外经济银行）持有的份额从2012年的7.6%增

① 根据http：//www.rusbonds.ru/，http：//www.cbonds.ru/和莫斯科证券交易所数据计算。

② http：//www.cbonds.ru/.

至2013年的11.7%。2013年公司债券的持有者中，共同基金持有1.2%，养老储蓄金和非国家养老基金分别持有7.7%和3.8%，保险准备金持有0.8%。如此一来，银行和国内机构投资者持有卢布公司债券的46.4%。

## 四 外国外资

2014年联合国贸发会的《世界投资报告》中，按2012年和2013年吸纳的外资额计算，俄罗斯在世界排名第三位。

### （一）俄罗斯吸引外资状况

1. 外资结构

俄罗斯联邦国家统计委员会将外国对俄罗斯经济领域的投资（货币调节机构和银行系统除外）分为三类：直接投资、证券投资和其他投资。直接投资是指全资拥有或至少占企业10%股份的投资；证券投资是购买俄罗斯企业10%以下股份（包括股票、汇票和有价证券）的投资；其他投资是指上述两类投资范畴之外的投资（包括优惠贷款、商业贷款和国际金融组织贷款等）。

俄罗斯外资结构中，直接投资所占比重不大，证券投资占比微乎其微，其他投资比重较大且逐年增加。1995年之后，直接投资所占比重呈下降趋势，从1995年的占67.7%经历了几次起伏后逐渐下降到2001年的27.9%。2002—2013年直接投资占比基本上为10%—26%。因1992年开始实行大规模私有化，将国有企业公司化、股份化，形成了最初的证券市场，为外资对俄罗斯有价证券市场的投资创造了条件。从1994年开始，西方公司大量购买俄罗斯私有化企业的股票，外资证券投资开始迅速增加，促成了1996—1997年俄罗斯外国投资结构的较大变化。1997年下半年俄罗斯对外资开放短期国债市场，该市场上外国投资迅猛增加，当年吸引外资200亿美元。但1998年金融危机爆发后，外资纷纷撤资，证券投资比重急剧下降，2000年仅占当年外资总额的1.3%。2001—2005年，俄罗斯每年吸引的证券投资额较为稳定，约为4亿美元。2006年俄罗斯吸引的证券投资急遽增长，高达31.8亿美元，占当年吸引外资总额的5.8%。2007年后证券投资占比逐年下降，2013年仅占0.6%。其他投资逐年增加，1995年仅占31%，2000年达58.3%，之后一路飙升，至2011年接近90%，2013年为84%（见图5—3）。

从累积投资额看，上述结构特征也较为明显。截至2013年年底，俄罗斯外资累积额达到3841.2亿美元。其中，国际金融组织和商业贷款等其他类投资占65.7%，直接投资占32.8%，证券投资占1.5%。

俄罗斯的外资结构与大多数发达国家不同。发达国家外资中直接投资和证券投资的比例高达90%左右，其他投资仅为10%上下。其他投资实际上是各种贷款，而贷款需要支付利息，显然会增加俄罗斯经济的负担。而且从长远来看，俄罗斯外资结构的这一特征很难根本改善，主要原因是俄罗斯证券市场不发达，影响了外资的流入。在可预见的将来俄罗斯外资中证券投资所占比例不会大幅增加。俄罗斯大多数证券在收益和风险的比例关系上不能满足外国投资者的需要。

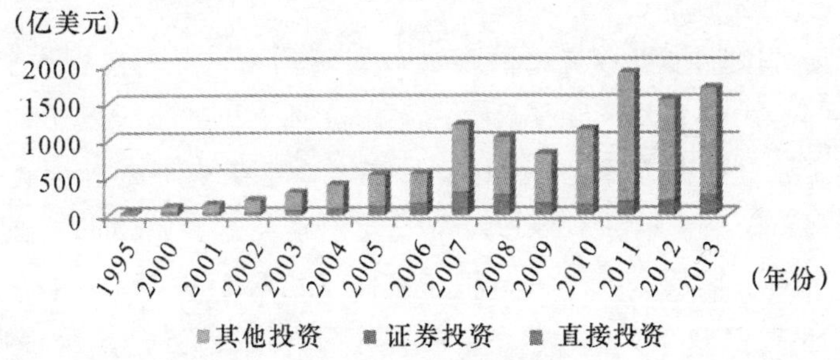


**图5—3　1995—2013年俄罗斯外资结构（亿美元）**

资料来源：俄罗斯国家统计局数据。

2. 外资行业分布

大部分直接投资进入采矿业和资源初级加工行业。也有较大比例的资金进入贸易、不动产业和金融行业。从2014年第一季度外国直接投资进入的行业来看，服务业吸纳的外资在增加，特别是零售贸易、金融与保险业（见图5—4）。

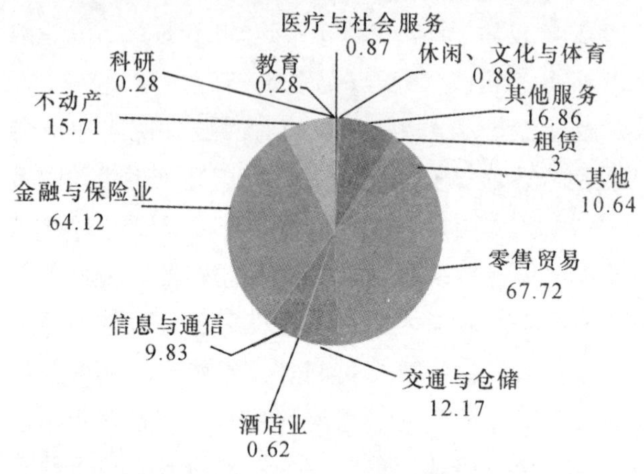


**图 5—4　2014 年第一季度外国直接投资行业分布（亿美元）**

资料来源：俄罗斯国家统计局数据。

3. 外资地区分布

俄罗斯外国直接投资流入的地区分布不均衡，主要集中在莫斯科、圣彼得堡等少数几个大城市和萨哈林州、秋明州和鞑靼斯坦共和国等少数几个能源原材料生产发达的地区。1995—2005 年 45% 的外国直接投资进入莫斯科市。个别年份，如 1997 年，莫斯科吸引了 69% 的外国直接投资。而余下的联邦主体中，每个联邦主体平均吸纳 0.6% 的外国直接投资。一些地区在 2000—2009 年完全没有外国直接投资进入，如伊万诺沃州、库尔斯克州、布良斯克州、坦波夫州、奔萨州、达吉斯坦共和国、卡尔梅克共和国等。

4. 外资来源国

按对俄罗斯投资累积额计算，俄罗斯的主要投资国分别是塞浦路斯、荷兰、卢森堡、中国、英国、德国、爱尔兰、法国、美国和日本。截至 2013 年年底，上述 10 国对俄罗斯累计投资 3214.6 亿美元，占俄罗斯外资累积额的 83.7%。

## （二）俄罗斯吸引外资的主管机构、促进和服务机构

俄罗斯的外国投资主管部门主要分为三个级次：联邦级，联邦区级

和联邦主体级。联邦级别的外资主管部门包括经济发展部、工业与贸易部、财政部、地区发展部、外交部、国有资产管理署、司法部国家注册局、反垄断署、中央银行、联邦金融资产管理署等。联邦区一级，专门设立总统驻联邦区副代表，全权负责投资事务。联邦主体一级多数都成立了投资部或投资署，通常由地区行政主管副职来领导投资部（署）的工作。投资部（署）具体负责打造本地区的投资形象，制定受到国家扶持的优先投资项目清单，并为外资企业投资提供一站式服务。

除政府主管部门外，俄罗斯还设立了一些投资促进和服务机构，着力吸引外资。首先是外国投资咨询委员会。该委员会成立于 1994 年，主席由联邦政府总理担任，执行委员会主席由联邦经济发展部部长担任，安永会计师事务所作为委员会的召集单位。外国投资咨询委员会是大型跨国公司与俄罗斯政府对话的平台。具体解决外国投资者在俄罗斯遇到的问题，以及就完善俄罗斯营商环境提供对策建议。其次是俄联邦工商会。这是一家独立的非商业性社会组织，帮助俄罗斯企业同外国合作伙伴建立直接联系，提供行业服务和招商引资信息、提供从事外经贸活动的有关资料。俄联邦工商会还拥有仲裁权，并在各地区设立了分支机构。最后是战略倡议署。战略倡议署成立于 2011 年 5 月，其目的是为有前景的商业、社会和基础设施项目消除行政壁垒和融资。战略倡议署制定了发展商业环境地区政策标准，目前俄罗斯各联邦主体在推广该标准。

### （三）俄罗斯吸引外资政策体系

俄罗斯现行联邦级别的鼓励和调节外商投资的基础性法律是《俄联邦外国投资法》。与外国投资有关的法律有《俄联邦租赁法》《俄联邦产品分成协议法》《俄联邦土地法典》《俄联邦经济特区法》等。以上述法律为基础，俄罗斯吸引外资政策可以分为优惠政策和限制政策。

1. 优惠政策

根据如上法律体系的规定，可以把俄罗斯的吸引外资政策措施分为税收优惠政策、金融支持政策、行业鼓励政策和其他优惠政策。

（1）税收优惠

税收优惠政策主要有海关税费优惠、利润税减免、产品分成项目优惠、经济特区税收优惠。

海关税费优惠。外国投资者作为法定投入而进口的技术设备及零配件属于生产性固定资产的物资免征进口关税；俄罗斯海关法和俄联邦税收法规定，对外国投资者和有外国投资的商业组织实施优先投资项目时给予海关税费优惠。

利润税减免。外商投资俄政府鼓励的优先发展领域项目，且外方投资占项目总投资的30%以上，投资额不低于1000万美元，前两年免缴利润税，第三年缴40%的利润税，第四年缴纳50%的利润税。

产品分成项目优惠。《俄联邦产品分成协议法》规定，在产品分成协议有效期内，投资者免缴除企业所得税、资源使用税、俄籍雇员的社会医疗保险费和俄罗斯居民国家就业基金费以外的其他各种税费。

经济特区税收优惠。《俄罗斯联邦经济特区法》规定，经济特区入驻企业可享受的税收优惠政策包括：利润税由20%（其中的18%纳入地区预算，2%纳入联邦预算）降到15.5%—16%；5年内免征财产税（俄罗斯财产税平均税率为2.2%，鞑靼斯坦共和国的特区和托木斯克特区可免10年）；5年内免征土地税（土地税率为1.5%，鞑靼斯坦共和国可免10年）；5年内免征交通工具税（鞑靼斯坦共和国的特区和托木斯克特区可免10年）；在进口用于本企业生产需要的货物时，可以免缴俄联邦进口关税和增值税，或在货物输出俄联邦关境时予以退税；区内生产的商品可免税出口；专门为创新型特区企业的强制养老保险缴费设置了过渡期，过渡期从2011年开始，到2019年止。① 投资者在注册后可免缴交通工具税（通常的税率是110—150卢布/马力）。

（2）金融支持政策

联邦一级的金融支持政策。俄罗斯海关法和政府税收法规定，外资重点投资项目可以享受优惠；地方政府可以在职权范围内利用地方财政收入或预算外资金向外资提供税收优惠、担保、融资及其他形式的支持。《俄罗斯联邦融资租赁法》规定，对租赁项目的实施给予联邦预算拨款并提供国家担保；为租赁项目提供投资贷款；银行及其他金融机构向租赁主体提供贷款所得利润可免缴3年以上的企业所得税；按照法律程序向租赁公司提供贷款优惠。

---

① 2010年之前为统一社会税，税率为26%，对经济特区的税率为14%。从2010年1月1日起，俄罗斯取消统一社会税，改为强制保险缴费。

地方性的金融支持政策。科米共和国、达吉斯坦共和国、伊尔库茨克州、沃罗涅日州、斯维尔德洛夫斯克州、加里宁格勒州、弗拉基米尔州为投资者提供投资者贷款和税收贷款；伏尔加格勒州、沃罗涅日州、利佩茨克州、加里宁格勒州、弗拉基米尔州、伊尔库茨克州对投资者在实现投资计划期间的权利予以国家担保。伊尔库茨克州、伏尔加格勒州给予投资者共同拨款补助金。沃罗涅日州、伏尔加格勒州在租赁房屋和其他财产方面对投资者予以优惠。

（3）行业鼓励政策

俄罗斯政府鼓励外商直接投资的领域大多是传统产业，如石油、天然气、煤炭、木材加工、建材、建筑、交通和通信设备、食品加工、纺织、汽车制造等行业。各联邦主体制定了一些特殊鼓励政策，如布里亚特共和国规定，投资发展地方工业、建筑业、运输业和农业的外国投资者，享有减少所得税的补充权利，并免缴财产税。弗拉基米尔州规定，为生产性外资参股企业提供优惠，州内注册的外资超过法定资本 30% 的生产性外资参股企业，如企业生产性活动所得收入超过产品销售（工程、服务）总收入的 70%，头两年即可免除向州预算缴纳的部分所得税；如企业生产性活动所得收入超过产品销售（工程、服务）总收入的 90%，第三年和第四年可分别按 25% 和 50% 缴纳所得税。2008 年金融危机之后，俄罗斯政府鼓励外资进入运输基础设施、电力基础设施、公共电信和数字电视、生态技术、节能技术、进口商品替代生产、宾馆建设等领域和行业。

（4）其他优惠政策

其他优惠政策包括大型优先项目专门优惠政策、设备加速折旧优惠政策等。

《外国投资法》确定的优先投资项目是指被俄联邦政府批准列入优先投资项目清单、外国投资总规模不少于 10 亿卢布或者外国投资者在外资商业组织注册资本中的最低投资额不少于 1 亿卢布的投资项目。在优先投资项目开始实施后，如果俄罗斯政府颁布关于调整关税及其他税费的新法律法规或对现行有关法律法规进行修改和补充，使外国投资者和有外国投资的商业组织在执行优先投资项目中的税赋总额加大，或对在俄联邦的外国投资的禁令和限制增多，则这些新的法律法规以及相关的修改在投资项目回收期（最长不超过 7 年）内将不适用于执行优先投资项目的外国投资者和有外国投资的商业组织。对于回收期超过 7 年的优先投资项目，如果其涉及生产、交通或其他基础设施建设，且外国投资总额不少于 10 亿卢布，俄联邦政府可延长优惠政策期限。

《俄罗斯联邦融资租赁法》规定，为鼓励更新机械设备，在使用快速折旧法的同时，允许出租人将使用寿命在 3 年以上的固定资产在其投入使用的第一年以快速折旧方式注销原始价值的 35%。

《俄罗斯联邦经济特区法》规定，加速和简化对企业用于科研和实验等研发费用支出的确认程序。特区企业在优惠期内计算利润税时，科技研发活动的费用可作为成本扣除，其中包括科研和实验失败所花的费用。另外，工业生产型特区和旅游休闲型特区企业可以按高折旧率对固定资产加速折旧，但折旧率不得超过法定折旧率的 2 倍。

2. 限制政策

限制政策主要是对经营产业、区域、项目、股权比例等的限制。

（1）对外资经营产业、项目和区域的限制

根据俄联邦《禁止外国投资人投资和活动的产业、经营项目和区域的清单》，禁止外商进入的部门包括核武、核能及国防、军工领域；信息及保密领域，如属国家机密的俄密码设备及加密信息传递等；特殊产品，如印制货币和国家有价证券等；资源生态情报，如与海洋渔港水利设施建设、维修、改建及发展有关的活动等；卫生防疫等。根据该清单，限制外资进入的产业、经营业务和区域有：联邦电网送变电；特种电力设备及其零配件的生产；与海运、内河航运和空运有关的运输及其他活动；铁路运输；民航机场及附属区域设施的研究、设计建设、改建、维修养护；公路路况调查和公路铺设；居民点、企业、组织的防护工作；地质摄影，地质资料的编纂与出版；大地测绘（地形、天文测量、重力测定、大地测量），与矿山测量和工程研究有关的大地测绘，与矿物、航空航天、测绘、地图出版有关的工程设计建设、测绘仪器设计制造销售；地球仪、地形图的生产；与电离（发生）辐射源有关的活动；药物化学分析；医疗制品和药物生产；城镇工程系统管理；贵金属和稀土金属的开采、生产废料加工和回收；宝石的开采加工（钻石除外）；向居民收购金银饰品和由贵金属和宝石材料制成的日用品及其废旧制品；土地利用设计研究；幼儿、初中等教育及普及教育用教科书、参考资料的编制；教育；城建资料研究；私有化后的专门投资基金活动；航天活动；军事工业工程；有关有毒物品和放射性材料的活动；军民两用技术的研究和应用；军工生产民品；退役军用物资、化武的利用与销毁；航空；生产性捕鱼和渔业科研；组织珍贵鱼类、水生动植物猎捕比赛、爱好者猎捕活动；林业；酒精产品的生产销售；会计事务；动物防疫；消毒杀虫；狩猎；在生态保护区、国家公园、季节性禁伐（禁猎、禁渔）区及类似区域活动；在国家博物馆等俄联邦规定的具有珍贵文化价值的企业、单位和文化机构组织活动。外资要进入这些领域，必须由联邦政府特许，由联邦政府或由其授权的联邦机构规定外资参股（投资）在具体项目、投资总额中的最高限额，或者规定从事特定活动的经济组织的法定资本中参股（投入）的最高限额。

2008 年 5 月，普京签署《有关外资进入对国防和国家安全具有战略性意义行业程序》的联邦法。该法第 5 款明确规定 13 大类 42 种经营活动被视为具有战略性意义行业，主要包括：国防军工、核原料生产、核反应堆项目的建设运营、用于武器和军事技术生产必需的特种金属和合金的研制生产销售、宇航设施和航空器研究、密码加密设备研究、天然垄断部门的固定线路电信公司、联邦级的地下资源区块开发、水下资源、覆盖俄领土一半区域的广播媒体、发行量较大的报纸和出版公司等。

2005 年 10 月底，俄罗斯政府公布了禁止外国资本进入的首批战略性资源名单。战略性资源包括铀、金刚石、镍、铌、铂金族金属、钴、铍、锂、原生金（储量在 50 吨以上）、铜（储量在 50 万吨以上）等有色和放射性金属、稀有及分散元素矿产；石油（储量在 7000 万吨以上）、天然气（储量在 500 亿立方米以上）等可燃性有机矿产。

如果外资企业希望在按法律规定具有战略意义的相关公司或地下资源区块项目中取得 10% 以上的控股权，必须向相关全权机构提交申请，并经由联邦安全会议牵头组成的跨部门专门委员会审核，俄罗斯总理担任该委员会主席。如果认为该项目将威胁国家安全，申请将被转交政府审核，政府总理将有权做最后决定。正常情况下这一过程约为 3 个月，特殊情况下该审核过程可顺延 3 个月。

（2）对外国投资股权比例的限制

根据俄罗斯政府的规定，外资进入电信业不可注册独立的外资公司，只可建立合资公司，且俄方必须占有51%以上的股份。外资在俄罗斯从事加工、生产、试验、修理及技术利用的航空企业中只允许拥有25%的股份。在资源开发领域，外国公司只有在俄罗斯注册子公司后，并与俄本国企业组成行业集团，且俄资占股不能少于51%，才能获得参与矿权拍卖的权力（俄对矿产的开采和使用实行许可证制度，许可证的获得一般应经过竞标或拍卖的程序）。在并购方面，对战略性企业的并购比重有明确的法律限制：对联邦级地下资源公司的控股权不得超过5%，对其他部门战略性公司的控股权不得超过25%—50%。

（3）其他限制

俄罗斯联邦政府规定，在外资信贷机构中俄罗斯雇员数量不能少于雇员总数的75%，在产品分成项目中，俄籍雇员数量应不少于所聘雇员总数的80%，只有在按协议进行的工程初期或在俄联邦国内缺乏具有相应专长的工人和专家的情况下方可聘用外国工人和专家。禁止外资银行设立分行，禁止国外保险公司参与其强制保险。俄罗斯中央银行有权对外资信贷机构在业务和最低注册资本方面提出补充要求。俄罗斯航空业规定，外国投资者不能参加股东大会和董事会的管理工作。

3. 完善投资环境新举措

从2012年开始，俄罗斯在改善投资环境方面的新举措：一是2012年6月设立“俄罗斯直接投资基金”。基金规模达100亿美元，旨在与世界大公司、主权基金一起实施对俄罗斯的项目投资，并使基金逐步成为俄罗斯吸引外资的重要机构平台。二是2013年3月批准了《公私合营法》。法律允许国家和地方政府与私人投资者签订各种形式的合同，为私人投资、外资进入俄罗斯垄断行业、公共服务并参与政府采购奠定了法律基础，是俄罗斯改善投资环境的重大举措。三是酝酿简化公司注册程序。2013年3月，俄总理梅德韦杰夫批准了俄经济发展部起草的《简化法人和个体工商户注册程序》路线图。路线图提出在2018年前将公司注册时间从30个工作日缩短到5个工作日，将俄罗斯在全球营商排名提升到第20位。为实现上述目标，拟采取的主要措施包括：允许通过中介（公证处、律所、银行）递交注册材料，放宽注册资本金交纳期限，缩短联邦税务局和预算外基金间的信息交换时间，取消公司注册前必须持有公章和法人及个体经营者须向税务部门和非国家基金方面通报开设与关闭银行账号信息的规定。

## 五　投融资体系对现代化的支撑作用

从近几年数据看，2010—2012 年俄罗斯固定资产投资同比增幅较大，2013—2014 年呈下降态势。具体到各行业，2010—2014 年农业投资鲜有增长；鱼类捕捞与鱼类养殖业投资在 2013—2014 年大幅下降；建筑业投资从 2011 年起逐年下降；交通通信业投资下降始于 2012 年；金融、教育、医疗、社会服务和其他服务业近两年固定资产投资下降幅度较大，基本上保持固定资产投资增长的行业仅有采矿业、加工工业以及不动产业务、租赁和相关服务行业（见表 5—9）。

**表 5—9　　2010—2014 年各行业固定资产投资增幅　　单位：%**

| 年份 | 2010 | 2011 | 2012 | 2013 | 2014 |
|---|---|---|---|---|---|
| 全部固定资产 | 106.0 | 108.3 | 106.6 | 99.8 | 95.7 |
| 农业 | 89.1 | 114.6 | 92.8 | 96.0 | 93 |
| 鱼类捕捞与鱼类养殖 | 108.8 | 137.4 | 127.4 | 77.4 | 83.3 |
| 工业 | 106.1 | 110.9 | 107.4 | 96.8 | 99.9 |
| 采矿业 | 106.6 | 113.8 | 111.8 | 93.6 | 105.9 |
| 加工工业 | 101.5 | 105.3 | 106.7 | 101.4 | 98.6 |
| 电力、燃气和水的生产与配给 | 112.5 | 114.7 | 101.7 | 95.8 | 92.9 |
| 建筑 | 110.9 | 90.6 | 79.9 | 84.0 | 81.2 |
| 批发与零售贸易 | 120.2 | 90.0 | 107.1 | 103.1 | 110.7 |
| 酒店与餐饮业 | | | | | 108.4 |
| 交通通信 | 102.4 | 118.3 | 98.4 | 88.5 | 92.1 |
| 金融 | 112.9 | 136.8 | 111.4 | 80.8 | 74.9 |
| 不动产业务、租赁和相关服务 | 125.4 | 91.9 | 100.8 | 104.4 | 103.1 |
| 国家管理 | 115.2 | 112.4 | 98.7 | 93.7 | 84.4 |
| 教育 | 84.9 | 122.0 | 85.2 | 77.9 | 97.4 |
| 医疗与社会服务 | 109.7 | 113.0 | 93.6 | 98.8 | 71.9 |
| 其他服务 | 103.6 | 103.5 | 111.8 | 75.0 | 72.9 |

资料来源：俄罗斯国家统计局数据。

从固定资产投资占国内生产总值的比例看，俄罗斯2003—2013年平均为21.7%（见表5—10）。发达国家基本上为15%—20%，发展中国家为20%—30%。如果仅作此简单比较，俄罗斯固定资产投资占国内生产总值的比例似乎处于正常状态。

**表5—10　　2003—2013年俄罗斯固定资产投资在国内生产总值中占比情况**　　单位：%

| 年份 | 2003 | 2004 | 2005 | 2006 | 2007 | 2008 | 2009 | 2010 | 2011 | 2012 | 2013 |
|---|---|---|---|---|---|---|---|---|---|---|---|
| 百分比 | 18.2 | 18.1 | 17.4 | 18.1 | 20.8 | 21.4 | 20.9 | 20.6 | 20.3 | 20.8 | 20.6 |

资料来源：俄罗斯国家统计局数据。

但如果从俄罗斯固定资产磨损率（степень износа основных фондов）[①] 看，则发现其投资缺口巨大。2008—2013年俄罗斯固定资产磨损率逐年增加，从2008年的45.3%增至2013年的48.2%。一般而言，固定资产磨损率达50%，则仅能维持简单再生产。可见，俄罗斯固定资产磨损程度已接近仅能维持简单再生产的边缘。其中，固定资产磨损率超过50%，已难以维持简单再生产的行业主要有鱼类捕捞与鱼类养殖、采矿业、建筑业、交通通信业、教育行业、医疗与社会服务业（见表5—11）。

**表5—11　　2008—2013年俄罗斯固定资产磨损率**　　单位：%

| 年份 | 2008 | 2009 | 2010 | 2011 | 2012 | 2013 |
|---|---|---|---|---|---|---|
| **全部固定资产** | **45.3** | **45.3** | **47.1** | **47.9** | **47.7** | **48.2** |
| 农牧林业 | 42.2 | 42.2 | 42.1 | 42.8 | 42.5 | 42.4 |
| 鱼类捕捞与鱼类养殖 | 62.7 | 65.3 | 64.7 | 65.9 | 65.1 | 64.4 |
| 采矿业 | 50.9 | 49.6 | 51.1 | 52.2 | 51.2 | 53.1 |
| 加工工业 | 45.6 | 45.7 | 46.1 | 46.7 | 46.8 | 46.6 |

① 固定资产磨损率也称为固定资产磨损系数，是固定资产累计已计提折旧与固定资产原价总额的比率。当企业固定资产不断更新时，其磨损率指标就会呈下降趋势，当企业固定资产未进行更新时，其磨损率指标将会呈上升趋势。

续表

| 年份 | 2008 | 2009 | 2010 | 2011 | 2012 | 2013 |
|---|---|---|---|---|---|---|
| 电力、燃气和水的生产与配给 | 51.2 | 50.7 | 51.1 | 50.5 | 47.8 | 47.6 |
| 建筑 | 45.5 | 46.9 | 48.3 | 47.5 | 49.0 | 50.6 |
| 批发零售贸易，汽车、摩托车、家庭用品、个人用品维修 | 33.8 | 33.0 | 33.6 | 36.5 | 39.8 | 39.9 |
| 酒店与餐饮业 | 40.3 | 41.0 | 41.2 | 41.8 | 42.5 | 44.0 |
| 交通通信 | 55.1 | 54.8 | 56.4 | 57.2 | 56.2 | 56.5 |
| 金融业 | 33.1 | 39.2 | 38.6 | 44.0 | 42.1 | 43.6 |
| 不动产业务、租赁和相关服务 | 31.9 | 31.1 | 35.3 | 34.6 | 36.3 | 37.3 |
| 国家管理、军事安全和强制社会保障 | 47.9 | 48.3 | 50.2 | 54.0 | 53.5 | 55.5 |
| 教育 | 51.0 | 52.3 | 53.2 | 54.3 | 54.3 | 53.9 |
| 医疗与社会服务 | 50.6 | 51.5 | 53.3 | 53.9 | 52.7 | 54.9 |
| 其他公共、社会与个人服务 | 40.7 | 43.4 | 44.5 | 43.5 | 44.9 | 45.0 |

资料来源：俄罗斯国家统计局数据。

可见，欲推进经济现代化，必须强化对俄罗斯经济的投资。但从固定资产来源结构看，俄罗斯的主要投资还是来自预算投资和企业自有资本，资本市场、银行体系和外资对俄罗斯经济的贡献作用较小。2010—2014年预算资金在俄罗斯固定资产投资中平均占约18.4%（其中联邦预算资金占9.7%，联邦主体预算资金占7.4%，地方预算资金占1.3%）；企业自有资金平均约占44%；银行贷款占约9%；靠发行公司债券吸纳的资金占约0.03%，依靠股票发行吸纳的资金占约1%；外资占约1%（见表5—12）。

**表5—12　　2010—2014年俄罗斯固定资产投资来源结构　　单位：%**

| 固定资产投资 | 100 |
|---|---|
| **1. 预算资金** | 18.36 |
| 1.1 联邦预算资金 | 9.68 |
| 1.2 联邦主体预算资金 | 7.4 |
| 1.3 地方预算资金 | 1.3 |

续表

| 2. 预算外资金 | 81.64 |
| --- | --- |
| 2.1 自有资金 | 44.14 |
| 2.2 银行贷款 | 9.06 |
| 2.3 来自其他机构的借款 | 6.12 |
| 2.4 外资 | 1 |
| 2.5 预算外基金 | 0.28 |
| 2.6 公司债券吸纳的资金 | 0.036 |
| 2.7 股票发行吸纳的资金 | 1.06 |

资料来源：俄罗斯国家统计局数据。

今后，有必要进一步推进银行体系改革。近年来，虽然俄罗斯银行业快速发展，稳定性和透明度不断提升，但依然存在诸多问题，如：银行业整体资产和资本实力尚显不足，银行资本相对集中，银行与国有企业关系密切，国有商业银行在市场上仍占据垄断地位，风险资产在银行总资产中占比偏高，银行对外国融资依赖程度较高，银行业竞争不足，等等。特别是银行投资结构不合理，以短期贷款为主，银行体系对实体经济的支撑作用欠佳问题较为突出。主要原因：一是银行长期融资工具缺乏，造成银行长期融资能力不足、资本不足，而银行风险管理水平较低又加剧了流动性不足问题。资本不足限制了俄罗斯银行业总资产的增长，也使其对实体经济部门的投资受到限制。根据世界银行对168个国家的统计显示，2013年按商业银行资产占国内生产总值的比例计算，俄罗斯排名第100位，处于发展中国家的中间水平。二是企业借贷需求下降。2014年年底，俄罗斯基础利率曾一度高达17%，之后虽一再降息，但截止到2015年6月中旬，基础利率仍为11.5%。高利率提高了贷款人的贷款成本，银行贷款的吸引力降低。借款人不得不采取其他方式进行融资，使银行的资金优化配置功能受到影响，不利于经济的长期发展。

资本市场的作用也有待提升。根据俄罗斯国家统计局的数据，2012年公司发债额达12142亿卢布，固定资产投资仅为42亿卢布，占债券发行收入的0.35%；2013年公司发债额为17052亿卢布，固定资产投资仅为19亿卢布，占债券发行收入的0.11%；2014年前9个月公司债券发行量为 17476 亿卢布，纳入固定资产投资仅为 53 亿卢布，占 0.3%。由此可见，公司债券市场对固定资产投资和经济增长并未产生明显的作用。公司债券融资大多用作流动资产或者用于偿还旧债。IPO 对固定资产投资的支撑作用也较小。2000—2014 年俄罗斯公司通过 IPO－SPO 募集资金 1022 亿美元，仅占通过并购业务募集资金额的 10.2%。总之，靠股票融资和公司债券募集的资金进入固定资产的比例不高。两项加总 2001 年仅占 0.1%，2005 年占 3.4%，2013 年全年和 2014 年前 9 个月为 1%。[①]

归根到底，经济结构畸形成为阻碍俄罗斯投融资体系发挥应有作用的致命弱点。要实现经济现代化，除了必须对产业结构进行调整，提升产业竞争力之外，在投融资领域，必须推动融资体系由间接融资主导向间接融资与直接融资并举的结构转变；投资模式由政府主导向以民间投资为主导、多元化投资并存的结构转变。

① Российская экономика в 2014 году, Тенденции и перспективы,（Вып. 36）Институт экономической политики им, Е. Гайдара, М. Изд-во Ин-та Гайдара, 2015, с. 144.

# 第六章

# 人力资本与现代化

20 世纪 90 年代至 21 世纪最初 10 年，俄罗斯经历了一场严重的人口危机。这场危机最突出的特征就是全国人口总量持续减少，人口结构日趋失衡。为此，历届俄罗斯政府均把人口问题作为执政要务来抓，从社会教育到财政支持，相继推出了一系列鼓励生育、促进人口增长的政策措施，但收效甚微。直到 21 世纪第二个 10 年，在社会全面安定、国民经济整体复苏、民众物质生活条件得到明显改善的情况下，人口负增长才得到一定程度的控制。近几年俄罗斯人口数量开始小幅增加，但直到目前为止人口总体规模仍然没有恢复到危机前水平，不仅如此，根据预测，至 2030 年总人口继续下降还将是俄罗斯社会的大概率事件。这对俄罗斯的现代化事业构成重大挑战。

独立建国以来，特别是最近 10 年来，俄罗斯社会在疾病防治和降低人口非正常死亡率方面取得了一些进展，全社会预期寿命状况有所改善，民众受教育程度进一步提高，高等院校数量及在校学生数量稳步增长。科研机构和科研队伍在 20 世纪 90 年代遭受了空前摧残，目前仍在恢复当中，科研队伍特别是其中的领军人物严重老化。普京执政以来，中央政府逐年加大对科研事业的资金投入，全俄专利申请数量、专利获批数量和专利使用数量总体呈上升趋势。长期以来，专利利用率低、转化不畅是俄罗斯社会的老大难问题，经济转轨之后这一状况已经有所改善，这是一个十分积极的信号。

## 一　人口数量与劳动力储备

### （一）人口危机及其影响

俄罗斯人口的历史峰值出现于 1992 年年底，当时全俄人口总数达到 14856.17 万。1993 年俄罗斯人口开始下降，这一态势一直持续到 2008 年年底。在这期间，1999 年、2000 年、2001 年、2002 年每年人口自然下降都接近 100 万。截至 2008 年年底，全俄人口总量缩减到 14273.72 万，比峰值年份减少了 582.45 万。从 2009 年人口数量开始缓慢回升，截至 2013 年年底，人口总量增加到 14366.69 万，不过比起历史峰值仍然少 489.48 万。

事实上，早在 1992 年俄罗斯人口死亡率就超过了出生率，当年全国人口自然减员 21.92 万，只是由于这一年接收了 26.62 万外来移民，这个数字不仅弥补了同期人口的自然减员，还使人口总量实现了 4.7 万的小幅增长。同样，2009—2013 年这 5 年的前 4 年俄罗斯人口总量的增加也完全来源于外来移民的增长，只有 2013 年实现了真正意义上的增长，即出生率超过死亡率。也就是说，若排除移民因素，1992—2012 年，俄罗斯人口一直处于下降状态，人口负增长持续了整整 20 年。更具体地说，这一时期如果没有累计 807.48 万外来移民的补充，那么俄罗斯人口将减少 1324.24 万，比峰值年份下降 8.9%（参见表 6—4）。

人口总量的持续下降进一步凸显了俄罗斯社会原有的矛盾，同时又带来了一系列新的社会问题。

首先，人口危机充分表现出俄罗斯人口严重缺乏自我发展动力，再生能力严重不足。随着从传统生育模式（即多生子女模式）向现代生育模式（即少生子女模式）的转变，从 20 世纪 70 年代开始俄罗斯生育率不断下降，到 90 年代初已经低于世代更替水平。在 21 世纪的最初 10 年，俄罗斯妇女总和生育率进一步下降。第十次全俄人口普查数据显示，平均每千名妇女生育子女数量从 2002 年的 1513 人减少到 2010 年的 1469 人。其中，每千名城市妇女平均生育子女数量从 2002 年的 1350 人减少到 2010 年的 1328 人，每千名农村妇女生育子女数量从 2002 年的 1993 人减少到 2010 年的 1876 人。世界人口发展史证明，2.1 的总和生育率是个临界点，一个国家或者地区的总和生育率一旦低于这个临界点将无法维持正常的世代更替。根据联合国的统计数据，2005—2010 年总和生育率世界平均水平为 2.6，剔除最不发达国家后，发展中国家为 2.5，发达国家为 1.6。① 可见，俄罗斯的总和生育水平不仅低于世界平均水平，而且比发达国家的平均水平还低。如此低的总和生育率显然无法保障人口世代更替的最低要求，人口下降是不可避免的。

其次，长期的低出生率深刻改变了俄罗斯人口的年龄构成，少年儿童在总人口中所占比重不断降低，这也就意味着社会劳动力储备在日益萎缩。1970 年，在俄罗斯总人口中，低于劳动力年龄人口、适龄劳动力人口与高于劳动力年龄人口之比为 28.59 ：55.99 ：15.38。这组数据说明三者比例关系相对合理，劳动力储备接近总人口的 30%，相当充裕。进入 20 世纪 80 年代之后，低于劳动力年龄人口在俄罗斯总人口中的占比不断下降。到了 21 世纪，情况进一步恶化。2010 年人口普查时，上述三者的比例关系已经变为 16.2 ：61.6 ：22.2。这个显著变化表明俄罗斯社会的劳动力储备已经严重萎缩。虽然在 2014 年低于劳动力年龄人口占比略有上升，但也只达到总人口的 17.20%。

**表 6—1　两次普查期间俄罗斯人口年龄结构变化比较（2002—2010 年）**

| | 人口数量（百万人） | | | | | | 占总人口比重 | |
|---|---|---|---|---|---|---|---|---|
| | 2002 年 | | | 2010 年 | | | （%） | |
| | 总人口 | 其中 | | 总人口 | 其中 | | | |
| | | 男性 | 女性 | | 男性 | 女性 | 2002 年 | 2010 年 |
| 全部人口 | | | | | | | 100 | 100 |
| 低于劳动力年龄人口 | 26.3 | 13.4 | 12.9 | 23.1 | 11.8 | 11.3 | 18.1 | 16.2 |
| 适龄劳动力人口 | 89.0 | 44.8 | 44.2 | 88.0 | 45.3 | 42.7 | 61.3 | 61.6 |
| 高于劳动力年龄人口 | 29.8 | 9.3 | 20.5 | 31.7 | 8.9 | 22.8 | 20.5 | 22.2 |
| 城市人口 | | | | | | | 100 | 100 |
| 低于劳动力年龄人口 | 18.0 | 9.2 | 8.8 | 16.1 | 8.2 | 7.9 | 16.9 | 15.3 |
| 适龄劳动力人口 | 67.3 | 33.4 | 33.9 | 65.8 | 33.4 | 32.4 | 63.2 | 62.5 |
| 高于劳动力年龄人口 | 21.0 | 6.4 | 14.6 | 23.4 | 6.5 | 16.9 | 19.8 | 22.2 |

① 参见蔡昉《从人口红利到改革红利》，社会科学文献出版社 2014 年版，第 30 页。

续表

| | 人口数量（百万人） | | | | | | 占总人口比重（%） | |
|---|---|---|---|---|---|---|---|---|
| | 2002 年 | | | 2010 年 | | | | |
| | 总人口 | 其中 | | 总人口 | 其中 | | | |
| | | 男性 | 女性 | | 男性 | 女性 | 2002 年 | 2010 年 |
| 农村人口 | | | | | | | 100 | 100 |
| 低于劳动力年龄人口 | 8.3 | 4.2 | 4.1 | 7.0 | 3.6 | 3.4 | 21.5 | 18.7 |
| 适龄劳动力人口 | 21.7 | 11.4 | 10.3 | 22.2 | 11.9 | 10.3 | 56.0 | 59.2 |
| 高于劳动力年龄人口 | 8.8 | 2.9 | 5.9 | 8.3 | 2.4 | 5.9 | 22.5 | 22.1 |

注：根据俄罗斯法律，低于劳动力年龄人口指未满 16 岁的少年儿童；适龄劳动力人口指 16—59 岁的男性人口和 16—54 岁的女性人口；高于劳动力年龄人口指年满 60 岁的男性人口和年满 55 岁的女性人口。

资料来源：［俄］俄罗斯联邦国家统计局：《2010 年全俄人口普查最终结果》，*Окончательные итоги Всероссийской переписи населения* 2010 *года*，http：//www. perepis-2010. ru/results_ of_ the_ census/results-inform. php。

**表 6—2　　俄罗斯各年龄段人口占总人口比重（1970—2014 年）**

单位:%

| 年份 | 1970 | 1985 | 1990 | 1995 | 2000 | 2005 | 2014 |
|---|---|---|---|---|---|---|---|
| 低于劳动力年龄人口 | 28.59 | 24.08 | 24.45 | 22.95 | 19.96 | 16.79 | 17.20 |
| 适龄劳动力人口 | 55.99 | 58.12 | 56.84 | 56.82 | 59.31 | 62.88 | 59.28 |
| 高于劳动力年龄人口 | 15.38 | 17.80 | 18.71 | 20.23 | 20.73 | 20.33 | 23.52 |

资料来源：［俄］俄罗斯联邦国家统计局：《俄罗斯统计年鉴（2002）》，第 83 页；《俄罗斯统计年鉴（2005）》，第 88 页；俄罗斯联邦国家统计局网站，http：//www. gks. ru/wps/wcm/connect/rosstat_ main/rosstat/ru/statistics/population/demography/#。

最后，人口危机使俄罗斯人口老龄化程度急剧加深。从历年的人口统计数量来看，从 20 世纪 70 年代末开始，俄罗斯社会的老龄化程度直线上升，最近 10 年这一程度又进一步加深。2005 年，年满 60 周岁的老龄人口总数为 2502.2 万，占同期全国总人口的 17.40%。2014 年年初，这一数字净增 278.2 万，达到 2780.4 万，相当于同期总人口的 19.35%。老龄人口占比的迅速抬升是长期低出生率和人均预期寿命延长的结果。老龄人口的急剧扩大意味着社会赡养负担的急剧增加，这对俄罗斯的社会保障体系是一个严峻的挑战，同时也对刚刚恢复元气的俄罗斯经济形成不小的冲击。

### （二）当前人口形势分析

在经历了1999年至2005年的急剧下降之后，俄罗斯人口发展状态逐渐趋于平稳。自2009年起，有利于人口发展的一些积极因素明显增长，这主要表现在出生率显著提高，死亡率有所下降，人口自然增长开始趋于平衡。在这一背景下，外来移民的补充使全俄人口止跌回升。根据俄罗斯联邦国家统计局发布的统计数据，截止到2013年12月31日，俄罗斯境内常住人口总数为14366.69万。当年全年俄罗斯新生人口189.58人，死亡人口187.18人，人口净增2.4万人，加上接收外来移民29.58万人，总计比年初增加31.98万人。这是自2009年全俄人口扭转持续下降趋势之后的第五个增长年。

1. 外来移民的补充支撑了总人口的微弱增长

如上所述，在俄罗斯的人口发展进程中，外来移民起着重要的作用，最近20年这一作用发挥得更加充分。苏联解体后，受政治、经济、文化、宗教等多种因素的影响，居住在原各加盟共和国而现在已成为独立国家的俄罗斯族人口和以俄语为母语的其他民族人口不断大量迁往俄罗斯，出于政治和民族感情的考虑以及劳动力市场的需求，俄罗斯政府积极地接纳了他们。据统计，俄罗斯政府每年接收的外来移民数以十万计，最多的年份高达97.8万（1994年），最少的年份也达到13.6万（1991年）。但是，这数以十万计的外来移民远不足以弥补全俄每年近百万人口的自然损失，因此俄罗斯总人口在1993年至2008年始终处于持续下降的境况。最近10年，俄罗斯人口自然下降趋缓，外来移民数量慢慢可以弥补俄罗斯境内的人口自然损失并且在最后几年实现了微弱增长。2009—2012年，在外来移民的补充下俄罗斯总人口增长了60万，平均每年增加15万。

不过，从发展趋势来看，俄罗斯外来移民的潜力已经在逐步缩小。20世纪90年代，俄罗斯政府接收外来移民多数年份都在40万—50万，个别年份更多，但最近10年已降至20万—30万。根据各方面的情况综合分析，未来外来移民的数量还将进一步下降。

**表 6—3　　俄罗斯人口数量历年变化表（1990—2013 年）　　单位：千人**

| 年份 | 1 月 1 日人口数量 | 年内变化 | | | 12 月 31 日人口数量 | 年内总体增长（%） |
|---|---|---|---|---|---|---|
| | | 总体增加 | 自然增加 | 移民增加 | | |
| 1990 | 147665.1 | 608.6 | 333.6 | 275.0 | 148273.7 | 0.41 |
| 1991 | 148273.7 | 241.0 | 104.9 | 136.1 | 148514.7 | 0.16 |
| 1992 | 148514.7 | 47.0 | -219.2 | 266.2 | 148561.7 | 0.03 |
| 1993 | 148561.7 | -205.8 | -732.1 | 526.3 | 148355.9 | -0.14 |
| 1994 | 148355.9 | 104.0 | -874.0 | 978.0 | 148459.9 | 0.07 |
| 1995 | 148459.9 | -168.3 | -822.0 | 653.7 | 148291.6 | -0.11 |
| 1996 | 148291.6 | -263.0 | -776.5 | 513.5 | 148028.6 | -0.18 |
| 1997 | 148028.6 | -226.5 | -740.6 | 514.1 | 147802.1 | -0.15 |
| 1998 | 147802.1 | -262.7 | -691.5 | 428.8 | 147539.4 | -0.18 |
| 1999 | 147539.4 | -649.3 | -918.8 | 269.5 | 146890.1 | -0.44 |
| 2000 | 146890.1 | -586.5 | -949.1 | 362.6 | 146303.6 | -0.40 |
| 2001 | 146303.6 | -654.3 | -932.8 | 278.5 | 145649.3 | -0.45 |
| 2002 | 145649.3 | -685.7 | -916.5 | 230.8 | 144963.6 | -0.47 |
| 2003 | 144963.6 | -630.0 | -888.5 | 258.5 | 144333.6 | -0.43 |
| 2004 | 144333.6 | -532.6 | -793.0 | 260.4 | 143801.0 | -0.37 |
| 2005 | 143801.0 | -564.4 | -846.5 | 282.1 | 143236.6 | -0.39 |
| 2006 | 14326.6 | -373.9 | -687.1 | 313.2 | 142862.7 | -0.26 |
| 2007 | 142862.7 | -115.2 | -470.3 | 355.1 | 142747.5 | -0.08 |
| 2008 | 142747.5 | -10.3 | -362.0 | 351.7 | 142737.2 | -0.01 |
| 2009 | 142737.2 | 96.3 | -248.9 | 345.2 | 142833.5 | 0.07 |
| 2010 | 142833.5 | 31.9 | -239.6 | 271.5 | 142865.4 | 0.02 |
| 2011 | 142865.4 | 191.0 | -129.1 | 320.1 | 143056.4 | 0.13 |
| 2012 | 143056.4 | 290.7 | -4.3 | 295.0 | 143347.1 | 0.20 |
| 2013 | 143347.1 | 319.8 | 24.0 | 295.8 | 143666.9 | 0.22 |

资料来源：［俄］俄罗斯联邦国家统计局：《人口总体数量变化表》，2014 年 5 月 19 日发布，俄罗斯联邦国家统计局网站，http：//www.gks.ru/wps/wcm/connect/rosstat_ main/rosstat/ru/statistics/population/demography/#。

2. 缓慢提高的出生率难改人口下降的总趋势

20 世纪 70—80 年代，俄罗斯人口平均出生率大体维持在 14‰—

16‰，死亡率则为8‰—11‰。由于出生率始终高出死亡率5至7个千分点，因此人口总量一直处于稳定增长状态。20世纪90年代至21世纪最初10年，出生率降至8‰—12‰，多数年份都在个位数，相反死亡率却大幅上升至11‰—16‰，结果造成人口总量持续减少，平均每年减少80万—90万人。从21世纪前10年的中期开始，出生率缓慢上升，死亡率缓慢下降，二者差距逐渐缩小。自1992年起直到2012年，在长达20年的时间里，全俄人口死亡率始终高于出生率，其中只有1994年是个例外。上述情况直到2013年才得以改变，当年出生人口1895822人，出生率为13.2‰，死亡人口1871809人，死亡率为13.0‰，人口净增24013人，自然增长率为0.2%。这一年是俄罗斯自1992年以来出生率第一次战胜死亡率，实现人口自然增长。

**表6—4　　俄罗斯人口出生率、死亡率、自然增长率（1970—2013年）**

单位：个人

| 年份 | 全部人口 | | | 每1000人 | | |
|---|---|---|---|---|---|---|
| | 出生人口 | 死亡人口 | 自然增加人口 | 出生人口 | 死亡人口 | 自然增加人口 |
| 1970 | 1903713 | 1131183 | 772530 | 14.6 | 8.7 | 5.9 |
| 1980 | 2202779 | 1525755 | 677024 | 15.9 | 11.0 | 4.9 |
| 1990 | 1988858 | 1655993 | 332865 | 13:4 | 11.2 | 2.2 |
| 1995 | 1363806 | 2203811 | -840005 | 9.3 | 15.0 | -5.7 |
| 2000 | 1266800 | 2225332 | -958532 | 8.7 | 15.3 | -6.6 |
| 2001 | 1311604 | 2254856 | -943252 | 9.0 | 15.6 | -6.6 |
| 2002 | 1396967 | 2332272 | -935305 | 9.7 | 16.2 | -6.5 |
| 2003 | 1477301 | 2365826 | -888525 | 10.2 | 16.4 | -6.2 |
| 2004 | 1502477 | 2295402 | -792925 | 10.4 | 15.9 | -5.5 |
| 2005 | 1457376 | 2303935 | -846559 | 10.2 | 16.1 | -5.9 |
| 2006 | 1479637 | 2166703 | -687066 | 10.3 | 15.1 | -4.8 |
| 2007 | 1610122 | 2080445 | -470323 | 11.3 | 14.6 | -3.3 |
| 2008 | 1713947 | 2075954 | -362007 | 12.0 | 14.5 | -2.5 |
| 2009 | 1761687 | 2010543 | -248856 | 12.3 | 14.1 | -1.8 |
| 2010 | 1788948 | 2028516 | -239568 | 12.5 | 14.2 | -1.7 |
| 2011 | 1796629 | 1925720 | -129091 | 12.6 | 13.5 | -0.9 |

续表

| 年份 | 全部人口 | | | 每 1000 人 | | |
|---|---|---|---|---|---|---|
| | 出生人口 | 死亡人口 | 自然增加人口 | 出生人口 | 死亡人口 | 自然增加人口 |
| 2012 | 1902084 | 1906335 | -4251 | 13.3 | 13.3 | 0.0 |
| 2013 | 1895822 | 1871809 | 24013 | 13.2 | 13.0 | 0.2 |

资料来源：[俄] 俄罗斯联邦国家统计局：《居民出生率、死亡率与自然增长率》，2014 年 5 月 22 日发布，俄罗斯联邦国家统计局网站，http：//www.gks.ru/wps/wcm/connect/rosstat_ main/rosstat/ru/statistics/population/demography/#。

在人口发展方面，城市与农村存在着明显差异。相对而言，城市出生率低，死亡率也低，农村则出生率略高，但死亡率更高。以 2013 年为例，农村人口出生率与死亡率之比为 14.5 ：14.5，二者相当，实际增长为零；城市人口出生率与死亡率之比为 12.8 ：12.5，出生率略高于死亡率，因此当年全社会人口总数的增量主要来自城市。

**表 6—5　　俄罗斯人口出生率、死亡率、自然增长率城乡比较（2013 年）**

| | 出生人口（人） | 死亡人口（人） | 自然增加（人） | 出生率（‰） | 死亡率（‰） | 自然增长率（‰） |
|---|---|---|---|---|---|---|
| 城市人口 | 1357310 | 538512 | 24805 | 12.8 | 12.5 | 0.3 |
| 农村人口 | 538512 | 539304 | -792 | 14.5 | 14.5 | 0.0 |

资料来源：[俄] 俄罗斯联邦国家统计局：《居民出生率、死亡率与自然增长率》，2014 年 5 月 22 日发布，俄罗斯联邦国家统计局网站，http：//www.gks.ru/wps/wcm/connect/rosstat_ main/rosstat/ru/statistics/population/demography/#。

出生率的提高和死亡率的下降对于俄罗斯的人口发展显然是十分有利的，但与此同时必须指出的是，目前俄罗斯人口的自然增长是极其微弱的，支撑其实现增长的基础还很不牢固，因为现有出生率和死亡率还很不稳定，彼此间的差距也很小，特别是 20 世纪 90 年代极低出生率时期出生的人口将逐渐进入婚育年龄，人口发展规律预示着俄罗斯人口出生率还将出现新的下降，进而全国人口自然增长率也极有可能随之出现新的下降。

3. 未来 10 年劳动力缺口将逐年扩大

表 6—6 形象地反映了最近 10 年俄罗斯的人口发展进程。从中可以看

出，由于出生率的提高，最近十年俄罗斯劳动力储备状况有所改善。2005—2014年，0—9岁儿童数量在逐年增加，2014年比2005年增加了300多万，这是最近10年人口出生率提高的直接反映。但是同时还应注意到，同一时期10—19岁青少年人口数量却在逐年减少，2014年比2005年减少了700多万，这是前10年极低出生率造成的后果。这组数据清楚地表明，未来10年俄罗斯劳动力市场状况堪忧，因为潜在劳动力来源严重不足。如果不将外来移民因素考虑在内的话，那么长年处于供应不足的俄罗斯劳动力市场将面临更大的缺口。

**表6—6　　俄罗斯人口年龄分布（2005—2014年）　　单位：千人**

| | 2005年 | 2006年 | 2007年 | 2008年 | 2009年 | 2010年 | 2011年 | 2012年 | 2013年 | 2014年 |
|---|---|---|---|---|---|---|---|---|---|---|
| 人口总数 | 143801 | 143236 | 142863 | 142748 | 142737 | 142857 | 142865 | 143058 | 143347 | 143667 |
| 0—4岁 | 6916 | 7066 | 7234 | 7433 | 7671 | 7963 | 8051 | 8380 | 8687 | 8899 |
| 5—9岁 | 6583 | 6511 | 6503 | 6638 | 6783 | 7091 | 7117 | 7261 | 7441 | 7662 |
| 10—14岁 | 8604 | 7940 | 7458 | 7056 | 6891 | 6610 | 6601 | 6567 | 6689 | 6823 |
| 15—19岁 | 12212 | 11852 | 11244 | 10485 | 9650 | 8389 | 8237 | 7631 | 7152 | 6956 |
| 20—24岁 | 12081 | 12098 | 12298 | 12457 | 12389 | 12169 | 12122 | 11599 | 10849 | 9971 |
| 25—29岁 | 10879 | 11054 | 11130 | 11358 | 11667 | 11982 | 12012 | 12328 | 12556 | 12522 |
| 30—34岁 | 10228 | 10316 | 10466 | 10537 | 10696 | 10980 | 11016 | 11116 | 11346 | 11661 |
| 35—39岁 | 9416 | 9427 | 9485 | 9705 | 9885 | 10172 | 10211 | 10380 | 10459 | 10614 |
| 40—44岁 | 11641 | 10925 | 10325 | 9800 | 9409 | 9241 | 9251 | 9340 | 9563 | 9751 |
| 45—49岁 | 11906 | 12070 | 12084 | 11929 | 11634 | 10672 | 10561 | 10023 | 9545 | 9187 |
| 50—54岁 | 10576 | 10738 | 10887 | 11037 | 11272 | 11483 | 11509 | 11560 | 11436 | 11184 |
| 55—59岁 | 7737 | 8724 | 9164 | 9501 | 9755 | 10022 | 10063 | 10215 | 10382 | 10634 |
| 60—64岁 | 5213 | 4458 | 4408 | 5014 | 5916 | 7832 | 7982 | 8380 | 8690 | 8948 |
| 65—69岁 | 7567 | 7699 | 7572 | 6687 | 5565 | 4002 | 3913 | 3896 | 4453 | 5269 |
| 70岁及以上 | 12242 | 12358 | 12605 | 13111 | 13554 | 14210 | 14219 | 14380 | 14099 | 13587 |

资料来源：［俄］俄罗斯联邦国家统计局：《居民年龄分布表》，2014年11月24日发布，俄罗斯联邦国家统计局网站，http：//www.gks.ru/wps/wcm/connect/rosstat_main/rosstat/ru/statistics/population/demography/#。

4. 俄罗斯人口总体即将由壮年步入中年

从20世纪90年代初开始，长年持续的低出生率使得俄罗斯人口老龄化程度显著提高。虽然最近若干年出生率有所提高，但那是相对于前期超低出生率而言的，如前所述，目前全俄平均生育水平仍然低于世代更替水平，老龄化进程非但没有减缓，反而在加快。2005年，全俄60岁及以上年龄段人口为2502.2万，占总人口的17.40%。截至2014年，这一年龄段人口增加到2780.4万，占总人口的比重上升到19.35%。随着老龄化的发展，俄罗斯人口平均年龄也在快速提高。1989年第八次全国人口普查时全俄人口平均年龄为33岁，2002年第九次人口普查时提高到37.7岁，2010年第十次人口普查时又提高到39岁，高于世界上多数国家的水平。按照传统的人口年龄国际标准，俄罗斯人口总体已经步入壮年后期。

当然，如果按照近年联合国颁布的新的人口年龄标准，人类衰老期被推迟了10年，44岁以下为青年，45岁至59岁为中年，目前俄罗斯人口的平均年龄还处于青年状态。1989—2010年的20年间俄罗斯人口平均年龄增长了6岁，根据这一发展速度，再过20年俄罗斯人均年龄将达到45岁，进入中年阶段。

5. 人口红利正在消失

在整个20世纪，俄罗斯分别于1926年、1937年、1939年、1959年、1970年、1979年和1989年共进行了7次全国人口普查（1937年普查结果因政治原因不曾对外公布），这7次普查结果详细勾勒出了100年来俄罗斯人口发展的总体脉络。根据历次人口普查的统计资料，我们可以清晰地看出俄罗斯人口年龄结构的变化过程。随着社会的进步，在从传统的生育模式向现代生育模式转变的进程中，人口出生率不断下降，老龄化程度逐渐加深，反映在总人口年龄结构上的变化就是，低于劳动力年龄人口在全社会总人口中所占比重不断下降，与此相对应的是高于劳动力年龄人口占比持续上升，特别是从50年代末开始上升的速度明显加快，而适龄劳动力人口占比则变化不大，相对比较平稳，基本维持在52%—60%。不过这一状况在最近几年发生了彻底变化。

2006年，俄罗斯适龄劳动力人口总量达到历史峰值，为9015.7万，随之适龄劳动力人口在全社会总人口中所占比重也于2007年达到历史峰值，为63.39%，随后逐年下降，到2014年已降至59.28%，下降了4.11个百分点，重新回到了20世纪的平均水平。

在长期超低出生率的条件下，人口年龄结构必将发生显著变化，其主要特征就是0—15岁低于劳动力年龄人口的减少，而15—59岁适龄劳动力人口数量相应增加，在总人口中的比例不断上升，全社会抚养比下降，社会负担减轻，经济发展因此而受益，故人口经济学将这种现象称为“人口红利”。因此，俄罗斯社会享受了若干年的人口红利。但是，随之而来的是社会老龄化程度加深，老龄人口占比急剧扩大，相应压低了适龄劳动力人口占比。以2007年之后适龄人口的负增长为标志，俄罗斯国民经济多年享受的人口红利开始逐渐消失，劳动力供给日趋紧张，原有的结构性劳动力短缺将朝着全面性不足转变。与此同时，人口红利的消失还意味着投资回报率的下降和资源重新配置效率空间的缩小，最终导致经济增长潜力的降低。

**表6—7　　1926—1989年俄罗斯人口年龄结构变动情况**　　单位：千人

| 年份 | 1926 | 1939 | 1959 | 1970 | 1979 | 1989 |
|---|---|---|---|---|---|---|
| 全国总人口 | 92681 | 108377 | 117534 | 129941 | 137410 | 147022 |
| 低于劳动力年龄人口 | 36854 | 42072 | 35094 | 37145 | 31974 | 35995 |
| 占总人口比重（%） | 39.79 | 38.82 | 29.86 | 28.60 | 23.28 | 24.50 |
| 适龄劳动力人口 | 47830 | 56923 | 68609 | 72752 | 82959 | 83746 |
| 占总人口比重（%） | 51.63 | 52.53 | 58.38 | 56.01 | 60.39 | 56.99 |
| 高于劳动力年龄人口 | 7945 | 9362 | 13827 | 19987 | 22436 | 27196 |
| 占总人口比重（%） | 8.58 | 8.65 | 11.76 | 15.39 | 16.33 | 18.51 |

资料来源：［俄］俄罗斯联邦国家统计局：《居民数量》，2014年5月19日发布，俄罗斯联邦国家统计局网站，http：//www.gks.ru/wps/wcm/connect/rosstat_ main/rosstat/ru/statistics/population/demography/#。

表 6—8 **2005—2014 年俄罗斯人口年龄结构变动情况** 单位：千人

| 年份 | 2005 | 2006 | 2007 | 2008 | 2009 | 2010 | 2011 | 2012 | 2013 | 2014 |
|---|---|---|---|---|---|---|---|---|---|---|
| 低于劳动力年龄人口 | 24349 | 23671 | 23073 | 22842 | 22854 | 23126 | 23209 | 23568 | 24110 | 24717 |
| 占总人口比重（%） | 16. 79 | 16. 33 | 15. 97 | 15. 84 | 15. 88 | 16. 20 | 16. 25 | 16. 48 | 16. 82 | 17. 20 |
| 适龄劳动力人口 | 90099 | 90157 | 90058 | 89745 | 89342 | 87983 | 87847 | 87055 | 86137 | 85162 |
| 占总人口比重（%） | 62. 88 | 63. 28 | 63. 39 | 63. 20 | 62. 91 | 61. 60 | 61. 49 | 60. 85 | 60. 09 | 59. 28 |
| 高于劳动力年龄人口 | 29353 | 29408 | 29732 | 30161 | 30541 | 31714 | 31809 | 32433 | 33100 | 33788 |
| 占总人口比重（%） | 20. 33 | 20. 39 | 20. 64 | 20. 96 | 21. 21 | 22. 20 | 22. 26 | 22. 67 | 23. 09 | 23. 52 |

资料来源：[俄] 俄罗斯联邦国家统计局：《居民数量表》，2014 年 5 月 19 日发布，俄罗斯联邦国家统计局网站，http：//www. gks. ru/wps/wcm/connect/rosstat_ main/rosstat/ru/statistics/population/demography/#。

### （三）人口发展预测

关于俄罗斯人口未来发展趋势，俄罗斯政府机构、学者以及有关国际组织使用不同的理论公式和实验模型进行过许多预测，总体上都是悲观的。[①] 这里只介绍俄罗斯联邦国家统计局 2014 年发布的最新预测。

预测未来人口发展状态是俄罗斯联邦国家统计局的常规工作，在克里米亚共和国和塞瓦斯多波尔市重新纳入俄罗斯版图之后，该机构又进行了最新人口发展预测。预测分为高位、中位和低位三种情形。俄罗斯专家认为，高位预测实现的可能性很小，中位预测甚至低位预测可能会更接近于未来的实际情况。

1. 高位预测方案

高位预测方案为理想方案。根据这个方案，2016—2030 年俄罗斯人

---

① 参见程亦军《俄罗斯人口安全与社会发展》第三章“当代俄罗斯人口状况与发展趋势”相关内容，经济管理出版社 2007 年版。

口将持续增长，到 2030 年年初总人口将达到 15182 万。但是，在此期间人口自然增长状况却并不理想，只有在前 5 年（2016—2020 年）维持了正增长，而且增长幅度逐年下降，从 2021 年开始人口自然增长便再次出现下降，表明俄罗斯人口自然生产能力有限，自身发展动力不足，总人口的增长在 2016—2020 年主要依靠外来移民的补充，而 2021—2030 年的增长则完全仰仗外来移民的加入。

**表 6—9　　2030 年前俄罗斯人口发展预测（高位）**　　单位：千人

| 年份 | 年初人口数量 | 总人口增长 | 人口自然增长 | 移民增长 |
|---|---|---|---|---|
| 2016 | 146925.0 | 499.0 | 147.9 | 351.1 |
| 2017 | 147424.0 | 492.0 | 117.1 | 374.9 |
| 2018 | 147916.0 | 477.3 | 83.7 | 393.6 |
| 2019 | 148393.3 | 456.0 | 47.4 | 408.6 |
| 2020 | 148849.3 | 430.0 | 8.6 | 421.4 |
| 2021 | 149279.3 | 401.3 | -31.1 | 432.4 |
| 2022 | 149680.6 | 372.3 | -70.0 | 442.3 |
| 2023 | 150052.9 | 340.6 | -110.4 | 451.0 |
| 2024 | 150393.5 | 310.5 | -148.5 | 459.0 |
| 2025 | 150704.0 | 276.7 | -189.4 | 466.1 |
| 2026 | 150980.7 | 242.6 | -230.2 | 472.8 |
| 2027 | 151223.3 | 214.8 | -264.1 | 478.9 |
| 2028 | 151438.1 | 195.8 | -288.8 | 484.6 |
| 2029 | 151633.9 | 184.7 | -305.3 | 490.0 |
| 2030 | 151818.6 | 175.9 | -319.1 | 495.0 |

注：含克里米亚共和国和塞瓦斯多波尔市人口。

资料来源：［俄］俄罗斯联邦国家统计局编制：《2030 年前人口形势预测》，俄罗斯联邦国家统计局网站，http://www.gks.ru/wps/wcm/connect/rosstat_main/rosstat/ru/statistics/population/demography/#。

2. 中位预测方案

中位预测方案为普通方案，也许较为接近于现实。根据这个方案，未来俄罗斯人口数量将缓慢增长，到 2025 年年初达到峰值（14834.16

万)，随后人口总数开始逐年下降，到2030年年初将降至14784.46万。按照这个预测，俄罗斯人口自然正增长只能维持两年（2016—2017年），随后总人口的增长在外来移民的补充下还能维持八年（2018—2025年），从2025年开始，外来移民的增加已经不足以弥补人口的自然损失，总人口开始逐年下降。

**表6—10　　2030年前俄罗斯人口发展预测（中位）**　　单位：千人

| 年份 | 年初人口数量 | 总人口增长 | 人口自然增长 | 移民增长 |
|---|---|---|---|---|
| 2016 | 146754.3 | 346.6 | 51.6 | 295.0 |
| 2017 | 147100.9 | 311.8 | 7.8 | 304.0 |
| 2018 | 147412.7 | 268.5 | -42.6 | 311.1 |
| 2019 | 147681.2 | 223.2 | -93.6 | 316.8 |
| 2020 | 147904.4 | 175.3 | -146.6 | 321.9 |
| 2021 | 148079.7 | 128.2 | -197.8 | 326.0 |
| 2022 | 148207.9 | 85.6 | -244.2 | 329.8 |
| 2023 | 148293.5 | 44.2 | -288.9 | 333.1 |
| 2024 | 148337.7 | 3.9 | -332.3 | 336.2 |
| 2025 | 148341.6 | -36.9 | -375.8 | 338.9 |
| 2026 | 148304.7 | -77.1 | -418.6 | 341.5 |
| 2027 | 148227.6 | -109.6 | -453.5 | 343.9 |
| 2028 | 148118.0 | -130.7 | -476.7 | 346.0 |
| 2029 | 147987.3 | -142.7 | -490.7 | 348.0 |
| 2030 | 147844.6 | -153.6 | -503.7 | 350.1 |

资料来源：［俄］俄罗斯联邦国家统计局编制：《2030年前人口形势预测》，俄罗斯联邦国家统计局网站，http：//www.gks.ru/wps/wcm/connect/rosstat_main/rosstat/ru/statistics/population/demography/#。

3. 低位预测方案

低位预测方案是较为悲观的方案。根据这个方案，俄罗斯已经完全丧失了人口自我增长、自我更新的能力，2016—2030年人口发展始终呈负增长状态，并且负增长的幅度还将不断扩大，外来移民的加入只能维持三年的增长（2016—2018年），此后总人口将不断减少，2030年人口总规模将减少到14257.2万。

**表6—11　　2030年前俄罗斯人口发展预测（低位）**　　单位：千人

| 年份 | 年初人口数量 | 总人口增长 | 人口自然增长 | 移民增长 |
|---|---|---|---|---|
| 2016 | 146582.4 | 189.5 | -49.2 | 238.7 |
| 2017 | 146771.9 | 108.3 | -124.8 | 233.1 |
| 2018 | 146880.2 | 26.3 | -202.4 | 228.7 |
| 2019 | 146906.5 | -55.8 | -281.0 | 225.2 |
| 2020 | 146850.7 | -137.3 | -359.5 | 222.2 |
| 2021 | 146713.4 | -216.8 | -436.4 | 219.6 |
| 2022 | 146496.6 | -292.6 | -510.0 | 217.4 |
| 2023 | 146204.0 | -365.2 | -580.5 | 215.3 |
| 2024 | 145838.8 | -434.2 | -647.6 | 213.4 |
| 2025 | 145404.6 | -490.3 | -702.1 | 211.8 |
| 2026 | 144914.3 | -535.1 | -745.3 | 210.2 |
| 2027 | 144379.2 | -573.0 | -781.8 | 208.8 |
| 2028 | 143806.2 | -604.5 | -811.9 | 207.4 |
| 2029 | 143201.7 | -629.7 | -835.9 | 206.2 |
| 2030 | 142572.0 | -653.7 | -858.6 | 204.9 |

资料来源：［俄］俄罗斯联邦国家统计局编制：《2030年前人口形势预测》，俄罗斯联邦国家统计局网站，http：//www.gks.ru/wps/wcm/connect/rosstat_main/rosstat/ru/statistics/population/demography/#。

## 二　人口素质与科研队伍

### （一）人口素质

1. 居民预期寿命明显提高

近年来，俄罗斯社会在疾病防治和降低人口非正常死亡率方面做了很大努力，也取得了积极进展，标志之一就是居民预期寿命明显提高了。

整个20世纪，俄罗斯人均预期寿命最高指标只有69.57岁（1989年），之后又下降到63.91岁（1994年）。根据俄罗斯联邦国家统计局的数据，2004年，俄罗斯人均寿命为65.27岁。两性相比，女性寿命长于男性，前者72.30岁，后者58.89岁，彼此相差13.41岁。[①] 在人均寿命指标上，俄罗斯不仅低于同时期67岁的世界平均水平，其中男性寿命指标甚至低于亚非拉许多欠发达国家的水平，若与欧洲国家相比，差距就更加明显了。联合国的社会和经济问题专家在研究报告中指出，20世纪80—90年代，欧盟各国人均预期寿命普遍增加，80岁以上居民的数量翻了一番，欧洲居民的平均寿命已接近79岁。[②]

2013年，俄罗斯人均预期寿命在2004年的基础上又明显提高，达到了70.76岁，其中男性65.13岁，女性76.3岁。[③] 尽管仍然显著低于欧洲各国平均水平（最近数年，欧洲各国居民预期寿命已经普遍超过80岁），即便与独联体各国相比也不占优势，但是相对于自身的历史数据来说进步还是不小的。

2. 国民受教育程度进一步提高

国民受教育程度是衡量一个国家人口素质的重要指标。

俄罗斯联邦是个具有悠久教育传统的国家，教育事业相当发达，国民普遍接受过良好的文化教育，早在苏联时期文盲现象就已经基本消除。不过苏联解体之后，由于受政治、经济、宗教等多重因素的影响，部分经济落后的偏远地区又重新出现了新的文盲。

俄罗斯联邦的教育体系分为专业教育和普通教育两大类，其中普通教育又分为初等普通教育、基础普通教育和中等（完全）普通教育三级，专业教育分为初等专业教育、中等专业教育、不完全高等专业教育、高等专业教育（含大学后教育）四级。俄罗斯的高等专业教育相当于中国的大学本科及以上教育。

据2010年全俄人口普查资料，在全俄1.211亿年满15岁的人口当中，除去350万在普查时未说明受教育程度外，受教育人口达到1.169亿，占已说明受教育程度人口的99.4%，比2002年的98.99%略有提高。

---

① 参见［俄］联邦国家统计局《2005年俄罗斯统计年鉴》，俄罗斯统计出版社2006年版，第125页。

② 参见《联合国报告称今后50年中欧洲人口将减少9600万》，2004年12月1日，http：//tech.tom.com。

③ 参见［俄］俄罗斯联邦国家统计局《俄罗斯统计年鉴（2014）》，俄罗斯统计出版社2014年版，第643页。

其中，7690 万人接受过专业教育，4070 万人接受过普通教育，未接受过学校教育的人口只有 70 万，仅占已说明受教育程度人口的 0.6%。这些指标均高于上一次（2002 年）全俄人口普查。

**表 6—12　两次人口普查期间 15 岁及以上年龄人口接受教育状况比较**

| | | 人口数量（百万人） | | 每 1000 名说明教育程度人口 | |
|---|---|---|---|---|---|
| | | 2002 年 | 2010 年 | 2002 年 | 2010 年 |
| 全俄年满 15 岁人口 | | 121.3 | 121.1 | | |
| 其中已说明受教育程度人口 | | 119.9 | 117.6 | 1000 | 1000 |
| 专业教育 | 高等 | 19.4 | 27.5 | 162 | 234 |
| | 其中大学后教育 | 0.4 | 0.7 | 3 | 6 |
| | 不完全高等教育 | 3.7 | 5.4 | 31 | 46 |
| | 中等 | 32.9 | 36.7 | 275 | 312 |
| | 初等 | 15.4 | 6.6 | 128 | 56 |
| 普通教育 | 中等（完全） | 21.3 | 21.5 | 177 | 182 |
| | 基础 | 16.7 | 12.9 | 139 | 110 |
| | 初等 | 9.3 | 6.3 | 78 | 54 |
| 未接受初等普通教育 | | 1.2 | 0.7 | 10 | 6 |
| 未说明教育程度 | | 1.4 | 3.5 | | |

资料来源：［俄］俄罗斯联邦国家统计局：《2010 年全俄人口普查最终结果》，*Окончательные итоги Всероссийской переписи населения* 2010 *года*，http：//www.perepis－2010.ru/results_of_the_census/results-inform.php。

2010 年，全俄每千人中有 234 人接受过高等专业教育，比 2002 年的 162 人增加了 44.44%。在接受过高等专业教育人口中有 110 万人具有学士学位，占 4.3%；专家[①] 2510 万，占 93%；硕士学位 60 万，占 2.3%。在接受过高等专业教育的专家中，70.7 万人具有大学后教育经历，比 2002 年的 36.9 万人大幅增加。全俄共有 59.6 万名副博士（学术候选人）和 12.4 万名博士。副博士中女性人口为 26.5 万，占 44%；博士中女性

① 苏联时期未设学士学位，因此在本次人口普查中将在苏联时期接受过高等专业教育的人统一称作专家。

人口为4.1万，占33%。副博士中65%为适龄劳动力人口，博士中51%为高于劳动力年龄人口。与2002年相比，接受过不完全高等教育的人口增加了44%，他们当中有68%的人正在继续学业；具有中等（完全）普通教育的人口略有增长（0.9%）。在年满10岁的人口中文盲的比例明显下降，2002年为0.5%，2010年下降到0.3%。在文盲中42%为年满60岁的老年人。

3. 高校数量和在校学生数量稳步增长

高等教育在俄罗斯的普及程度相当高。早在20世纪80年代的苏联时期，俄罗斯就有高等院校500多所，在校大学生300多万人。俄罗斯的高等教育事业不仅在本国的社会发展中发挥着重要的作用，而且很早就开始在国际舞台上扮演着高教输出大国的角色。当时的苏联高等学府吸收了大量的外国留学生，生源国覆盖了亚洲、非洲、欧洲、美洲和大洋洲五大洲的广大地区，是当时世界上仅次于美国的留学生目的国。

苏联解体后，在严酷的社会转型过程中，如同政治、经济、文化、科技和其他许多事业一样，俄罗斯的高等教育事业也受到了空前的冲击，遭受了惨痛的损失，教师队伍不稳定，教育人才大量流失，外国留学生数量大幅减少。不过，俄罗斯历届政府都高度关注教育事业，即便是在财政最为窘迫的时候依然实行向教育倾斜的政策，从未放弃对高等教育事业的支持。这种努力在一定程度上降低了社会转型对高教事业造成的影响，减轻了高教事业的损失，使得俄罗斯的高教事业在十分萧条的政治、经济背景下仍然得到了一定程度的发展。最近20年来，俄罗斯高等院校的数量一直保持稳定增长，1990年为514所，1997年增加到880所，2001年超过了1000所，2008年达到1134所，此后略有下降。同时，每年录取新生的数量也在快速增加，1990年为58.4万，1997年达到了81.4万，1999年首次突破100万，2003年达到110万。与此相适应，在校大学生人数持续增加，1990年为282.5万，1997年增加到324.8万，1999年突破400万，2001年上升到542.7万。值得一提的是，俄罗斯的私立高等院校从无到有，获得了极大的发展，一年上一个台阶，1995年只有100多所，1996年达到了200所，1997年超过300所。①

根据俄罗斯联邦国家统计局编制的《俄罗斯统计年鉴（2012）》公布的数据，截止到2011年，俄罗斯全国共有高等院校1080所，其中公立高校（含国立和市立两类）634所，占58.7%，各类非公立高校446所，占41.3%；在校大学生共计649万，其中公立高校在校生达545.4万，非公立高校在校生103.6万，前者占在校大学生总数的84%，后者占16%。当年招收新生120.7万。② 不过需要指出的是，俄罗斯社会普遍认为，与高校数量和在校学生数量显著上升成反比的是，最近20年教育质量明显下降，只是这很难用量化指标加以说明。

衡量一个国家国民受教育程度高低，每千人拥有的大学生数量是一个常用的指标。根据俄罗斯联邦国家统计局的统计，在纳入统计范围的十个独联体国家当中，2011年平均每千人拥有大学生数量为48名，而俄罗斯远远高于这个平均数，达到61人，略低于俄白哈关税同盟中的另两个伙伴国——哈萨克斯坦（68名）和白俄罗斯（65名）。与欧美国家相比，俄罗斯的水平略微逊色于美国，但明显高于其他欧美国家。与新兴市场国家相比，俄罗斯的这项指标低于韩国，但显著高于中国、印度、墨西哥等国。当然，这项指标只能作为参考，并不具有绝对说服力，因为公认的几个西方发达工业化国家如英国、法国、日本的大学生数量在总人口中的比重并不高。例如，英国2009年每千人只拥有40名大学生，法国和日本的比例更低，分别只有35名和31名，这也许与人口年龄构成以及国家教育体制和教育方针等其他因素相关。

在高等院校不断增加、在校大学生持续增长的同时，俄罗斯高等教育学科建设也获得了不小的发展，在以往基础雄厚的传统学科之外，随着世界经济和人类社会的发展，又推出了许多新兴学科，并已开始成规模地培养人才。

---

① 参见［俄］俄罗斯联邦国家统计局《俄罗斯统计年鉴（2004）》，俄罗斯统计出版社2004年版，第227页；俄罗斯联邦国家统计局《俄罗斯统计年鉴（2012）》，俄罗斯统计出版社2012年版，第216—217页。

② 参见［俄］俄罗斯联邦国家统计局《俄罗斯统计年鉴（2012）》，第216—217页。

表 6—13　　俄罗斯主要教育指标　　（单位：千所，千人）

| 年份 | | 1980 | 1990 | 2005 | 2006 | 2007 | 2008 | 2009 | 2010 | 2011 |
|---|---|---|---|---|---|---|---|---|---|---|
| 普通教育机构（不含夜校）数量 | | 68.8 | 67.6 | 61.5 | 59.4 | 56.4 | 54.3 | 51.7 | 49.5 | 47.1 |
| 其中 | 国立与市立 | 68.8 | 67.6 | 60.8 | 58.7 | 55.7 | 53.6 | 51.0 | 48.8 | 46.5 |
| | 非公立 | — | — | 0.7 | 0.7 | 0.7 | 0.7 | 0.7 | 0.7 | 0.7 |
| 普通教育（不含函授）机构在校学生数量 | | 17638 | 20328 | 15185 | 14362 | 13766 | 13436 | 13329 | 13318 | 13446 |
| 其中 | 国立与市立 | 17638 | 20328 | 15113 | 14291 | 13695 | 13363 | 13258 | 13244 | 13362 |
| | 非公立 | — | — | 72 | 71 | 71 | 73 | 71 | 74 | 84 |
| 普通教育机构（夜校）数量 | | 6.0 | 2.1 | 1.7 | 1.6 | 1.6 | 1.5 | 1.4 | 1.3 | 1.2 |
| 在校学生数量 | | 2578 | 523 | 446 | 425 | 408 | 389 | 360 | 325 | 292 |
| 初等专业教育机构数量 | | 4045 | 4328 | 3392 | 3209 | 3180 | 2855 | 2658 | 2356 | 2040 |
| 在校学生数量* | | 1947 | 1867 | 1509 | 1413 | 1256 | 1115 | 1035 | 1007 | 921 |
| 每万居民拥有初等专业教育在校学生数量** | | 140 | 126 | 105 | 99 | 88 | 78 | 72 | 70 | 64 |
| 初等专业教育机构录取数量 | | 1489 | 1252 | 688 | 630 | 586 | 541 | 543 | 609 | 533 |
| 初等专业教育机构毕业生数量 | | 1399 | 1272 | 703 | 680 | 656 | 605 | 538 | 581 | 517 |
| 每万名就业者拥有初等专业教育毕业生数量 | | 191 | 169 | 105 | 101 | 96 | 88 | 80 | 86 | 76 |
| 中等专业教育机构数量 | | 2505 | 2603 | 2905 | 2847 | 2799 | 2784 | 2866 | 2850 | 2925 |
| 其中 | 国立与市立 | 2505 | 2603 | 2688 | 2631 | 2566 | 2535 | 2564 | 2586 | 2665 |
| | 非公立 | — | — | 217 | 216 | 233 | 249 | 302 | 264 | 260 |

续表

| 年份 | | 1980 | 1990 | 2005 | 2006 | 2007 | 2008 | 2009 | 2010 | 2011 |
| --- | --- | --- | --- | --- | --- | --- | --- | --- | --- | --- |
| 中等专业教育机构在校学生数量 | | 2642 | 2270 | 2591 | 2514 | 2408 | 2244 | 2142 | 2126 | 2082 |
| 其中 | 国立与市立 | 2642 | 2270 | 2473 | 2389 | 2288 | 2136 | 2052 | 2027 | 1984 |
| | 非公立 | — | — | 118 | 125 | 120 | 108 | 90 | 99 | 98 |
| 每万居民拥有中等专业在校学生数量** | | 190 | 153 | 181 | 176 | 169 | 157 | 150 | 149 | 146 |
| 中等专业教育机构录取数量 | | 818 | 754 | 854 | 799 | 771 | 703 | 694 | 705 | 660 |
| 其中 | 国立与市立 | 818 | 754 | 811 | 756 | 730 | 670 | 667 | 672 | 629 |
| | 非公立 | — | — | 43 | 43 | 40 | 33 | 28 | 34 | 31 |
| 中等专业教育机构毕业生数量 | | 721 | 637 | 684 | 700 | 699 | 671 | 631 | 572 | 518 |
| 每万名就业者拥有中等专业教育毕业生数量 | | 98 | 85 | 103 | 104 | 103 | 98 | 94 | 85 | 76 |
| 高等专业教育机构数量 | | 494 | 514 | 1068 | 1090 | 1108 | 1134 | 1114 | 1115 | 1080 |
| 其中 | 国立与市立 | 494 | 514 | 655 | 660 | 658 | 660 | 662 | 653 | 634 |
| | 非公立 | — | — | 413 | 430 | 450 | 474 | 452 | 462 | 446 |
| 高等专业教育机构在校学生数量 | | 3046 | 2825 | 7065 | 7310 | 7461 | 7513 | 7419 | 7050 | 6490 |
| 其中 | 国立与市立 | 3046 | 2825 | 5985 | 6133 | 6208 | 6215 | 6136 | 5849 | 5454 |
| | 非公立 | — | — | 1079 | 1177 | 1253 | 1298 | 1283 | 1201 | 1036 |
| 每万名居民拥有高等专业在校学生数量** | | 219 | 190 | 493 | 512 | 523 | 526 | 519 | 493 | 454 |
| 高等专业教育机构录取学生数量 | | 614 | 584 | 1640 | 1658 | 1682 | 1642 | 1544 | 1399 | 1207 |
| 其中 | 国立与市立 | 614 | 584 | 1373 | 1377 | 1384 | 1363 | 1330 | 1195 | 1058 |
| | 非公立 | — | — | 268 | 281 | 298 | 279 | 215 | 204 | 150 |

续表

| 年份 | | 1980 | 1990 | 2005 | 2006 | 2007 | 2008 | 2009 | 2010 | 2011 |
|---|---|---|---|---|---|---|---|---|---|---|
| 高等专家教育机构毕业生数量 | | 460 | 401 | 1152 | 1255 | 1336 | 1358 | 1442 | 1468 | 1443 |
| 其中 | 国立与市立 | 460 | 401 | 978 | 1056 | 1109 | 1125 | 1167 | 1178 | 1157 |
| | 非公立 | — | — | 173 | 199 | 227 | 233 | 275 | 290 | 286 |
| 每万名就业者拥有高等专业教育机构毕业生数量 | | 63 | 53 | 172 | 188 | 197 | 198 | 215 | 217 | 213 |

说明：* 为 2010 年在校生含协议数量。

** 为 2005—2011 年数据根据 2010 年全俄人口普查统计资料。

资料来源：［俄］俄罗斯联邦国家统计局：《俄罗斯统计年鉴（2012）》，第 216—217 页。

**表 6—14　　　　每千名居民拥有大学生数量国际比较**

| 年份 | | 2000 | 2005 | 2007 | 2008 | 2009 | 2010 | 2011 |
|---|---|---|---|---|---|---|---|---|
| 俄罗斯 | | 49 | 68 | 70 | 69 | 68 | 65 | 61 |
| 独联体 | 阿塞拜疆 | 20 | 22 | 21 | 21 | 22 | 21 | 22 |
| | 亚美尼亚 | 28 | 40 | 45 | 46 | 45 | 43 | 43 |
| | 白俄罗斯 | 44 | 56 | 60 | 61 | 63 | 65 | 65 |
| | 哈萨克斯坦 | 41 | 77 | 78 | 72 | 69 | 68 | 68 |
| | 吉尔吉斯斯坦 | 44 | 52 | 56 | 55 | 57 | 57 | 59 |
| | 摩尔多瓦 | 28 | 43 | 44 | 42 | 40 | 40 | 38 |
| | 塔吉克斯坦 | 17 | 24 | 26 | 26 | 26 | 25 | 25 |
| | 乌兹别克斯坦 | 21 | 44 | — | — | — | — | — |
| | 乌克兰 | 40 | 58 | 61 | 61 | 57 | 55 | 51 |
| 欧盟 | 奥地利 | 33 | 30 | 32 | 34 | 37 | — | — |
| | 保加利亚 | 33 | 31 | 34 | 35 | 37 | 39 | — |
| | 匈牙利 | 30 | 44 | 43 | 42 | 40 | — | — |
| | 希腊 | 39 | 58 | 54 | — | — | — | — |
| | 丹麦 | 36 | 43 | 43 | 42 | 43 | — | — |
| | 西班牙 | 46 | 42 | 40 | 40 | 40 | — | — |
| | 意大利 | 31 | 35 | 35 | 34 | 34 | — | — |

续表

| 年份 | | 2000 | 2005 | 2007 | 2008 | 2009 | 2010 | 2011 |
|---|---|---|---|---|---|---|---|---|
| 欧盟 | 立陶宛 | 35 | 58 | 60 | 62 | 64 | 61 | — |
| | 荷兰 | 31 | 35 | 36 | 37 | 38 | — | — |
| | 波兰 | 42 | 56 | 57 | 57 | 57 | — | — |
| | 葡萄牙 | 37 | 37 | 35 | 36 | 35 | — | — |
| | 罗马尼亚 | 21 | 34 | 43 | 49 | 52 | 47 | — |
| | 英国 | 35 | 38 | 39 | 39 | 40 | — | — |
| | 芬兰 | 53 | 59 | 59 | 59 | 56 | 57 | — |
| | 法国 | 35 | 36 | 36 | 35 | 35 | — | — |
| | 捷克 | 25 | 33 | 36 | 38 | 40 | — | — |
| | 瑞典 | 39 | 48 | 46 | 45 | 46 | 49 | — |
| 其他国家 | 澳大利亚 | 45 | 51 | 52 | 53 | 56 | 58 | — |
| | 印度 | 9 | 11 | 13 | 15 | 16 | 17 | — |
| | 加拿大 | 40 | — | — | — | — | — | — |
| | 中国 | 6 | 16 | 19 | 20 | 22 | 23 | — |
| | 墨西哥 | 20 | 23 | 24 | 24 | 25 | 26 | — |
| | 新西兰 | 45 | 59 | 58 | 58 | 62 | 62 | — |
| | 挪威 | 43 | 47 | 46 | 45 | 46 | 47 | — |
| | 韩国 | 66 | 69 | 68 | 68 | 68 | 69 | — |
| | 美国 | 47 | 59 | 60 | 61 | 63 | 67 | — |
| | 土耳其 | 25 | 31 | 36 | 36 | 41 | — | — |
| | 瑞士 | 22 | 27 | 29 | 30 | 31 | 33 | — |
| | 日本 | 32 | 32 | 32 | 31 | 31 | 31 | — |

资料来源：［俄］俄罗斯联邦国家统计局：《俄罗斯统计年鉴（2012）》，第741页。

### （二）科研队伍

1. 科研机构数量持续减少

与高等院校数量和在校大学生数量快速增加的状况完全相反，整个20世纪90年代俄罗斯科研机构的数量大幅度持续减少。制度变迁是造成这种现象的重要原因，因为在新的社会机制、新的管理机制和新的运行机制下许多科研机构被迫进行调整和重组，但是更主要和更直接的原因还在于经费短缺。随着国民经济状况的逐步好转，上述状况在 20 世纪初发生改变，科研机构数量得以止跌回升，但最近若干年以来科研机构的数量又开始明显减少。不过与以往的情况不同的是，这次减少的主要原因在于联邦政府对科研布局的调整，就总体而言，是优化组合的结果，是主动的，而不是被动的。目前相关的调整还在继续。举例来说，2008 年与 1995 年相比，科研机构总数由 4059 个减少到 3666 个，其中设计局由 548 个减少到 418 个，设计勘测机构由 207 个减少到 42 个。但是，实验工厂的数量却从 23 个增加到 58 个，增长了 1.5 倍。这说明当前的俄罗斯科学研究更加注重理论与实践的结合，更加注重科研成果的推广与利用，市场得到了应有的重视，这显然是市场经济发展带来的积极变化。不过有一点值得注意的是，从科研机构的经济成分上来看，2008 年与 1995 年相比，国家（政府）主导的科研机构的数量从 1193 个增加到 1429 个，占全部科研机构数量的比重由 29.39% 上升到 38.98%，这当然说明国家对科研事业的重视，但是，与市场直接相关的企业主导的科研机构却从 2345 个减少到 1540 个，占比从 57.77% 下降到 42.01%（参见表 6—16）。这组数据在一定程度上说明企业对科研的兴趣正在下降，这显然不是一个好现象。

**表 6—15　　俄罗斯研究机构数量**　　单位：个

| 年份 | 1995 | 2000 | 2001 | 2002 | 2003 | 2004 | 2005 | 2006 | 2007 | 2008 |
|---|---|---|---|---|---|---|---|---|---|---|
| 总数 | 4059 | 4099 | 4037 | 3906 | 3797 | 3656 | 3566 | 3622 | 3957 | 3666 |
| 科研组织 | 2284 | 2686 | 2677 | 2630 | 2564 | 2464 | 2115 | 2049 | 2036 | 1926 |
| 设计局 | 548 | 318 | 289 | 257 | 228 | 194 | 489 | 482 | 497 | 418 |
| 设计勘测机构 | 207 | 85 | 81 | 76 | 68 | 63 | 61 | 58 | 49 | 42 |
| 实验工厂 | 23 | 33 | 31 | 34 | 28 | 31 | 30 | 49 | 60 | 58 |
| 高等院校 | 395 | 390 | 388 | 390 | 393 | 402 | 406 | 417 | 500 | 503 |
| 科研、设计分支机构 | 325 | 284 | 288 | 255 | 248 | 244 | 231 | 255 | 265 | 239 |
| 其他 | 277 | 303 | 283 | 264 | 268 | 258 | 234 | 312 | 550 | 480 |

资料来源：[俄] 俄罗斯联邦国家统计局：《俄罗斯统计年鉴（2009）》，俄罗斯统计出版社 2009 年版，第 541 页。

**表 6—16　　不同经济成分研究机构数量　　单位：个**

| 年份 | 总数 | 其中 | | | |
|---|---|---|---|---|---|
| | | 国家 | 企业 | 高等专业教育 | 非商业组织 |
| 1995 | 4059 | 1193 | 2345 | 511 | 10 |
| 2000 | 4099 | 1247 | 2278 | 526 | 48 |
| 2001 | 4037 | 1248 | 2213 | 529 | 47 |
| 2002 | 3906 | 1218 | 2110 | 531 | 47 |
| 2003 | 3797 | 1233 | 1990 | 526 | 48 |
| 2004 | 3656 | 1230 | 1851 | 533 | 42 |
| 2005 | 3566 | 1282 | 1703 | 539 | 42 |
| 2006 | 3622 | 1341 | 1682 | 540 | 59 |
| 2007 | 3957 | 1483 | 1742 | 616 | 116 |
| 2008 | 3666 | 1429 | 1540 | 603 | 94 |

资料来源：[俄] 俄罗斯联邦国家统计局：《俄罗斯统计年鉴（2009）》，第 541 页。

2. 科研队伍领军人物严重老化

据统计资料显示，就总体而言，俄罗斯科研人员的数量随着国民经济形势的变化而增减。最近 10 年，俄罗斯六大科学院科研人员的变动情况不尽相同，其中科学院、农业科学院、教育科学院人数略有下降，医学科学院、建筑科学院和艺术科学院人数有所增加，特别是艺术科学院和建筑科学院人数增加得更为显著。从从业人员的结构上来看，具有博士学位的人员普遍增加，占比普遍上升，这一方面说明科研队伍的层次在提高，而另一方面也说明科研队伍在逐渐老化。据笔者了解的实际情况，俄罗斯科学研究系统的领军人物严重老化，一个十分突出的例子就是俄罗斯科学院年满 80 岁高龄的所长不在少数。

**表 6—17　　俄罗斯科研机构科研人员变动情况　　单位：人**

| 科研机构 | | 研究人员总数 | 其中 | |
|---|---|---|---|---|
| | | | 博士 | 副博士 |
| 俄罗斯科学院 | 2000 年 | 61864 | 9404 | 25863 |
| | 2005 年 | 60613 | 10185 | 25193 |

续表

| 科研机构 | | 研究人员总数 | 其中 | |
|---|---|---|---|---|
| | | | 博士 | 副博士 |
| 俄罗斯科学院 | 2006 年 | 58423 | 10311 | 24676 |
| | 2007 年 | 56764 | 10426 | 24187 |
| | 2008 年 | 54576 | 10355 | 23495 |
| | 2009 年 | 55402 | 10549 | 24105 |
| | 2010 年 | 55183 | 10641 | 24166 |
| | 2011 年 | 53702 | 10709 | 24400 |
| 俄罗斯农业科学院 | 2000 年 | 12834 | 1165 | 4786 |
| | 2005 年 | 13350 | 1374 | 4958 |
| | 2006 年 | 13430 | 1405 | 5070 |
| | 2007 年 | 13914 | 1539 | 5222 |
| | 2008 年 | 13367 | 1571 | 5103 |
| | 2009 年 | 13200 | 1589 | 5105 |
| | 2010 年 | 12642 | 1567 | 4957 |
| | 2011 年 | 12273 | 1562 | 4855 |
| 俄罗斯医学科学院 | 2000 年 | 7166 | 1621 | 3607 |
| | 2005 年 | 7842 | 1939 | 3672 |
| | 2006 年 | 7859 | 1949 | 3679 |
| | 2007 年 | 8007 | 1984 | 3731 |
| | 2008 年 | 7798 | 1958 | 3690 |
| | 2009 年 | 7998 | 1969 | 3766 |
| | 2010 年 | 7393 | 1905 | 3522 |
| | 2011 年 | 7378 | 1970 | 3442 |
| 建筑科学院 | 2000 年 | 239 | 23 | 84 |
| | 2005 年 | 424 | 26 | 97 |
| | 2006 年 | 445 | 29 | 94 |
| | 2007 年 | 461 | 36 | 91 |
| | 2008 年 | 462 | 38 | 92 |
| | 2009 年 | 396 | 38 | 96 |
| | 2010 年 | 420 | 33 | 95 |
| | 2011 年 | 382 | 31 | 91 |

续表

| 科研机构 | | 研究人员总数 | 其中 | |
|---|---|---|---|---|
| | | | 博士 | 副博士 |
| 教育科学院 | 2000 年 | 1086 | 190 | 524 |
| | 2005 年 | 1116 | 189 | 490 |
| | 2006 年 | 1168 | 207 | 512 |
| | 2007 年 | 1176 | 237 | 539 |
| | 2008 年 | 1016 | 200 | 487 |
| | 2009 年 | 1136 | 237 | 521 |
| | 2010 年 | 1065 | 239 | 500 |
| | 2011 年 | 1044 | 241 | 507 |
| 俄罗斯艺术科学院 | 2000 年 | 84 | 19 | 33 |
| | 2005 年 | 64 | 22 | 33 |
| | 2006 年 | 64 | 22 | 33 |
| | 2007 年 | 122 | 24 | 31 |
| | 2008 年 | 96 | 24 | 31 |
| | 2009 年 | 74 | 23 | 28 |
| | 2010 年 | 165 | 23 | 44 |
| | 2011 年 | 161 | 23 | 42 |

资料来源：［俄］俄罗斯联邦国家统计局：《俄罗斯统计年鉴（2012）》，第 556 页。

### （三）科研投入与科研成果

1. 中央财政对科研经费投入急剧增长

经费投入是科研事业的重要物质保障。俄罗斯官方统计资料显示，最近 10 年中央财政明显加大了对科学研究事业的投入。具体来说，2000 年投入科研领域的联邦预算为 173.96 亿卢布，其中用于基础研究的经费为 82.19 亿卢布，用于实用研究的经费为 91.77 亿卢布。截至 2011 年对科研领域的总投入提高到 3138.99 亿卢布，增长了 17 倍，其中用于基础研究的经费提高到 916.85 亿卢布，增长了 10.15 倍，用于实用研究的经费更是提高到 2222.15 亿卢布，增长了 23.21 倍。对科研领域的投入在联邦预算和国内生产总值中的占比也相应地从 1.69% 和 0.24% 提高到 2.87% 和 0.57%（参见表 6—18）。

表 6—18　　俄罗斯联邦政府科学拨款

| 年份 | | 2000 | 2005 | 2006 | 2007 | 2008 | 2009 | 2010 | 2011 |
|---|---|---|---|---|---|---|---|---|---|
| 联邦预算拨款（百万卢布） | | 17396.4 | 76909.3 | 97363.2 | 132703.4 | 162115.9 | 219057.6 | 237644.0 | 313899.3 |
| 其中 | 用于基础研究 | 8219.3 | 32025.1 | 42773.4 | 54769.4 | 69735.8 | 83198.1 | 82172.0 | 91684.5 |
| | 用于实用研究 | 9177.1 | 44884.2 | 5489.8 | 77934.0 | 92380.1 | 135859.5 | 155472.0 | 222214.8 |
| 占联邦预算比重（%） | | 1.69 | 2.19 | 2.27 | 2.22 | 2.14 | 2.27 | 2.35 | 2.87 |
| 占国内生产总值比重（%） | | 0.24 | 0.36 | 0.36 | 0.40 | 0.39 | 0.56 | 0.53 | 0.57 |

资料来源：[俄] 俄罗斯联邦国家统计局：《俄罗斯统计年鉴（2012）》，第 563 页。

2. 科研成果市场转化情况有所改善

最近 10 年，全俄专利申请数量、专利获批数量和专利使用数量总体呈上升趋势。相对于 2005 年，2011 年专利申请数量上升了 28.40%，专利获批数量上升了 28.26%，专利使用数量上升了 44.26%。由此可见，专利使用数量的增长速度快于专利申请数量的增长速度。长期以来专利利用率低、转化不畅是俄罗斯社会的老大难问题，经济转轨之后这一状况显然已经有所改善，这是一个十分积极的现象。

表 6—19　　俄罗斯专利申请、批准、使用情况　　单位：个

| 年份 | 2000 | 2005 | 2006 | 2007 | 2008 | 2009 | 2010 | 2011 |
|---|---|---|---|---|---|---|---|---|
| 专利申请 | 28688 | 32254 | 37691 | 39439 | 41849 | 38564 | 42500 | 41414 |
| 批准专利 | 17592 | 23390 | 23299 | 23028 | 28808 | 34824 | 30322 | 29999 |
| 专利使用 | — | 164099 | 171536 | 180721 | 206610 | 240835 | 259698 | 236729 |

资料来源：[俄] 俄罗斯联邦国家统计局：《俄罗斯统计年鉴（2012）》，第 566 页。

在这方面，俄罗斯学者有自己的评价。拉德齐霍夫斯基指出："我们一直在和美国比较。但能够相提并论的只有'火箭长度'。在其他领域，

首先是在科学和技术上，我们与美国，甚至欧盟主要国家都不在一个量级，只能与金砖国家一较长短”。“即使在金砖国家中，比较也不仅有利于俄罗斯。比如，2014 年，中国发表了 45.3 万篇学术论文，15.2 万篇被引用；印度发表了 11.4 万篇，3.5 万篇被引用；巴西发表 6 万篇，1.75 万篇被引用；俄罗斯发表 5 万篇，1.5 万篇被引用”。结论是：“在知识地缘政治中，俄罗斯的领地越来越小。然而，在 21 世纪，我们的社会还沉迷于 19 世纪的地缘政治”①。

## 三　人口政策及其实施前景

### （一）俄罗斯政府人口政策构想

俄罗斯政府的人口政策主要反映在《俄罗斯联邦 2015 年前人口政策构想》和《俄罗斯联邦 2025 年前人口政策构想》当中。

1. 俄罗斯 2015 年前人口政策构想

《俄罗斯联邦 2015 年前人口政策构想》② 由俄罗斯联邦劳动和社会发展部制定，完成于 2000 年 10 月，2001 年 12 月获俄罗斯政府批准。该构想认为，当前国内的人口基本状况，特别是其中一系列不良的人口因素，对俄罗斯的国家安全和经济安全已经构成现实的或潜在的威胁。

《俄罗斯联邦 2015 年前人口政策构想》为现阶段俄罗斯人口政策确定的基本目标是：逐步稳定人口数量，为未来的人口增长创造必要的先决条件。

《俄罗斯联邦 2015 年前人口政策构想》强调，改善人口形势首先要通过延长人均寿命、提高出生率、降低死亡率的办法来稳定人口数量，同时，为了发挥现有人力资源的潜力，必须合理调配人口分布，进而改善目前极为不合理的国内生产力地区结构。

《俄罗斯联邦 2015 年前人口政策构想》确定的现阶段俄罗斯人口政策的主要任务如下：

---

① ［俄］列昂尼德·拉德齐霍夫斯基：《知识地缘政治》，《俄罗斯报》2015 年 10 月 13 日。

② ［俄］俄联邦政府：《俄罗斯联邦 2015 年前人口政策构想》，Концепция демографической политики Российской Федерации на период до 2015 года，http：//www. akdi. ru/econom/program/demogr. HTM。

首先，在增强健康和提高人均寿命方面。

（1）改善生活质量，提高居民预期寿命，减少过早死亡和非正常死亡，特别是降低初生婴儿、少年儿童和适龄劳动力人口的非正常死亡率；

（2）改善居民生殖健康；

（3）提高健康（积极）寿命，减少疾病传播和意外伤害；

（4）提高慢性疾病患者和残疾人口的生命质量，为他们提供实现其自身仍然具有的健康潜力的条件。

其次，在刺激生育和巩固家庭方面。

（1）为提高出生率创造条件，促进家庭规模的扩大，由目前少量子女（1—2 个）占优势的状态向中等数量子女（3—4 个）占优势的状态转变；

（2）全面巩固家庭关系，家庭应被视为个人生命活动和正常社会化的最合理的形式；

（3）为青年人实现自我创造条件；

（4）对有责任赡养子女的父母提供社会保障和物质奖励。

最后，在移民和居民安置方面。

（1）合理调节移民流，建立积极的人口自然损失补充机制；

（2）提高移民流的效率，力争使其在规模、方向、结构上与俄罗斯联邦的社会经济发展前景相适应；

（3）确保外来移民在俄罗斯共同体中的一体化，使其有机地融入俄罗斯社会，同时形成对移民宽容的社会局面。

人口政策还在保护健康和提高居民寿命、刺激生育和巩固家庭、移民和移民安置等方面确定了优先领域。

2. 俄罗斯 2025 年前人口政策构想

《俄罗斯联邦 2025 年前人口政策构想》① 于 2007 年 10 月获正式批准。该构想是对 7 年前制定的《俄罗斯联邦 2015 年前人口政策构想》的延续、修订和补充。比起原有构想更加详细和具体，并且提出了一系列量化

① ［俄］俄联邦政府：《俄罗斯联邦 2025 年前人口政策构想》，Концепция демографической политики Российской Федерации на период до 2025 года，http：//www. demographia. ru/articles_ N/index. html? idR = 5&idArt = 947。

指标，更具指导意义和实践价值，在移民政策上也显得更为积极和务实。

新构想重新确定了人口政策的目标、原则、任务和基本方向。

人口政策目标是：稳定人口数量，提高生命质量，延长人均预期寿命。具体目标是：到2015年将人口数量稳定在1.42亿—1.43亿，力争到2025年使人口总量增加到1.45亿；到2015年将人均预期寿命增加到70岁，到2025年再增加到75岁。

《俄罗斯联邦2025年前人口政策构想》指出，联邦人口政策目标能否实现，在很大程度上取决于能否顺利解决广泛的社会经济发展任务，包括确保经济的稳定增长和居民福利的增长，降低贫困率，减少收入分化，大力发展人力资本，建立高效的社会基础结构（卫生保健、教育、居民社会保障），建立廉价住房市场，建立灵活的劳动市场，改善流行病医疗防治状况。

人口政策的原则包括以下几点：

——落实人口任务的措施必须紧紧围绕死亡率、出生率、移民这些人口发展的主要方向及其相互关系来制定；

——分清主次，优先选择每一个人口发展方向上最紧迫的问题并寻求高效的解决机制；

——对现阶段人口发展趋势做出及时反应；

——在制定和落实地区人口规划时充分考虑人口发展的地区特点和不同路径；

——国家权力机构与社会团体相互配合；

——法律部门和国家权力执行机构在联邦、地区、市政各个层面协调行动。

《人口政策构想》确定的人口政策的基本任务如下：

（1）将死亡率降低37.5%，首先是降低适龄劳动力年龄段人口的死亡率；

（2）将产妇和婴儿死亡率降低50%以上，增强人口再生产健康，增强少年儿童的健康；

（3）保护和增强居民健康，提高积极生命寿命，为推广健康的生活方式创造条件，降低患病率，改善疾病患者和残疾人的生活质量；

（4）提高出生率，将总和生育指标提高50%，鼓励育龄妇女生育两个或更多的孩子；

（5）巩固家庭，恢复和维护家庭关系的精神道德传统；

（6）根据人口和社会经济发展需要吸收移民，同时要充分考虑他们的社会适应能力和一体化的必要性。

《人口政策构想》还对吸纳移民及相关工作做了具体阐述：协助居住在国外的俄罗斯公民自愿回迁到俄罗斯联邦的常住地，同时鼓励旅居国外的俄罗斯侨民返回俄罗斯；吸收掌握熟练技术的外国专家，包括毕业于俄罗斯高等院校、在俄罗斯常住地居住的毕业生，吸收来自外国的青年（首先是来自独联体成员国、拉脱维亚共和国、立陶宛共和国和爱沙尼亚共和国）到俄罗斯联邦学习和进修，并赋予他们在学业结束时优先获得俄罗斯国籍；完善俄罗斯联邦移民法；制定社会经济措施以提高对移民的吸引力，从而促使移民回流；制定和实施联邦和地区规划，为外来移民适应新的环境以及在尊重俄罗斯文化、宗教、风俗、传统和生活方式的基础上融入俄罗斯社会创造良好的条件；为外来移民与俄罗斯社会的一体化创造条件，在当地居民和来自其他国家的移民之间营造宽容的社会氛围，预防民族宗教冲突。

此外，《人口政策构想》还根据俄罗斯的社会实际指出了落实人口任务的具体工作方向。

《人口政策构想》将实施目标的进程分作3个阶段，并为每个阶段规定了具体的指标。

1. 第一阶段（2007—2010年）

第一阶段的主要任务是克服当前的不利因素，扭转现有的人口发展趋势，采取措施降低由道路交通事故和心血管疾病造成的人口死亡率，提高对妇女在孕期和产期的医疗救助质量，对有子女的家庭给予国家物质资助，包括考虑到消费价格上涨的指数津贴。

采取专门措施以预防和及时发现职业病，改善劳动条件；促进育儿妇女就业，提高她们在劳动力市场上的竞争力；发展学龄前教育基础设施，在学龄前教育机构中确保劳动妇女子女的优先地位；制订推广健康生活方式的长期计划；提高移民吸引力。

在第一阶段，各联邦主体应根据各自的特点（农村人口比重、业已形成的家庭模式、风俗习惯和传统）制订出改善现有人口形势的地区人口计划，该计划应当符合国家制订的在教育、卫生、住房和农业领域的国家优先发展规划。在制订计划时要分清轻重缓急，首先关注最尖锐的问题并设法加以解决。此外，《人口政策构想》还强调，在第一阶段，要为降低人口危机程度建立法律、组织和财政基础创造条件，增强目前在人口发展方面已经出现的积极趋势。《人口政策构想》指出，落实第一阶段政策措施的前提是降低人口自然损失和确保外来移民的增长。

2. 第二阶段（2011—2015 年）

第二阶段应继续实行稳定人口形势的措施，工作重点是巩固健康生活方式计划，落实专业措施促进育儿妇女就业，采取有效措施预防和及时发现职业病，分阶段减少对人口再生产健康有害和危险的劳动岗位。到 2015 年，彻底改善居民健康状况，为建立舒适的家庭生活和教育子女创造条件。政府将继续向育儿妇女提供“母亲资本”，同时还将制定新的措施扩大廉价住房建设、发展补充教育服务。

2016 年前应实现下列目标：

（1）将人口数量稳定在 1.42 亿—1.43 亿的水平上；

（2）将人口预期寿命指标提高到 70 岁；

（3）将总和生育系数在 2006 年的基础上提高 30%，将人口死亡率降低 1/3；

（4）减少有专业技能的人口外流，扩大接受外来人口（包括居住在国外的俄罗斯同胞、外国专家和青年）的规模，确保在此基础上外来移民增长水平每年不低于 20 万人。

3. 第三阶段（2016—2025 年）

第三阶段应当在分析人口计划的落实对人口形势产生的影响的基础上，对国内人口形势可能出现的恶化采取必要的预先防范措施。由于第三阶段初期育龄妇女数量显著下降，需要采取一系列补充措施以鼓励她们生育第二个和第三个孩子。为了弥补由于可能出现的生育率降低而产生的人口自然损失，必须积极开展接纳适龄劳动力年龄的外来移民的工作。

到 2025 年应实现下列目标：

（1）确保人口数量逐渐增加到 1.45 亿（包括外来移民）；

（2）将人均预期寿命提高到 75 岁；

（3）将总和生育率系数在 2006 年的基础上提高 50%，死亡率下降 37.5%；

（4）确保外来移民每年增加 30 万以上。

### （二）落实构想的财政规模和来源

为了使政策构想得以真正落实，《人口政策构想》还对财政保障措施进行了论述，要求多方筹措资金，资金来源包括各级政府的预算内资金（含联邦预算、联邦主体预算、市政预算）和国家预算外资金以及商业和社会组织、慈善机构以及其他非预算资金。

### （三）俄罗斯人口政策实施前景

《俄罗斯联邦 2015 年前人口政策构想》实施期已经基本结束，《俄罗斯联邦 2025 年前人口政策构想》正式推出也已经 8 年，从这一时期俄罗斯人口发展状况来看，应当说两项构想所体现的积极的人口政策对于提高生育率、稳定人口形势起到了一定的积极作用，具体证明就是出生率有所回升。2003—2006 年，俄罗斯全国平均人口出生率大致为 10.2‰—10.4‰，这一水平高于 20 世纪 90 年代中后期，基本恢复到了 90 年代初的水平。随后的 2007—2013 年，出生率又有所上升，达到 11.3‰—13.3‰。但是，死亡率指标却没有得到显著改善，2000—2006 年一直维持在 15.3‰—16.4‰的高水平上，明显高于同期的出生水平，因而人口自然增长情况并没有发生显著变化，大体与 20 世纪 90 年代相当，也就是说，总体人口发展趋势依然呈逐年下降的态势。2007—2013 年，死亡率依然很高，大体在 13.0‰—14.6‰之间，仍然高于同期出生率。俄罗斯经济发展部在《2007—2009 年俄罗斯社会经济发展预测》中也指出，俄罗斯政府改善人口状况的措施不力。该报告称，人口老龄化和 20 世纪 90 年代出生人口数量少造成的“人口空洞”是人口问题的关键。俄罗斯常住人口数量每年将减少 60 万。虽然俄罗斯出生总人数在持续缓慢增长，但是未来几年都不会出现出生高潮。此外，吸引境外俄罗斯族人口回迁工作也并不乐观。[①]

---

① 参见俄罗斯新闻社《专家认为俄政府改善人口状况的措施不力》，2006 年 8 月 14 日，http：//rusnews.cn。

为了鼓励妇女生育，俄罗斯各级政府相继出台的优惠政策不一而足。莫斯科市政府决定将用于鼓励生育的拨款从2006年的250亿卢布增加到360亿卢布，此后还将根据实际情况稳步增加。自2007年起，莫斯科家庭在生育第二胎时获得的一次性补贴将从原先的2000卢布涨至1万卢布。地处西伯利亚的布里亚特共和国做出规定，居民每多生一个孩子，政府将给予1万美元的补贴，补贴不以现金形式发放，而是用于直接冲抵三方面的费用：孩子就读私立中小学的学杂费（公立学校实行完全义务教育，因此不收费）、高等教育学费支出、父母在孩子3岁后购买房屋的住房贷款。如果家长没有选择上述三种方式领取补贴的话，那么这1万美元将归入孩子母亲退休后的养老金。甚至有人提议，应效法苏联卫国战争时期的经验，恢复向国民征收无子女税，以此促使已婚未育家庭繁衍后代，同时用征收来的资金补助多子女家庭。

2006年，俄罗斯财政部、经济发展部等多个部门共同制定了旨在改善俄罗斯人口形势的一整套措施，包括提高出生率和完善移民程序。国家杜马通过了《关于修改〈为多子女的居民发放国家补贴法〉和〈对多子女家庭给予国家扶持的补充措施法〉》的联邦法律草案，目的在于具体落实普京总统在国情咨文中提出的有关改善人口形势的设想。法案规定：增加对子女的看护补贴金额，直至其长至一岁半；对孩子的学龄前教育开支予以补偿；为2007年1月1日后生育小孩，且已有2个以上孩子的女性提供“母亲基金”。

从某种角度说，俄罗斯政府人口政策的实质就是一个庞大的财政补贴计划，或者干脆说是一项“赎买政策”，无异于政府花费重金向民众“订购”儿童。采取经济手段刺激人口出生率增长实为无奈之举，普京自己也承认这需要巨大的资金投入，费用高昂。前财政部长库德林在任上就曾不无抱怨地表示，这是一项史无前例的补助计划，它的花费将远远超过财政预算，补助金的财政拨款速度将大大高于人口出生速度。据初步估计，单是落实普京总统在2006年国情咨文中所提到的人口规划，联邦预算开支起码要达到每年300亿—500亿卢布。① 而根据笔者初步估算，

① 参见俄罗斯新闻社《俄实施人口规划预算开支将达到300亿卢布/年》，2006年5月23日，http：//rusnews. cn。

实际数目要远高于上述估计。以 2003 年俄罗斯新生婴儿 150.25 万[①]为例，单是新生婴儿生活补贴一项一年就是 270 亿卢布，以十分之一育儿妇女享有“母亲基金”计算就需要 369 亿卢布，仅此两项相加就是 639 亿卢布，此外再加上第二胎婴儿差额补贴、学龄前儿童教育补贴、孕产妇工资补贴、收养孤儿家庭补贴、孤儿安置费、建立保健中心网等各项支出，保守的估计也在 1000 亿卢布以上。这实在是一笔庞大的开支，对于俄罗斯这样一个经济发展很不稳定的国家来说无疑是个不小的负担。上述设想如能顺利化为政府行政措施，无疑会对遏制人口危机起到积极的作用。但是，要想以此来根本扭转俄罗斯人口下降趋势则是不现实的，最终的结果很可能如库德林所说的那样，财政拨款快速增加，而人口出生速度并未明显提高。

其实，以财政补贴的方式换取民众多育子女的政策早在苏联时期就已实行过，苏联解体后，俄罗斯政府一直沿袭着这种做法，为鼓励青年人早婚、早育、多育、优育，规定 1 岁以下的儿童可以领取一份法定最低工资，1 岁半至 6 岁儿童可领取最低工资的 70%，6 岁至 16 岁少儿可领取最低工资的 60%，此外对单身母亲和多子女家庭还予以额外补贴。然而多年的实践证明，这些政策实施得并不理想，它没有也不可能真正起到遏制出生率下降的作用。

基于历史的经验判断，俄罗斯政府的“婴儿赎买”政策的效用将是有限的。从历史上看，俄罗斯人口下降有其自身发展的必然性，它既是一个社会经济问题，同时更是一个观念意识问题和社会发展程度问题，因而，单靠经济手段是难以根本奏效的，要想彻底改变这种状况，就必须改变全社会几代人多年来形成的价值观，首先是生育观，但是要做到这一点谈何容易。在人们的观念没有得到根本性改变之前，采取任何经济手段和行政措施其效果都将是有限的。从长远看，要保持俄罗斯人口数量的稳定，唯一真正有效且立竿见影的办法是大量吸收外来移民，若不采取更加积极的移民策略，加大外来移民的引进力度，是不可能改变人口下降的大趋势的。这一点已经为最近十余年俄罗斯人口发展历程所反复证明。

---

① 参见［俄］联邦国家统计局《2005 年俄罗斯统计年鉴》，第 105 页。

为了引进人口同时又不使国内民族结构发生变化，俄罗斯政府寄希望于独联体国家的俄罗斯人大量回归。但是，俄罗斯政府也十分清楚，这种希望并不现实，在政府制定的《俄罗斯联邦2015年前人口政策构想》中就这样写道："独联体国家向俄罗斯移民的潜力正在日益下降，这反映在来自独联体国家的移民数量逐年减少。1991—1995年，来自独联体和波罗的海沿岸地区的移民总数为254.1万，1996—2000年下降到173.9万。在未来的移民进程中，非俄罗斯族人口和非俄语民族人口将大量出现，这将使俄罗斯联邦人口的民族构成日益多样化，并在一定程度上改变俄罗斯的民族结构。"①

外来移民在俄罗斯是个异常敏感的问题。俄罗斯到底应不应该接收外来移民？如何接收？接收多少？对移民如何安置、如何管理？给予外来移民以什么样的法律地位？这些问题不断在俄罗斯社会引发广泛的讨论，各个阶层都有人强烈反对接收外来移民，要求政府对外来移民严加限制、严加防范。几年前，在俄罗斯社会占据上风的观点是国家应当限制外来人口，《俄罗斯联邦国籍法》的第一份草案就是以此为依据制定的，对外来移民的引进进行了极其严格的限制。随后的俄罗斯人口发展状况证明，这项政策显然有悖于俄罗斯国家的根本利益，因此遭到了包括普京总统在内的各界有识之士的尖锐批评。俄罗斯社会由此又开始重新讨论外来移民问题，并最终得出了比较广泛的共识——土地广阔、缺乏劳动力、人口总量持续下降的俄罗斯需要外来移民，为了发展经济、巩固国防、补充劳动力，俄罗斯必须引进外来移民。但是，在外来移民的安置、就业、就学、法律地位以及保护移民文化等诸多问题上依然存在着很大的争议。总之，俄罗斯社会对待外来移民是缺乏宽容精神的，民众普遍存在着对外来移民的抵触情绪。

因此，从某种意义上说，俄罗斯的人口前景取决于俄罗斯政府对外来移民的引进力度，取决于俄罗斯社会对外来移民的接受程度。

---

① 《俄罗斯联邦2015年前人口政策构想》，Концепция демографической политики Российской Федерации на период до 2015 года，http：//www.akdi.ru/econom/program/demogr.HTM。

# 第七章

# 创新经济发展现状

由于苏联时期长期僵化的计划经济体制的影响，也由于美苏争霸期间过度发展能源、军工、国防等行业等多种原因，俄罗斯独立后，其经济结构不合理的现象日益明显。尤其是2003—2008年，俄罗斯经济虽一度获得快速发展，但这时期俄罗斯经济的发展过分依赖能源和原材料的出口，经济结构不均衡的倾向继续加剧。如何改变这种趋势？俄罗斯国内对此逐步形成了新的认识，认为倘若经济发展过分依靠能源和原材料出口，将对俄罗斯经济的长期发展不利，俄罗斯也不可能成为与其大国抱负相匹配的有影响力的世界大国。俄罗斯必须调整经济结构，改变对能源原材料的过度依赖，转变其落后的经济增长方式，逐步培育中小企业的发展，大力发展高科技、创新技术，努力实现现代化，着重提高产能效率和产品的高附加值。总之，只有努力发展“创新经济”才是俄罗斯经济发展的未来方向。实现“创新经济发展”也成了俄罗斯经济发展的国家战略。①

## 一 俄罗斯对创新经济理论的认识

人类的经济活动就是不断创新的历史。现代经济学中的创新经济学理论由奥地利籍经济学家熊彼特提出，经过近一个世纪的发展，逐步形成了完整的理论体系。在经济全球化的背景下，俄罗斯对创新经济的认

---

① 2011年12月8日，俄罗斯政府通过了《2020年前创新发展战略》，正式确定“创新经济发展”为俄罗斯经济发展的国家战略。

识在不断加深。

### （一）创新经济学理论

经济学领域的“创新经济理论”是奥地利经济学家约瑟夫·熊彼特（Joseph Alois Schumpeter）在1911年出版的《经济发展理论》中首先提出的。在该书中，熊彼特把“创新”定义为建立一种生产函数，即企业家对生产要素的新的结合。熊彼特初次区分了“经济发展”和“经济增长”，他认为由人口和资本的增长带来的变化只是“量的增长”；而通过要素的新的组合，使经济发生本质的变化才能带来“实质性的发展”。他认为“创新”是推动经济增长的动力，且创新型增长有一定的周期性。其周期性规律为：创新推动经济增长，为创新者带来利润，而其他企业为了获取利润，也会对其进行模仿，这种模仿会引起经济的普遍高涨。但当大部分企业都模仿统一创新之后，经济开始出现停滞。这时，必须进行新一轮的创新。[①] 熊彼特的创新经济学理论随后出现了两个重要的理论分支：以技术变革和技术推广为核心的“技术创新经济学”和以制度变革和制度形成为核心的“制度创新经济学”。20世纪50年代以后，随着科学技术的迅猛发展，尤其是随着以微电子技术为核心的新一轮科技革命的兴起，许多国家的经济出现了长达20年高速增长的黄金期，技术创新对人类社会和经济发展的影响越来越大，技术创新经济学理论的研究也得到了进一步的发展，又衍生出区域创新、产业集群创新等理论；而制度创新经济学理论认为，科学技术的进步对经济的发展虽然起重要作用，但真正起关键作用的是制度，包括所有制、分配、机构、管理、

① 熊彼特在1911年出版的《经济发展理论》一书中首次提出了“创新理论”，随后又相继在《经济周期》（1939年）和《资本主义、社会主义和民主主义》（1942年）两书中加以运用并逐步完善，形成了以“创新理论”为基础的独特的经济学理论体系。他强调生产技术的革新和生产方法的变革是资本主义经济发展过程中最核心的动力。熊彼特的“创新”理念可归纳为产品创新、工艺创新、市场创新、资源配置创新和组织创新（“组织创新”也可以看成是初期的狭义的制度创新）。第二次世界大战后，许多著名的经济学家进一步研究和发展了创新理论。20世纪70年代以来，经济学者用现代统计方法验证熊彼特的观点，使“创新”的经济学研究日益精致和专门化，仅“创新模型”就先后出现了许多种，其代表性的模型有：技术推动模型、需求拉动模型、相互作用模型、整合模型、系统整合网络模型等，构建起技术创新、机制创新、创新双螺旋等理论体系，形成关于“创新”的一整套完善的经济学理论。

法律、政策等因素。技术创新经济学理论和制度创新经济学理论彼此相互补充，逐渐为创新经济学理论对经济实践产生指导作用奠定了重要的理论基础。

20世纪八九十年代，随着全球化步伐的加快，世界经济逐步由工业经济向知识经济转型，各国对技术型人才的需求在增加、对知识产权的保护意识逐步增强，对技术创新领域的投资迅速增加，从事科技研发的部门规模迅速扩大，技术创新产业成为国民经济增长的主要因素。由于科技创新需要的投入不断增加，风险也随之增加，单一企业逐渐无法独立承担某些科技创新的风险。在此背景下，科技创新的竞争层次由企业层面上升到国家层面。毕竟，国家在知识的生产、传播、应用方面承担着重要的功能，政府肩负着科技知识的研发与投入的职责。而且，政府往往从总体上对科学技术知识的生产、扩散和应用进行指导。在此背景下，克里斯托弗·弗里曼（Christopher Freeman）于1987年提出了"国家创新系统"（National Innovation Systems）的理论。弗里曼特别强调国家创新体系中政府政策、企业及其研究与开发、教育和培训、产业结构四个要素的作用，这一理论体系在对技术创新理论和制度创新理论分别继续深化研究的基础上又融合了二者的优势。随后不久，纳尔逊（R. Nelson）在1993年主编的《国家创新系统》一书中又提出由于技术进步和科技发展过程中存在不确定性，因而不能事前确定哪一种发展战略是最好的，只能事后由市场对这一问题做出回答。在这种情况下，政府的主要任务就是保证技术的多元性以及制度安排上的多样性，建立一种分享技术知识的机制和不同机构之间的合作机制。这些机构、组织的协调发展能够有助于科学技术更好地融入实际的经济活动之中。① 这样，在20世纪后半期，经诺贝尔经济学奖获得者一再补充完善，又经未来学者、社会学者的不断完善、推广，创新型理论逐渐成为一套完整的影响世界各国经济发展的理论②。

---

① Национальная Иновационная Система России，http：//www. auditfin. com/fin/2007/3/Chebonarev/Chebonarev% 20. pdf.

② 经过阿尔文·托夫勒（Alvin Toffler）、福朗西斯·福山（Francis Fukuyama）、丹尼尔·贝尔（Daniel Bell）等人的逐步完善、推广，创新型理论逐渐在除经济学外的其他领域也成为对现代社会发达国家产生重要影响的理论。

根据目前通行的创新经济学理论，“创新经济”有四个基本标准：

（1）国家对科技创新和研发的高投入（通常科技研发支出占国内生产总值的比例在2%以上）；

（2）科技创新对经济增长的贡献率明显（通常超过70%）；

（3）自主科研创新能力强，国家对外技术依存度指标低（通常在30%以下）；

（4）科技创新高产出（世界上公认的20个左右的创新型国家所拥有的发明专利数量占全世界总数的99%）。[①]

一般认为，“创新经济”首先出现在美国。[②] 目前，在世界各国中提出创新经济的国家通常都是主要的发达国家，如美国、德国、英国、日本、以色列、瑞典、芬兰等国。有统计表明，21世纪初，西方发达国家的经济发展中国内生产总值的75%—90%依赖于创新型部门，而俄罗斯只有10%左右[③]，明显落后于西方发达国家。在创新水平总体落后的情况下，俄罗斯的经济又处于非常不合理的结构之中，能源和原材料在国民经济结构中的比重过高。这凸显了苏联时期优先发展重工业战略导致的俄罗斯经济结构的失衡，2003—2008年，俄罗斯经济依靠初级产品出口获得短期的高速增长，但长此以往，俄罗斯将不得不沦落到和能源及原材料出口国相竞争的地步，经济对外依赖性将逐步提高，这绝不符合俄罗斯的世界大国地位和大国抱负。[④]

### （二）俄罗斯对创新经济的认识

俄罗斯对创新经济发展的认识经历了一个历史过程：俄罗斯早在20

---

① Инновационная экономика—стратегическое направление развития России в XXI веке, http：//stra. teg. ru/lenta/innovation/515.

② 阿尔文·托夫勒把1956年当作美国出现创新经济的起点：1956年作为第二次经济浪潮标志的烟筒逐渐消失和第三波新经济的诞生，白领人群数量开始超过蓝领人群，随后，1957年苏联人造卫星发射，这些都标志着一个新时代的来临。

③ Развитие иновационной составляющей экономики России：перспективы и роль экономической политики，http：//www. buzdalin. ru/text/innovation_ rus. pdf.

④ Russia's National System of Innovation：Strengths and Weaknesses. Studying the Business Sector of Russia's NSI，http：//www. globelicsacademy. net/.

世纪 90 年代就提出了发展创新经济的问题[①]，但当时由于种种现实条件不足，在俄罗斯实施创新发展进展缓慢；2003—2008 年，随着一轮国际能源价格的上涨，俄罗斯总体经济形势趋好，也逐步具备了逐步实施创新型发展的条件，以 2006 年普京总统的国情咨文为标志，俄罗斯开始制定一系列创新经济发展战略，先后通过一系列具体措施，开始积极推动创新经济发展战略的实施。但在当时，这种认识和推动仅在俄罗斯政府、政党层面（2006 年 12 月，统俄党第七次大会通过了该党的纲领，把发展创新经济作为该党的三大优先任务之一列入纲领，并且其中有一章专门讨论了俄罗斯的工业经济政策和发展创新经济的政策。[②] 统俄党力图使发展创新经济的观念在俄国内逐步达成共识，并成为俄联邦的政策）。在统俄党和俄罗斯政府的推动下，2007 年 4 月 26 日，在普京总统致俄罗斯联邦委员会的国情咨文中确定了俄罗斯经济的优先发展方向，并开始逐步推行创新经济发展的具体措施。[③]

2007—2009 年的全球经济金融危机背景下，国际市场上能源和初级产品价格剧烈波动，俄罗斯经济深受影响，成为 G20 国家中受危机打击最为严重的国家[④]，俄罗斯的世界竞争力排名逐步落后（2001 年名列第 58 名，2003 年第 61 名，2006 年第 79 名[⑤]）。俄罗斯社会再次认识到对能源和原材料的过分依赖将不利于俄罗斯经济的长期稳定发展，俄罗斯出现了新一轮重视创新经济、调整产业结构的高潮，“创新”和“现代化”在梅德韦杰夫任总统期间（2008—2012 年）成为俄罗斯经济领域的“关键词”，在创新的基础上实现俄罗斯经济的现代化也逐渐成为俄罗斯经济发展的战略目标。普京甚至强调：“经济实行创新型发展是俄罗斯的唯一选择”[⑥]。

2012 年下半年开始，俄罗斯经济出现趋势性下滑迹象，其经济结构

---

① 1997 年提出了建设俄罗斯国家创新战略体系的战略目标，1998 年制定了《俄罗斯 1998—2000 年国家创新政策构想》等。

② Программное заявление, *Единой России*, http: //www. ercao. ru/party/.

③ Послание Федеральному Собранию Российской Федерации, http: //archive. kremlin. ru/.

④ Anders Aslund, Russia after the global economic crisis, Washington, 2010.

⑤ WEF Global Competition Report 2006.

⑥ 普京：《普京文集》，中国社会科学出版社 2008 年版，第 677 页。

失衡弊病日益凸显；2013 年乌克兰危机导致西方对俄罗斯实施经济制裁，外部面临严峻形势；2014 年，国际原油价格再次大幅度下跌甚至突破历史低点，俄罗斯经济深受打击（卢布汇率暴跌至历史低点、资本外逃严重、外汇储备严重缩水、通货膨胀再度高涨）。经济严重依赖能源和初级产品出口的弊病迫使俄罗斯必须尽快寻找摆脱危机的出路。在此背景下，发展创新经济就不仅是俄罗斯经济发展适应全球化的挑战而必须采取的应对措施，同时也是俄罗斯经济实现可持续发展的内在要求。毕竟，创新型发展希望通过科技创新和制度创新来实现经济要素的重新组合，可以促进俄罗斯经济结构调整和社会进步，是符合现代世界经济发展理念、符合俄罗斯大国抱负、符合俄罗斯经济发展自身特点的理性选择。

## 二　创新经济的制度性安排

根据创新经济理论，国家创新体系是创新经济的基础，该体系涉及创新经济的法律基础、相应的机构设置、目标战略、创新基础设施（金融、科研、技术创新、教育、社会机构、创新性企业）等多种因素。为推动创新经济在俄罗斯的发展，在创新经济理论的影响下，俄罗斯在本国的创新体系涉及的方方面面都做了较为细致的制度性安排。

### （一）创新经济的战略目标

经过细致的研究准备，2010 年 12 月俄罗斯联邦经济发展部发布了到 2020 年前俄罗斯创新发展战略《创新俄罗斯 2020》。[①] 该文件由四部分组成：创新的人、创新的商业、创新的国家、高校科技，关键是人力资本的发展。该文件把俄罗斯的创新型发展定位为全面现代化的综合战略，提出了俄罗斯创新型发展的基本战略目标，确定了把俄罗斯的创新发展建立在赶超战略、交互式发展战略以及平衡经济和更公平的社会政策基础上，其立足点是科技创新和人才培养，最终目标是到 2020 年前把俄罗斯转变为一个创新性发展的国家。2011 年 12 月 8 日，俄罗斯政府又通过了《到 2020 年前创新发展战略》，正式确定创新经济发展为俄罗斯经济

① http：//otherreferats. allbest. ru/economy/00209038_ 0. html.

发展的国家战略。2012年6月成立的“俄罗斯经济现代化和创新发展委员会”于同年10月24日召开了首次委员会，对俄罗斯当前经济现代化和创新发展所遇到的问题和挑战进行了总结，并提出了进一步实施经济现代化和创新发展的措施。该委员会强调，要在以下两个方面做好工作：第一，继续完善科研体系，为经济现代化、创新活动及创新技术商业化创造综合的发展环境；第二，在具体的经济领域，特别是生物、纳米技术、新材料、未来医疗、节能技术、信息化、航空、科学技术、煤炭及其他资源开采与加工技术领域都制定了详细的发展战略和行动计划。《到2020年前创新发展战略》分两个实施阶段：第一阶段（2011—2013年），第二阶段（2014—2020年），希望到期能实现如下具体目标：

——实行技术创新的工业企业份额总数不低于40%—50%（2009年为9.4%）；

——俄罗斯在世界高技术市场上商品和服务（包括核能、航空、航天、特种造船）的份额达到5%—10%，在某些领域达到5%—7%；

——俄罗斯高新技术产品在世界高新技术产品总出口中的份额提高到2%（2008年为0.25%）；

——创新领域的总附加值在国内生产总值中的比例达到17%—20%（2009年为12.7%）；

——创新产品在工业产品总量中的份额达到25%—35%（2010年为4.9%）；

——国内研发支出占国内生产总值比重达到2.5%—3%（2010年为1.3%），其中超过半数由私有部门承担；

——俄罗斯科研人员在世界学术期刊上发表论文的份额达到3%（2010年为2.08%）；

——俄罗斯科研人员的论文在“科学网”（Web of Science）数据库的单篇文献引用率增至4次（2010年每篇文章平均为2.4次）；

——增加俄罗斯进入世界排名前200位的大学数量，希望达到4所（2010年仅为1所）；

——提高俄罗斯法人和自然人在欧盟、美国和日本专利局登记的专利数量，希望达到2500—3000件（2009年为63件）；

——研发经费在俄罗斯各类重点大学经费结构中的份额增至25%。[①]

### （二）创新经济的法律基础

俄罗斯独立建国后以“三权分立”为原则确立了新的国家制度，在此过程中，用立法的方式为俄联邦政府的行为确立法律基础成为俄罗斯政治经济活动的基本游戏规则。俄联邦政府提出创新型发展的目标之后，为了保障创新经济战略的顺利推行，俄联邦政府先后出台了涉及创新经济发展的170多项法律、法规、决议、决策、战略规划等政府性文件[②]，仅联邦级的法律就有几十项，其中比较重要的有1998年7月24日通过的第832号决议《1998—2000年俄罗斯联邦创新政策纲要和实施计划》；2002年3月20日通过了《2010年前和未来俄罗斯科技发展基本政策》；俄联邦科学创新政策委员会2006年2月15日批准的第1号备忘录《2015年前俄联邦科技和创新发展战略》；俄联邦政府2006年7月6日通过的第977-P号令《研究和制定2007—2012年俄罗斯科技综合体发展的优先方向》、俄联邦教育和科学部2009年11月2日通过的《俄罗斯创新体系和创新政策报告》和俄联邦政府2011年12月8日批准的第2227-P号令《2020年前俄联邦创新发展战略》等，这些政策、法律性文件为俄罗斯的创新经济的发展奠定了法律基础，同时也为创新经济的发展提供了有力的法律保障。

### （三）创新经济的机构性设置

为实现创新经济，建立俄罗斯的国家创新体系，需要有相应的国家机构负责并制定发展战略目标，同时对创新经济的进展进行监督。在俄罗斯创新发展战略《创新俄罗斯2020》中也首次划分了俄联邦政府各部

---

① ИННОВАЦИОННАЯ РОССИЯ-2020，http：//datis.pro/upload/aed/Innovative-Russia-2020.pdf.

② 其他的相关性法律法规还包括：《民法》《税法》《预算法》《商业机密法》《经济特区法》等。为加入世贸组织（WTO）而签署的“马拉喀什协定”即《关于与贸易有关的知识产权协议》《保护工业产权巴黎公约》即“1967年斯德哥尔摩文本”《保护文学和艺术作品伯尔尼公约》等。这些法律法规以法律地位大体可以划分为：国际、俄联邦、俄联邦主体地区性质的法规；按文件本身的性质，可以分为：国际公约、双边或多边协议、联邦或地区法、规定、国家计划、联邦目标性文件、概念、预测等；按调解的目标，可分为专利权相关的法律法规等。

门在创新发展战略中的职责。

推动经济的创新型发展是俄罗斯总统的一项重要职责，在每年一度的国情咨文中要对上年创新经济的发展做出简要回顾，同时对未来的发展提出目标、战略和要求。俄罗斯开始推行创新经济发展的具体措施就是在2007年4月26日在普京总统致俄罗斯联邦委员会的国情咨文中确定的，同时，在该国情咨文中还确定了俄罗斯经济的优先发展方向。2012年6月，又成立了专门的由俄罗斯总统任主席的“俄罗斯经济现代化和创新发展委员会”，该委员会负责规划国家的科技发展优先方向并在此框架下支持部分具体创新型项目。

俄罗斯政府总理总体协调俄联邦政府各部门有关创新经济的具体事务，执行相应的宏观经济政策，创造便利的条件以便创新经济相关项目的顺利进行。在俄罗斯联邦政府的框架内建立了专门的现代化委员会以协调有关创新发展的事务。

俄罗斯联邦经济发展部是负责创新经济的重要机构，具体负责制定经济领域内有关创新经济的重要政策和文件，包括为研发创新企业提供税收优惠、建立风险投资机制以及负责经济特区和科技园区的规划、建设与发展等。该部还负责制定国家的专项发展计划，旨在加强行业部门的创新竞争能力，促进地区创新经济的发展。

俄罗斯教育科技部作为俄罗斯联邦科技创新政策的主要制定者和发起者，负责制定俄联邦科技创新发展的中长期规划，管理俄联邦科技创新系统，确定俄联邦科技创新优先领域及关键技术。俄教育科技部还负责俄罗斯国民教育，包括高校研发创新的管理等。

俄罗斯国防部负责俄军事科技系统的50多家研究所和实验中心，主要涉及的领域包括核能、火箭、船舶、装甲技术等。国防军工企业在俄罗斯工业体系中所占的比重很高，每年投入的创新研发费用也较大。由于部分创新研发技术具有军民两用性质，所以军用技术的创新研发也同样促进整个俄联邦的创新体系的发展。

俄罗斯工业和贸易部负责管理工业部门的相关研究所（如航空、电子、机械制造等）的研发活动，俄联邦对工业领域各部门研发机构的财政支持均通过该部进行。

俄罗斯通信和大众传媒部负责IT技术领域的技术研发、产品生产以及基础设施建设，并且实施“电子俄罗斯”等一系列俄联邦专项计划。

俄罗斯联邦航天署负责俄罗斯民用和军用航天计划，并对航空、航天技术研发及天文科学研究给予支持。

此外，在俄联邦政府部级单位下面设有负责研究与发展的专门机构，这些机构同俄罗斯教育科技部的下属机构相互配合，在俄联邦级别上进行科研创新政策的协调。同时，俄罗斯各联邦主体下面也有专门负责科研创新的部门，在联邦主体层面上协调相关的科研创新政策。如同美国总统有专门的科技顾问，对俄罗斯政府领导人的科技创新顾问职责主要由俄罗斯科学院负责。俄罗斯科学院在基础研究的框架下对俄罗斯实现创新型发展的潜力进行研究并在此基础上做出俄罗斯科技发展到2030年的长期预测。俄罗斯的创新经济发展总体由上述这些机构分工协作，共同推进俄联邦政府创新经济的政策制定、实施、监督。

### （四）创新经济的基础设施建设

在俄罗斯的国家创新发展战略中，创新经济的基础设施具有非常重要的地位。俄罗斯在创新发展战略中详细规划了基础设施体系的建设，其中主要包括：科研中心、生产技术中心、顾问咨询中心、金融服务中心、人才中心、信息中心、销售中心等。①

“科研中心”是指俄联邦级别的科研中心，该中心拥有得到国际认可的世界级专家、国际一流的设备、在资金和发展方面得到俄联邦政府的支持。根据1993年6月22日第939号俄联邦总统令，在俄罗斯境内建立了第一个联邦级科研中心，目前，全俄共有48个这样的联邦级科研中心。

“生产技术中心”主要指高技术领域的科技园区协会等组织，如俄罗斯的科技园区协会，该协会于2011年成立；俄罗斯创新技术中心协会，该协会于2000年成立；国家商业孵化协会，该协会于1997年成立。

“顾问咨询中心”主要负责就知识产权、技术标准化、产品认证等问

① Анализ состояния национальной инновационной системы России и направления ее развития, http://sci-article.ru/stat.php?i=analiz_sostoyaniya_nacionalnoy_innovacionnoy_sistemy_rossii_i_napravleniya_ee_razvitiya.

题提供专业咨询。此类机构有俄罗斯技术系统，创新技术发展协会等。

“金融服务中心”包括各种类型的基金（如风险基金、保险、投资基金等），如俄罗斯科技发展基金，俄罗斯直投与风险投资协会，俄罗斯商业天使协会，圣彼得堡商业天使协会等。此外，还有俄罗斯风险投资公司、俄罗斯纳米技术公司、斯科尔克沃基金、外经银行、俄罗斯中小企业发展银行、莫斯科银行间外汇交易系统等，其中每家机构都有自己的资源和优势，并在科技创新企业的各个发展阶段都有部分参与。如斯科尔克沃基金可以向企业提供部分税收优惠并提供创新资助；作为外经银行子公司的俄罗斯中小企业发展银行可以向企业提供优惠贷款；莫斯科银行间交易系统作为俄罗斯主要的产权交易平台可以借助创新与投融资平台通过首次发售（IPO）促进投融资等。

“人才中心”主要包括科研技术管理、技术仲裁、市场拓展等方面的人才培训等。俄罗斯在2009年通过了“创新俄罗斯科研和科研教育干部目标计划”，由于该计划的实施，全俄在2009—2013年培育了各类大学生、研究生、博士生及年轻的科研工作者共17000人，其中获得1100项专利或专利申请。今后，该计划将进一步着力为俄罗斯的科技创新发展培养世界级的人才。

“信息中心”包括区域性科技信息中心网，中小企业协助中心等。目前，俄罗斯境内大部分的科技信息都已经应用了互联网技术。目前，全俄各地区还建有科技创新中心、俄罗斯工商会下属的创新导航等机构。

“销售中心”主要提供会展、中介的服务和功能。目前比较典型的有莫斯科的技术交易中心等。

此外，俄联邦政府还建设以技术转化型的经济特区、工业园区、技术转化中心、商业孵化中心、设备共用中心、风险基金、中小企业协会、技术咨询企业等。

总体而言，建立俄罗斯的国家创新体系的基础性原则是坚持国家调控与市场机制的有机结合。在此过程中，国家或政府的功能在于国家创新体系的综合管理，支持和促进国家创新体系的发展。经过多年的实践，俄罗斯采取了一系列的措施，从法律法规的制度建设和保障功能，目标战略的设定，政府负责机构的设置，到创新基础设施的建设等，为在俄罗斯发展创新经济、建立俄罗斯的国家创新体系建立了一整套比较完善的制度性安排。

### （五）创新经济的国家技术标准

国家技术标准是俄罗斯国家创新体系的重要组成部分，是构成国家核心竞争力的基本要素，是规范经济和社会发展的重要技术性制度建设。随着经济全球化进程的不断深入，技术标准在国际竞争中的作用更加凸显，继产品竞争、品牌竞争之后，技术标准竞争成为一种层次更深、水平更高、影响更大的竞争形式。因此，世界各国越来越重视技术标准化工作，纷纷将确立本国的技术标准化工作提高到国家发展战略的高度。俄罗斯的国家技术标准由俄罗斯国家标准化主管机构批准发布，是在全俄范围内统一的技术标准。俄联邦国家技术标准的确定将涉及行业生产所需的规范术语、技术规程、操作要求等。为使俄罗斯的国家技术标准体系与世界标准化组织 ISO 接轨，俄罗斯政府在生产管理、IT 技术、纳米技术、环境监测、卫生保健等各领域设立了各个行业专门的标准化专业委员会。在完善行业技术标准方面，俄罗斯仅在环境监测领域就修订了 14000 项技术标准，并采纳 ISO 的温室气体核算指标，作为俄联邦的技术标准。

## 三　发展创新经济的具体措施

发展创新经济就必须对创新经济的发展提供必要的条件。俄罗斯政府先后从人才培养、资金支持、知识产权保护、科技城建设、经济特区建设、优先产业发展等方面采取了一系列积极的措施。

### （一）俄罗斯对创新人才的培养

在世界各国的国家创新体系中，都把科研、教育与培训作为整个系统中的一个重要的环节。这是因为，创新经济最核心的因素就是人才，唯有人力资源才能使影响经济发展的各个要素的效用最大化。创新的关键在人才，而在创新中，教育与培训不但提供人才和提高人员素质，而且起着传播和转移知识的重要作用，为创新经济的持续发展创造条件。因此，随着俄罗斯创新经济战略的推广，俄罗斯相继制定和公布了一系列有关科技、教育、人才培养方面的政府文件，如《关于教育兴国思想的决议》（2000 年）、《俄罗斯联邦 2001—2005 年教育领域科学、科学技术和创新政策的构想》（2000 年）、《2010 年前俄罗斯教育现代化构想》（2001 年）等，通过这些文件来强调人才、教育、科技工作的重要性。同时，俄联邦政府对教育的投资也较同期大幅度增长，对重点高校的创新性研究项目的扶持力度也大幅加强。目前，俄联邦境内有 29 所高校经过竞争性选拔获得了“研究型高校”的地位，俄联邦政府将大力支持这些高校的基础设施建设和创新型研究项目。2008 年时任俄联邦政府总理的普京在国务委员会上就指出：“向创新经济转型，首先就必须大力向人才培养进行投入”①。在 2012 年普京总理致俄联邦委员会的国情咨文中再次强调：“谈到俄罗斯的资源，俄罗斯不仅有石油天然气，更重要的是人力资源”②。在西方发达国家也都大力加强在教育和人才培养方面的投入的同时，俄罗斯唯有在这些领域投入更多的资金支持，才能在未来创新经济的竞争中立于不败之地。

在《俄罗斯联邦 2001—2005 年教育领域科学、科学技术和创新政策的构想》确定了高校的科研发展方向，其中确定把高校当作是俄联邦科研创新体系的最重要组成部分，并提出许多重要的改革举措，其中主要有：重点发展俄罗斯的高校科研力量，把俄罗斯的科研力量主要集中在四个系统［包括（1）俄罗斯的联邦大学系统，如莫斯科大学、圣彼得堡技术大学等；（2）俄科学院的研究所系统，如俄罗斯科学院、医学科学院、农业科学院等；（3）俄工业企业的科研部门，如苏霍伊飞机设计局、图波列飞机设计局等；（4）俄工程院系统等］。积极兴建大学科技园区和技术创新中心，以保证教育、科学、生产等优先方向专业人才的培养，实现教学、科研、生产的有效融合；借助现代科技，在俄罗斯教育体系中大力发展远程教育技术、多媒体、虚拟现实、智能教学模拟装置、虚拟设备和成套的虚拟实验室，建立开放大学和虚拟大学等。通过上述调整，使得俄罗斯的教育、科研、生产能够为俄罗斯的创新经济发展注入

① Выступление Владимира Путина на расширенном заседании Государственного совета “О стратегии развития России до 2020 года”, 8 февраля 2008 года.

② Обращение В. В. , Путина к федеральному собранию РФ, 12 декабря 2012 г.

新的活力。

除了科研、教育人才的培养之外，俄罗斯还非常重视科技商品市场化人才方面的培养。自20世纪90年代，俄政府就成立“技术商品化中心”，其主要任务是为发展俄罗斯的技术商品化提供管理人才。该中心的培养计划有两个显著特点，一是学员在把具体技术推向市场和掌握实践技能的基础上进行独立工作；二是严格从担任过创新企业经理和顾问的职业教育家中挑选教师。为与国际接轨，1999年俄教育科技部决定在“技术商品化中心”开设工商管理硕士课程。“技术商品化中心”负责编制和实施管理人员职业技能培训教学咨询计划，旨在让管理人员能得心应手地完成科研设计工作成果的商业前景评估、知识产权管理、创新项目规划和鉴定、寻找战略伙伴和技术管理等工作。

此外，还在“斯科尔克沃创新技术中心”下成立了“斯科尔科沃开放大学”，该大学由美国麻省理工学院（MIT）参与创立，下设15个研究中心，有200余名教授和1200名学生。该校有基础教育和短期进修教育两种培养模式，面向全世界招收学生。该校学生在校学习期间有和斯科尔克沃技术创新技术中心入驻企业充分接触的机会。斯科尔克沃技术创新中心通过建立国际咨询理事会、开展与国外基金合作等手段，全方位吸引世界级科学家和全球知名企业。美国微软公司、通用电气和IBM等国际知名科技公司也看好斯科尔克沃创新中心的发展，积极开展与该技术中心进行科研合作，并为开放大学的学生提供实习机会。

为了建立有竞争力的、能培养俄罗斯经济发展所需的有专业知识和熟练技能的专家的现代教育体系，俄联邦政府还努力促进和提高俄罗斯公民的平均教育水平，大力改革医疗保障体制，积极提高教育培训质量，以保证俄罗斯在人力资本方面的持续竞争力。

### （二）俄罗斯对知识产权的保护

创新经济的主要支柱是技术创新和由此衍生出的知识产权，要依靠科技进步和技术创新促进经济发展，就必须对技术创新的知识产权进行很好的保护，通过提高发明者的权利保护水平，激励智力成果研发，培育知识产权市场，促进知识权利流转，将俄罗斯的创新潜力和创新能力最大化，提升俄罗斯在世界创新发展领域内的地位，保障俄罗斯科研单位和科学教育单位参与全球性技术和研究项目。

近年来，俄罗斯逐渐建立了比较完整的知识产权保护体系和相关机构。俄罗斯现行的知识产权法体系是俄罗斯独立后逐步发展和完善起来的。该体系最初是由 1992 年至 1993 年期间通过的《俄联邦宪法》的相关条款和各单项法律组成，如《俄联邦宪法》（第 44 条[①]）、《俄联邦民法典》（第 128、138 和 139 条等）、《俄联邦刑法典》（第 146、181 条等）、《俄罗斯联邦专利法》《俄罗斯联邦商标、服务标记和原产地名称法》《计算机程序和数据库保护法》《保护集成电路布图设计法》《俄罗斯联邦版权和相关权利法》以及一些行政条例等，如《执行国家关于将科研活动成果产业化的基本方向》《著作权法》《专利法》《商标法》以及一些具体科研成果产权保护法，如《集成微电路拓扑学保护法》《电子计算机程序保护法》等。此外还实施了诸多专项纲要性文件，如：《科技优先方向的研究与开发纲要》《国家技术基地纲要》《军工综合体的改革与发展纲要》等。1992 年，俄罗斯还建立了新的知识产权管理机构——俄罗斯专利商标局，以取代苏联时期的国家发明发现委员会。10 年后，又对部分相关单项法律都进行了修订。2006 年 12 月 26 日通过的修正案对《民法典》第四部分涉及知识产权的部分作了较大的修改和完善。[②] 2008 年 1 月 1 日正式生效的俄罗斯《民法典》（第四部分）融合了俄罗斯法律体系中先前所有的有关知识产权的单项法律，而先前所有的具体的单项知识产权相关法律失去效力。但知识产权法相关条文在整个俄罗斯联邦法律框架内获得了更高的地位。2008 年《民法典》的修订是在俄罗斯寻求加入世贸组织的背景下进一步协调俄罗斯知识产权法与国际相关法律、法规间的关系。此次知识产权法与《民法典》（2008 版第四部分）的合并不是机械的，其中某些条款还对旧的单项法作了部分的修正。此番相关法律修订工作持续了近 4 年时间，修订涉及《民法典》所有四

① 《俄联邦宪法》和《民法典》对知识产权的保护有不同的侧重：《俄罗斯联邦宪法》规定知识产权领域的基本政治方向。《俄联邦宪法》第 44 条第 1 款详细明确了文学、艺术、科学、技术、其他一些创造性活动及教育活动中的基本自由权，并且给予其法律保护。俄《民法典》（第四部分共 72 章）提供详细的有关知识产权方面的保护。

② Законодательство РФ по интеллектуальной собственности，http：//elementy. ru/law/intellectual/russian. htm.

部分在内的近2000处内容，可以看作是1995年第一部《民法典》颁布之后的一次重要修订。这样，经过多次修订、补充和完善后，俄罗斯逐步建立了符合国际标准的知识产权保护体系和制度，尤其是与世贸组织就《与贸易有关的知识产权协定》与世贸组织也达成了协议。

此外，俄罗斯又在2011年12月设立了专门的知识产权法院①，以确保复杂的知识产权纠纷得到适当的裁决。俄罗斯每年还就俄联邦境内的知识产权保护状况发布《知识产权报告》。根据俄罗斯发布的2014年度的《知识产权报告》，与2013年的报告相比较，俄罗斯联邦知识产权局除了认真履行监督和服务职能外，还大幅度增加科技研发投入，努力创造技术创新的成果受到法律保护的环境和氛围。

促进科技创新，知识产权方面的保护是必需的。而知识产权保护的加强对科技创新的支持也起到了积极的作用。正是在不断加大知识产权保护力度的基础上，重视知识产权的保护，强化产权意识，运用知识产权制度激励技术创新，避免侵权，俄罗斯在知识产权保护领域取得了较好的效果，俄罗斯逐渐涌现出一些新兴技术企业，对俄罗斯的经济转型起到了积极的作用。此外，俄罗斯也是专利合作条约的成员国，因此，外国申请者能在俄罗斯获得专利权。由此也吸引了大批跨国公司在俄罗斯建立研发中心。但总体而言，俄罗斯还需要构建更为完善的法律体系对知识产权进行审核和保护，建立完整的知识产权保护体系，以此来吸引国外更多的高新技术和资金进入俄罗斯，从而对俄罗斯的创新型发展起到积极的作用。

### （三）俄罗斯对创新项目的资金支持

推行创新经济建设，需要解决资金来源问题。俄罗斯政府主要通过建立各种创新科技投资基金、鼓励风险投资基金、组建中小企业银行等措施来解决创新经济发展中的资金问题。

1. 创新科技投资基金

设立创新科技投资基金，是发达市场经济国家解决科技投资和加快科技成果商品化、产业化的通行做法。近年来，俄罗斯政府通过设立创

① 见该法院网址：http：//ipc. arbitr. ru/。

新科技投资基金主要从以下三方面入手：（1）由俄联邦政府设立创新科技投资基金。俄罗斯教育科技部对在俄创新科技投资非常重视，不仅出台相关法律文件保护投资者的利益，同时建议俄联邦政府直接参与创新科技基金的创建工作，即从国家财政中调拨资金作为俄罗斯创新科技领域的投资基金。俄教育科技部与经济部、财政部及俄罗斯科学院共同起草的政府令规定，从联邦发展预算中划拨资金用于投资创建创新科技项目。（2）各联邦主体创建的创新科技投资基金。目前，俄罗斯已有6个联邦主体层面的创新科技投资基金，如鞑靼斯坦共和国、圣彼得堡市、萨拉托夫州、诺夫哥罗德州、斯维尔德洛夫州和彼尔姆州设立的创新科技投资基金。（3）西方国家的创新科技投资基金会。俄罗斯丰富的科研成果，较高的科技水平不能不令西方国家关注。目前，在俄罗斯运作的西方创新科技投资基金会有15个，资本规模已超15亿美元。

2. 风险投资基金

发展创新经济，促进科研创新的发展，单纯依靠政府的投入是远远不足的，还需要大力吸引私人资本和社会资本，这就促进了俄罗斯风险投资基金的建立。风险投资是金融业的一种变革和创新，它实质上是高科技与金融相结合，在投资风险较大的科技研发生产过程中，使科技研发成果能迅速市场化的新型投资机制，是创新过程中资金和技术有效的互动模式。随着风险投资业的迅速发展，风险资金的来源也日益广泛，就目前各国的实践经验而言，风险投资的资金来源主要有：政府资金；机构投资者资金（如银行、证券公司、保险公司、各种社会保障基金、信托投资公司等）；个人资金；产业（企业）资本；捐赠基金；国外风险资本等。风险资金的来源模式主要与各国的国情和风险投资发展有关。设立科技风险投资基金，是发达市场经济国家解决科技投资风险和加快科技成果商品化、产业化的通行做法。

俄罗斯的风险投资基金发展大致经历了四个阶段：20世纪90年代的萌芽阶段：1993年6月西方八国首脑和欧洲议会通过了关于支持俄罗斯企业私有化的国家规划。到1996年全俄罗斯已经出现了11个欧洲银行支持下的区域性风险投资基金。按照该规划的条文，对于200—500人规模的企业，投资额度为30万—300万美元，基金的使用期限为10年。与此同时，还成立了几个有国际财团和美国资本参与的风险投资基金。世纪之交的缓慢发展阶段：主要是在1998—2001年期间，俄罗斯在已有的40余个风险基金的基础上又出现了工业风险基金。为了促进中小创新企业的积极性，2000年3月在原俄罗斯工业科技部的支持下圣彼得堡率先建立了风险投资基金。从某种程度上讲，这表明俄罗斯也有了自己的风险投资基金，但仅仅是注册成立而已，并没有实际运作。第三阶段是从普京政府开始到2008年。风险投资基金的状况明显好转，有不少国外资金逐渐进入俄罗斯寻找投资机会。2006年组建了开放式股份有限公司俄罗斯风险投资公司（Российская Венчурная Компания，以下简称“РВК”）。该公司成立的主要目的在于刺激在俄罗斯建立风险投资机制，扩大风险投资市场规模，使得社会和私人资金能有效地对中小企业的科技创新起到培育和帮助作用。实际上，该公司承担了国家风险投资基金的功能。第四阶段是2007—2009年的危机爆发后，短期内出现大量资金外逃现象。随后，2014年的乌克兰危机又进一步加剧了资本逃离俄罗斯的状况。俄罗斯的风险投资状况出现了新的变化。

在此期间，俄罗斯为了促进科技创新发展，先后成立了一系列风险投资基金，对科技领域的中小企业的资助从最初的初创企业到逐步发展为有独立生存能力的中小企业起了积极的作用。这些基金主要有：

（1）“国家天使商业协会”。

为培育和扶植初创企业，于2006年设立了非商业的“国家商业天使联谊会”（Национальное содружество бизнес-ангелов，НП“СБАР”[①]），该联谊会主要投资于企业早期的“种子基金”或初创阶段的“天使基金”，这些风险基金一般投资于初创企业，获得企业的股份，同时承担企业的风险。

（2）促进科技领域小企业发展基金。

1994年2月2日根据俄联邦政府第65号令成立了“促进科技领域小企业发展基金”[②]，该基金是一个非商业机构。俄联邦政府向该基金划拨科技预算拨款的1.5%，主要是实施俄联邦政府扶助科技创新领域中小企业发展的政策，向开展科技产品的中小企业提供直接的信息和资金支持，

① 见该协会网站：http：//russba. ru/。

② 见该基金网站：http：//www. fasie. ru/？ r=14。

创造和发展中小创新企业扶助机制。

截至2014年年底，经过20年的发展，该基金在全俄境内开设了64个代表处，先后接受了45000份申请；签署了12000个协议；支持了超过10000个小型创新企业；支持了4500多家初创企业。

（3）俄罗斯风险投资公司种子投资基金。

2009年10月2日俄罗斯风险投资公司成立了“种子投资基金”。[①] 基金规模20亿卢布，主要投资于俄罗斯境内外创新经济领域内有高速发展潜力的公司。

此外，2009年俄罗斯杜马通过了第217－ФЗ号联邦法，根据该法的规定，将允许俄罗斯科研机构转化科研成果，以知识产权为注册资本设立公司。该法的通过为俄罗斯高校、科研机构摆脱束缚，进一步拓展创新潜力而起到了积极的作用。该法通过后不到一年，根据该法成立的公司就超过400家。

### （四）对创新科技基础设施的建设

1. 国家科技信息系统

为有效地利用俄罗斯的国家科技信息资源，并实现与国际信息资源的接轨，促进俄罗斯信息产品和服务市场的形成，加快国家创新基础设施的建设，根据1997年7月24日俄联邦政府《关于批准国家科技信息系统》的命令，创建了俄罗斯国家科技信息系统（Государственные системы научно-технической информации России，ГСНТИ），其主要的成员单位有：俄联邦信息机构和科技图书馆、部门科技信息机构和科技图书馆、地区科技信息中心等。[②] 俄国家科技信息系统的科技信息机构、科技图书馆和信息中心通过采用先进的信息化系统和手段不断完善和发展国家科技信息资源搜集、加工、存储和使用过程，该系统的科研和实验、设计等工作在俄联邦专项科技纲要“民用科学技术优先发展方向”以及其他联邦专项纲要框架内进行。国家科技信息系统的科技信息机构、科技图书馆和中心提供的信息产品和服务应该符合国家标准，并达到整

① http：//i. rbc. ru/organization/item/fond_ posevnyh_ investitsij.

② Положение о гсударственной системе научно-технической информации.

个系统标准文献的要求。根据俄联邦法律确定提供免费信息服务的清单。

2. 创新技术中心

创新技术中心是俄罗斯国家创新系统的主要环节，专门从事科研成果的完善和市场化经营工作。[①] 技术创新中心内设有信息服务和技术管理人员培训中心。技术创新中心实际是由若干小企业组成的大的联合企业。转轨以来俄已陆续建立1500多个科技创新中心。通过互联网将把技术创新中心与科技园区、国家科学中心和其他创新企业及相关机构相互联通。与此同时，进一步开发专家培训系统，用以培养科学技术成果商品化的管理人员和小型创新公司的经理，使得这些创新工业综合体具有自己的技术、现代化的生产和具有市场工作经验的营销体系，从而形成一个有效的机制，消除干扰其发展的障碍，争取最终建立起“科研、生产、投资”这样一个理想的链条。为此，俄罗斯建立了斯科尔克沃创新技术中心作为样板。

建立斯科尔克沃创新技术中心是俄罗斯时任总统梅德韦杰夫在接受公民马克西姆·卡拉什尼科夫的建议后于2009年11月提出的。[②] 2010年9月28日梅德韦杰夫总统正式签署了《关于斯科尔克沃中心》的第244－Φ3号总统令，决定在新并入莫斯科市的行政区内建立一座综合科技创新中心“斯科尔克沃创新技术中心”。斯科尔克沃创新技术中心的主要发展节能技术、信息技术、核技术、航空技术（主要是通信、导航及相关地面基础设施等）、生物制药、计算机及软件安全等五大方向。

3. 工业投资综合体

为了加快建设集科技企业孵化、创业培育、创新研发、成果转化、科技服务、科技投融资服务、人才集聚和生活服务等，俄罗斯兴建了集多功能为一体的工业投资综合体[③]。推动工业企业和高校科技成果转化，

① 见全俄创新技术中心联合会网站：http：//ruitc. ru/。

② 2009年9月10日，俄罗斯时任总统梅德韦杰夫发表了题为《Россия вперёд!》的文章，2009年9月15日马克西姆·卡拉什尼科夫（Макси́м Кала́шников是他的笔名，他真名叫Влади́мир Алекса́ндрович Кучере́нко）作为响应，给时任俄罗斯总统梅德韦杰夫写了公开信登在自己的博客上，信中提出创新发展的建议。因此，有人认为是梅德韦杰夫总统把卡拉什尼科夫的建议和美国硅谷的思想结合起来，创建了斯科尔克沃创新技术中心。

③ http：//www. okpo. ru/egrul_ 4ca5f9bb16. html.

服务工业创新驱动发展战略。加强工业投资综合体与高校科研资源的配套衔接，鼓励工业企业设立创新创业孵化器，推动高校科技成果转化，服务创新驱动发展战略。

4. 中小型投资企业

根据2009年8月2日俄联邦政府第217－Ф3令[①]，俄罗斯允许在大学和科研院所框架下成立小型投资企业，对投资公司给予税收优惠政策。目前，这类小型投资公司的数量已接近2000家[②]。这些中小型创新投资企业集中了全俄近20%的科技潜力，劳动成本也比大企业低，但人均创造的技术创新项目却是大企业的数倍。用于协调企业、科研院所以及创新公司共同工作的技术平台也已正式运作，已经批准的此类平台的数量为30个，其中，发展较为积极的领域的医疗平台，其他领域也还需要继续开展工作。

5. 俄罗斯纳米集团

除了中小型创新企业外，在俄联邦政府的支持下，还组建了几个大的支柱性创新性企业。[③] 其中，值得特别介绍的是俄罗斯纳米集团。

纳米技术是近年来出现的一门高新技术，其相关产品广泛用于多个领域，如医学、药学、化学、生物检测、制造业、光学以及国防等领域。据预测，纳米技术有着广泛的应用，且未来纳米技术的应用规模甚至将远超计算机工业的规模。到21世纪中叶，纳米机器人将彻底改变人类的劳动和生活方式。因此，不少国家纷纷制订相关计划，投入巨资抢占纳米技术的战略高地。[④]

---

① http://www.rsci.ru/innovations/small_innovative_enterprises/.

② ХЕРБЕРТ НОЙБАУЭР: Инновационная деятельность на малых и средних предприятиях, *Вестник McKinsey*.

③ 此外还有俄罗斯原子能公司（主要负责俄罗斯核能领域技术研发、生产、销售的所有环节，从铀矿勘探、开采，核反应堆的研发、生产，到核电站的建设、维护，核废料的处理等）、俄罗斯国家技术集团公司（主要以国家财政投入用于公司的高新技术产品，特别是军工产品的研发、生产以及国内外市场销售及售后服务）、俄罗斯水电公司、俄罗斯联合航空集团、俄罗斯联合造船集团等公司等。

④ 美国把纳米计划视为下一次工业革命的核心，重点发展；日本成立了纳米材料研究中心，把纳米技术列入科技基本计划的研发重点；德国专门建立纳米技术研究所；韩国政府把纳米科技看作21世纪科技发展的战略制高点；中国也将纳米科技列为国家“973计划”，并成立了“国家纳米科学中心”。

俄罗斯对纳米技术的发展非常重视。2001 年俄制订了“2002—2006 年俄罗斯科技优先发展方向”专项计划，首次将纳米技术列入其中；2002 年又出台了《2010 年前和未来俄罗斯科技领域的基本发展政策》，该计划确定了俄罗斯未来科技发展的九个优先发展领域和国家关键技术，其中纳米技术再次被列入优先发展领域。此后，俄罗斯基础研究基金会大力支持了纳米技术的研究项目，每年资助的重点项目超过了 30 个。2007 年 4 月 26 日，俄罗斯总统普京在年度国情咨文中指出，“纳米技术是俄罗斯科技战略的火车头”，并提出了《发展纳米工业战略》的倡议。为落实该倡议专门成立了俄罗斯纳米集团。该公司成立之时，正值俄罗斯创新商业模式日趋成熟，该公司的发展趁势取得较好的成就。2007 年 7 月，俄罗斯政府又批准了《2008—2010 年纳米技术基础结构发展纲要》。

目前，俄罗斯已经建立起纳米技术研发基础设施，在纳米技术研发和产业化方面形成了国家和企业之间的良性互动机制。在已经进行的几个项目中国家投入都少于 50%，其余资金来自私人投资和社会投资，并且该企业设定了退出机制，即当所研发的纳米技术产品走向市场时，作为俄联邦政府资金投入的执行机构——俄罗斯纳米集团将及时从企业中退出，以此来减少对企业的干预。

值得一提的是，俄纳米集团下属的纳米技术中心在扶持培养小型创业企业方面成果显著。2012 年 1 月，在喀山启动了第一个纳米技术中心。纳米技术中心类似于中小企业孵化器，培育中小企业满足市场需求的能力。纳米技术中心主要以三种模式来助力企业的创新发展：帮助初创的规模不大的小公司成长、创建技术公司、创建出售工艺技术的公司。纳米技术中心的任务就是使纳米技术领域的研发成果商业化，对创新研究成果的市场潜力进行评估，帮助发明人或投资者建立自己的小型企业，实现发展等。纳米技术中心的具体业务包括为创业企业提供场地，向其出租必需的设备，提供配套的法律和市场方面的咨询服务，以及帮助寻找投资方等。目前在俄联邦 8 个地区（包括莫斯科郊外的杜布纳）创建了 11 个纳米技术中心，按照战略规划，在 2020 年前争取要建设 16 个纳米技术中心。

与其他国家发展纳米技术有所不同，对于俄罗斯而言，发展纳米技术不仅是对一项新技术的风险投资，而是对未来潜力行业的投资。发展纳米技术将可能大大改变俄罗斯未来经济发展的面貌，使俄罗斯的经济发展建立在知识产权和科学知识的基础上。为促进纳米技术的产业化，俄罗斯还设立了专项基金，制定了优惠信贷政策，其中仅外经银行的专项贷款额度就超过了100亿美元。未来纳米技术的研发将给俄罗斯的工业、农业、能源、冶金、医疗、国防等领域带来巨大发展。

### （五）俄罗斯的科技园区

自20世纪30—40年代起，美国斯坦福大学周围崛起的硅谷对全世界各国建立科技园区起到了示范作用。目前，美国全境共建设了160多个类似的科技园区，对美国半导体革命和互联网浪潮时期的科技创新起到了积极的作用。在俄罗斯，苏联时期苏联政府把更多的科研精力都用于和美国争霸上面，科研成果很少直接应用于经济领域。1990年在俄罗斯托木斯克建立了第一个科技园区（Технопарк），随后在三年之内，科技园区数量迅速增加到43个，截至2015年，全俄境内大约有近百个科技园区。俄罗斯的科技园区大多依托于附近的高校，俄罗斯的高校拥有大量的物质和人力资源潜力，为中小科技企业的发展提供孵化功能。为了转变俄罗斯经济增长模式，增强俄罗斯的科技创新能力、提高俄罗斯产品的科技含量，俄罗斯在科技园区建设方面投入了大量的资金。

但目前俄罗斯的许多科技园区的发展与当初建设时的目标还有较大差距。许多并不直接从事科技创新活动，只是把场地出租给各类企业或组织。基础设施的不足是俄罗斯的科技园区发展不顺利的一个主要障碍。此外，俄罗斯的科技园区还存在一系列的问题，如企业和科研机构间的产研不协调、人才匮乏（包括科研人才和管理人才等）、资金缺乏、缺乏创新项目融资机制和中小企业融资机制等。

### （六）俄罗斯的科学城

20世纪30—70年代，苏联为了提高国防和竞争力，发展科研和高科技，先后以科学院科研基地为基础，集中了世界级的科学家，在航空、航天、核武、生物等领域开展了一批大型重点项目，同时，以这些科研生产综合体为基础形成了若干城市规模的居民区，这些科研人员聚居区被称为“科学城”（наукоград）。[①] 苏联时期，“科学城”以科技发明闻名于世，到80年代末期苏联境内有80多个小城市被称为“科学城”。但直到1995年俄联邦才通过了第一个有关科学城地位的法律文件。1997年4月7日，根据新通过的《俄联邦科学城地位法》[②]，给予“科学城”俄联邦国家行政区的法律地位，奥布宁斯克（Обнинск）根据2000年5月6日第821号俄联邦总统令成为俄罗斯的第一个“科学城”。获得“科学城”地位就可获得俄联邦政府和地方政府的巨额投资和财政支持。但根据俄罗斯教育科学部的最新报告，现有的“科学城”的地位并非一劳永逸，未来不符合相关标准的科学城也将会失去自己的法律地位。

目前，俄罗斯共有彼得戈夫（Петергоф）、杜布纳（Дубна）、奥布宁斯克（Обнинск）、科罗列夫（Королев）、列乌托夫（Реутов）、米丘林斯克（Мичуринск）和科尔佐沃（Кольцово）等70多个科学城。[③] 其中一半以上位于莫斯科州及邻近的地区，其余的科学城主要集中在乌拉尔、西西伯利亚和俄联邦南部地区。多数科学城的建立和发展都依托位于本地的高校、科研机构。

科学城集中在特定某些地区的现象表明，在俄罗斯出现了一系列的产业集群，即相关产业高度集中在某些区域。这是因为，在这些地区出现了有利于产业集群聚集的条件：充足的高科技人才，对相关产品的需求，相关行业内部的相互竞争与合作，上下游行业的集中等。

2004年8月、2012年8月，俄罗斯国家杜马先后对《俄罗斯联邦科学城法》和《俄罗斯联邦科学及科技政策法》进行修订，通过相关政策的调整促进科学城形成自己独特的发展特点，以期在国家创新整体系统中发挥更大的作用。修订后的法律规定：国家财政投入将优先致力于科学城创新基础设施的发展，提高其科技创新能力，并增强其投融资吸引力；在项目申请上，新的法律对来自科学城的研发项

---

① Наукоград 是1991年被Н. Никитина и С. Никаноров运用后成为正式称谓。到2013年共有13个城市和一个城镇被俄罗斯政府正式授予科学城地位。

② Федеральный закон от 7 апреля 1999 г. N 70 – ФЗ“О статусе наукограда Российской Федерации”.

③ А. А. Агирречу, Историко-географические особенности формирования наукоградов России http：//www. dslib. net/.

目立项给予优先支持，如果研发项目已经获得了地方财政配套支持，或研发生产机构已筹措了相应的资金，则科学城的项目在联邦政府立项审批中享有优先权；在研发费用申请方面，新的立法特别强调加强各科学城科技优势领域的发展，研发项目的支持将充分考虑各科学城的优势领域，力图使科学城建立起具有本地区科技特点的科研生产系统；支持俄罗斯科学院分布于各地研发分支机构的发展，采取措施使其成为科学城科研生产系统的重要组成部分，建立以科技城为其“增长点”的经济创新区。

### （七）俄罗斯的经济特区[①]

如果说，科技创新是受技术创新理论的影响，那么，俄罗斯经济特区的发展将是在制度创新理论的影响下俄罗斯在国家制度、管理、法律、政策方面的创新和突破。自2006年以来，俄罗斯在境内建立了多个经济特区，对俄罗斯经济的创新型发展也起到了积极的作用。

1. 俄罗斯经济特区的建设

“经济特区”是一种新的经济发展模式，是指在一国内实行不同于其他地区的特殊经济政策的地区，主要是政府通过土地、财政、税收、劳动力等方面的特殊政策来吸引外来投资，增加生产，扩大就业，带动当地的经济发展。宽泛地说，经济特区在世界上已有400多年的历史。[②] 早期的经济特区主要是以发展国际贸易为主要目的的自由港、自由贸易区，即“自由贸易型经济特区”。第二次世界大战后，逐步兴起了以吸引外

---

① 在俄罗斯，“经济特区”（Особая Экономическая Эона，ОЭЗ）和“自由经济区”（Свободная Экономическая Зона，СЭЗ）概念接近，2005年的经济特区法出台之前都叫“自由经济区”（Свободная Экономическая Зона，СЭЗ），该法出台后，改称“经济特区”（Особая Экономическая Зона，ОЭЗ）。此外，同“自贸区”（Зона Свободной Торговли，ЗСТ）也常有混淆：“自贸区”（Зона Свободной Торговли，ЗСТ）强调的是商品免税进口的概念；“自由经济区”（Свободная Экономическая Зона，СЭЗ）强调的不仅仅是商品关税，还有国内经济制度等其他方面。此外，为开发远东地区，根据俄罗斯总统2015年7月13日№、212－ФЗ令，符拉迪沃斯托克成为自由港（свободный порт），2015年10月12日正式生效。2014年3月17日克里米亚经公投回归俄罗斯后，俄罗斯联邦政府通过特别法令，自2015年1月1日起，克里米亚和塞瓦斯托波尔市全境实行自由经济区（СЭЗ）的政策，期限25年。

② 意大利城邦最早于1547年就在里窝那湾设立了免税自由港，类似于俄罗斯的“自贸区”（Зона Свободной Торговли，ЗСТ）。

资，制造出口商品的企业为主要目的的“出口加工型经济特区”。到 1980 年，全球 75 个国家大约有 350 个不同类型的经济特区。

目前来看，世界范围内，比较成功的是中国自 20 世纪 70 年代末期开始实施的经济特区政策。随后，中国的经济特区发展模式逐渐被转型中的国家，如中东欧国家和俄罗斯所借鉴和模仿。俄罗斯自苏联后期，为了摆脱对能源原材料型经济的依赖性，寻找新的经济增长点，逐步决定采用世界上已被广泛使用的经济特区机制。

俄罗斯在经济特区方面的尝试最早源于苏联解体前的戈尔巴乔夫时期，苏联政府提出了建立自由经济区的设想，但当时苏联的经济特区被称为“自由经济区”[①]，并将其视为国家对外经济政策的组成部分和促进苏联与国外伙伴发展国家间关系的方式，1990 年 6 月，苏联最高苏维埃通过了向市场经济过渡的纲领，同年 10 月 24 日通过了在滨海边疆区纳霍德卡设立第一个“自由经济区”的法令。[②]

随后，苏联各个加盟共和国的独立倾向加剧，苏联解体的进程已经开始，建立合资经营区的审批权被正式下放到加盟共和国一级。1990 年 7—9 月，列宁格勒市、维堡市、纳霍德卡市、加里宁格勒市、萨哈林州、赤塔州、阿尔泰边疆区、克麦罗沃州、诺夫哥罗德州、泽廖诺格勒市和犹太自治州建立自由经济区的提案得到了受理。于是，在此前后，苏联境内出现了近千个“自由经济区”。1991 年年初，苏联国家计委提出在各地建立 350 个自由经济特区的方案。[③] 但是由于经验不足、考虑不周，对“自由经济区”概念本身的理解也非常混乱，常把“自由经济区”与“免税区”概念相混淆。而此时苏联国内的政治经济局势也发生了重大变化，于是，“自由经济区”演变成各加盟共和国与联盟中央政府对立

① 主要法律依据是《苏联经济关系法》（*Об основах экономических отношений Союза ССР, союзных республик*，1990 年 4 月）和苏联总统令《苏联外资法》（Указ Президента СССР, *Об иностранных инвестициях в СССР*，1990 年 10 月），这两个文件确定了在苏联建立自由经济区的概念和目标。根据 2005 年的俄罗斯《经济特区法》第二条的定义，“经济特区是俄罗斯联邦政府确定的俄罗斯联邦领土的一部分，这部分领土上的经营活动适用特殊制度。”

② Постановление о создании первой в СССР свободной экономической зоны, *Находка*, от 24 октября 1990 г.

③ Постановление о создании первой в СССР свободной экономической зоны, *Находка*, от 24 октября 1990 г.

争取更多经济利益的工具，加上缺乏明确的标准和足够的法律基础，此次构想并未付诸实现。1992 年年底俄政府部门提交了《自由经济区法》草案[①]，规定可以建立两种类型的自由经济区：海关保税区和出口加工区。自 20 世纪 90 年代，俄罗斯先后在全俄境内设立了 20 多个“自由经济区”（如在印古什、卡尔梅克、阿尔泰等地）。但这些自由经济区都远没有达到当初设立时的预期和期望。俄罗斯联邦各主体在自由经济区成立公司只为了少纳税，没有从立法上对自由经济区内企业的活动做出规定，企业家的权利也无法得到国家的保护。自由经济区成为逃税、走私、洗钱及贩卖毒品的天堂。自由经济区不但没有使俄联邦政府获益，相反，几乎所有自由经济区都变成了各俄联邦主体设法逃税、避税的国内“离岸地区”，如 1994 年 7 月在印古什实质上建立的“国内离岸区”。与此同时，在莫斯科[②]、圣彼得堡[③]、乌里扬诺夫斯克在机场也开设了“免税特区”。到了 1993 年，原来给予各自由经济区的关税和税收优惠逐渐被取消。

1994—1995 年，俄开始酝酿制定新的《俄联邦自由经济区法》，政府曾先后向国家杜马提交了 3 个法律草案。1995 年 3 月俄联邦政府再次取消了所有单项批准的海关优惠政策。1998 年 8 月俄罗斯发生金融危机，大部分自由经济区都遭受冲击，俄政府开始逐步撤销这些自由经济区。至 2000 年年底俄政府已将大部分自由经济区、免税区和封闭式的行政区域组织撤销完毕，仅存 1991 年建立的加里宁格勒自由经济区和 1999 年年底建立的马加丹自由经济区。[④]

2002 年，俄经济发展部起草的《经济特区法草案》（原称《自由经济区法草案》）提交政府审议，但由于俄财政部和税务部等部门的反对，

① Указ Президента РФ от 4 июня 1992 г. N 548 “О некоторых мерах по развитию свободных экономических зон”（СЭЗ）на территории Российской Федерации”（с изменениями и дополнениями）.

② Указ Президента РФ от 10. 12. 1992 N 1572 О создании зоны свободной торговли “Шереметьево”.

③ Распоряжение мэра Санкт-Петербурга от 18. 02. 1992 n 191 – р “О создании на территории Санкт-Петербурга свободных торгово-экономических зон и иных субзон”.

④ 加里宁格勒经济特区的法律地位由 2006 年 1 月 10 日的俄联邦法第 16 – ФЗ 号确定；马加丹的经济特区的法律地位由 1999 年 5 月 31 日的俄联邦法第 104 – ФЗ 号确定。

草案一直被束之高阁。随着普京上台后，俄经济逐步复苏并稳定增长，政府在拥有巨额财政盈余、具备支持经济特区内基础设施建设的经济实力的同时，宏观调控能力也大大提高，也掌握了监督财政资金流动的有效手段。同时，经过“尤科斯”事件后的一系列举动，俄联邦政府对各联邦主体的控制力有了较大的提高。俄联邦政府开始重新把建设经济特区作为俄罗斯大力吸引外资、调整经济结构、实现经济多元化的一项重要举措。2005 年 7 月 8 日，俄联邦《经济特区法》草案在俄国家杜马通过，7 月 13 日经俄联邦委员会通过，2005 年 7 月 22 日经普京总统签署，《俄联邦经济特区法》① 在正式公布之日起 30 日后生效，2006 年 1 月 1 日起开始执行。自此，根据俄联邦《经济特区法》开始了新的一轮“经济特区”建设。②

2. 俄罗斯的经济特区现状

在俄罗斯，经济特区的建立需要由地方政府向俄罗斯联邦政府提交申请和论证，通过公开竞标择优挑选。申请和论证的内容包括：建立经济特区的基础设施及其所需的联邦和地方政府预算资金的数额和期限；经济特区的设备安装工程规划和相应的物质、技术装备规划及与经济特区毗连地区的装备规划；制定经济特区的远景发展综合措施和资金供应方式等。

从 2006 年起至今，俄罗斯曾先后建立过 4 类共 28 个经济特区。③ 但目前，俄罗斯境内正在运营的经济特区共有 18 个，其中包括 6 个工业生产型经济特区，5 个技术创新经济特区，4 个旅游度假型经济特区，2 个港口型经济特区。④ 此外，马加丹经济特区经俄联邦政府批准得到延期。

---

① 22. 07. 2005 N 116 – ФЗ, *Об особых экономических зонах в Российской Федерации.*

② 也是根据该法，俄罗斯的经济特区正式定名为“经济特区”（Особая Экономическая Зона，ОЭЗ）。

③ 在 2005 年、2007 年、2009 年、2010 年、2011 年、2012 年和 2013 年分别批准了 6 个、6 个、2 个、10 个、1 个、3 个和 1 个经济特区的成立。但在 2010 年和 2012 年先后取消了 2007 年建立在克拉斯诺达尔边疆区和加里宁格勒州的 2 个旅游休闲型经济特区，经济发展部又于 2004 年年底被迫撤销了加里宁格勒州“库尔斯沙洲”旅游休闲型经济特区，原因是三年内没有一家国内投资者到该区投资。

④ 穆尔曼斯克港口型经济特区是由俄联邦政府根据 2010 年 9 月 26 日政府第 96 号令建立的，但因效果不佳于 2012 年关闭。

乌克兰危机后，俄罗斯联邦政府开始筹划在新的克里米亚地区设立新的经济特区。[①] 2015年10月12日，俄联邦政府又把海参崴正式设立为“自由港”。[②]

俄罗斯经济特区的管理体制是以国家为核心，国家提供主要的建设资金。对经济特区的基础设施建设，将由联邦预算、市政预算和地方预算三方共同解决。

俄政府向投资者提供优惠条件：主要表现在关税、税收、金融、行政（简化注册手续，简化出入境手续）等。经济特区内实行优惠的税收和海关政策，投资者5年内免缴土地税和不动产税，而且进口外国商品免征进口税，出口俄罗斯产品免征出口税。经济特区的特殊政策可以最多减少投资者30%的负担。

俄经济特区存续期为49年。[③] 经济特区的存在期限不得延续。出现下列情况之一者，可以提前终止经济特区：为了维护国家的防御能力和国家安全；从经济特区创建之日起的3年内没有签订任何工业生产或技术开发协议；经济特区连续3年没有进行工业生产或技术开发活动。总体上连续3年招商引资不达标，将提前被取消（详见《经济特区法》第六章第七条第二款[④]）。自2006年开始，先后有多个经济特区被取消。[⑤]

俄罗斯创立经济特区的主要目的在于实现创新型发展，所以，不允许在经济特区内实施房产开发、木材加工、矿产资源开采和加工等项目。如被确定为科技研发型经济特区的都是科技工作者高度集中的地区，那里有生物技术、微技术、核技术等在内的各领域的知名研究所、高校和

① Россия изымает Крым, http://www.gazeta.ru/business/2014/05/28/6051733.shtml.

② Свободный порт Владивосток учрежден в России, http://ria.ru/economy/20150713/1126417733.html.

③ 2012年1月1日起生效的《俄罗斯联邦经济特区法修正案》规定，俄罗斯经济特区运营期限由20年延长至49年，http://www.rg.ru/2011/12/07/ekonomzoni-dok.html。

④ Статья 6.7.2. В течение трех лет с даты создания особой экономической зоны не заключено ни одного соглашения об осуществлении (ведении) промышленно-производственной, технико-внедренческой, туристско-рекреационной деятельности и (или) деятельности в портовой особой экономической зоне либо все ранее заключенные соглашения расторгнуты.

⑤ 如纳霍德卡等经济特区被取消。

企业，这些科研院所、高校、企业都具有较高的科技潜力。

俄政府计划未来可在经济特区内建设涵盖各类经济特区活动的产业链，入驻企业既可在工业生产型经济特区开展科研实验设计并享受所有优惠，也可在技术推广型经济特区开展工业生产，以进一步促进科技成果的产业化。此外，工业生产型经济特区面积从原来的不超过20平方公里扩大到40平方公里；技术推广型和旅游度假型经济特区的入驻企业可分别在2018年和2023年前享受免缴利润税的优惠等。

为了加快俄罗斯经济特区的建设，加大经济特区招商引资的力度，俄罗斯的经济特区管理机构还积极向各国经济特区学习如何管理经济特区，如普斯科夫经济特区和新加坡裕廊国际[①]就加强管理工业园区签署合作协议。

3. 俄罗斯经济特区中存在的问题

俄罗斯政府把经济特区当作实现经济结构调整、通过创新经济和实现经济现代化来摆脱俄罗斯经济对能源过度依赖的战略目标的重要方式。经过十多年的发展（自2006年《经济特区法》正式实施也已近十年），到2013年年底，约有来自24个国家的338家公司在俄罗斯的18个经济特区有经营活动，其中包括大型跨国公司，如福特汽车（Ford）、横滨轮胎（Yokohama）、液化空气集团（Air liquide）、洛克威石棉（Rockwool）等，合计总投资约120亿美元。但总体效果距离当初设想还有很远的距离。这说明，在俄罗斯经济特区建设方面，还存在许多问题。初步归纳，我们可以得出如下几点：

（1）经济特区的设立决策方面存在问题。

尽管在经济特区设立之前，已经经过地方政府根据自身条件规划设计、申报投标、招标筛选、专业委员会确认等比较科学的流程，但还是有许多特区在设立后，竟然在三年内没有吸引到一笔投资，没有进行任何经营活动，最终被取消。这固然与俄罗斯目前总体投资环境不佳有关，但也反映了俄罗斯经济特区在设立的科学决策方面尚存在许多问题。这

① 新加坡裕廊国际是一家专门负责工业园区建设的专业化公司，主要负责工业园区总体规划、基础设施规划与设计、选址、建筑设计、设备及工艺设计、项目管理、设计及建造等。

就需要在提高经济特区建设决策的效率、引进新的管理机制等方面做出进一步的努力。

（2）与经济特区相关的法律尚有不完善的地方。

目前，俄罗斯的经济特区建设在土地法、税法等相关法律方面还有许多不完善的地方，导致俄经济特区发展缓慢，经济特区的项目进展出现拖延情况，说明还需要在俄联邦及地方相关法律、行政安排等方面进一步做出调整、补充、完善或修改。

（3）经济特区入驻企业数量质量低于预期。

俄罗斯经济特区招商引资的主要目标是国内私人资本和国外资本。自苏联解体后，俄罗斯经济前后已经经历过多次政治、经济危机，不稳定的国内形势使得大量俄罗斯资本外逃，据估计，自1993年到2013年期间，大约有8000亿到10000亿美元从俄罗斯流向全球各地的离岸金融中心；俄罗斯不稳定的政治、经济形势也使得国外资本对投资俄罗斯疑虑重重，在这种背景下，俄罗斯私人资本和国际资本对俄罗斯经济特区兴趣不高。目前，俄罗斯经济特区的发展主要还是依赖地方政府和联邦政府的投资，私人投资在这些经济特区（尤其是几个旅游度假型经济特区）的规模很小。

（4）俄罗斯经济特区总体基础设施较差。

如同其他地区一样，俄罗斯的经济特区都面临着基础设施老化、设备陈旧等问题。如在马加丹投资，除了自然条件差之外，还需要在电力、道路等基础设施方面投入大量的资金。国外资本或私人资本若没有长期的发展战略，很难对俄罗斯的经济特区项目投入大量的资金，这是俄罗斯经济特区面临的普遍问题。

（5）俄罗斯的企业治理方面还需要同国际接轨。

俄罗斯文明是世界文明的瑰宝，但与欧洲文明和其他文明有所不同；苏联时期的企业治理方式同欧美国家的治理方式有所不同；具体到企业财务报表、企业文化、企业治理方面，俄罗斯与通行的国际标准还有许多差异。在经济全球化的背景下，俄罗斯经济特区的管理机构和入驻经济特区的私人资本、国际资本都需要加强沟通，互相学习，但最终实现融合还需要一段时间①。

## 四 创新经济发展中的问题与前景

自俄罗斯政府从20世纪90年代逐步开始推行创新经济发展，尤其是2000年之后开始通过立法、设立相关机构、大量投入资金、进行基础设施建设以及建立科技园区、科学城、经济特区等方式推动创新经济建设以来，俄罗斯在创新经济发展方面做了许多工作，如产业园区、产业集群、创新投资基金、科技城、技术创新中心等都是技术创新理论的主张，而经济特区在一定程度上是制度创新理论的尝试。就总体而言，俄罗斯的创新经济发展目前既取得了一定的成效，也暴露了许多存在的问题，还需要较长时间的发展。

### （一）俄罗斯创新经济发展中的问题

第一，俄罗斯政府制定的诸多政策和战略并没有得到很好的执行。如《俄罗斯联邦2015年前科技和创新发展战略》分为两个阶段，其中第一个阶段（2006—2007年）的指标到期只完成了不到三分之一，其余指标都低于预期；2007—2009年的全球性经济金融危机使得俄罗斯创新发展面临的情况更为复杂，使得第二阶段（2008—2010年）的目标也仅达到40%。②

第二，在具体执行过程中，科研投入不足，大部分创新资金流向非创新领域。尽管俄罗斯民众、社会、政党、政府都对推行创新经济发展非常重视，但由于腐败、官僚等原因，相当部分资金实际并没有被用于科研创新领域；即使按计划分配流向创新领域的资金也大都流向能源、矿藏、交通运输（含航空航天）等短期内能带来效益的领域，且主要用

① 如英国石油（BP）与俄罗斯政府间就TNK-BP的企业治理问题产生了分歧，导致英国BP石油公司首席执行官与俄罗斯政府官员之间的关系紧张，并被迫在2008年离开该国，称其对自己的个人安全问题感到担心，不能回到公司工作，这类事件对俄罗斯经济特区的招商引资有非常重要的影响。

② ИННОВАЦИОННАЯ РОССИЯ – 2020，http://datis.pro/upload/aed/Innovative-Russia-2020.pdf.

于购买设备而不是技术研究。与西方国家相比，俄罗斯在科研、教育、科技创新方面的总体投入较低，俄罗斯对创新研发方面的投资也远远不及世界平均水平。如2008年在全球1000家大型公司的研发支出排名中，仅有3家俄罗斯公司上榜。按每家公司在研发方面的经费开支俄汽排名108位，俄罗斯汽车公司Автоваз排名第758位，OAO（Ситроникс）排名第868位。[①] 创新型科技研发投资不足是阻碍俄罗斯政府创新型战略实施的重要因素。

第三，优秀人才流失，科研人员老龄化问题严重，使创新战略面临更大的困难。人才是创新的关键，但自苏联解体后，俄罗斯在科研、教育领域出现了严重的人才流失问题。一方面是出于对俄境内的种种担忧，一直有俄罗斯人迁离俄罗斯。虽然在2000年到2011年期间，随着俄政治局势的稳定和经济形势的好转，迁离俄罗斯的人口有所下降，但2012年普京回归克里姆林宫后，迁离俄罗斯的人口又出现增加的趋势。尤其是2014年乌克兰危机后，俄罗斯面临被西方孤立的窘境，知识分子群体中希望俄罗斯与西方建立友好发展关系的希望破灭。有报道说克里米亚事件后一个月内，就有203659名俄罗斯人迁离俄罗斯。这些移民大都受过高等教育和具有专业特长，并且在俄罗斯有较好的经济地位。他们的迁离，带走了俄罗斯创新发展所急需的技术和资金。有统计说，自苏联解体后，有50万—80万名俄罗斯科学家离开俄罗斯寻求海外发展。这些科学家以30—50岁的科技中坚力量为主，主要涉及航天、物理学、精细化工、计算机、生物学、遗传学等。另一方面，由于经济等原因，许多很有潜力的科研人员逐渐离开了科研岗位，转而从事与科研无关的商贸经营性活动。此外，科研人员老龄化问题也是俄罗斯创新战略在人力资源方面遇到的难题。各国科学发展的经验证明，科研人员创造力旺盛的黄金年龄为27—40岁。目前俄罗斯科研人员的平均年龄为49岁，其中科学副博士的平均年龄为53岁，科学博士为61岁，这些数据表明，俄罗斯的科研团队老龄化问题已经比较严重。人才流失和科研人员老龄化是俄罗斯在人才培养方面面临的难题，对俄罗斯的科研实力和创新造成实质性

---

① ИННОВАЦИОННАЯ РОССИЯ - 2020, http://datis.pro/upload/aed/Innovative-Russia - 2020.pdf.

的影响。

第四，专利权保护方面取得了一定的成绩，但还存在不少问题。目前俄罗斯已经有了比较完整的知识产权保护体系，现有的法律框架在保护知识产权方面也取得了一定的成绩，尤其在加入世界贸易组织后，在知识产权保护与国际接轨方面也有了很大的进展，但俄罗斯对于一些非本土知识产权规则或标准，往往倾向于根据本土标准和本国文化做出有选择性的灵活解释，且在俄罗斯联邦政府的法律执行力度依然较弱，也没有能力确保与俄地方协调一致地遵守和保护知识产权，因而，俄罗斯对知识产权保护的实际效果不可能与西方国家相比，侵犯知识产权行为时有发生。

第五，俄罗斯的科技城发展缓慢。科技城是俄罗斯结合本国历史特点与现代科技发展的产物，在苏联时期曾经取得了辉煌的成绩，在俄罗斯独立后，实施创新经济发展的过程中继续发挥积极的作用。但目前除了部分科技城发展较好之外，其他科技城还需要俄联邦政府给予大力的支持，才能使其在俄罗斯创新经济发展过程中成为新的经济增长点。

第六，通过在某些地区实行特殊的政策逐步增强俄罗斯经济中的创新成分是俄罗斯经济发展的战略重点，经济特区建设是俄罗斯国家创新体系的重要体现。在建设和发展经济特区方面，俄罗斯并不是先行者。世界上有许多国家，为解决地区经济问题，都设立了经济特区或在某些地区实施类似的特殊政策，通过减免税收、降低关税等一系列优惠政策招商引资，发展本国经济。如印度的班加罗尔、中国的经济特区建设等都有可供俄罗斯借鉴或学习的地方。根据管理经济特区的俄罗斯经济特区公司（ОАО Особые Экономические Зоны）2011 年的评估，目前，俄罗斯诸多经济特区中效果最好的是利佩茨克和阿拉布加。在四种类型的经济特区中收效最好的是技术创新型（技术创新型的经济特区被看作俄罗斯以高科技为基础的新经济的核心），其次是港口型，最后是生产加工型，最不好的是旅游度假型，究其原因是基础设施落后和国家税收体系不健全。

### （二）俄罗斯创新经济发展的前景

尽管俄罗斯的创新经济中仍然存在许多问题，但同时，俄罗斯在创新经济中也有许多优势，如基础科研潜力雄厚，尤其在航空、航天、能源、材料、军工、国防等领域仍居于世界前列；教育科研实力随着近年经济实力的增强有明显改善等。在目前的创新经济发展中，过多的资源流入能源领域，在一定程度上也是因为能源和石油开采部门是俄罗斯创新能力比较强的部门。这也符合俄罗斯的发展目标，符合把俄罗斯发展成为一个能源强国的实际国情。

发展创新经济就是要把经济发展的推动力从主要靠物质投入推动转向创新要素推动，实现以知识和人才作为依托，以创新为主要的驱动力，以发展拥有自主知识产权新技术和新产品为着力点，这是目前世界公认的实现经济现代化的有效途径。俄罗斯也试图努力摆脱对能源经济的严重依赖，从能源依赖型转向以高新技术、人力资本、高附加值为基础的创新经济模式，以高新科技产业、人力资本、科技创新来推动俄罗斯经济的转型发展，俄罗斯也正在积极建立一个有投资吸引力的环境，以实现普京总统提出的使俄罗斯的投资环境进入全球排名前 20 名的目标。

俄罗斯的总体思路是正确的，在俄罗斯社会上下逐步达成了共识，形成了国家战略。俄罗斯政府也从人才培养、专利权保护、资金投入、基础设施投入、科技城建设、经济特区建设等方面进行了比较详尽的规划和实质性的努力。俄罗斯政府所推行的一系列政策和措施也是卓有成效的。如何进一步落实规划中创新经济发展的具体项目，真正实现俄罗斯政府已经制定的战略目标，对俄罗斯而言还有漫长的道路。如何使得俄罗斯全社会形成对创新经济发展更深刻的认识，充分用足创新资金和俄罗斯的技术优势，使科研、教育和企业形成一体化链条，培育出更具创新性和竞争力的产品，积极推动俄罗斯的经济结构实现转型，仍将是一个重要的历史性课题。

总体而言，经过多年的发展和努力，俄罗斯的创新经济已经取得了一些成绩，但与世界发达国家和创新经济比较领先的国家相比，还有很大的差距。俄罗斯还需要加强对国外创新经济发展的追踪研究，特别是汲取美国、德国、日本、中国、英国、芬兰、瑞士、瑞典等国[①]的先进经

① 芬兰、瑞士、瑞典等国都是在创新领域内世界领先的国家。

验，积极参与国际范围内有关创新经济的论坛、会展及竞赛，同时调整国内相关的法律法规，加大对创新经济发展的研究和预测，争取较早地介入未来发展的领域。

# 第八章

# 国有经济在现代化中的作用

人们对国有经济的看法各种各样，本书采用的国有经济概念是国家作为民事行为主体占有资源、配置资源、经营资源、承担风险、获得收益的活动，具体包括生产活动、经营活动、借贷活动。它涉及所有权系统中的占有权、使用权、处分权和收益权等各种权能。①

俄罗斯是一个具有悠久国有经济历史的国家。这种经济发展的制度特征在历史上几次现代化浪潮中都担当了弄潮儿的角色。也正是这种特点，使得俄罗斯的现代化历史潮起潮落，难成正果。在封建农奴制度时代，俄国存在过以农奴劳动为基础的手工工场，其中大部分属于国家、沙皇宫廷和大贵族所有。18 世纪初与瑞典的战争促进了俄国国家工厂的发展。以后，在各个历史时期，国家（政府）以各种方式主办、参与、控制经济生活就成了常态，只不过，不同的时代有不同的特点，消长变化，绵延不绝，直至成为苏俄时代军事共产主义的历史基础。

1936 年，苏联宣布已经建成社会主义，意味着苏联时期的现代化取得了重要的成就。考察这一时期苏联的政治经济制度，其基本特征就是高度集中。单就经济方面来看，实行生产资料公有制，以国家的力量将原有的工矿企业收为国有，国家控制整个国民经济，进而通过指令性计划配置资源、分配财富。工商企业国有化，集体农庄准国有化，不受国家控制的经济成分趋于消失。

斯大林时代，在前期的两个五年计划期间，建成了以 6000 多个现代化工业企业为主体的大工业体系。到 1930 年夏初，工业在国民经济总产

---

① 参见张聪明《当代中俄国有经济比较研究》，社会科学文献出版社 2012 年版，第 1—2 页。

值中的比重达到53%，在苏联历史上，工业生产在国民经济中的比重第一次超过了农业。到1938年，苏联的工业产量已经超过英、德、法等国，跃居欧洲第一位、世界第二位，仅次于美国。

正像斯大林所说的，苏联用强力以赶超的方式用10年的时间完成了别的国家100年的历史任务，终于跻身于世界上工业最发达国家的行列。但是，这种非常的体制，很快就显现了它的非理性和不可持续性，随着斯大林的去世，苏联就开始了长达40年的断断续续的改革时代。最终，随着苏联的解体，苏联时代通过国有经济实施现代化的历史终于完结了。可是，通过发展国有经济追求国家现代化的历史悲喜剧再一次在苏联的继承国俄罗斯上演了。这一次会有什么样的结局？人们将拭目以待。

## 一 国有经济是俄罗斯现代化的物质基础

### （一）俄罗斯的国有经济及其在国民经济中的地位

在俄罗斯，民法典规定国有经济的存在形式有三种：一是联邦和地方政府所有的公共机构（科研机构、医院、文化教育机构、住房公用事业管理机构等），二是联邦和地方政府所有的国有企业（其中包括事业型联邦国营企业—国库企业），三是股份公司中的国有股。①

经过20世纪90年代初以来的非国有化和再国有化反复，截至2013年10月1日，从规模（数量）上来看，归俄罗斯联邦国有资产管理署管理的公共部门组织总数为65272个，其中国有单一制企业（包括国库企业）4502个，公共机构55244个，法定资本或收益50%（以上）归国家所有的商业企业3195个，国家参股（股份或权益比例低于50%）的公司2331个。②

国际货币基金组织2014年5月发布的俄罗斯国家财政透明度报告提供了另一组数据，我们可以从中了解更多的俄罗斯国有经济的信息。③ 根

① 参见李中海《普京八年：俄罗斯复兴之路（2000—2008）》，经济管理出版社2008年版，第283页。

② Gaidar Institute for Economic Policy, *Russian Economy in* 2013 *Trends and Outlooks* (*Issue* 35), Gaidar Institute Publishers Moscow /2013, pp. 366, 367.

③ IMF Country Report No. 14/134/RUSSIAN FEDERATION FISCAL TRANSPARENCY E-VALUATION May 2014/By Richard Hughes, Tom Josephs, Viera Karolova, Vladimir Krivenkov, and Gösta Ljungman. p. 16.

据该报告，俄罗斯国有经济（公共部门）的资产为国内生产总值的381%（地下储藏资产200%，其他固定资产82%，金融资产100%）；国有经济（公共部门）的债务为国内生产总值的400%（282%为退休金债务，16%为其他政府债务，102%为公司债务）；截至2013年10月，在俄罗斯，国有经济（公共部门）占了全部经济活动的相当大的份额，收入方面至少为国内生产总值的71%，支出方面至少占国内生产总值的68%；国有企业（公共企业）营业额占国内生产总值的29%。

截至2013年10月，俄罗斯公共部门有分立的各种形式的公共机构81954个，可分为三类。

第一类，12402个预算意义上的中央政府实体，包括联邦政府各部、署，预算组织；从联邦预算获得全额拨款、在联邦国库设立账户的立法、司法机构；4389个中央预算外组织，这些自治和半自治政府实体的资金部分从联邦预算的转移支付获得（部分来自其服务收费）；87个社会保险基金，包括联邦养老基金、社会保险基金、强制医疗保险基金及其84个地方机构，其收入的47%来自联邦预算的转移支付；23185个次级国家政府机构，包括83个州政府（46个州政府，21个共和国，9个地区，2个联邦市，4个自治区，1个自治州），23102个地方政府（市政机构）。地区政府财政收入部分来自中央政府的转移支付，部分市政当局还依赖地区政府的转移支付。

第二类，31092个国有（公共）法人。这些国有企业，基于其法定形式和财务报告要求，分为三大部分：第一，8344个政府控制的股份公司，组织形式为开放式股份公司（法律要求其公布审计过的财务报告）。第二，22440个单一制国有企业和国库企业①，是由政府百分百所有的特殊形式的商业组织（实体），它们使用国家拨付的资金财产，执行法定职能。国家没有严格的规定要求它们公开财务信息。这类企业能够获得财

① 国库企业：国库企业是指依据业务管理权而建立的俄联邦国库企业和俄联邦主体国库企业，此种单一制企业虽然具有独立的法人人格，但是不具有必要的注册资金，国库企业财产的所有权人要为国库企业的债务承担补充责任，同时国库企业可以被解散，但是不得被宣告破产。国库企业更接近公法上的机构而非商业机构。联邦国库企业（казенные предприятия），2008年的统计是19个，按行业划分，15个是弹药和特种化学企业，3个是航空制造企业，1个常规装备企业；按性质分化，14个是工厂，5个是科研靶场，分布在俄罗斯13个地区。（参见张聪明《当代中俄国有经济比较研究》，社会科学文献出版社2012年版，第163—184页。）

政补贴，2012 年的财政补贴总额为 278 亿卢布，为当年预算支出的 0.2%。这类企业包括大的联邦网络化企业，比如俄罗斯邮政公司、俄罗斯广播电视网络公司，大的地区和市政运输企业，如莫斯科地铁公司。其中还有很多建筑和制造业的市场导向①的公司。很多这种企业与政府的部或局保持着紧密的联系，作为政府部门的延伸和边缘运作着。第三，另外的 308 个政府企业是根据特殊的法律条文建立的，这种企业从政府获得拨付的资产，但企业并不为自己的债务负责。法律规定，它们是非营利性组织，它们的活动专注于执行政府的政策。这样的国家公司包括存款保险局②、对外经济银行、俄罗斯公路公司、奥林匹克公司等，它们不必公开自己的财务状况。

**表 8—1　　俄罗斯经济中的国有经济（组织）数量及其变化（2011—2013 年）**

单位：个

| 时间 | 总数 | | 国有单一制企业 | | 公共组织 | | 国家拥有股份的公司 | | | |
|---|---|---|---|---|---|---|---|---|---|---|
| | | | | | | | 国家拥有 50% 以上股份的公司 | | 国家参股的公司 | |
| | 数量 | 变化（%） | 总数 | 变化（%） | 数量 | 变化（%） | 数量 | 变化（%） | 数量 | 变化（%） |
| 2011.7.1 | 72047 | 100 | 6245 | 100 | 59483 | 100 | 3928 | 100 | 2391 | 100 |
| 2012.1.1 | 69689 | 96.7 | 5805 | 93 | 57839 | 97.2 | 3733 | 95 | 2312 | 96.7 |
| 2012.7.1 | 69251 | 96.1 | 5282 | 84.6 | 58049 | 97.6 | 3593 | 91.5 | 2327 | 97.3 |
| 2013.1.1 | 67003 | 93 | 4891 | 78.3 | 56247 | 94.6 | 3501 | 89.1 | 2364 | 98.9 |
| 2013.7.1 | 66131 | 91.8 | 4589 | 73.5 | 56100 | 94.3 | 3201 | 81.5 | 2241 | 93.7 |
| 2013.10.1 | 65272 | 90.6 | 4502 | 72.1 | 55244 | 92.9 | 3195 | 81.3 | 2331 | 97.5 |

资料来源：Gaidar Institute for Economic Policy, *Russian Economy* in *2013 Trends and Outlooks* (*Issue 35*), Gaidar Institute Publishers Moscow /2013, p. 366。

① commercially-oriented enterprises.

② The Deposit Insurance Agency.

就国有经济的部门分布来看，2007 年至 2013 年 1—9 月，国有经济在下列经济活动中所占的比重不是保持不变就是有所增加。

**表 8—2　　俄罗斯国有经济在各部门的分布及所占比重变化（2007—2013 年）**

| 部门及经济活动 | | 2007 年 | 2010 年 | 2012 年 | 2013 年 1—9 月 |
|---|---|---|---|---|---|
| 货物船运，工作和服务量 | 采矿 | 12.8 | 9.8 | 16.5 | 21.2 |
| | 化石燃料生产 | 11.8 | 9.0 | 16.6 | 21.7 |
| | 制造业 | 8.4 | 8.7 | 9.8 | 10.9 |
| | 电力、天然气和水的生产供应 | 11.4 | 17.8 | 25.7 | 25.1 |
| 建筑工程量 | | 4.0 | 4.1 | 3.8 | 3.9 |
| 客运营业额 | | 65.9 | 56.1 | 64.5 | 63.0 |
| 商业货物快运量（不包括管道运输） | | 72.9 | 78.4 | 76.0 | 75.3 |
| 商业货物周转量（吨/公里数，不包括管道运输） | | 94.6 | 93.6 | 92.9 | 93.2 |
| 通信服务 | | 9.8 | 15.2 | 14.2 | 14.1 |
| 内部研发活动费用 | | 72.4 | 73.4 | 75.4 | 73.9 |
| 面向居民的付费服务量 | | 16.4 | 18.9 | 18.9 | 19.4 |
| 固定资产投资* | | 19.5/15.0 | 24.5/17.8 | 28.8/20.9 | 27.7/18.9 |
| 来自货物/产品销售、工作和服务的净收入（不包括增值税、特许权税和其他类似的强制付费） | | 12.0 | 18.9 | 12.6 | 12.0 |
| 公共部门的雇员平均数 | | 24.9 | 24.9 | 25.8 | 26.8 |

注：* В числителе-без учета субъектов малого предпринимательства и объема инвестиций, не наблюдаемых прямыми статистическими методами. （the numerator excludes small business subjects and investments which cannot be observed by using direct statistical methods）意为在小企业和未被直接统计方法所考察的投资中国有经济投资比重低，不考虑这一部分，在大中企业和可直接统计的投资中，国有经济的比重要高一些。此处只统计了大中型企业，所以斜杠前的数字大一些。

资料来源：Gaidar Institute for Economic Policy, *Russian Economy in* 2013 *Trends and Outlooks* (*Issue* 35), Gaidar Institute Publishers Moscow /2013, p. 367。

表 8—3　　2004—2011 年国有经济成分在各类公司中的消长变化

| 股份公司中的国有成分比例分布 | 占股份公司总企业数的比例（%） | | | | | | | |
|---|---|---|---|---|---|---|---|---|
| | 2004 年 | 2005 年 | 2006 年 | 2007 年 | 2008 年 | 2009 年 | 2010 年 | 2011 年 |
| 国有持股占企业法定资本 100% 的企业 | 4 | 10 | 30 | 45 | 54 | 55 | 57 | 63 |
| 国有持股占企业法定资本 50%—100% 的企业 | 15 | 13 | 12 | 10 | 7 | 6 | 6 | 5 |
| 国有持股低于企业法定资本 50% 的企业 | 81 | 77 | 58 | 45 | 39 | 39 | 37 | 32 |

资料来源：Федеральнф агентство по управлению федеральным имуществом，Отчет о приватизации федерального имущества，http：//www. rosim. ru。

第三类，10799 个其他实体，这些实体是在联邦统计局注册的没有详细说明的由政府控制的实体。

在对俄罗斯国有经济的动态考察中可以发现，国有经济的数量有所减少，但国有经济在国家参股、控股的公司中所占份额和控制力却在增长。

### （二）俄罗斯私人经济发展缓慢

当代俄罗斯的私人经济部门有一个从无到有的建立过程。这个过程就是非国有化。

1. 俄罗斯的非国有化（私有化）概念

俄罗斯的非国有化（私有化）是一个内涵广泛的综合性概念，它对应英语中的“privatization”一词。在西方国家，“privatization”所表示的私有化具有两方面的含义，即产权的私有化（又称狭义的私有化）和经营权的私有化（又称广义的私有化）。

俄罗斯对私有化（非国有化）概念的定义和解释体现在《俄罗斯联邦所有制法》和《俄罗斯联邦私有化法》这两个法律文件之中，而且随着对法律文件的修改，私有化概念还经历了一个调整和变化的过程。

第一阶段，私有化指把“国有”变为“公民和法人私有”。1990 年 12 月 24 日颁布、1991 年 1 月 1 日生效的《俄罗斯联邦所有制法》对这一概念的定义是："把国家所有制或市政所有制的企业、财产综合体、房屋、设施和其他财产转让，变为公民和法人私有制。"从该法律可以看出，俄罗斯的私有化既包括把国有企业的资产转为私人所有，也包括把它转为法人（股份公司、集体企业）所有。在具体实施中，俄罗斯的私有化内容远远超出了官方文件的界限。按照俄罗斯学者的解释，具体包括以下三个方面的含义：

首先，私有化是指把国有企业的资产全部或部分出售（转让）给私人和法人所有。这一层次上的私有化等同于"非国有化"，在概念上相当于西方国家对私有化的狭义理解。俄罗斯的"非国有化"又可细分为两层含义，一层指将国有资产转为私人所有；另一层指将国有资产转为非国有的法人所有。

其次，私有化是指国有企业管理模式的变形，如承包、租赁。这一层次上的私有化等同于"非国家化"，在概念上相当于西方国家对私有化的广义理解，即在不改变国家所有权的前提下变革国有企业的管理体制，也就是常说的所有权与经营权分离。这里没有国有企业财产权的转让，只有企业法律地位和财政状况的改变。

最后，私有化是指初次私有化之后的所有权再分配。例如，国有企业通过劳动集体租赁转为租赁企业所有制之后，又通过购买租赁的财产转为集体所有制；国有企业改组为股份公司进行所有权初次分配之后，又通过有价证券市场进行所有权的再分配。

1991 年颁布、1992 年修订的《俄罗斯联邦私有化法》对私有化的定义是："国有企业和市政企业的私有化，是指把国有的和市政所有的企业、车间、设备、厂房、设施、其他财产以及股票，出售给公民、股份公司（合伙公司），变为私有。"从该官方文件中使用的俄文"часная собственность"来判断，确实是把"国有"变为"私有"了。这种变化是适应俄罗斯建立以私有制为基础的市场经济目标模式的。因为既然要建立以私有制为核心的微观基础，就必须在理论上从私有制的范畴去理解和认识改革以来所形成的新所有制形式。

第二阶段，私有化指把"国有"变为"混合所有"。1997 年 7 月 21 日，俄罗斯颁布了新的私有化法——《俄罗斯联邦国有资产私有化和市政资产私有化原则法》。该法对私有化的定义是："对于本联邦法律的目标来说，国有资产和市政资产的私有化，应理解为把属于俄罗斯联邦、俄罗斯联邦主体或市政机构所有的资产（私有化对象）有偿转让，变为自然人和法人所有制。”

综上所述，俄罗斯在概念上对私有化的理论认识经历了一个从“非理性到理性、从主观偏激到客观公正”的变化过程。这一过程始终包含了“产权私有化”和“管理私有化”的内容，因此，俄罗斯的私有化是“一个把国有企业资产转为私人所有或非国有成分法人所有、实行资产所有权与经营权分离以及初次私有化之后的所有权再分配过程囊括无遗的、内涵广泛的综合性概念。”

可以说，“俄罗斯私有化”与“俄罗斯的非国有化”是一个等值的范畴。

2. 俄罗斯早期的非国有化进程、方式及成果

（1）政府主导的私有化（非国有化）

转轨早期由俄罗斯政府主导的私有化，依据企业规模的大小，有小私有化和大私有化之分；而按照私有化改革的进程大私有化又依次可区分为“证券私有化”“现金私有化”和“个案私有化”三个阶段。

（1）第一，小私有化

开始于1992年年初的俄罗斯小私有化在1993年年底基本结束。小私有化是针对职工人数在200人以下、固定资产账面净值在100万卢布以下的小型企业而言的。小私有化的目的是把商业、服务业、小型工业、运输业和建筑业等领域的小型企业通过商业投标、拍卖、赎买租赁财产、股份制和直接出售等方式转归个人所有。1992年上半年，重点是在以前所签订的租赁合同并具备赎买条件的基础上，对小企业（商业、饮食业和服务行业）进行私有化改造。1992年下半年和1993年主要是出售小企业。其中以赎买租赁财产和商业投标的方式私有化的企业分别占小私有化企业总数的43.7%和41.4%。小私有化总的趋势是，商业投标和股份制的比重逐步上升，赎买租赁财产和拍卖的比重逐步下降。从小私有化后形成的新所有制经济结构来看，劳动集体所有制的比重下降，而法人所有制的比重上升。

相对来讲，俄罗斯的小私有化进展得比较顺利。截至1993年年底，实行小私有化的企业约6万家，占商业和服务业企业的70%，轻工、食

品和建筑企业的 54%—56%，建筑业企业的 43%，运输部门企业的 45%。

(2) 第二，大私有化（非国有化）

俄罗斯的大私有化是针对大中型企业而言，即职工人数在 1000 人以上、至 1992 年 1 月 1 日企业的固定资产账面净值在 5000 万卢布以上的大型企业。俄政府的做法基本上是对这些企业实行股份化，即先将其改造成开放型的股份公司，然后通过出售股份来实现私有化。这一过程是通过以下三个阶段进行的。

①证券私有化（1992.7—1994.6）

历时两年的证券私有化是一次大规模的群众性私有化（非国有化）运动。其特点是国家通过无偿发放私有化证券来转让国有资产。俄罗斯公民每人可获得面值 1 万卢布的私有化证券，他们在政府规定的若干私有化证券使用方式中有自由选择的权利。企业职工可以按优惠条件用私有化证券购买本企业股票，也可以在专门的拍卖市场上购买任何企业的股票。俄罗斯政府规定，州与联邦所属的企业，在私有化时要拿出 35% 的股票用于以私有化证券的形式购买，出售企业股票时，购买者有权用私有化证券交纳 35% 的付款。其次，公民也可以将私有化证券存入投资基金会。截至 1994 年 4 月，俄罗斯已经建立起 650 家证券投资基金会，投资基金会用收集到的证券购买私有化企业的股票，在获得红利后再向存户（即投资基金会的股东）支付红利。最后，出售私有化证券以获得现金。

②现金私有化（1994.7—1996.12）

现金私有化是指以市场价格出售国有企业的股票，有偿地转让国有资产。与证券私有化相比，第二阶段私有化的主要目标是从追求政治目的转向注重经济效益和刺激生产投资。也就是说，现金私有化要符合俄罗斯政府在《1995—1997 年经济改革和发展规划》中所规定的三个前提条件，即能保证形成真正负责任的能有效经营管理的所有者，现金私有化要有利于促进对企业的投资，要积极寻找对无效率企业感兴趣的投资者。为了实现上述目标，政府采取了一系列新的不同于证券私有化时期的政策措施。

③个案私有化（1997 年开始）

1997年，俄罗斯政府开始实施切尔诺梅尔金政府制定的《1997—2000年结构改造和经济增长的中期纲要》。该纲要明确提出，随着市场经济体制框架的初步确立，前一阶段的改革任务基本完成，经济改革将进入一个新的阶段——结构改革阶段，这一阶段的主要任务是恢复经济增长，提高经济效率。政府决定从1997年起停止大规模的私有化运动，转为有选择地、个别地进行私有化，即转入“个案私有化”阶段。

（2）俄罗斯转轨早期非国有化的阶段性结果

俄罗斯通过私有化（非国有化）在较短时间内彻底摧毁了国有经济的垄断地位，基本建立了私有制占统治地位、多种经济成分并存的混合所有制结构。

经过20世纪90年代的私有化（非国有化）以后，在俄罗斯形成了三大类企业，即私人所有的小企业、股份公司和国有企业（国家控股公司和单一制企业）。

在1993年3月11日签署的第446号俄罗斯联邦政府令——《关于在俄联邦发展和扶持小企业的措施》里，把就业人数在200人以下的企业列为小企业。小企业的固定资产账面净值应在100万卢布以下。

截至1993年年底，实行小私有化的企业约6万家，1994年与1991年相比，从事一般商业活动的小企业增加19倍，科学和科学服务小企业增加7.5倍，商饮小企业增加3.3倍，建筑小企业增加1倍。1995年，小企业已超过90万个，产值占工业产值的9%，占社会零售商品流转额的20%。1996年，俄罗斯共有630万人就业于小企业，也就是说，占国家经济部门劳工总数的10%。1997年中，小企业的数量达到了95万至100万个，它在国内生产总值中的比例达11%—12%。如把没有正式登记的小企业考虑在内，则达到了14%—15%。（另一资料说1997年小企业的数量为84万多个，其产值占国内生产总值的10%，达到340万亿卢布。）经过10年时间的发展和调整，到2000年，俄罗斯小企业数量为87.55万个，其中90%以上是私营企业；2000年小企业的产值是4600亿卢布，在国内生产总值中占11%—12%（发达国家为50%）；在小企业中有750万从业人员；固定资本投资约220亿卢布；50%以上的小企业从事的是商业、公共饮食业和服务行业；从事工业和小型建筑业的小企业占总数的30.6%。截至2001年年初，从事创新的小企业约4万个。

截至1996年年底，在大私有化过程中共建立股份公司约2.7万个，其中国家控股的公司（包括控股和黄金股）为4849个，占18%；国家参股的公司为1.02万个，占37.6%；完全私有化的公司（国家没有股份）为1.2万个，占44.4%。

3.21世纪俄罗斯的非国有化与国有化回潮

（1）普京时期（2000—2008年）非国有化进程放缓

普京当选总统后，多次明确表示反对重新审查私有化结果，反对实行重新国有化，主张继续推进国有企业改革，削减国营企业的数量，减少股份制企业中的国有股。但普京总统第二任期开始以后，情况有了明显的变化：私有化进展放缓了。

突出的表现是，每年实施了私有化改造或出售了国家股权的企业寥寥无几。2005年上半年，计划进行私有化的1453家企业中只有二十几家真正实施私有化，1493家公司计划出售国有股份，但实际上只有114家真正出售了国有股份。2005年8月4日，普京总统签署了《关于确定国有战略企业和战略股份公司名单》的命令，命令规定，政府无权对天然气工业公司、石油运输公司、俄罗斯石油公司、俄罗斯铁路公司、统一电力系统公司等大公司以及一大批军工企业进行私有化。

（2）普京时期（2000—2008年）非国有化出现逆转

①普京就任总统以后，俄罗斯经济中的国有成分明显提高。据估算，2003年前国有经济成分占国内生产总值的34%，随后逐年增加，到2008年前后，该比重已达到50%左右，截至2013年10月，在俄罗斯，国有经济（公共部门）占了全部经济活动的相当大的份额，收入方面至少为国内生产总值的71%，支出方面至少占国内生产总值的68%；国有企业（公共企业）营业额占国内生产总值的29%。[①]

在全俄10个最大的公司中，有6个是国有或国家控股公司，10大国有公司的销售额超过国内生产总值的20%。最突出的是天然气工业公司，联邦预算收入的8%来自于该公司。有资料表明，国有油气公司到2008

---

① IMF Country Report No. 14/134/RUSSIAN FEDERATION FISCAL TRANSPARENCY EVALUATION May 2014/By Richard Hughes, Tom Josephs, Viera Karolova, Vladimir Krivenkov, and Gösta Ljungman p. 16.

年前后已控制了石油开采量的33%，天然气开采量的80%。在金融类企业中，国有银行占银行体系总资产的40%，其中储蓄银行吸收居民储蓄占总储蓄的54%。

②“重新国有化”趋势。2002年以后，国有或国家控股企业通过兼并重组等方式，积极并购同类或具有产业关联性的企业，出现了一个“重新国有化”的趋势。2005—2007年，国有的俄罗斯石油公司和天然气工业公司，分别收购了私有的尤科斯石油公司和西伯利亚石油公司，涉及资产合计约400亿美元。除了油气和电力企业的重组外，非能源类企业中国有经济成分也有重组的大动作，例如，根据普京总统2006年2月签署的总统令，俄罗斯正式组建一个飞机研制、生产经营、市场开发等有机结合在一起的超大型飞机设计生产制造企业——联合飞机制造集团公司；2007年6月普京总统签署命令，决定组建联合船舶制造集团公司；重组了“俄罗斯国防出口公司”，重组后的公司控制了20多家企业，生产的产品覆盖军品和军民两用产品；2007年1月，俄国家杜马通过专门法律，对核能企业股份和资产的管理与支配问题做出专门规定，这一法律不仅明确了国家对民用核能资产管理的优先权，还提出将组建国家“核能工业公司”，根据法律规定，核能领域所有的国有企业都将并入这一公司；2005年秋，俄罗斯联邦政府宣布以四大企业（“萨图伦”科技生产联合体、乌法发动机公司、彼尔姆发动机公司和“礼炮”公司）为基础，组建航空发动机企业集团；2006年6月，“俄罗斯铁路公司”决定收购“交通运输机械控股公司”的股份；国有公司在矿产开采业也有一定的扩张。

特别是，2007年，俄罗斯在短时期内通过专门的立法组建了六个国家公司。2008年金融危机后，俄罗斯联邦政府用财政资金直接向国家公司和国有银行注资，扩大了国有企业资产。通过国家公司以债转股为条件，收购了陷入困境中的重要私企的债务。

③政府高官直接参与国有企业管理。为了使国有企业高层履行经营国有资产的责任，保障国有企业忠实执行国家的经济政策，普京政府安排了许多高级官员到大型国有企业兼职。例如，联邦政府第一副总理梅德韦杰夫兼任天然气工业公司董事长；总统办公厅副主任谢琴兼任俄罗斯石油公司董事长；联邦工业和能源部长赫里斯坚科任石油管道运输公

司董事长；总统办公厅副主任苏尔科夫任成品油管道运输公司董事长；联邦政府副总理茹可夫任俄铁路公司董事长；总统办公厅前主任沃洛申任统一电力系统公司董事长，联邦工业和能源部长赫里斯坚科任副董事长等。

有俄罗斯学者和西方观察家指出，普京政府实际上改变了叶利钦当政时期将国有企业全盘私有化的做法，把私有化限制在非战略性的国有中小型企业范围内，而且对这些国有企业也不是一下子把它们都私有化了，而是分期分批地进行，每年公布一批经政府批准的准备实行私有私营的国有企业名单。也就是说，普京政府现在实行的是在一定范围内的有节制的私有化改革。

但是，国有企业与市场经济制度存在某些不兼容性。虽然国有企业处在政府的卵翼之下，借助行政资源可获取暂时的竞争优势，但无法形成企业真实的竞争力；由此形成的行业垄断，排斥其他类型的企业进入市场，最终会导致整个行业失去竞争力，有损经济的长远发展。正因为如此，梅德韦杰夫就任总统以来，俄罗斯经济的非国有化又出现了一些新气象。

（3）梅德韦杰夫时期（2008—2012 年）非国有化出现新气象

2008 年 5 月，普京总统卸任，改任政府总理，德米特里·阿纳托利耶维奇·梅德韦杰夫就任总统，俄罗斯历史开始了所谓“梅普组合”的新时期。

虽然“梅普”在推动俄罗斯经济振兴方面没有异议，但对于发展思路，两人存在着一定的差异。梅德韦杰夫更倾向于自由主义经济，力图通过经济私有化（非国有化）、减少国有企业在特定行业中的垄断来增强俄罗斯经济的竞争力。这显然与普京奉行的通过发展国家资本主义来振兴俄罗斯经济的思路有明显的不同。

2009 年 8 月，梅德韦杰夫对俄罗斯经济做出了他上任以来最大胆的评估：除非俄罗斯能加快改革步伐，否则经济将陷入“死路”。

梅德韦杰夫总统在 2009 年 11 月 12 日的国情咨文里进一步指出，俄罗斯经济急需改革，不能仅仅依靠苏联时期的发展成果。针对国有经济在俄罗斯经济中占有 40% 以上的份额的现状，他直言国有企业缺乏效率，“没有未来”，“要么改革，要么消失”。紧接着，俄罗斯副总理舒瓦洛夫

2009年11月15日表示，2010年私有化计划的规模将高于原定目标，提高到1000亿卢布（35亿美元）。与此同时，将把继续持有的“战略资产”名单大大缩短。

2011年7月，梅德韦杰夫在会见俄罗斯大企业家时表示，目前的私有化计划非常保守，他期待政府很快提出更加激进的建议。2011年8月4日的俄罗斯《新闻报》报道说，俄罗斯总统助理阿尔卡季·德沃尔科维奇表示，总统已经批准了政府有关扩大私有化计划的建议。另外，鉴于普京时期形成了大量政府高官在大型国企担任高管的现象，2011年4月2日，梅德韦杰夫发布政令，明令要求3名副总理和5名部长辞掉在17家国企的职务。其中包括担任俄罗斯石油公司董事会主席的俄罗斯副总理谢钦。2011年4月11日，副总理伊戈尔·谢钦“响应号召”，率先辞去俄罗斯石油公司董事会主席的职务。

这一时期的非国有化，从表面上看力度不小，但俄罗斯的事，计划是一回事，实际是另一回事。长期以来，非国有化的计划完成情况一直不能令人满意。经济发展部长格列夫在2005年就说，“不会让我们把那些容易变现的企业列入私有化计划。让优质企业继续归国家所有的理由有150个。列入私有化计划的都是带引号的垃圾。市场对此不感兴趣，有的企业我们已经卖了四五次了。我们拿出来准备卖出的企业越来越多，实际卖出去的越来越少，并且以后，准备卖的企业和实际卖出的企业之间的比例只会继续下降。”但是，普京重新当选总统后，上任伊始就提出了建立国家远东开发公司的政策主张，准备用国家之力组织开展远东地区的综合开发。在这种背景下，俄罗斯的私人部门并未获得足够的发展。

与此相对应，俄罗斯的小企业发展缓慢。2009年，俄罗斯小企业对国内生产总值的贡献率不超过15%。① 截至2015年4月，俄罗斯有中小企业560万家，就业人数约1770万。② 对国内生产总值的贡献率将近

① 参见陆南泉《俄罗斯“经济病”症结何在》，《经济观察报》2015年4月11日。

② 参见董爱波、黄东明《中俄两国欲以小企业博大发展》，http://news.xinhuanet.com/2015-04/22/c_1115054499.htm。

25%。[①] 相比之下，中国中小企业已发展成为国民经济的主力军，创造了中国近60%的经济总量，贡献了50%以上的税收。2014年中国新增就业1300多万人，其中80%的岗位由中小企业提供。[②] 在美国等西方发达国家，中小企业对国内生产总值的贡献率可达50%。[③]

虽然俄罗斯的中小企业并不都是私人部门的企业，但毕竟在私人部门的企业中中小企业占的比例大一些。整个中小企业对国内生产总值的贡献率都不足25%，那中小企业中的私人部门的贡献率就更低了。

从小企业的行业分布看，俄罗斯从事工业生产和科研创新的小企业比例仅略高于10%。所以，俄罗斯的现代化，靠私人部门是不现实的。

### （三）国有经济是俄罗斯现代化的物质基础

1. 俄罗斯国有经济的存在形式

一般来说，俄罗斯的国有经济包括公共机构、国有企业和股份公司中的国有股份。除此之外，还有号称为“非商业组织”的国家公司和主权基金在俄罗斯的经济生活中起着重要的作用。[④]

鉴于前文已经述及俄罗斯国有经济中的公共机构、国有企业和股份公司中的国有股份，此处主要涉及的是作为“非商业组织”的国家公司和国家主权基金。

（1）国家公司

非商业组织是指俄罗斯的国家公司。组建国家公司是2007年俄罗斯社会经济发展中的一个重要事件。成立国家公司的动议由时任俄罗斯总统普京提出并以其名义报国家杜马批准。组建国家公司的目的在于加强经济集权、推动重要行业发展、提高国家竞争力。

组建国家公司，可以看作是普京主导的一次国有化行动。时任总统普京力主组建国家公司，与其对经济转轨和经济振兴进程中国家干预和

---

① 参见勾雅文、袁志丽《2015中俄中小企业实业论坛开幕 开启合作新方向》，http://news.163.com/15/0422/11/ANQ7VE5O00014JB5.html。

② 参见董爱波、黄东明《中俄两国欲以小企业博大发展》，http://news.xinhuanet.com/2015-04/22/c_1115054499.htm。

③ 参见陆南泉《俄罗斯“经济病”症结何在》，《经济观察报》2015年4月11日。

④ 参见张聪明《当代中俄国有经济比较研究》，社会科学文献出版社2012年版。

政府职能的认识定位有关。普京时期，国家在经济领域的作用得到了强调，政府对经济振兴和发展的主导作用得到了强化。

国家公司的特点是，第一，建立国家公司是为了执行那些具有社会性和管理性以及其他有利于社会发展的功能。第二，国家公司作为一种非商业性组织，没有将获取利润作为其运营目标。虽然国家公司有开展企业经营活动的权利，但这种活动只是为了实现创建国家公司时所确定的目标。第三，只有俄罗斯联邦政府可建立国家公司。第四，国家公司的建立需以单项立法为基础，即以单项立法确定其法律地位。第五，国家公司的建立，应以俄罗斯联邦注入资产为基础，俄罗斯联邦移交给国家公司的资产由国家公司所有。第六，国家公司的建立，不要求提交《俄罗斯联邦民法典》所规定的注册文件。另外，还有一些直接涉及国家公司的法律规范，它们分布在国家的其他法律文献中。

粗略来看，俄罗斯国家公司可以分为以下类型：第一，金融发展机构；第二，政府代理人，执行国家管理机关某些职能；第三，准控股公司；第四，准政府部委。

2007 年一年之内审议并通过了建立 6 个国家公司的法律。这些公司被赋予了完成经济、社会和政治领域长期优先任务的职能（见表 8—4）。

**表 8—4　　　　国有公司的职能**

| 国家公司名称 | 建立时间 | 公司运营目标 |
|---|---|---|
| 开发与对外经济活动银行国家公司（对外经济银行） | 2007 年 5 月 17 日 | 通过投资、对外经济活动、保险、咨询及其他活动，落实俄罗斯国内外的项目，其中包括外资参与的项目，旨在发展基础设施，创新，经济特区，保护环境，支持俄罗斯商品、劳务和服务的出口，以及支持中小企业的发展，从而提高俄罗斯经济的竞争力，实现俄罗斯经济的多样化，促进创新活动 |
| 俄罗斯纳米技术公司（俄罗斯纳米国家公司） | 2007 年 7 月 19 日 | 促进国家在纳米技术领域政策的实施，促进纳米技术领域创新型基础设施的发展，落实纳米技术和纳米工业项目的实施 |
| 住房公用事业改革促进基金 | 2007 年 7 月 21 日 | 为俄罗斯公民建立安全良好的居住条件，促进住房公用事业的改革，为管理住房建立有效机制，通过基金提供金融支持的办法，采用节约资源的技术 |

续表

| 国家公司名称 | 建立时间 | 公司运营目标 |
|---|---|---|
| 奥林匹克设施建设和发展索契高山疗养区国家公司（奥林匹克建设国家公司） | 2007年7月30日 | 为举办2014年第22届冬季奥运会，进行与建设工程勘察、规划设计、建筑与结构设计、设施使用相关的活动，并对其进行管理，同时承担其他与此相关的有利于社会的职能，发展索契市，将其建成高山疗养区 |
| 促进俄罗斯高技术工业品研发、生产和出口国家公司（俄罗斯技术国家公司） | 2007年7月23日 | 通过支持俄罗斯有关机构（高技术工业品的研发者和生产者）在国内外市场的工作，促进高技术工业品的研发、生产和出口，促进向工业领域吸引投资，其中包括国防工业 |
| 原子能国家公司（俄罗斯原子能国家公司） | 2007年12月1日 | 在俄罗斯原子能使用、原子能工业和核武器领域，实施国家政策，进行依法管理，提供国家服务，管理国有资产；保障核安全、防止核辐射，保障核材料和核技术不扩散，发展原子能科学、技术和职业教育，进行国际核能合作 |

俄罗斯国家公司的治理结构为：董事会（监事会）是最高治理机构，经理委员会（董事会）是集体常务执行机构，总裁是长制执行人，负责公司日常管理。董事会（监事会）成员分别由联邦政府、议会上下院提名，董事长（监事会主席）和总裁则分别由联邦政府和联邦总统任命。例如，俄罗斯外经银行的董事长（监事会主席）由联邦总理担任，由联邦总统任命。[①] 总之，国家公司有很高的行政地位：多数公司的领导人和/或董事会成员都是由联邦总统任命的，他们的任职期限也很长。

国家公司的建立和业务发展为俄罗斯经济发展提供了机会。首先，创造了制定和落实经济政策的新主体。该主体尤其适用于新经济部门的发展；为整合致力于多样化和创新的新的政权精英提供了一个“平台”；为社会政治经济责任的个人化提供了一种新的方式。其次，该组织形式某种程度上能顺应长期发展前景开展业务，便于获得更大的自主权、减少对政治形势的依赖、获得资金储备；有利于在可灵活使用资金的情况下，落实以目标为导向的计划。最后，有利于创造促进经济发展、发展

① 参见李福川《俄罗斯反垄断政策》，社会科学文献出版社2010年版，第64页。

国家与私人部门伙伴关系的新工具（不仅是落实项目，还要确定发展的优先方向），有利于对国有经济部门进行重组，有利于制定完善行政体系的方针。

不过，无论从其产生的历史还是从其任务和职能看，各个国家公司之间存在极大的差别。每一个国家公司都是解决某种具体矛盾的工具。俄罗斯社会存在的矛盾体现在以下方面：优先发展任务（经济多样化，转为创新型发展）与国家可使用的机制的有限性、对发展机制的行政管理能力差、主要面向完成当前和传统任务的国家管理体系之间的矛盾。

国家公司是强化发展制度的尝试，是提高实施国家纲要的成效、增强某些国家功能的手段，是某些国家机关为全面完成战略性任务而转变某些职能的结果，是实施国家长期政策的新主体。

选择国家公司作为一种法律组织形式，有可能简化某些经济部门国家所有权的重组和整合；从根本上提高金融资金使用的灵活性，以及确定投资方向的灵活性和长期项目融资的灵活性；可对行政管理体系进行“精确微调”。

总之，为完成一系列在时间上存在限制因素、在实践上存在“停滞”的重要任务，建立国家公司是一种积极的尝试。2007 年建立国家公司的做法，是国家政策实施中某些优先方向时使用的“制度定型”工具，是将完成优先任务的责任问题的加以“个性化”的工具。

(2) 国家主权基金

主权基金，又叫主权财富基金，“是特别目的投资基金或安排，由广义政府拥有。广义政府为宏观经济目标而设立主权财富基金，通过持有、管理和经营资产来实现财务目标，并采取一系列投资战略，其中包括投资于国外金融资产”①。

①稳定基金

俄罗斯为救治和避免国家经济的“荷兰病”，稳定国家预算收支，增进国家长期和总体利益，联邦财政部 2003 年年底提出了建立稳定基金的建议，并得到了普京总统的批准。

依据法律法规，稳定基金是俄罗斯联邦预算基金的组成部分，其基

① http：//news. cntv. cn/20110513/102005. shtml.

本功能是在石油价格低于其基础价格时用于保证联邦预算平衡，对经济起到保险作用；同时该基金还被赋予保证国内经济稳定发展、消除流动性过剩、降低通货膨胀压力、降低国内经济对原材料出口收入波动的依赖等功能。

稳定基金的来源主要有两部分。一是石油出口现价与基价之间的差额，以超额出口税和超额资源（石油）开采税两种方式收取；二是上一财政年度联邦预算资金的剩余部分及稳定基金运作的收益。超额税收收入是主要来源。稳定基金建立之初，俄产乌拉尔牌石油基价定为 20 美元/桶，自 2006 年 1 月 1 日起提高至 27 美元/桶。

截至 2008 年 2 月初，稳定基金所获资金总额达到 1573.8 亿美元。[①]

②储备基金和国家福利基金

2007 年 12 月 29 日、2008 年 1 月 19 日，俄罗斯联邦政府颁布政府令，规定：自 2008 年 2 月 1 日起，俄罗斯稳定基金一分为二，分立为储备基金和国家福利基金。

稳定基金分立后，两种新基金的比例安排为：储备基金总规模为 1254 亿美元，是原稳定基金的 80%；国家福利基金总规模为 320 亿美元，占原稳定基金的 20%。

国家储备基金属于俄罗斯联邦财政的一部分，储备基金的资产管理是由俄罗斯联邦财政部按照俄罗斯联邦政府规定的程序条件来实施的，俄罗斯联邦中央银行可能会作为业务上的实际操作者从事经营管理活动。

国家储备基金在反金融危机的过程中发挥了十分积极的作用。当然，其数量从危机前的 1426 亿美元（2008 年 9 月 1 日）大规模下降到了 254.4 亿美元（2011 年 1 月 1 日，2012 年年初为 252.1 亿美元）。之后，随着情况的好转，储备基金又得到大量补充，2013 年年初为 620.8 亿美元，2014 年年初为 873.8 亿美元，2015 年年初为 879.1 亿美元，截至 2015 年 4 月 1 日为 757 亿美元。[②]

国家福利基金（曾叫“未来基金”）的设计功能是更加机动、有效地

① http：//www1. minfin. ru/en/stabfund/statistics/aggregate.

② 数据来自俄财政部网站公布的消息，http：//www. minfin. ru/ru/perfomance/reservefund/statistics/volume/index. php。

利用资金，促进经济发展，提高居民福利水平。根据普京总统的构想，该基金含有两项职能，一是为国家发展机构注资，如向俄罗斯发展银行注资74亿美元，为俄罗斯国家投资公司注资37亿美元等[①]；二是补充养老金体系、提高养老人员的生活水平，应对未来老龄化问题。按照联邦政府的设计，这一基金将投资于高风险同时也是高收益的领域，如外国公司的股票等。

面对来势凶猛的国际金融危机给俄罗斯经济带来的巨大消极影响，俄罗斯联邦政府一直有使用国家福利基金减轻压力的冲动。[②] 但时任政府总理的普京并不赞同使用国家福利基金来救市。[③]

从实际情况来看，虽然国家储备基金被大量用于弥补财政赤字，但国家福利基金则坚持没有用于救市和弥补财政赤字。截至2009年7月底，国家福利基金总额为900.2亿美元，没有被用于缓解金融危机，到2011年8月底依然保持在926.3亿美元的高位。之后，国家福利基金一直保持在高位。2012年年初为867.9亿美元，2013年年初为885.9亿美元，2014年年初为886.3亿美元，2015年年初为780亿美元，截至2015年4月1日，为743.5亿美元。[④]

③新的主权基金

2011年6月1日，俄罗斯直接投资基金正式成立，俄罗斯方面称之为首只主权财富基金。直接投资基金的管理公司是俄罗斯外经银行的全资控股子公司，具备完全独立的公司治理结构。该基金首席执行官德米特里耶夫表示，该基金是一家以实现投资收益为目的的机构，同时又有帮助俄联邦政府达到既定政策目的功能。因此，为“主权财富基金”的概念增添了新的内容。其实，这是一个“共同投资工具”，很像一只招商引资基金，其目的是以优惠条件吸引外资进入俄罗斯市场。

直接投资基金的设计运作方式是：俄罗斯政府将在5年之内拿出100亿美元注入直接投资基金，以此吸引外国“共同投资者”，期望外资主权

① 数据来自俄财政部网站公布的消息，www1. minfin. ru。

② http：//news. ifeng. com/world/3/200809/0908_ 2592_ 772429. shtml.

③ http：//news. sina. com. cn/w/2008 - 09 - 19/142716320171. shtml.

④ 数据来自俄财政部网站公布的消息，http：//www. minfin. ru/ru/perfomance/nationalwealthfund/statistics/。

基金跟投500亿美元于俄罗斯企业。其中，每个项目中的俄资与外资主权基金的出资比例先期预计至少为1∶1，后期预期可以达到1∶4。设计意义在于，在俄罗斯投资环境一时无法根本改观的条件下，俄罗斯政府以此方式与外部投资者共同承担风险，并以此鼓励外国投资者。在这种设计之下，外来的“共同投资者”不是没有选择的，共同投资者可以不参加那些不看好或估值太高的投资。因此，“共同投资者”是有选择权的积极投资者，而不是简单的被动投资者。

直接投资基金的设计投资领域不仅包括传统行业，也涵盖基础设施、农业、医疗、能源等快速成长的行业。直接投资基金的项目分为两种类型，一类是基础设施项目风险较小，回报为10%—15%；另一类是PE交易，回报可能达到25%。

2. 俄罗斯国有经济的前景

在未来一个可预见的时期，俄罗斯国有经济的特点会发生变化吗？

(1) 国家（政权）强干预经济的历史传统将继续下去

俄罗斯的国情：一个处于东西方之间的相对落后的国家，以赶超的方式实现现代化，追求和保持世界强国的地位，似乎就是这个国家的宿命。目前，俄罗斯正处于重新崛起、追求民族复兴和国家现代化的过程中，从历史上看，俄罗斯的几次现代化以及一切重大的社会变革都是由国家主导的，这个特征时至今日鲜有改观，所以，现在和未来一个时期，国家（政府）对经济的强干预还将是一个历史事实。当然，国家干预的形式会有所变化，但实质不会有大变化。

(2) 国有经济将依然保持一个比较大的规模

苏联解体以来，俄罗斯市民社会并未充分发展起来，民间社会从事经济活动的传统稀薄，从事经济活动的能力和意志尚未形成，商业文化氛围不足，中小企业尚待发展，创新活动乏力。因此，通过国家（政府）维持一个经济活动的框架，由政府掌握一定的经济力量，其经济活动在整体经济中占有一个相对较大的比重，也是没有办法的事。

(3) 国家（政府）管理经济的方式可能会变得更加科学、现代、简约和非强制化

在经济全球化、一体化的今天，俄罗斯也必须遵循世界上通行的方式与各种力量来往，过度的国家强制、国家垄断、繁文缛节、官僚习气都将

使俄罗斯自己的利益受损。随着俄罗斯加入世界贸易组织的进程，俄罗斯管理经济的方式也会越来越国际化，这一点是可以期待的。

（4）国有经济将依然是国家实现现代化的重要力量

与国家干预的情形相似，国家实现现代化，在俄罗斯的现实背景下，离开国有经济几乎是没有可能的。虽然20世纪90年代，国家实行了大规模的非国有化（私有化），但实际上当时和后来一个时期，国有经济的筋骨并未受到致命的损伤，那些以寡头闻名的国家资产剧烈转换的事例很快就得到了纠正。转移资产并购买外国足球俱乐部的事例绝无仅有。即便是在那些已经非国有化（私有化）了的大公司，多数情况下，国家依然掌握从控股到绝对控股的股份以及相应的权力，在有些公司，国家仅以“金股”的方式就能左右其决策。尽管国家在不断缩小战略部门的范围，在出售大公司的股份，但谁都知道，俄罗斯的经济有相当大的一部分依然在国家手中。另外，就私有经济的本性来说，追求更大的盈利是其本性，如果没有外力，在一般业务、更高的盈利水平和支持国家现代化、较低的盈利水平甚至无盈利的情况下，选择前者也无可厚非。但国有经济则显然会有另外的考量指标系统。所以，在正常条件下，如果实现国家现代化具有第一位的意义，那在未来一段时期里，俄罗斯的国有经济将承担独一无二的使命。

（5）与列宁斯大林时代相比，附加在国有经济头上的救世情怀和主义理想，可能将被国家的重新崛起并成为世界强国的民族愿望所代替。

## 二　国有经济的性质与俄罗斯现代化的前景

自地理大发现以来，世界上的民族和国家之间的联系越来越紧密，当今时代已经是一个地球村的时代。俄罗斯没有、也不可能独立于世界上的其他国家、民族和地区。在国有经济与现代化的关系上，俄罗斯之外的各民族国家提供了不同于俄罗斯自身的历史经验。对这些经验的梳理，有助于在比较中进一步认识和理解俄罗斯国有经济与现代化的关系。

### （一）国有经济与国家现代化的关系

1. 国有经济与国家现代化战略弱相关

（1）国有经济与经济发展、战争和经济周期密切相关——美国的国有经济。

美国是西方发达国家中很少的几个未经历过国有化—私有化—国有化的反复过程的国家之一。国有经济在国家经济总量中所占比重不大，单就国有企业产值来看仅占工业总产值的5%左右。美国的国有经济主要分布在邮政、军工、电力、铁路客运、空中管制、环境保护、博物馆和公园等行业。[①] 尤其是联邦级的国有经济组织单体规模较大，经营内容特殊，在社会经济生活中，尤其是对联邦政府稳定社会经济并对其进行宏观管理，有着重要的作用和影响。

1929—1933年经济危机期间，美国联邦政府建立了著名的国有企业——田纳西河流域管理局。第二次世界大战后至70年代初，美国政府在工业和公共事业部门兴建了一系列新的国有企业，按1947年至1949年不变价格计算，投资总额达到1567.7亿美元，占同期国家投资的57.2%，是全国私人与国家投资总额的17%。

不仅如此，战后美国政府还拨出巨额资金，兴建了原子能工业、宇航工业等新兴部门。国家对新兴部门的投资，1946—1971年总共为175亿美元，占同期国家投资的6.4%。另外，国有经济还是反危机的措施。例如，美国宾夕法尼亚中央铁路公司和东北部、中西部的其他6家铁路公司，拥有铁路线超过3万公里，横跨16个州，这些铁路公司因设备工艺落后、年久失修，在第二次世界大战后第五次经济危机的打击下纷纷宣告破产，并从1976年起转为国有，更名为国有统一铁路公司。公司国有化后联邦政府为其更新设备又注入了大量资金。2009年7月10日，美国政府获得60%的新通用股份，新通用成为美国一大国有企业。

美国还有一种特殊的混合所有企业：政府赋予私人垄断企业以国有企业的权力。20世纪80年代，美国经营通信卫星的公司就享有这种权力。美国著名的房贷机构"两房"［"房利美"（Fannie Mae）和"房地美"（Freddie Mac），简称"两房"］就是"政府授权企业"。21世纪以来，"两房"爆发危机，美国政府开出了史无前例的救助"处方"，并于2008年9月7日宣布接管了"两房"。

---

① 参见匡海波《美国的国有企业》，http://blog.sina.com.cn/s/blog_5e544a230100ffwq.html。

（2）国有经济与经济发展、经济周期、战争和意识形态相关——英国的国有经济。

英国最早的国有经济要算是1657年成立的国有邮政总局，它在全国发行邮票，经营全国的邮政业务。英国国有经济在20世纪80年代前的发展大致可以分为以下四个阶段：第一阶段：19世纪末到“一战”爆发前。英国国有化运动在这一时期掀起了第一次高潮。第二阶段：1929—1933年经济大危机后到第二次世界大战结束。其间，英国政府以凯恩斯主义为指导，加强了对经济的直接干预，建立了大批国有企业。第二次世界大战爆发后，英国政府通过国有企业全面地干涉社会的经济活动。第三阶段：1945—1951年，这是英国大规模国有化第二期。工党领袖艾德礼出任政府首相，决定将国有化列为工党政府的基本政策纲领，以颁布8个国有化法令①的方式开始了大规模的国有化建设，由此在英国出现了从地方到中央的建立国有企业的浪潮。到50年代初，英国政府已控制了1300多个煤矿、煤气工厂及其供应系统，约1500家发电厂、铁路、内河运输、码头、公路运输、民航和机场以及70多家钢铁厂。第四阶段：1974—1979年，是英国国有企业的提高时期。1974年3月大选中，工党重新上台，威尔逊政府和卡拉汉政府推行“混合型”经济政策：主张建立一种公有制和私有制并存的社会经济结构。这一经济政策再一次扩大了英国的国有化部门，建立了一系列对国民经济有着重要影响的国家持股公司。

1979年，撒切尔夫人担任英国首相后，针对国有企业存在的问题，进行了大刀阔斧的改造，取得了良好的成绩。撒切尔政府把推行非国有化政策提到经济发展战略的高度，以弗里德曼的货币主义为经济政策的指导思想，将国家对经济生活的过分干预予以调整和削减。出售国有企业是其政策的一项重要内容。在撒切尔夫人的保守党执政之后，1997年5月英国工党组阁，此后的工党政府在这个问题上基本沿袭了保守党的政策。

---

① 《英格兰银行法》和《煤炭国有法》（1945年10月）、《民用航空法》（1946年8月）、《电报和无线电通信业国有法令》（1947年1月）、《国内运输法》和《电力法》（1947年8月）、《煤气法》（1948年7月）、《钢铁国有化法令》（1949年11月）。

（3）国有经济与传统、战争和意识形态有关——法国的国有经济

法国是封建中央集权制度形成较早的国家，在资本主义生产方式产生之前，封建专制政权就对经济生活实行着高度的控制和干预。

1919年第一次世界大战以后，为了尽快恢复国民经济，法国政府将部分企业收归国有，通过不固定的法律形式对一些工业部门实行“国家管理”。最著名的是氮气工业公司的国有化。不过，这个时期国有化企业数量少，所起作用有限，只是大规模国有化的一个前奏。1936年出现了第一次国有化浪潮。当时，执政的社会党为了缓和人民反对大垄断组织的斗争，对铁路、航空、部分军工企业等实行国有化，建立了法国国有（营）铁路公司，控制了两大飞机制造厂，并以股份有限公司的形式将部分军事工业变成国有（营）公司。

1945年出现了第二次国有化浪潮。当时正值第二次世界大战刚结束，为了迅速完成经济恢复和重建工作，从1945年年底到1946年，政府颁布了一系列国有化法律，先后将雷诺汽车公司、法兰西电力公司、法兰西煤炭煤气公司、法兰西银行、国民工商银行等以及30多家保险公司收归国有。此后，国家又通过在原有基础上扩大规模的方式进一步巩固和发展国有经济。

据统计，到20世纪70年代末，国有企业已达150多家，参与的企业达1000多家。国有企业占全国固定资产总值的20%，占国内生产总值的12%，占工业总投资的15%，占工业营业额的22%，占工业部门就业人数的12%。国家银行掌握了全国存款额的59%。

1981—1982年出现了第三次国有化浪潮。法国经济在经过了1959—1974年的高速增长阶段后，国家经济进入了缓慢发展时期。为启动生产，缓解社会矛盾，法国政府于1982年2月颁布了国有化法律，决定采取大规模的国有化措施。当时，要求拥有2000名以上职工的工业企业都要收归国有，银行业全部实行国有化。经过这次国有化以后，有11家工业集团以不同方式收归国有，并将巴黎荷兰金融公司、苏伊士金融公司以及存款在10亿法郎以上的39家大银行等实行了国有化。

经过这次国有化运动，国家直接或间接控制的企业达已4300多家。国有工业企业的营业额占工业企业总营业额的比重从22%提高到40%；出口额占工业出口总额的34.6%；投资额占工业投资额的比重从15%提高到30%左右；职工人数占工业企业职工总人数的比重从12%提高到

23%。到1982年1月止，国家控制的银行有124家，占本国银行总数的一半以上；境内营业窗口达到8800多个，占注册银行总数的90%以上；存、放款额在注册银行存、放款总额中分别占到87%和77%。

国有化领域的扩大和实力的增强，进一步强化了国家对整个国民经济运行的干预。

法国国有企业经过三次国有化运动以后，逐步得到发展和壮大。到1991年，法国国有企业共有2268家，其中由国家全部控股和控股在50%以上的企业有108家，从业人员达130万人，占全国就业人数的7%。到1992年年底前后，国有企业的总产值占国内生产总值的18%，企业投资占全国总投资额的25%。

到1993年，法国政府直接或间接掌控的国有企业还有1760家。但到2005年年底，法国国有企业仅剩1143家。

2. 国有经济与国家现代化战略强相关

(1) 国有经济与赶超战略、战争和意识形态有关——德国的国有经济

德国国有企业的历史可以追溯到早期的宫廷手工业作坊。到了19世纪末期至21世纪初，德国的国有化措施变得越来越有力了。

1870年德国完成统一之后，在其资本主义经济由自由竞争阶段向垄断阶段发展的过程中，德国政府采取了国家投资、国家采购和国家补贴等形式，大大加强了国家对经济的干预调节，并实行了大规模的国有化政策。

强有力的政府利用第二次科技革命的契机，使德国的经济出现了跳跃式的发展，迅速实现了向工业社会的转型。

第一次世界大战爆发后，德国在把整个国民经济纳入战时轨道的同时，国有经济获得了更大的发展。

纳粹德国时期，实行的是统制经济。纳粹自1933年1月30日在德国取得政权以后直至灭亡，在德国实行的一切措施都是依据其政治政纲，即所谓的“二十五点纲领”进行的。纲领中关于经济问题的主张声称：纳粹反对“大资本主义”，并提出“建立一个健全的中等阶级”“大百货公司的公有化”、土地改革、废除地产投机买卖、鼓励和扶植小型工商业、卡特尔和工业联合体的国有化，以及废除“利息奴役制”。1933—

1939年，纳粹努力将德国社会经济生活改造为一种新结构，以达成两项目的：为巩固国内统治建立经济基础；造成一种足以支持（纳粹认为必不可免的）战争的经济。纳粹实施统制经济的组织方式有："世袭的农场"或自耕农地，农业自治团，工商自治团，卡特尔，价格控制，外汇外贸统制，四年计划，劳动关系控制，利润和投资控制，劳工阵线等。

第二次世界大战后，德国经济的恢复和发展得益于其实行的社会市场经济制度。自从1949年联邦德国成立以来，一直实行独树一帜的"社会市场经济"体制。社会市场经济模式既反对经济上的自由放任，也反对把经济管死。在国家和市场的关系上，其原则是国家要尽可能少干预而只给予必需的干预，以保证市场自由和社会公正之间的平衡。

第二次世界大战后，联邦德国没有实行国有化。它的国有经济主要靠赎买私人资本的个别企业和工业部门形成。国有经济成分包括工业企业、运输企业、邮电设备、信用机关、金融机关、土地、公路网、汽车路干线和铁路，等等。国有经济成分一度拥有5500多家企业，在这些企业中工作的人员达到过全国就业人数的9%。

20世纪80年代初，国有经济成分在联邦德国的最重要的经济部门中占有重要的地位。国家是全国最大的银行家，控制了广大的国营银行网。除了从第三帝国继承来的国营银行（中央发行银行）以外，还出现了许多负有新的专门任务的国营银行。其中最大的有：德国复兴信贷银行、工业信贷银行、债务平衡银行、菲格拉股份公司等。将中央发行银行的资金计算在内，国家所占的比重为联邦德国银行信贷系统股份资本的1/3和全部银行存款的52%。

同一时期，国有经济在国民生产总值中所占的比重为17%。国有企业的投资占全国投资总额的31%，如包括国家主管部门的投资在内，则在40%以上。国家在国民收入中的比重为47.2%。①

联邦德国国有企业的改革始于20世纪50年代末，其理论依据主要来自当时的联邦政府经济部长艾哈德。艾哈德主张通过民营化来改造国有企业。

---

① 参见［苏联］迈博罗达《当代资本主义：所有制、管理和权力》，周恒云译，江苏人民出版社1984年版，第117—119页。

20世纪80年代，联邦德国加入到世界性国有企业非国有化改革的浪潮中。到1987年，联邦德国已全部售出所持有的大众汽车公司、煤炭电力股份联合公司和普鲁士矿冶股份公司等主要国有企业的股份。通过民营化改革，提高了企业的经营效率，证实了早年艾哈德的理论设想，民营化改革的政策得到进一步推广。

两德统一后，德国政府致力于改造民主德国地区的国有企业，主要措施是成立“托管局”，利用“托管”形式进行“注资改造”。

（2）国有化与国家工业化（狭义的现代化）强相关——发展中国家的国有经济

第二次世界大战后，广大发展中国家为了振兴民族经济，推动本国工业化和现代化，掀起了两次国有化高潮。第一次是在20世纪50年代后期到60年代中期，它是紧随民族解放运动的高涨而出现的，主要矛头对着殖民企业和殖民地的经济企业，包括海关、银行、税务机构以及原殖民者拥有的足以垄断或操纵国计民生的大企业。这次国有化高潮实际上是民族解放运动在经济领域的继续。第二次是在20世纪70年代，这是在中东产油国收回石油资源主权的斗争取得胜利的鼓舞下，发展中国家掀起的收回自然资源主权的潮流。在这一潮流中，一些国家把实际操纵本国经济关键部门的外资企业收归国有，并使一些矿山资源和农渔业资源回到本国手中。

除了通过国有化没收、征收、赎买外资企业，使之变为国有企业外，更主要的，是许多发展中国家由政府投资兴建了一大批重点企业和重要基础设施，并逐渐使其成为国有经济的骨干力量。

①第二次世界大战后印度国有企业的发展①

1947年，印度获得独立。为了充分利用有限的资源、实现经济自给、保证国民经济发展，印度选择了国有经济和私营经济并存的混合发展模式。这种模式主要强调政府对经济的主导作用，强调通过“进口替代”优先发展重工业和基础工业，加快工业化进程，实现工业化；重视发展国有企业，限制私营企业，排斥外资。也就是要以国家资本垄断社会基础设施，控制基础工业部门，划定国有企业与私营企业的经营范围，力

① 参见李俊江、何枭吟《印度国有企业改革及其绩效》，《河南机电高等专科学校学报》2005年第2期。

图早日实现工业化和现代化。

据此，印度政府对国有企业采取了一系列的扶持政策。例如，接管外国或私营企业，推行国有化，以此增强国有企业实力；划定公、私企业经营范围，加强国有企业的垄断地位；限制私营企业的竞争，加大对国有企业的投资。同时，政府在整个国家的投资分配上对国有企业采取政策倾斜，从“二五”计划（1956—1961 年）到“六五”计划（1980—1985 年）的 30 年间，国有部门的投资比重始终高于私营部门。

政府扶持的结果是，一方面，国有企业得到了较快的发展，另一方面，国有部门控制了国民经济中的“制高点”。到 20 世纪 90 年代初，印度国有经济在许多领域占有统治地位，甚至是垄断地位。例如，在矿业、公用事业、铁路、邮电、金融等部门，国有部门所占比重达 90% 以上，有些甚至高达 100%。在某些轻工业产品生产中也占有一定的比重，如手表占 66%，主要药品占 59% 以上。在第三产业中，银行和保险占 90% 以上，海运占 53%，空运达 100%。

政府扶持国有企业也带来了一系列问题。例如，国有企业垄断专营范围太宽泛；国有企业亏损严重；国有企业生产效率低下，内部积累偏低；管理缺陷导致严重浪费等。

1991 年 6 月，拉奥政府上台后，推行了全面的经济改革，加快了国有企业的改革步伐。

21 世纪以来，印度的国有企业改革进一步深化，主要是：第一，减持国有股，调整投资格局；第二，重组或关闭国有“病态”企业；第三，实施“谅解备忘录”制度，扩大企业自主权；第四，实施自愿退休计划，减轻企业负担；第五，国有企业董事会专业化；第六，推行“员工共同基金”计划等。这些改革措施，取得了一定的积极效果，但国有企业存在的问题尚需进一步寻找解决的路径。

②巴西的国有经济[①]

20 世纪 30 年代，瓦加斯总统执政期间，巴西宣布将地下资源收归国

---

① 参见《巴西的国有经济及其管理》一文的资料，致谢。不过，此文以同名同时发表在 1987 年第 1 期的《中国改革》和 1987 年第 1 期的《中国经贸导刊》上，署名分别是金察和郭延，二人是否同一作者，存疑。

有，采取优先发展民族工业和实现农业经济多样化的方针，使经济有较大发展。第二次世界大战后，特别是军人执政期间，巴西的国有经济得到进一步发展。到1985年，国有经济占全部国内生产总值的54%，在国家经济发展中具有举足轻重的地位。

巴西经济的特点是，不同性质的资本分处不同的经济领域。国有资本主要分布在交通、通信、公用事业等基础设施和能源、原材料等基础工业。巴西的主流观点是，基础设施和基础工业，是国民经济的战略部门，影响经济发展的全局，应由国家投资举办。国家主办基础设施和基础工业是国家有效控制和调节经济发展的重要方式，也能为其他资本的发展创造良好的环境和条件，总体上有利于经济的全面稳定发展。

国家投资保证了基础设施和基础工业的发展，以此为基础的经济结构获得了认可。巴西的国有企业90%采用股份公司的形式。在不同的部门，国家股份所占比例不一样。在交通运输、通信、电力、供水、煤气等公用部门的企业，国家股份一般占90%左右，并且不允许外资入股；在采矿、冶金、石油、飞机制造等部门的企业，国家资本只占50%多一点。政府明文规定，只要国家股份占51%以上，就是国有企业。企业中的非国有股份，一般分两类：一类是有选举（董事）权的股份，主要卖给本国私人财团或外国公司；另一类是无选举（董事）权的股份，主要卖给个人。

巴西国有企业不隶属于任何政府部门。国有企业所有权与经营管理权分离。政府对国有企业的管理一般在以下两方面：一是委派某些大公司的董事和任命董事会主席（或是企业管理委员会主席）、总经理；二是通过必要的计划、投资和经济政策进行指导和调节。

③埃及的国有经济①

1956—1970年，埃及受意识形态竞争影响，进入全面经济调整的时期，社会经济的发展选择了具有浓厚“社会主义”色彩的模式。

1955年3月，时任总统纳赛尔首次提出在埃及建立社会主义的主张。

---

① 笔者引用了王泰《埃及经济发展战略及发展模式的历史考量》（《西亚非洲》2008年第5期）的资料，文责自负。

1962 年，由纳赛尔主持制定的《民族宪章》确认埃及信奉社会主义，走社会主义道路。1964 年，《临时宪法》明文规定埃及的经济制度是“社会主义制度”。这种“阿拉伯社会主义”的意思是，社会主义是“解决埃及问题唯一革命的决策”，是不发达国家消除落后的唯一方法；“社会主义是建立在正义和满足需要的基础上的”；在这种制度下，由人民控制一切生产资料，但不必废除私人所有制。埃及建立社会主义的首要措施是实行社会主义的土地改革。

从 1952 年 9 月起进行土地改革，1961 年又进行了第二次土地改革。通过土改，对全部农业用地的 13% 进行了重新分配。此外，政府还没收了王室土地，降低了土地租金。当然，这些变化还没有改变埃及财产所有制的私有性质及社会经济以私有为主导的局面。紧接着，全面推行国有化政策、实行计划经济，推行进口替代的工业化发展战略。这样，埃及的经济发展模式就开始由市场经济向计划经济转变。埃及国有企业在国民经济中占据着十分重要的地位，发挥着重要的作用。①

20 世纪 90 年代初，埃及全国有国有企业 2871 个，其中属于中央直接管理的 371 个，地方政府管理的 2500 个。中央管理的企业分布在 46 个部门：工业 177 个、财政金融 58 个、运输及通信 36 个、农业 33 个、电力 11 个、石油 9 个，其余分别在采矿、旅游、住房、文化等部门。从数量上看，国有企业只占全国企业总数的 10% 左右，但对埃及经济的发展却起着举足轻重的作用。

第一，国有企业是埃及国内生产总值的主要贡献者，就每一个部门中国有和私人企业各占的比例来看，除农业外，国有企业创造的生产总值占绝大部分比例。第二，国有企业在股本分配中占大部分份额。第三，国营部门安排的职工占城市就业人口的绝大多数。第四，国有企业在向国家提供财政收入、重要产品的生产、矿产品及主要工业品出口、稳定市场物价等方面也占有绝对优势，发挥了重要作用。

埃及国有企业存在的问题主要是：第一，企业经营自主权小，缺乏活力。第二，人员过剩，生产力闲置。第三，企业工资标准不合理。不

---

① 笔者引用了于吉《埃及经济的几个主要特征及经济体制改革的发展趋势》（《世界经济》1991 年第 5 期）的资料，文责自负。

以贡献大小和能力高低作为分配原则，片面强调资历，因此挫伤了劳动者的积极性和进取心。第四，社会负担过多，企业难以承受。第五，国家投入多，企业产出少，亏损严重。

从20世纪90年代初开始，埃及政府采取了一系列改革措施。比如，国有企业私有化；在实行国有企业私有化的同时，埃及政府还对企业管理制度做了某些改革和调整等。但总的来说，改革的进展缓慢，效果并不十分明显。

### （二）俄罗斯历史上的现代化与国有经济

从历史上看，俄罗斯经历了彼得一世时期、亚历山大三世时期和苏联时期三次现代化努力。虽然其背景、目标及侧重点存在很大差异，但不可否认的是，它们都使俄罗斯实现了某种程度的跳跃式发展，并为俄罗斯从地区强国变成世界大国奠定了基础。现在，俄罗斯又开始了新一轮的现代化，其核心是经济再现代化。

1. 彼得一世时期的现代化和国有经济

彼得一世时期的俄罗斯现代化，就其经济特征来说，就是发展与保证军队和舰队装备相关的工厂，这使俄国工业的发展从一开始就具有军事经济的色彩。由于当时俄国尚未发展起来，私人资本不足，不得不由国家出资举办官营工场。到1723年，俄国共建立了89个官营手工工场。其中有些官营工场具有较大的规模，莫斯科的官营制帆手工工场就有1162名工人，官营米克连也夫制呢手工工场有742名工人。①

2. 列宁时期的现代化和国有经济

1917年10月，列宁领导布尔什维克以暴力手段夺取政权后，即刻宣布要建设不同于资本主义的新社会，由此开启了另一种现代化进程。新政权现代化的尝试在经济上的作为是，试图在公有制的前提下用政府计划代替市场，实现国家对资源的配置和对产品的分配。

列宁的想法是："在这里，全体公民都成了国家雇佣的职员。全体公民都成了一个全民的、国家的'辛迪加'的职员和工人……整个社会将

① 参见赵振英《略论彼得一世的经济政策》，《辽宁师范大学学报》（社会科学版）1987年第4期。

会成为一个管理处，成为一个劳动平等、报酬平等的工厂。”[①] 也就是说，列宁认为，整个国家将成为一个大企业，下面的生产单位只是其中一个个车间而已。

在革命胜利后，俄共（布）即着手在全国建立“辛迪加”，以此来实现对产品生产和分配的全面计算与监督。1917 年 12 月，规定将消费合作社国有化；并依靠无产阶级专政，将银行和大工业国有化。1918 年年初，开始实行普遍的劳动义务制，对农业机械、种籽、粮食的贸易实行国家垄断。国内战争开始后，国家机关——中央总管理局开始直接管理企业；1919 年 1 月以后实行粮食征集制；1920 年 11 月，最高国民经济委员会颁布法令，将全国所有的小手工业收归国有。[②]

同时，在苏俄当时的条件下，列宁认为，实行现代化的核心是电气化。1920 年 2 月，成立国家电气化委员会，编制了第一个国民经济计划——全俄电气化计划，计划要求在 10—15 年的时间里实现国家电气化，并在此基础上全面改造工业、农业、交通运输等领域。计划强调，全国的经济要服从中央计划，要优先发展重工业。

为了实现电气化，建立了新的国有工业管理方式——托拉斯。截至 1922 年秋，组建托拉斯 459 个，其中 130 个直属中央，在中央直属的托拉斯工作的工人占全部托拉斯工人总数的 84%。[③] 托拉斯在自愿的基础上组成辛迪加，从事销售、供应和信贷活动。1928 年，全俄有 23 个辛迪加组织。

国家对待这些大型企业和组织的态度近似于对待国家的经济政治机构，给它们提供资金、物资，进行国家订货和采购，国家保持着对国有工业特别是大工业的控制，将其视为国家的经济制高点和经济命脉之所在。

到了新经济政策后期，由于政治现代化问题没有解决，行政命令全面控制了经济活动，多种所有制被单一的公有制（实际上是国有制）取代，苏联的社会主义现代化变成了强制性的工业化。

---

① 《列宁全集》第 31 卷，人民出版社 1985 年版，第 97 页。

② 参见左凤荣、沈志华《俄罗斯现代化的曲折历程》（上），社会科学文献出版社 2012 年版，第 29—33 页。

③ 同上书，第 42 页。

3. 斯大林时期的现代化和国有经济

斯大林现代化的核心是工业化，具体来说是重工业化：完全依赖国家的力量，通过剥夺农民和降低工人的生活水平来积累资金，镇压反对派，大量使用所谓“犯人”的无偿劳动是其主要特点。

在斯大林体制下，国有经济得到了前所未有的发展。经过两个五年计划，1936 年，苏联完成了工业化。1938 年，苏联的工业产量已跃居欧洲第一、世界第二。在国家强制力作用下，苏联迅速组建了一批大型企业：1929—1941 年，苏联共建了近 9000 家大型企业，平均每年建成 600—700 家，其中大多数是机器制造、金属加工等重工业企业。与 1913 年相比，1940 年工业总产值增长了 6.7 倍，其中生产资料生产增长了 12.4 倍。不过，很明显的是，这是一个结构失衡的经济，重工业占工业产值的比重 1913 年为 33.3%，1928 年为 39.5%，“一五”计划结束时为 53.4%，“二五”计划末期为 57.8%。[①] 当然，这些以重工业为主的经济力量，都是国有经济。

另一个值得注意的特点是，斯大林时期的现代化模式实行的是高速度的赶超战略。有论者指出，斯大林时期的工业化是通过“突袭式的工业建设、不顾一切的高速度、层层加码、层层施压来实现的”[②]。他在《论经济工作人员的任务》的演说中说道：“我们比先进国家落后了五十年到一百年。我们应当在十年内跑完这一段距离。或者我们做到这一点，或者我们被人打倒。”[③] 事实上，两个五年计划后，苏联变成了仅次于美国的工业大国。苏联在不到十年的时间里走完了别的国家几十年甚至上百年才能走完的工业化之路。

这种一段时间里运用国家强力不顾一切实现的现代化给我们提供的是什么样的历史经验呢？从 1936 年算起，70 年之后，苏联的继承国俄罗斯总统梅德韦杰夫提出了重新现代化的任务。我们也许从这里可以得到一些启示。

---

① 参见左凤荣、沈志华《俄罗斯现代化的曲折历程》（上），社会科学文献出版社 2012 年版，第 70 页。

② 同上书，第 71 页。

③ 《斯大林全集》第 13 卷，人民出版社 1954 年版，第 38 页。

### （三）当代俄罗斯的国有经济与经济现代化

当代俄罗斯，要推动现代化进程，似乎只能依靠国有经济。那么，前景如何呢？这涉及国有经济的一般性质和俄罗斯国有经济的具体特点。

1. 国有经济不是竞争性的高效率经济

国有经济，在狭义上被人们视为与国有企业同等的概念。[①] 人们对国有企业的性质的讨论在核心的意义上，可以作为对国有经济的认识来看待。对国有企业的分析，可以从经济学和法学的角度分别进行。

从经济学的角度看，企业是一种对市场制度的替代，其功能是组织和配置资源，进行生产性活动。在企业内，人与人之间，各种用途之间的资源配置关系被管理人员与工人之间的命令与服从关系所代替。

也就是说，企业只是市场制度的替代，而不是政府制度的替代。一般而言，市场是在私人物品领域进行资源配置的有效制度，而政府是在公共物品领域进行资源配置的有效制度。所以，企业是在私人物品领域中配置资源的不同于市场的另一种有效制度。企业的大边界不应超出私人物品领域。企业与市场之间的边界，或企业的规模边界，正如科斯所说，位于市场交易的边际成本和企业内部管理交易的边际成本相等的那一点上。[②]

与企业不同，国家是包含空间和时间维度的政治制度。在空间维度上，国家是指一群人及其居住与活动的一片领土；在时间维度上，是指这群人世代相继而形成的超越个体的社会生命体，其中不仅有血缘相连，还有历史文化传统贯穿。无论这群人采取什么样的方式组成社会，他们都是国家权力的主要来源。在当代的社会中，必有公共物品领域，需要采取政府制度予以提供。政府制度是指以强制性的税收形式从社会产出中聚集一部分资源，并以立法的、司法的和行政的方式提供公共物品。政府是国家在实施其在公共领域治理时的具体制度，政府是国家的代理，也是人民的代理。也就是说，国家作为一种跨越世代的制度，主要是为

① 参见倪明《国有经济战略性调整与改组研究》，吉林大学国有经济研究中心网站，http：//ccpser. jlu. edu. cn/newtwo/hotsee. php？ id = 124。

② 天则经济研究所：《国有企业的性质、表现与改革》，第 116 页，http：//www. aisixiang. com/data/40395. html。

社会提供公共服务，那么作为国家代理的政府，其活动就是提供公共物品。①

国有企业的定位是在公共物品领域与私人物品领域之间，即所谓的"过渡地带"。国有企业应该有与政府一致的公共目标，如果不是如此，国有企业进入可进行市场交易的领域，甚至进入私人物品领域，就会与市场中的其他企业处于竞争关系之中。在这时，政府作为国家代理人行使所有者的权力，就会追求国有企业的利润最大化。而影响国有企业利润的，不仅是企业本身的竞争力，还有由政府来制定的相关制度、政策和管制。这样，政府作为公共物品的提供者，就与其国有企业代理委托人的身份相冲突。也就是说，为了国有企业的利润最大化而动用公权力，政府就不可能平等对待其他市场主体，就可能妨碍政府提供公正和有效的公共物品，就可能侵犯产权、破坏市场秩序，甚至在司法过程中偏袒一方。

这就从根本上颠覆了政府的公共性质，使政府行为偏离了设立它的初衷。

政府及其设立的国有企业不应进入到营利性领域，以保证它在提供公共物品时的公正性。

从法学的角度看，仅从形式意义上讲，所谓国有企业乃是指国家独资或具有控制、主导权的合资产业或组织，似乎首先是一种经济组织，其实，国有企业和其他国家机构更接近。其区别是相对的、形式意义上的，一致性则是绝对的、根本意义上的。

在西方，国有企业的名称五花八门，无严格精确的界定，也无法把它和一般行政机关区分开。例如号称美国最大的政府公司的田纳西河流域管理局、美国联邦储蓄保险公司、著名的州际政府企业纽约—新泽西港务管理局，从表面上看，更像一个传统的行政机关。

从实质意义上讲，国有企业是政府之手的延伸，应该是履行公共职能的组织体，而国企只是便于履行公共职能的各种政府组织中的一种形式。国企首先必须是履行公共职能而非赚取利润。

① 参见天则经济研究所《国有企业的性质、表现与改革》，第116页，http://www.aisixiang.com/data/40395.html。

我们宁愿把国有企业理解为一种特殊的行政组织形式，它无非是为履行维护必要、重大公共利益这种公共职能的便利而依法设立的一种特殊的、具有一定企业形式的、不同于常规政府机关的公共机构。①

可见，国有经济就其本质来说，是提供公共产品的经济，不是以盈利最大化为目标的竞争性经济。

与此相联系，中国经济学家林毅夫以新结构经济学的概念和框架述说了关于国家（政府）在后发展国家经济发展中的积极作用。这种理论，也可以为国家在一国经济现代化过程中的作用提供某些依据。

林毅夫认为，市场是经济的基础性制度，现代经济增长的实质及其普遍事实是持续性的技术创新、产业升级、经济多样化和收入增长加速。在各国的产业结构变迁中，政府具有“增长甄别和因势利导”的作用。②也许林毅夫认为，经济增长过程也是一个产业升级的过程。但是，由于存在市场扭曲，国家应该介入、通过一系列政策措施以纠正这种扭曲，使企业得以实现符合要素禀赋结构变化的产业升级。③ 在评论林毅夫观点的时候，余永定教授指出：“在发展中国家的赶超阶段，产业政策不可或缺。因为是处于赶超阶段，发展中国家政府完全可以借鉴先进国家的经验，为本国产业的发展指明方向、创造条件，为经济在日后的起飞奠定坚实的基础。当然，政府产业政策把产业发展引向死路的例子也不胜枚举。发展中国家的发展水平越是接近发达国家，产业政策发挥作用的余地就越小。”

进一步来说，产业政策不是政府直接操作项目，不是“挑选冠军”。在经济已经起飞的阶段，产业升级应该依靠包括企业、基础研究机构和政府在内的整个体系的学习和创新。学习和创新的动力来自“公平竞争”。而“公平竞争”的环境则是由相应的政治和经济制度创造出来的——裙带资本主义和权贵资本主义创造不出这种环境。如果没有必要

① 参见天则经济研究所《国有企业的性质、表现与改革》，第 120 页，http：//www. aisixiang. com/data/40395. html。

② 参见韦森《探寻人类社会经济增长的内在机理与未来道路——评林毅夫教授的新结构经济学理论框架》，《经济学》2013 年第 3 期。

③ 参见余永定《发展经济学的重构——评林毅夫〈新结构经济学〉》，《经济学》2013 年第 3 期。

的制度环境，产业政策大概只能加大市场扭曲、加重腐败。①

由此可见，即便是发展中国家的产业政策，也不是政府直接操作项目，经营企业，说到底，国有经济不是追求效率的竞争经济，国家产业政策也不是国有经济。俄罗斯的问题恰恰是，国家（政府）在很大程度上直接操作项目，经营企业。也就是国有经济在国家经济生活中扮演主角。

2. 俄罗斯的国有经济质量不高

作为苏联继承国的俄罗斯，在20多年的转型之后，时任总统梅德韦杰夫在《前进，俄罗斯!》中说，“我们大部分企业的能源有效利用率和劳动生产率低得可耻。这还不是很糟糕。最糟糕的是，企业经理、工程师和官员们对这些问题漠不关心”②。

按照俄罗斯科学院经济研究所第一副所长索罗金的说法，“俄罗斯主要工业设施严重老化，到目前至少落后发达国家20年，生产出的产品在国际上不具有竞争力，同发达国家相比明显存在技术差距。”“如今俄罗斯机器制造企业中使用的技术设备服役超过25年，而整体来看所有经济实体部门的技术设备中有80%的服役时间已经达到16—35年。”③

3. 当代俄罗斯的国有经济有可能促进经济现代化的进程

一方面是通过国有经济实现国家（再）现代化的历史任务，另一方面是国有经济效率不高、质量不好的现实，这个矛盾能够解决吗?

根据前面对国有经济的理论分析以及对俄罗斯国有经济现实的介绍，在一般情况下，在俄罗斯国有经济面貌没有根本改观的情况下，这个矛盾不容易解决。

但是，俄罗斯这个国家有其不同于其他国家的某些特质，比如全社会容忍甚至认可、推崇中央集权和强有力的国家领导人，国家有集中力量办大事的偏好，而且还有通过出其不意的举措转移社会注意力、凝聚和动员社会力量，以超常规方式行事的传统和习惯。所以，在某些特殊的条件下，通过改进国有经济管理，提高国有经济质量，集中国有经济

① 参见余永定《发展经济学的重构——评林毅夫〈新结构经济学〉》，《经济学》2013年第3期。

② 陆南泉：《俄罗斯“经济病”症结何在》，《经济观察报》2015年4月14日。

③ 同上。

的力量，在实现国家经济现代化的某个领域、某个阶段做出某些成绩和贡献，也是有可能的。

尽管国际经验表明一国的现代化，尤其是后发展的赶超国家，在某些条件下，在某些经济发展阶段，是可以依靠国家的力量来实施和推动国家（经济）的现代化进程的，俄罗斯也一直在致力于通过国有经济实施和推动赶超型现代化。但当代俄罗斯要通过现有的国有经济，甚至通过发展国有经济来实现国家的现代化，前景也并不十分乐观。

# 第九章

# 现代化进程中的社保体制建设

俄罗斯的社会保障体制，源自苏联。它的建立、发展与完善伴随着经济发展的各个阶段，俄罗斯新型的社会保障体制建设是经济现代化的重要内容，其目标是不断加大民生投入，改善居民生活条件，提高国民生活水平。为适应新的经济形势，俄罗斯的社会保障制度在改革中不断前行，其内容也得以充实和完善。在经济现代化的过程中，俄罗斯通过改革和完善制度，逐步构成了一套新型的社保体系。

## 一　新型社会保障体制的建立与现代化建设历程

俄罗斯现行的社会保障体制基本从苏联时期的国家保障制度沿袭而来，主要包括退休养老保障制度、医疗保障制度、失业保障制度，以及各种社会福利和社会救济的保障制度。伴随着经济体制的转型，俄罗斯社会保障体制历经了若干个阶段。

### （一）苏联时期社会保障体制的建立与发展

俄罗斯的社会保障制度是从苏联时期继承下来的，之后根据社会发展的需要，逐步进行改革和完善，形成了适应新形势和当前社会发展阶段的新型社保体制。

十月革命胜利后，苏维埃政府分别在 1918 年、1920 年和 1928 年先后颁布了《劳动者社会保障条件》《残恤金条例》和《退休金条例》，这构成了苏联早期的社会保障体系。由于战争等各种原因，在 20 世纪 50 年代以前，苏联时期的社会保障体系始终没有建立健全统一的制度。直到

1956 年苏联政府才制定了在全国范围内统一的《国家退休法》，涵盖了 960 多项优抚法令，对具体的金额、条件等都做了明确的规定，从而向实行普遍的社会保障制度迈出了重要的一步。1964 年，苏联又通过了《集体农庄庄员养老金和补助费法》，规定了集体农庄庄员的社会保障待遇，即同样享受退休金的制度，这为苏联建立全国统一的具有普遍性和广泛民主性的社会保障制度创造了条件。1973 年和 1974 年，苏联政府分别提高了残疾人优抚金和丧失赡养者家庭以及残废军人和阵亡者家属、子女的优抚金。1987 年颁布《进一步改善集体农庄庄员老残恤金待遇法》，从而进一步降低了全民职工与集体农庄庄员之间在社会保障待遇方面的差别化。苏联的社会保障体制在经历了雏形期、调整期后，逐步过渡到定型期，在 20 世纪 80 年代末初步形成了基本成熟的国家社会保障制度，主要由以下四个部分组成，分别是：（1）老残恤金制度；（2）医疗保健制度；（3）各种补助费制度；（4）老人和残疾人的福利院。其资金来源是企业和农庄上缴的基金及国家财政预算拨款。① 在这套社会保障体制下，居民普遍享受着广泛的社会福利，包括免费教育、免费医疗、免费疗养，以及各种住房、供暖和食品等福利补贴。应该说，它是在苏联高度集中的社会主义经济体制下逐步形成的，主要由国家包揽一切。这在当时特定的社会发展时期，虽然发挥了重要的作用，保证了社会的稳定和国民素质的整体提升，但随着计划经济管理体制问题的凸显、苏联经济增速的放缓，以及退休人员数量的不断增加，国家的财政负担越来越重，用于庞大社保支出的资金捉襟见肘，原有的社会保障体制在新的社会经济发展过程中难以维持正常有序的运转，改革势在必行。在这种情况下，1987 年苏联部长会议联合全苏工会中央理事会，颁布了《关于实行工人、职员和集团农庄庄员附加退休金自愿保险的决议》，打破了国家大包大揽的做法，开启了由国家和个人出资设立保险基金的先河，在自愿的原则基础上，按月缴纳保险费，在退休后按照保额领取相应的附加退休金。此外，还计划对医疗机构实行经济考核制，设立由企业和个人出资的健康基金，以满足职工对医疗服务的需求，进一步减轻沉重的国家财政负担。这些改革在旧的计划经济体制和固有的依附观念下，推行起来并非

① 参见朱传一、沈佩容主编《苏联东欧社会保障制度》，华夏出版社 1991 年版。

易事，其效果也不十分显著。

应该说，苏联时期的社会保障体制是一种典型的依托在生产资料公有制基础上的具有社会主义国家特征的一种国家保险模式，其资金主要来自国家和企业，个人无须负担任何社会保险费用，存在平均主义的问题，是一种利益均沾的社会保障制度。

### （二）俄罗斯时期社会保障制度的现代化改革、健全与完善

苏联解体后，俄罗斯快速向市场经济转轨，经济陷入严重的衰退，通货膨胀严重，大量的补贴被取消，居民生活水平急剧下降，国家财政入不敷出，原有的具有平均主义色彩的社会保障体制再也无法适应新的社会形势需要。加之，在市场经济体制下新形成的价格机制、收入分配制度等，以及私有化的进程都促使俄罗斯对社会保障制度进行配套的改革，并通过法律制度的确立加以巩固。1993 年 12 月 12 日通过的《俄罗斯宪法》中，第七条就明确规定：俄罗斯联邦是“社会国家”——国家旨在创造保障人的正常生活和自由发展的条件，国家保护父母、儿童、老年人、残疾人和家庭。第三十九条还规定，宪法保障每个公民在生病、残疾、丧失抚养人、教育子女等情况下享受国家的社会保障。国家提供养老金和社会福利津贴，鼓励自愿的社会保险，鼓励创造社会保险的辅助形式和慈善活动。这为俄罗斯进行社会保障体制改革奠定了法律的基础。转轨时期，俄罗斯社会保障制度改革的基本思路是从普遍的福利制度转向为社会最贫困的人群提供基础保障，重点是建立就业保障基金，推行养老金制度改革，建立强制医疗保障体系，完善各种社会福利和社会救济制度。

1. 就业保障基金制度的建立

由于苏联时期实行的是普遍就业政策，因而基本上不存在失业问题，所以在它原有的社会保障制度中也没有失业救济方面的内容。但苏联解体后，社会动荡，失业问题日趋严重。据统计，1991 年年末俄罗斯正式登记的失业人数高达 10 万人。① 为保障失业人员的最低生活水平，俄罗

---

① 参见刁莉、高玉芳《过渡中的俄罗斯社会保障制度解析》，《经济社会体制比较》2003 年第 4 期，第 102 页。

斯政府在1991年和1992年分别颁布了《关于居民就业》的法律及补充规定。国家通过设立专项的居民就业保障基金，进行统一管理，为失业者提供失业补助。同时，还实行其他与就业相关的配套政策，比如建立再就业培训机制和政府主导再就业安置工作，用优惠贷款鼓励中小企业吸纳失业人员，建立整套保护劳动者利益的法规等，这些构成了苏联解体后俄罗斯失业保障制度的基本框架。之后，俄罗斯还对这套体制进行了不断的完善，像俄罗斯联邦就业服务总局在1995年发布了《关于向因工作单位临时停业而被迫下岗的人员发放补助金的条例》等。此外，政府还在就业基金中设立专门的预备基金和补助基金，鼓励临时就业防止大规模失业，同时还对雇主和居民实行自愿的失业保险制度，以弥补失业补助经费的不足。

2. 现代养老退休制度的改革进程

俄罗斯在养老退休制度方面的改革基本可分为四个阶段：

第一阶段为改革的初步阶段，以1990年和1991年分别通过的《国家养老法》和《俄罗斯联邦退休养老基金法》为标志，建立了独立于国家预算的退休养老基金，改变了苏联时期主要依靠国家预算拨款的状况，改由国家、单位和个人三方来负担相应的费用，采取固定制和浮动制相结合，并且根据物价上涨指数实行浮动的养老金发放标准。除此之外，还采取了国家强制与自由结合的退休保险制度，个人可自愿向社会保险机构购买补充的退休养老保险。1992年7月，俄罗斯通过了《俄罗斯联邦非国家养老基金法》，设立了首批非国家的养老基金。

第二阶段是改革的调整阶段，从1995年开始，以建立“三支柱”养老保险制度为核心进行调整性的改革，即政府财政向特困人群提供社会养老保险、推出强制养老保险和在自愿基础上的补充养老保险。到1997年，俄罗斯基本过渡到了多方负担的现收现付养老保险制度阶段，但由于严重的人口问题和糟糕的经济状况，使得养老金保险制度方面的改革无法全面落实，常常出现拖欠养老金的情况，并且很多地区的养老金水平低于最低生活保障线。加上受1998年亚洲金融危机的冲击，经济形势持续低迷，这一阶段的养老保险制度改革没有真正落到实处。

2000年俄罗斯经济形势有所好转，俄罗斯政府开始了养老保险制度第三阶段的实质性改革，着力落实“三支柱”型养老保险制度，相继出台有关的政策法规，如《俄罗斯联邦国家养老保险法》（第166号）、《俄罗斯联邦强制养老保险法》（第167号）、《俄罗斯联邦劳动保险法》（第173号）和《俄罗斯联邦税法及关于税收和保险缴纳金规定的增补与修正》（第198号），这对政府改进和完善“三支柱”型养老保险制度提供了有力的保障。2002年，新的养老保险制度开始实施，将养老保险由缴费形式变为按统一社会税的形式缴纳，将养老基金、社会保险基金和强制医疗保险基金三金合一，统一纳入社会统一税的缴纳范畴，并通过与物价水平挂钩的指数化方式不断提高养老金的发放水平。新法实施后到2009年的8年间，实际养老金增长近一倍，年均增幅达9%。①

2010年俄罗斯开启了新一轮以“税”改“费”为主要内容的养老保障制度的深化改革阶段，其实质是向保险原则过渡。换句话说，就是公民所享受到的养老金权利及其金额取决于个人向国家养老基金缴付的保险费用。改革的具体内容包括：取消社会统一税，改为统一的强制养老保险缴费，提高强制保险部分的费率（2011年起，对于年工资收入低于41.5万卢布的职工，其缴费率由20%提高到26%），力争保持养老基金的财务平衡；将基本养老金并入养老保险金，并与工作年限挂钩；取消不同类型投保人之间不公平的差别保险费率；取消累退税率，确定最高收费限额；重新核算养老金，补偿2002年前退休特别是1991年苏联时期退休人员因市场经济改革遭受的损失；给未达到地区最低生活保障水平的贫困老龄人口提供额外的物质补助；提高养老金发放标准等。这些改革措施使俄罗斯2010年的养老金发放水平相比2007年，提高了2.4倍，平均养老金与平均工资之间的比率关系从2007年的22.9%提高到了2010年的35.4%。② 鉴于俄罗斯社会对26%的税率存在较大争议，俄罗斯政府对2012—2013年的费率进行了微调，下降至22%，并对缴费门槛也逐年进行了调整。2014年缴费费率为22%的年收入门槛从56.8万卢布提升至62.4万卢布，对于年收入超过62.4万的部分，采用10%的费率标准进行缴付。此外，2015年起，俄罗斯将采用积分制公式计算劳动退休金

① 参见高际香《俄罗斯民生制度重构与完善》，社会科学文献出版社2014年版，第62页。

② 参见童伟、伊戈里·戈尔基《俄罗斯养老保障制度改革：现状、问题及前景》，《俄罗斯东欧中亚研究》2013年第1期，第44页。

的支付额度。

3. 现代医疗保障制度的变革与措施

苏联解体后，俄罗斯实施了一系列的医改措施，通过对制度建设的再优化和再调整，逐步建立了一套与市场化相适应的现代医疗保障制度，主要是由国家财政拨款的免费医疗转为由国家和居民共同负担的医疗保险制度，并不断拓展了医疗服务的范围，加大了对弱势群体的政策倾斜，提升了整体的医疗保障水平。

叶利钦时期，俄罗斯医疗制度变革的主要内容包括以下几个方面，分别是推行强制医疗保险制度，建立强制医疗保险基金和成立医疗保险公司等，不仅提高了统筹的层次和水平，还加大了对社会弱势群体的保障力度，建立了合理的医疗补贴机制。1991 年 6 月，俄罗斯通过了《俄罗斯联邦公民医疗保险法》，为实施现代医疗保障制度改革奠定了法律基础。依据该法律的规定：所有俄罗斯境内的常住居民都必须参加强制医疗保险，采取多缴多付、少缴少得的原则，保险费由国家和企业承担。1993 年和 1996 年又分别通过《关于建立联邦和地方强制医疗保险基金的规定》和《俄罗斯联邦公民强制性医疗保险法》，为建立以强制医疗保险为基础的多层次的医疗保障体系提供了法律依据。在此框架下，俄罗斯公民必须缴纳强制医疗保险费，费率为工资基金总额的 3.6%，其中 0.2% 纳入联邦强制医疗保险基金，3.4% 纳入地区强制医疗保险基金。除强制医疗保险外，还设立自愿医疗保险，保险费企业和个人共同承担。而医疗保险业务则由非国有的保险公司经办，强制保险和自愿保险缴费是保障医疗服务的主要资金来源。这一阶段改革的目标主要是着重发展强制医疗保险制度，维持国家医疗保障体系的正常运转。总体来说，叶利钦执政时期，俄罗斯基本形成了新的医疗保险制度框架，但由于严重的经济转型危机，资金不足，管理不规范，保险机构间缺乏有效竞争，各种法律难以执行，有关的医疗制度改革并未完全落实，患者无法自由选择所需的医疗服务，就医难的问题没有得到根本的改善。应该说，医疗保障体制的改革总体上未能达到预期的水平。

普京执政后，将发展俄罗斯卫生医疗事业作为改善民生的一个重要任务。随着经济形势的逐步好转，国家加大了这方面的投入，并且着力进一步完善相关的法律，对医疗保障制度进行了深度的改革，其中最重要的变革就是自2002年起开征统一社会税（类似通常意义上的社会保障税，属于联邦税种），将养老基金、社保基金和强制医疗保险基金三金合一，以达到精简税种和减轻税负的目的，这标志着俄罗斯社会保障体系发生了根本性的转变。2005年之后，俄罗斯启动了“健康”国家优先发展项目，其主要资金来源是联邦预算、联邦强制医疗保险基金和联邦社会保险基金。它将医疗、教育、住宅和农业确定为国家优先发展的四个领域，从而进一步加快了俄罗斯医疗改革的步伐。这一阶段改革的主要方向是加快医疗体系的现代化建设，提升卫生医疗服务的整体水平，提高俄罗斯居民的平均寿命，实施重点是发展高科技医疗和加快医疗硬件的建设。同时，联邦财政加大了对社会弱势群体的参保补助。2005年开始实施《居民药品保障纲要》，进一步明确了社会救助的范畴和方式，由此建立了以孤残儿童、伤残军人等社会福利人群为对象的补充医疗保障制度。除了为他们免费提供基本药物外，还对一些非常见病（如血友病、囊胞纤维症、脑垂体侏儒症、高雪氏症等）所发生的超出一般免费医疗保障的医疗需求予以补充保障。据统计，2010年俄罗斯的补充医疗保障受益对象超过400万人，支出总额约为840亿卢布，全部来自联邦财政转移支付。①

梅普执政期间，为了进一步提高医疗服务的质量，加快医疗保险制度与市场化和现代化相适应，俄罗斯启动了新一轮医疗保险体制改革，向着完全保险原则过渡。为此，2010年全面取消了统一社会税，改为强制性的保险缴费。2010年11月俄联邦通过了《关于部分修订俄罗斯联邦强制医疗保险法》，自2011年1月1日起实施。它不仅赋予被保险人自主选择医疗保险公司的权利，还扩大了强制医疗保险给付的范围，并且取消了私人医疗机构进入强制医疗保险体系的限制，使俄罗斯强制医疗保险更便于广大居民就医。同时，将强制医疗保险的费率自2012年开始从3.1%提高到5.1%，其中2.1%纳入联邦强制医疗保险基金，3%纳入地区强制医疗保险基金。针对年收入低于41.5万卢布的部分，社会保险的缴费费率为2.9%。为完善医疗体系，提高国民健康水平。2011年年底俄

① 参见关博《俄罗斯医疗保障制度改革的经验与启示》，《沈阳大学学报》2015年第1期，第41页。

罗斯总统还签署了第323号联邦法——《俄罗斯联邦公民健康保护基础法》。

此外，俄罗斯还从医疗体系的管理上下手，完善从上至下的管理制度，采取了一系列的措施。例如，对医疗管理体系实行分权改革，实行联邦级、地区级和市政级三级分权制管理，确保国家医疗保障纲要的实施和医疗机构基础设施的均衡发展。另外，大力促进本国医药工业的发展，鼓励私人医疗机构的发展。对医药实行分离制度，对医疗器械的购买实行招投标制，以及对药品流通领域的价格管制，这些都有效地遏制了医疗费用的快速上涨，减少了医疗腐败，保证了大多数普通患者的权益。还有，就是对保障生命必需的和重要的药品实行特殊化管理，并通过立法的手段保证其实施。2010年4月第61号联邦法《俄罗斯联邦药品流通法》获得批准，正式替代1998年实施的旧版《药品法》。其中规定，凡是进入生命必需和重要药品名录的药品，其最高出厂价格必须进行强制国家登记，且一年只能更改一次，登记价格的上浮额度不能超过全年的通货膨胀率；批发价和零售价由联邦主体的权力执行机构统一确定，销售部门对进入名录的药品没有自行的定价权，药品的流通价格不能超过成本价的40%。

总体而言，从俄罗斯转轨20多年来社会保障制度方面的变革历程来看，其主要的改革思路就是要建立和完善强制保险制度。尽管还存在许多问题，面临各种困难，但社会保障制度的基本确立和完善以及总体保障水平的提高是有目共睹的。未来，在社会保障方面，俄罗斯还将继续加强全民强制保险的体制建设，进一步完善有关的法律法规。为此，国家出台了一系列战略构想和发展纲要，明确了改革的主要方向，确定了中长期的政策目标和将要采取的措施。

### （三）俄罗斯社会保障体制现代化建设的指导性纲要和改革方向

转轨时期，俄罗斯的政治和经济发生了巨大的转变，社会历经阵痛，却保持了相对的稳定，这其中，原有的社会保障体制运行发挥了重要的作用。正如美国学者理查德·莱亚德和《经济学家》记者约翰·帕克所认为的，“共产党的俄罗斯建立了很发达的社会保障体制，它在生活普遍动荡的过渡时期运行得相当好，尽管它并不完善，但并没有瘫痪失灵。”①

普京上台执政以来，非常重视俄罗斯国内的民生问题，在社会保障制度建设方面，一直立足于从国家和社会发展战略的角度，不断提高居民收入、养老金金额和医疗服务水平，以及提高国民的平均寿命。普京在2007年10月9日签署俄联邦第1351号总统令《2025年前俄联邦人口政策构想》，提出要将俄罗斯人的平均寿命在2015年提高到70岁，到2025年应提高到75岁。要达到这个预定目标，最核心的问题是如何进一步提高居民的生活水平，加大整体的社会保障力度。为此，俄联邦政府制定了一系列的战略性文件，旨在明确未来社会保障体制改革的目标和方向。

在养老保障方面，2012年12月，俄罗斯政府批准了《俄罗斯联邦养老体系长期发展战略》。其中确定了两个总体目标，分别是使养老保障水平达到社会可以接受的水平，以及保证养老体系的收支平衡并保持其长期稳定。目前，俄罗斯退休人员的退休金明显提高，生活水平已经提高到了各联邦主体确定的最低生活保障线以上。根据有关统计的资料显示，2012年相比2002年，俄罗斯名义平均退休金增加了5.5倍，实际增加了1.8倍，退休金与最低生活保障线之比从1.084倍增至1.798倍，养老金替代率从34%增至36.8%。②

在医疗保障方面，指导性的战略文件有2008年11月通过的《2020年前俄罗斯联邦经济社会长期发展战略构想》（以下简称《战略构想》），以及2012年12月批准的《2020年前医疗发展国家纲要》。在《战略构想》中明确提出：2020年前，国家医疗卫生领域的政策目标是构筑提高医疗救助质量和救助率的有效体系，改善居民健康指标，延长寿命和降低死亡率。国家将坚持医疗卫生事业优先发展战略，不断提高公共卫生支出，到2020年，此项支出占国内生产总值的比重将达到5.5%。而《2020年前医疗发展国家纲要》包括11个子纲要，分别对各类病患的死

① ［美］理查德·莱亚德、约翰·帕克：《俄罗斯重振雄风》，白洁等译，中央编译出版社1997年版，第130页。

② Стратегия долгосрочного развития пенсионной системы Российской Федерации, утверждена распоряжением Правительства Российской Федерации от 25 декабря 2012 г. №2524 – р.

亡率等设定了总体目标，并对医护人员的比例、工资水平等做出了具体规划。该纲要的预算总额为30.3万亿卢布，其中联邦预算出资2.7万亿卢布，联合预算出资10.5万亿卢布，强制医疗保险基金出资17.1万亿卢布。

除此之外，俄罗斯还大力促进医药工业发展。俄罗斯工业和贸易部在2009年就制定了《2020年前俄罗斯制药业发展战略》，具体提出了该领域实行创新发展的目标和任务。为了配合该战略的实施，2011年俄罗斯政府总理批准了《2020年前和未来俄罗斯医药工业发展联邦专项纲要》（以下简称《纲要》），就完成医药产品进口替代提出了更为具体的目标，其最终的目的是保证本国医药行业长期稳定良性的发展，通过医药产业的现代化建设拉动国内生产总值增长0.03个百分点，并创造1万个高新技术就业岗位。该《纲要》预计拨款总额为1880.67亿卢布，其中联邦预算出资1225.59亿卢布，预算外资金655.08亿卢布。①

通过上述涉及社会保障的几个战略性文件的颁布和实施来看，俄罗斯未来社会保障改革的主要方向将围绕以下五个方面进行：一是增加财政预算支出，提高社会保障的力度；二是强化强制保险管理体系，提高资金使用效率；三是注重改善劳动人口，加强对社会弱势群体的保护，消除贫困；四是倡导健康生活方式，提高社会整体健康水平；五是积极加强相关机构的管理与组织工作，不断改善工作条件，努力提高服务水平。

## 二　社保现代化进程中居民生活水平的变化

俄罗斯实行社会保障体制现代化建设以来，通过一系列的改革，出台了与居民生活息息相关的福利政策，使得俄罗斯居民的生活水平在现代化的进程中得到了明显的提高。居民整体收入增加明显，但差距依旧较大，居民消费形式走向多元化，从生存型消费过渡到享受型消费。

① 参见高际香《俄罗斯民生制度重构与完善》，社会科学文献出版社2014年版，第112页。

### （一）俄罗斯居民收入构成与变化

随着2000年以来经济形势的好转，居民整体的生活水平相比20世纪90年代有了显著的提高，居民收入发生了很大的变化，特别是2009年梅德韦杰夫提出经济现代化以来，俄罗斯劳动和社会保障部相继出台了很多政策，提出了相对应的国家项目和具体的落实措施，效果显著，居民收入呈稳步增长的势态，而低收入人群占总人口的比例逐年下降。可以说，社会保障体制的逐步完善发挥了重要作用。表9—1反映了俄罗斯居民收入水平及主要社会经济指标的变化（1992—2014年）。表9—2则反映了居民不同收入来源占总收入的比重（1992—2014年）。

**表9—1　　俄罗斯居民收入水平及主要社会经济指标的变化（1992—2014年）**

| 年份 | 1992 | 2000 | 2005 | 2007 | 2008 | 2009 | 2010 | 2011 | 2012 | 2013 | 2014 |
|---|---|---|---|---|---|---|---|---|---|---|---|
| 居民人均月收入[①;②]，卢布（2000年前单位为千卢布） | 4.0 | 2281 | 8088 | 12540 | 14864 | 16985 | 18958 | 20780 | 23221 | 25928 | 27755 |
| 实际可分配收入，同比上年[③]（%） | 52 | 112 | 112 | 112 | 102 | 103 | 106 | 100 | 105 | 104 | 99 |
| 劳动居民月均名义工资收入，卢布（2000年前单位为千卢布） | 6.0 | 2223 | 8555 | 17290 | 18638 | 21193 | 20952 | 23369 | 26629 | 29792 | 32611 |
| 平均退休金[④]，卢布（2000年前单位为千卢布） | 1.6 | 694.3 | 2364 | 3116 | 4199 | 5191 | 7476 | 8203 | 9041 | 9918 | 10786 |
| 人均最低生活保障金，卢布，（2000年前单位为千卢布） | 1.9 | 1210[⑤] | 3018[⑥] | 3847 | 4593 | 5153 | 5688 | 6369 | 6510 | 7306 | 8050 |

续表

| 年份 | 1992 | 2000 | 2005 | 2007 | 2008 | 2009 | 2010 | 2011 | 2012 | 2013 | 2014 |
|---|---|---|---|---|---|---|---|---|---|---|---|
| 与最低保障金之间的比例人均收入①;② | 212 | 189 | 268 | 326 | 324 | 328 | 333 | 326 | 357 | 355 | 345 |
| 月均名义工资 | 281 | 168 | 263 | 327 | 348 | 334 | 341 | 340 | 378 | 379 | 376 |
| 平均退休金④ | 119 | 76 | 98 | 102 | 115 | 127 | 165 | 163 | 177 | 165 | 163 |
| 收入低于最低生活保障线的居民人数②，百万人 | 49.3 | 42.3 | 25.4 | 18.8 | 19.0 | 18.4 | 17.7 | 17.9 | 15.4 | 15.5 | 16.1 |
| 占总人数的比例（%） | 33.5 | 29.0 | 17.8 | 13.3 | 13.4 | 13.0 | 12.5 | 12.7 | 10.7 | 10.8 | 11.2 |
| 同比上年（%） |  | 84.9⑥ | 88.5⑥ | 87.0 | 101.1 | 96.8 | 96.2 | 101.1 | 86.0 | 92.3 | 103.9 |
| 贫困人口的收入赤字①，百亿卢布，（2000年前单位为千卢布） | 0.4 | 199.2 | 288.7 | 272.1 | 326.7 | 354.8 | 375.0 | 424.1 | 370.5 | 417.9 | 479.0 |
| 占居民总收入的比例（%） | 6.2 | 5.0 | 2.1 | 1.3 | 1.3 | 1.2 | 1.2 | 1.2 | 0.9 | 0.9 | 1.0 |
| 收入差距系数①，倍数 | 8.0 | 13.9 | 15.2 | 16.7 | 16.6 | 16.6 | 16.6 | 16.2 | 16.4 | 16.3 | 16.0 |
| 年平均最低工资标准，卢布，(2000年前单位为千卢布) | 0.7 | 107.8 | 746.7 | 1500 | 2300 | 4330 | 4330 | 4471 | 4611 | 5205 | 5554 |
| 实际最低工资标准，同比上年（%） | 41.5 | 106.9 | 110.4 | 137.6 | 134.4 | 168.6 | 93.6 | 95.2 | 98.1 | 105.7 | 99.0 |

注：① 2005—2010 年的指标采用 2010 人口普查数据计算得出；

②自 2010 年——包括车臣共和国的数据；

③自 2011 年——包括车臣共和国的数据；

④ 2000 年，补偿的退休金也计入在内；

⑤自 2000 年，对最低生活保障金的法律文件和统计方法进行了修订，根据当年第四季度俄罗斯政府公布的数据进行评价；

⑥在 1997 年 10 月 24 日实施的俄罗斯联邦法律№134 – ФЗ《关于俄罗斯联邦最低生活保障》基础上，自 2005 年，为确定最低生活保障金的标准，对消费篮子的构成进行了变更；

资料来源：Россия в цифрах 2013，Крт. стат. сб. /Росстат-М.，2013，с. 127 – 130；Россия в цифрах 2015，Крт. стат. сб. /Росстат-М.，2015，с. 117 – 121。

**表 9—2　俄罗斯居民不同收入来源占总收入的比重（1992—2014 年）**

| 年份 | 1992 | 2000 | 2005 | 2007 | 2008 | 2009 | 2010 | 2011 | 2012 | 2013 | 2014 |
|---|---|---|---|---|---|---|---|---|---|---|---|
| 居民收入来源总比例（%） | 100 | 100 | 100 | 100 | 100 | 100 | 100 | 100 | 100 | 100 | 100 |
| 经营净收入 | 8. 4 | 15. 4 | 11. 4 | 10. 0 | 10. 2 | 9. 5 | 8. 9 | 8. 9 | 9. 4 | 8. 6 | 7. 8 |
| 工资性收入 | 73. 6 | 62. 8 | 636. | 67. 5 | 68. 4 | 67. 3 | 65. 2 | 65. 6 | 65. 1 | 65. 3 | 66. 8 |
| 转移性收入 | 14. 3 | 13. 8 | 12. 7 | 11. 6 | 13. 2 | 14. 8 | 17. 7 | 18. 3 | 18. 4 | 18. 6 | 18. 2 |
| 财产性收入 | 1. 0 | 6. 8 | 10. 3 | 8. 9 | 6. 2 | 6. 4 | 6. 2 | 5. 2 | 5. 1 | 5. 5 | 5. 3 |
| 其他收入 | 2. 7 | 1. 2 | 2. 0 | 2. 0 | 2. 0 | 2. 0 | 2. 0 | 2. 0 | 2. 0 | 2. 0 | 1. 9 |

资料来源：Россия в цифрах 2013，Крт. стат. сб. /Росстат-М.，2013，с. 134；Россия в цифрах 2015，Крт. стат. сб. /Росстат-М.，2015，с. 126。

从上表可以看出，俄罗斯居民收入增加明显，贫困人口逐年递减，居民生活水平整体上有很大提高。近两年，各指标的基本态势没有明显变化。根据俄罗斯劳动和社会保障部最新公布的数据显示，大多数生活水平的指标均有不同程度的提高。比如，2013 年俄罗斯月均名义工资为 29792 卢布，2014 年增至 32611 卢布；2014 年人均月货币收入为 27749 卢布，其结构相比 2013 年有显著改善。居民工资收入在货币收入中所占的比重增加了 1. 4 个百分点，从 2013 年的 65. 3% 增至 2014 年的 66. 7%；转移性收入在居民货币收入中所占的份额为 18. 2%，同期下降了 0. 4 个百分点；经营净收入从 2013 年的 8. 6% 下降到了 2014 年的 7. 8%；财产性收入则从 5. 5% 降至 5. 3%。2014 年全俄月均养老金增至 10786 卢布；2014 年人均最低收入标准为 8050 卢布，其中劳动人口为 8683 卢布，退休人员为 6617 卢布，儿童为 7752 卢布；人均收入与人均最低生活保障费之间的比例，从 2013 年的 3. 55 倍下降至了 2014 年的 3. 44 倍；劳动人口的平均工资与最低生活保障费之间的比例则从 2013 年的 3. 79 倍下降至了 2014 年的 3. 76 倍；退休人员的平均退休金与最低退休金之间的比例从

2013 年的 1.65 倍下降到了 2014 年的 1.63 倍。2014 年，由于受到西方经济制裁、油价下跌等各种内外因素的叠加影响，俄罗斯经济陷入停滞，卢布剧烈震荡，通货膨胀率增加，这对低收入人群产生了一定的影响，贫困人口数量有所反弹。

根据俄罗斯联邦国家统计局的最新数据表明，2015 年上半年俄罗斯贫困人口数量较 2014 年同期增加 14.8%，达到 2170 万人。①

### （二）俄罗斯居民收入分配差距巨大

叶利钦执政时期，转轨的代价之一就是经济状况的恶化，造成俄罗斯居民生活水平大幅度下降。经济自由化改革导致物价飞涨、居民收入下降、退休金延迟发放，居民在医疗、卫生保健、教育文化和社会福利等方面的要求因为经济的全面衰退而难以得到保障。社会保障的低水平运转使得民意的支持率不断下降，国家社会改革的步伐难以前行，居民收入差距不断拉大。

1989 年，10% 最富裕人口与最贫穷人口的收入差距为 4.7 倍②；到 1999 年则达到了 14 倍。普京执政以来，更多地关注到了国家民生建设的问题，改革的重点放在改善低收入群体的待遇，提高他们的最低生活保障费，全面提升居民的收入水平。虽然在改善低收入群体方面取得了一定的效果，但在分配领域并没有改变贫困居民收入增长落后于富人收入增长这一趋势，因此贫富的收入差距在很长一段时间内并没有缩小，直至 2008 年金融危机后，才呈现出略微缩小的趋势，但差距依然悬殊。2003 年俄罗斯 10% 最富裕人口与最贫穷人口的收入差距为 14.5 倍，2004 年为 15.2 倍③，2005 年为 14.5 倍，2006 年为 14.9 倍，2007 年为 15.4 倍，2008 年达到 15.8 倍④，2009 年为 16.7 倍，2010 年下降至 16.5 倍，

① 参见王新宇编译《俄罗斯贫困人口数量增长近 15%》，2015 年 9 月 11 日，哈尔滨都市信息网，http：//www.hebdsxxw.com/yghl/2015/0911/2811.html。

② 参见李慎明《苏联解体是俄罗斯的极大灾难》，《环球时报》2011 年 8 月 9 日。

③ 参见陆南泉《论苏联、俄罗斯经济》，中国社会科学出版社 2013 年版，第 125 页。

④ Разрыв в доходах между богатыми и бедными в России перестал расти，http：//www.business-gazeta.ru/text/12731/.

2011 年继续下降至 16. 3 倍[①]，2014 年下降至 16 倍。其中，10% 最富裕人口的收入约占总货币收入的 30. 6%，相比 2013 年下降了 0. 2 个百分点；而 10% 最贫穷人口仅占 1. 9%，与 2013 年持平。巨大的收入差距引发了诸多社会矛盾，同时不利于社会的整体稳定。

此外，基尼系数也是反映居民内部收入分配差异状况的一个重要分析指标。根据《俄罗斯统计年鉴》的五等分法，对俄罗斯居民的收入水平分为不同的五组：第一组（最低收入组）、第二组、第三组、第四组和第五组（最高收入组）。表 9—3 反映了俄罗斯居民不同收入组别货币收入的分配情况和基尼系数的动态变化。

**表 9—3　　俄罗斯居民货币收入的分配情况和基尼系数的变化（1992—2014 年）**

| 年份 | 1992 | 2000 | 2005 | 2007 | 2008 | 2009 | 2010 | 2011 | 2012 | 2013 | 2014 |
|---|---|---|---|---|---|---|---|---|---|---|---|
| 总收入比例，按 20% 的居民人口计算 | 100 | 100 | 100 | 100 | 100 | 100 | 100 | 100 | 100 | 100 | 100 |
| 第一组（最低收入组） | 6. 0 | 5. 9 | 5. 4 | 5. 1 | 5. 1 | 5. 2 | 5. 2 | 5. 2 | 5. 2 | 5. 2 | 5. 2 |
| 第二组 | 11. 6 | 10. 4 | 10. 1 | 9. 8 | 9. 8 | 9. 8 | 9. 8 | 9. 9 | 9. 9 | 9. 8 | 9. 9 |
| 第三组 | 17. 6 | 15. 1 | 15. 1 | 14. 8 | 14. 8 | 14. 8 | 14. 8 | 14. 9 | 14. 9 | 14. 9 | 14. 9 |
| 第四组 | 26. 5 | 21. 9 | 22. 7 | 22. 5 | 22. 5 | 22. 5 | 22. 5 | 22. 6 | 22. 6 | 22. 5 | 22. 6 |
| 第五组（最高收入组） | 38. 3 | 46. 7 | 46. 7 | 47. 8 | 47. 8 | 47. 7 | 47. 7 | 47. 4 | 47. 6 | 47. 6 | 47. 4 |
| 基尼系数（收入差距指数） | 0. 289 | 0. 395 | 0. 409 | 0. 422 | 0. 421 | 0. 421 | 0. 421 | 0. 417 | 0. 420 | 0. 419 | 0. 416 |

资料来源：Россия в цифрах 2013，Крт. стат. сб. /Росстат-М.，2013，с. 139；Россия в цифрах 2015，Крт. стат. сб. /Росстат-М.，2015，с. 131。

① 参见《俄贫富差距略有缩小，但依然悬殊》，2012 年 2 月 22 日，商务部网站，http：//www. mofcom. gov. cn/aarticle/i/jyjl/m/201202/20120207978578. html 。

通过上述数据可以看出，俄罗斯居民中低收入人群的比例总体呈下降趋势，而最高收入人群的比例在经济回稳后，基本保持在46%—48%的高位之间，无明显变化。自2005年后，俄罗斯居民的收入差距始终高于0.4，处于联合国有关组织规定的收入差距较大国家的行列。这导致俄罗斯居民的消费水平呈现急剧的分化，其消费结构也呈现出明显的多样性。

### （三）居民消费水平和家庭消费结构的变化及其特点

由于俄罗斯经济的出口过度依赖能源，而稳定的国内消费需求恰恰可以减轻俄罗斯对外部市场的高度依赖，从而保持经济协调发展，因此俄罗斯政府一直致力于扩大国内消费需求，使其进一步拉动国内经济的良性发展，继而成为新的增长动力。普京执政以来，国家治理和经济逐步走上良性发展的轨道，伴随着资源出口增长拉动经济的增长，以及国家社会保障水平的不断提高和各种惠及民生政策的实施，包括就业、医疗、住房、教育等一系列的改革举措，不仅保证了俄罗斯居民的收入逐年增加，特别是不断提高了低收入居民的可支配收入，还释放了强有力的消费需求。加之居民对于经济的良好预期，其购买力不断增加，居民消费在2000年后呈现出了较高的需求，其消费水平不断提升，消费结构也呈现出新的特点。居民消费已不仅仅满足于基本的生存型消费，随着收入的增加，俄罗斯居民在超前消费心理的驱使下，已逐步过渡到高级别的享受型消费。居民对于食品、服装和鞋、住房服务、家居用品、卫生健康和教育等基本型消费增速平稳，占家庭消费总额的比例逐年下降，而对于文化娱乐、交通、烟酒、通信、餐饮住宿等享受型消费的需求增速较快，占消费总额的比例也逐年上升，具体指标详见表9—4和表9—5。

**表9—4　　俄罗斯居民家庭消费支出的构成（2001—2012年）**

单位：卢布/月

| 年份 | | 2001 | 2005 | 2008 | 2009 | 2010 | 2011 | 2012 | 2013 | 2014 |
|---|---|---|---|---|---|---|---|---|---|---|
| 2014年消费总支出 | | 1659.9 | 4239.2 | 8220.4 | 8687.0 | 10121.5 | 11258.5 | 12623.9 | 13706.7 | 14705.7 |
| 消费的商品种类 | 食品和非酒精饮料 | 760.6 | 1406.2 | 2394.7 | 2651.0 | 2999.2 | 3324.5 | 3551.9 | 3794.0 | 4182.2 |
| | 烟酒 | 59.1 | 114.7 | 185.3 | 208.2 | 247.7 | 284.9 | 321.3 | 356.6 | 411.6 |

续表

| 年份 | | 2001 | 2005 | 2008 | 2009 | 2010 | 2011 | 2012 | 2013 | 2014 |
|---|---|---|---|---|---|---|---|---|---|---|
| 消费的商品种类 | 服装和鞋 | 226.1 | 452.9 | 855.4 | 900.3 | 1094.9 | 1136.7 | 1275.7 | 1306.5 | 1307.1 |
| | 住房服务、水、电、燃气 | 118.5 | 480.7 | 854.1 | 934.3 | 1142.2 | 1281.8 | 1372.1 | 1435.1 | 1514.1 |
| | 家居用品 | 101.7 | 305.6 | 619.4 | 610.9 | 626.9 | 729.3 | 794.2 | 923.3 | 914.7 |
| | 卫生健康 | 34.4 | 104.8 | 235.1 | 265.6 | 327.3 | 390.6 | 427.0 | 493.5 | 529.3 |
| | 交通 | 127.5 | 516.3 | 1273.7 | 1168.1 | 1511.7 | 1790.4 | 2182.3 | 2426.5 | 2624.0 |
| | 通信 | 22.9 | 155.3 | 302.7 | 330.0 | 384.2 | 412.4 | 439.6 | 463.4 | 494.1 |
| | 文化娱乐 | 78.1 | 299.2 | 634.7 | 631.3 | 683.7 | 764.0 | 875.2 | 987.4 | 1049.6 |
| | 教育 | 20.1 | 77.6 | 130.8 | 133.0 | 131.9 | 134.7 | 159.9 | 133.7 | 148.5 |
| | 餐饮、住宿 | 42.8 | 124.5 | 248.3 | 291.1 | 340.7 | 360.0 | 430.8 | 501.7 | 528.7 |
| | 其他 | 68.1 | 201.4 | 486.2 | 560.0 | 631.1 | 676.4 | 793.9 | 884.9 | 1001.7 |

资料来源：Россия в цифрах 2013，Крт. стат. сб. /Росстат-М.，2013，стр. 141；Россия в цифрах 2015，Крт. стат. сб. /Росстат-М.，2015，стр. 133。

**表9—5　　俄罗斯居民家庭消费支出的结构（2000—2014年）**　　单位：%

| 年份 | 2000 | 2005 | 2007 | 2008 | 2009 | 2010 | 2011 | 2012 | 2013 | 2014 |
|---|---|---|---|---|---|---|---|---|---|---|
| 消费总支出 | 100 | 100 | 100 | 100 | 100 | 100 | 100 | 100 | 100 | 100 |
| **家庭食品消费支出比例（恩格尔系数）** | **47.6** | **33.2** | **28.4** | **29.1** | **30.5** | **29.6** | **29.5** | **28.1** | **27.7** | **28.4** |
| 面包和面食 | 8.1 | 5.6 | 4.5 | 4.8 | 4.9 | 4.5 | 4.5 | 4.2 | 4.2 | 4.3 |
| 土豆 | 0.9 | 0.5 | 0.4 | 0.4 | 0.4 | 0.5 | 0.6 | 0.3 | 0.4 | 0.4 |
| 蔬菜瓜果 | 2.5 | 2.0 | 1.9 | 2.0 | 2.1 | 2.1 | 2.0 | 1.8 | 1.8 | 2.0 |
| 水果和浆果 | 2.4 | 2.0 | 1.9 | 2.0 | 2.1 | 2.1 | 2.1 | 2.0 | 2.0 | 2.0 |
| 肉和肉类制品 | 13.1 | 10.1 | 8.7 | 8.6 | 9.1 | 8.8 | 8.6 | 8.6 | 8.2 | 8.5 |
| 鱼和鱼类制品 | 2.5 | 2.0 | 1.8 | 1.8 | 2.0 | 1.8 | 1.8 | 1.8 | 1.8 | 1.9 |
| 奶和奶类制品 | 6.4 | 4.6 | 4.1 | 4.2 | 4.4 | 4.4 | 4.5 | 4.3 | 4.3 | 4.6 |
| 白糖和糖类点心 | 5.9 | 2.3 | 1.8 | 1.8 | 2.0 | 2.1 | 2.1 | 1.9 | 1.8 | 1.7 |

续表

| 年份 | 2000 | 2005 | 2007 | 2008 | 2009 | 2010 | 2011 | 2012 | 2013 | 2014 |
|---|---|---|---|---|---|---|---|---|---|---|
| 鸡蛋 | 1.2 | 0.6 | 0.5 | 0.5 | 0.5 | 0.4 | 0.4 | 0.4 | 0.4 | 0.4 |
| 植物油和其他脂肪 | 1.5 | 0.7 | 0.6 | 0.7 | 0.6 | 0.5 | 0.6 | 0.5 | 0.5 | 0.4 |
| 咖啡、茶、非酒精饮料 | 3.1 | 2.8 | 2.2 | 2.3 | 2.4 | 2.4 | 2.4 | 2.3 | 2.3 | 2.2 |
| 家庭外食品支出 | 1.8 | 2.9 | 2.8 | 2.9 | 3.2 | 3.3 | 3.1 | 3.3 | 3.5 | 3.4 |
| 酒类饮品支出 | 2.5 | 1.9 | 1.7 | 1.6 | 1.7 | 1.7 | 1.7 | 1.7 | 1.7 | 1.7 |
| **非食品类消费支出** | **34.3** | **38.5** | **41.7** | **40.9** | **37.8** | **38.7** | **39.3** | **40.9** | **40.8** | **40.1** |
| 衣服、鞋、床上用品 | 15.5 | 10.5 | 10.2 | 10.2 | 10.2 | 10.6 | 9.9 | 9.9 | 9.4 | 8.7 |
| 电视广播终端设备和休闲娱乐设备 | 3.2 | 5.2 | 4.1 | 4.6 | 3.7 | 3.5 | 3.5 | 3.4 | 3.3 | 3.3 |
| 交通工具 | 2.8 | 6.7 | 10.9 | 9.1 | 6.8 | 8.1 | 9.0 | 10.4 | 10.2 | 10.4 |
| 家用工具配件和家具 | 4.5 | 6.3 | 6.3 | 6.6 | 6.0 | 5.3 | 5.6 | 5.5 | 5.6 | 5.2 |
| 建材 | 1.0 | 1.9 | 2.2 | 1.6 | 1.5 | 1.4 | 1.3 | 1.3 | 1.3 | 1.0 |
| 燃料 | 1.5 | 2.1 | 2.3 | 2.5 | 2.6 | 2.9 | 3.1 | 3.4 | 3.8 | 4.0 |
| 烟草制品 | 1.2 | 0.8 | 0.7 | 0.6 | 0.7 | 0.8 | 0.8 | 0.9 | 0.9 | 1.1 |
| 个护用品、医药用品 | 3.9 | 3.9 | 3.8 | 3.9 | 4.5 | 4.5 | 4.4 | 4.5 | 4.8 | 4.7 |
| 其他非食品类商品 | 0.7 | 1.1 | 1.5 | 1.8 | 1.8 | 1.6 | 1.7 | 1.7 | 1.5 | 1.7 |
| **服务类支出** | **13.8** | **23.5** | **25.4** | **25.5** | **26.8** | **26.7** | **26.4** | **26.0** | **26.3** | **26.4** |
| 住房服务费支出 | 4.6 | 8.3 | 8.2 | 7.7 | 8.7 | 9.2 | 9.5 | 8.8 | 8.8 | 8.9 |
| 住房 | 1.2 | 1.4 | 1.5 | 1.2 | 1.2 | 1.2 | 1.5 | 1.5 | 1.4 | 1.5 |
| 电 | 0.8 | 1.0 | 1.0 | 0.9 | 1.1 | 1.2 | 1.3 | 1.2 | 1.3 | 1.3 |
| 气 | 0.6 | 0.7 | 0.7 | 0.7 | 0.8 | 0.9 | 0.9 | 0.9 | 0.9 | 0.9 |
| 供暖费 | 0.7 | 1.9 | 1.8 | 1.7 | 2.0 | 2.2 | 2.2 | 2.0 | 2.0 | 2.0 |
| 其他住房服务费 | 1.3 | 3.3 | 3.2 | 3.2 | 3.6 | 3.7 | 3.6 | 3.3 | 3.2 | 3.2 |

续表

| 年份 | 2000 | 2005 | 2007 | 2008 | 2009 | 2010 | 2011 | 2012 | 2013 | 2014 |
|---|---|---|---|---|---|---|---|---|---|---|
| 日常服务消费 | 1.8 | 2.8 | 3.2 | 3.3 | 3.0 | 3.1 | 2.9 | 3.1 | 3.0 | 2.8 |
| 改衣和修鞋 | 0.2 | 0.2 | 0.1 | 0.1 | 0.2 | 0.1 | 0.1 | 0.1 | 0.1 | 0.1 |
| 交通工具服务费 | 0.3 | 0.5 | 0.4 | 0.5 | 0.7 | 0.8 | 0.7 | 0.7 | 0.7 | 0.7 |
| 住宅、房屋和其他建设服务费 | 0.5 | 1.0 | 1.2 | 1.1 | 0.5 | 0.6 | 0.5 | 0.7 | 0.4 | 0.4 |
| 文化娱乐服务费 |  | 2.1 | 2.2 | 2.9 | 3.0 | 2.8 | 2.9 | 3.2 | 3.6 | 3.6 |
| 教育 |  | 2.2 | 2.2 | 2.0 | 2.1 | 1.7 | 1.6 | 1.7 | 1.6 | 1.6 |
| 医疗服务 |  | 1.0 | 0.5 | 1.2 | 1.2 | 1.3 | 1.5 | 1.4 | 1.4 | 1.4 |
| 卫生保健服务 |  | 0.4 | 0.5 | 0.7 | 0.7 | 0.5 | 0.4 | 0.4 | 0.4 | 0.4 |
| 法律服务 |  | 0.1 | 0.1 | 0.0 | 0.1 | 0.1 | 0.1 | 0.1 | 0.1 | 0.0 |
| 客运服务 |  | 2.9 | 3.0 | 3.1 | 3.1 | 3.1 | 2.9 | 2.7 | 2.7 | 2.6 |
| 通信服务 |  | 2.7 | 3.1 | 3.1 | 3.3 | 3.3 | 3.2 | 3.1 | 2.9 | 2.8 |
| 其他服务 |  | 1.0 | 1.0 | 1.4 | 1.5 | 1.6 | 1.5 | 1.6 | 1.9 | 2.3 |

资料来源：Россия в цифрах 2013，Крт. стат. сб. /Росстат-М.，2013，с. 141 – 143；Россия в цифрах 2015，Крт. стат. сб. /Росстат-М.，2015，с. 133 – 135。

上述数据表明，俄罗斯居民的食品类消费支出比例在递减，非食品类的消费支出比例和服务类的消费支出比例在递增，居民消费结构呈现出多元化发展趋势。若扣除价格指数的影响，俄罗斯居民用于改善和提高生活水平的消费稳中有升，交通工具、通信和文化娱乐方面的支出增幅显著，反映出俄罗斯居民对享受型消费的倾向性在加剧，这也是带动俄罗斯经济的主要消费增长点。2013 年、2014 年，总体的消费支出和结构无明显变化，但经济危机的冲击对居民消费的影响初见端倪，进口商品物价的大幅上涨抵消了部分收入的增长。俄罗斯统计局公布的数据显示，居民 2014 年用于购买商品和服务的支出占货币收入的比例相比 2013 年略有上升，从 73.6% 上升至 75.1%。2015 年卢布的大幅震荡，使俄罗斯居民购买外汇的支出有所增加，其占比从 2013 年的 4.2% 增至 5.9%，居民储蓄支出占居民货币收入的比例从 2013 年的 9.8% 下降至 2014 年的 6.9%。

此外，作为衡量居民生活水平重要指标的恩格尔系数，被各国广泛接受。根据联合国粮农组织的规定，恩格尔系数在 60% 以上的为绝对贫困，50%—60% 的为贫困，40%—50% 的为小康，30%—40% 的为富裕，30% 以下的为最富裕。如果按照这一标准，从表 9—5 可以看到，近十年的恩格尔系数大多处于 30% 的水平以下，早已进入富裕国家的行列，尽管其实际的生活水平还远未达到欧美发达国家的水平。但俄罗斯早已摆脱 20 世纪 90 年代经济转型初期带来的收入急剧下滑和贫困人口增加的局面，消费结构也从单一化走向了多元化。未来，提高俄罗斯市场非食品类和服务类商品的消费供给，还有很大的空间。而提高社会公共服务水平仍是进一步改善居民生活质量必不可少的环节，也是俄罗斯未来社会保障体制现代化建设的重要目标之一。

## 三　社保体系的重构对现代化的作用

现代化是俄罗斯社会经济发展的总目标，而俄罗斯社保体系重构的成功与否是现代化能否实现的重要前提。换言之，国家要实现经济现代化，在其进程中必须先进行俄罗斯社保体系的重构，其核心是以人为本，提高居民的福祉，促进社会经济发展。普京在 2008 年提出的《俄罗斯 2020 年前经济社会长期发展战略构想》（以下简称《构想》）中，明确提出了四个具体目标，首个目标就是建设宜居型国家，主要体现在：一是达到发达国家的福利水平；二是缩小居民收入差距；三是使居民获得高质量的教育和医疗服务；四是具有舒适的居住环境；五是主权民主建设富有成效。[①] 同时，在该《构想》中还指出：“俄罗斯的未来，我们的成就都取决于人的教育和身体素质，取决于人对自我完善的追求，取决于人发挥自己的素养和才能。”为此，俄罗斯计划用于教育与医疗卫生的预算支出占国内生产总值的比重分别由 2006 年的 4.6%、3% 增加到 2020

① 参见高际香《俄罗斯 2020 年前经济社会长期发展战略述评》，载《俄罗斯东欧中亚国家发展报告（2009）》，社会科学文献出版社 2009 年版。

年的5.5%—6%、6.5%—7%。[①] 因此，社保体系重构取得的成效将对俄罗斯的经济现代化建设起到积极的促进作用。

### （一）重构社保体系有效促进民生建设和社会发展

俄罗斯社保体系的重构一直以“民生”建设为导向，旨在发展经济的前提下，不断提高老百姓的社会福利，缩小与发达国家的差距。“民生”建设关乎社会的稳定，是发展的前提，也是执政的基础。

转轨前期，政局动荡，经济持续下滑，严重的通货膨胀使俄罗斯居民的收入急剧减少，贫困人口激增，就业形势格外严峻，养老金拖欠问题十分严重。1992年1月至1995年9月平均工资增长了392倍，平均退休金增长了448倍，但物价却上升了1608倍。据统计，1992—1996年，俄罗斯居民实际生活水平下降了40%左右。而1992—1997年，有近37%的居民生活在贫困线以下，其月收入低于政府规定的最低生活贫困线（60美元）。[②] 叶利钦执政时期，俄罗斯国内生产总值按不变价格计算，共减少了25.3%。这期间，除了个别行业外，俄罗斯各行业的就业人数几乎都出现了缩减。1992年，就业人数为7207万，到了1999年，则下降到了6396万，总体规模减少了810万。[③] 此外，大多数居民生活水平的急剧下降，导致这一时期居民的平均寿命总体趋于下降的趋势。1991—1994年，俄罗斯居民的平均寿命逐年递减，分别为63.46岁、62.02岁、58.9岁和57.3岁，1995年至1998年期间，出现小幅上升，分别为58.25岁、59.73岁、60.90岁和61.34岁。1999年，由于受到1998年下半年亚洲金融风暴的冲击，经济再次陷入困境，居民生活水平的下降导致平均寿命再次降至60岁以下，只有59.90岁。

普京2000年担任总统后，将提高居民生活水平作为重要的执政目标之一。他的第一个任期内，最大的成绩就是彻底解决了拖欠养老金的问题，俄罗斯的经济发展也取得了显著的成绩。2000—2007年，俄罗斯的国民生产总值增长了72%，居民实际收入增长了1倍，月均工资从2200

---

① 参见陆南泉《俄罗斯转型与经济现代化》，2013年12月5日，经济观察网，http://www.eeo.com.cn/2013/1205/253119.shtml。

② 参见李永庆《俄罗斯消费市场初探》，《俄罗斯中亚东欧市场》1997年第3期。

③ 参见郭洪福《中俄经济社会发展比较研究》，吉林大学，硕士学位论文，2015年5月。

卢布提高至12500卢布，退休金则从823卢布提高至3500卢布，生活在贫困线以下的居民人口从30%降至14%。[①] 同时，国家还采取了鼓励消费、扩大内需、增加投资、降低通货膨胀率等一系列的经济政策，以保证宏观经济的稳定。2004年，俄罗斯政府推出了一整套消除贫困和完善退休制度的措施，包括提高预算内工作人员的工资、降低社会统一税税费等，使最低工资标准和最低生活费标准逐步接近。2005年，俄总统普京提出了高质量的教育、高效益的农业、现代化的医疗和普及型的适用住房四大领域的国家优先发展计划，也称为"四大民生工程"，并专门为此成立了国家优先发展计划委员会，普京亲自担任主席。这些项目的实施成为俄罗斯社保体系重构的重要内容，也是落实社会经济发展战略方面迈出的重要步伐。2007年4月，普京在国情咨文中宣布，2000年以来俄罗斯居民的收入增长一倍多，贫困人口规模缩小近一倍，已走出经济长期下滑的困境，并跻身于世界十大经济体之列。2009年，由于受到金融危机的巨大冲击，俄罗斯经济出现下滑，各项经济指标下降明显。根据官方公布的数据，当年国内生产总值下降了7.9%，其中工业下降了11.8%，投资下降了17%，农业逆势增长1.2%，居民实际收入则增长了1.9%。这与俄罗斯政府在2009年4月推出的一系列反危机措施有关，其中强调的重点是加强社会政策的保障力度，提高福利支出，扩大内需，提高居民的购买力，维护社会稳定。主要措施包括：一是提高养老金及各类津贴和补助的金额，抵消因通货膨胀带来的需求下降，保持居民的购买力；二是采取积极的就业政策，加强职业教育培训，减少国外劳动配额，保护国内的就业市场，缓解社会紧张态势；三是在医药领域实行药品价格限制，保障普通居民、特别是低收入人群的看病吃药问题。2009—2012年，俄罗斯居民的平均养老金分别增加了23.6%、44%、9.7%和10.2%，而社会津贴和补助平均每年提高10%。2009年，政府对17.3万人进行了相关的职业培训；提供了98.2万个社会领域的临时岗位；帮助5.58万人创业和1.5万人异地就业；将失业补助金的金额提高了50%；对外国人在俄罗斯就业的行业和比例进行了限制和压缩，以保

① 参见陆南泉《2020年前俄罗斯经济社会发展的基本政策与前景》，《俄罗斯研究》2008年第3期。

护国内的就业市场。这些围绕民生建设的反危机措施加快了社保体系重构的步伐，同时在应对经济危机中发挥了阶段性的作用。

梅德韦杰夫总统提出经济现代化国家战略时强调，经济现代化首先是人的现代化。2012 年，普京在竞选总统时也发文表示："发展经济首先是人、就业、收入和新的机会。与 20 世纪 90 年代相比，贫困人口减少了 3/5。大城市中有劳动能力的人口找不到工作或几个月拿不到工资的停滞时代已经过去。"[①] 应该说，俄罗斯通过这种以人为本的社会保障体系的重构，不仅促进了民生建设和社会发展，还笼络了民心，巩固了执政的基础，保障"普京计划"的连贯性，确保将经济成果转换为民生福利，惠及普通百姓。表 9—6 反映了俄罗斯居民社会保障水平部分相关指标的动态变化情况，包括居民平均寿命、人均国内生产总值、居住条件、医疗水平、就业情况和教育程度等。

**表 9—6　　俄罗斯居民社会保障水平的变化（1992—2012 年）**

| 年份 | 1992 | 2000 | 2005 | 2007 | 2008 | 2009 | 2010 | 2011 | 2012 |
|---|---|---|---|---|---|---|---|---|---|
| 现有总人口（百万人） | 148.6 | 146.3 | 143.2 | 142.8 | 142.7 | 142.8 | 142.9 | 143.0 | 143.3 |
| 平均寿命（岁） | 62.02 | 65.3 | 65.3 | 67.6 | 67.9 | 68.7 | 68.9 | 69.8 | 70.2 |
| 出生人口（千人） | 1588 | 1267 | 1457 | 1610 | 1714 | 1762 | 1789 | 1797 | 1902 |
| 死亡人口（千人） | 1807 | 2225 | 2304 | 2080 | 2076 | 2011 | 2029 | 1925 | 1906 |
| 自然增长率（‰） | -1.5 | -6.6 | -5.9 | -3.3 | -2.5 | -1.8 | -1.7 | -0.9 | -0.02 |
| 居民人均 GDP[①]（卢布，2000 年前为千卢布） | 128 | 49835 | 150570 | 232817 | 289170 | 271787 | 324177 | 390314 | 437104 |
| 实际工资同比（%） | 67 | 121 | 113 | 111 | 97 | 105 | 105 | 103 | 108 |
| 实际退休金[②]，同比（%） | 52 | 128 | 110 | 105 | 118 | 111 | 135 | 101 | 105 |
| 平均最低生活保障金同比（%） |  | 120[③] | 119[③] | 112 | 119 | 112 | 110 | 112 | 102 |

① 陆南泉：《转型以来俄罗斯的社保制度改革》，《经济观察报》2013 年 12 月 6 日，http：//www.eeo.com.cn/2013/1206/253225.shtml。

续表

| 年份 | 1992 | 2000 | 2005 | 2007 | 2008 | 2009 | 2010 | 2011 | 2012 |
|---|---|---|---|---|---|---|---|---|---|
| 就业人数[④]（千人） | 71171 | 65070 | 68339 | 70770 | 71003 | 69410 | 69934 | 70857 | 71545 |
| 失业人数[④]（千人） | 3889 | 7700 | 5242 | 4519 | 4697 | 6284 | 5544 | 4922 | 4131 |
| 年末的退休人数（千人） | 35273 | 38411 | 38313 | 38467 | 38598 | 39090 | 39706 | 40162 | 40573 |
| 住宅总面积（百万 $M^2$） | 2492 | 2787 | 2955 | 3060 | 3116 | 3177 | 3231 | 3288 | 3345 |
| 一套住宅的平均面积[①]（$M^2$） | 16.8 | 19.2 | 20.8 | 21.4 | 21.8 | 22.2 | 22.6 | 23.0 | 23.4 |
| 新建住房面积（百万 $M^2$） | 41.5 | 30.3 | 43.6 | 61.2 | 64.1 | 59.9 | 58.4 | 62.3 | 65.7 |
| 医生人数（千人） | 637 | 680 | 690 | 707 | 704 | 711 | 716 | 733 | 703 |
| 每万人拥有的医生数量（人） | 42.9 | 46.8 | 48.2 | 49.6 | 49.3 | 49.8 | 50.1 | 51.2 | 49.1[⑤] |
| 学前教育机构的数量（千家） |  | 51.3 | 46.5 | 45.7 | 45.6 | 45.3 | 45.1 | 44.9 | 44.3 |
| 初级教育机构的数量（家） |  | 3893 | 3392 | 3194 | 2860 | 2644 | 2356 | 2040 | 1719 |
| 中级教育机构的数量（家） |  | 2703 | 2905 | 2799 | 2784 | 2866 | 2850 | 2925 | 2981 |
| 高等教育机构的数量（家） |  | 965 | 1068 | 1108 | 1134 | 1114 | 1114 | 1080 | 1046 |
| 在校大学生数量（千人） |  | 4741 | 7064 | 7461 | 7513 | 7419 | 7050 | 6490 | 6074 |

注：① 2005—2011 年的统计数据采用了 2010 年人口普查的数据；

② 2000 年，补偿的退休金也计入在内；

③用可比方法计算得出的最低生活保障金；

④就业问题根据居民的抽样数据得出：1992 年的数据抽样时间为 10 月末；2000—2012 年的数据抽样时间为年中；自 2007 年起，车臣共和国的统计数据包括在内；

⑤由于俄罗斯卫生部改变了数据采集方法，因此副博士以上的研究生、诊所的住院医师和实习医生未计入统计。

资料来源：根据俄罗斯统计局网站数据整理。

从表 9—6 的数据可以看到，俄罗斯通过对社会保障体系的重构，在很大程度上提高了居民在各个方面的生活质量，它对改善民生和社会经济发展的推动作用是不言而喻的。近两年，尽管俄罗斯经济下行压力增大，但与社会保障水平相关的主要指标并没有出现恶化的趋势，仍旧处于相对稳步改善的阶段。比如，俄罗斯劳动和社会保障部公布的最新数据显示，2013 年俄罗斯居民平均寿命为 70.76 岁，2014 年提高到 70.93 岁，其中男性平均寿命从 2013 年的 65.13 岁提高到 2014 年的 65.41 岁，女性平均寿命则从 76.3 岁增至 76.53 岁。自然出生率连续两年出现正增长，2014 年居民人均月收入增幅为 9.2%，养老金增幅为 8.8%，年内平均就业人数增加 0.2%，失业总人数有所下降。具体见表 9—7。

**表 9—7　　俄罗斯居民社会保障水平指标（2013—2014 年）　　单位：%**

| 年份 | | 2013 | 2014 | 2014/2013 |
|---|---|---|---|---|
| 人口发展指标 | 人口出生率，每千人 | 13.2 | 13.3 | 100.8 |
| | 人口死亡率，每千人 | 13.1 | 13.1 | 100.0 |
| | 人口自然增长率（负增长率），每千人 | +0.1 | +0.2 | 200 |
| 居民生活水平 | 人均货币收入，卢布 | 25 928 | 27 749 | 107.0 |
| | **实际货币收入增长（同比去年）** | **104.0** | **99.2** | |
| | 人均月工资收入，卢布 | 29 792 | 32 611 | 109.2 |
| | **实际工资收入增长（同比去年）** | **104.8** | **101.3** | |
| | 社会公共部门与整体经济部门之间的工资比例 | 0.82 | 0.84 | 102.4 |
| | **12 月底的逾期工资债务（结转到下一年度 1 月份），10 亿卢布** | **1 949** | **2 006** | **102.9** |
| | 年内平均养老金，卢布 | 9 918 | 10 786 | 108.8 |
| | **养老金实际增长** | **102.8** | **100.9** | |
| 居民就业与失业 | 居民年平均就业人数，百万人 | 71.4 | 71.5 | 100.2 |
| | 年内平均失业总人数，百万人 | 4.1 | 3.9 | 94.0 |
| | ——相对经济活动人口的百分比 | 5.5 | 5.2 | 94.5 |
| | 年内在就业部门登记的平均失业人数，百万人 | 0.97 | 0.88 | 90.7 |

续表

| 年份 | | 2013 | 2014 | 2014/2013 |
|---|---|---|---|---|
| 居民就业与失业 | ——相对经济活动人口的百分比 | 1.3 | 1.2 | 92.3 |
| | 年内 100 个新增岗位的失业率 | 66.0 | 56.5 | 85.6 |

资料来源：Об итогах работы Министерства труда и социальной защиты Российской Федерации в 2014 году и задачах на 2015 год，http：//www.rosmintrud.ru。

应该说，俄罗斯通过这种以人为本的社会保障体系的重构，不仅促进民生建设和社会发展，将经济成果真正转换为民生福利，惠及普通百姓，更重要的是笼络了民心，巩固了执政的基础，保障了“普京计划”的连贯性，从而确保经济现代化得以顺利实施。

### （二）居民收入增加促进了消费、刺激了生产

社会保障体系重构的首要目标是提高居民收入，缩小差距。只有通过提高收入，才能带动消费，拉动内需。因为居民收入的增长是扩大内需的基础，内需的扩大有赖于居民消费的潜力，而消费的增加有助于拉动经济的持续增长。因此，通过引导和刺激国内消费来创造新的经济增长点，一直是俄罗斯经济现代化进程中，致力于转变经济增长方式的重要措施之一。

2000 年普京担任总统后，经济步入稳步增长的轨道，俄罗斯居民的工资收入稳步增长。从俄罗斯居民收入的构成和动态变化（见表 9—2）来看，劳动报酬依旧是居民收入的主要来源。2014 年俄罗斯人均月工资收入达 32611 卢布，扣除价格上涨因素和汇率的影响，相比 2000 年的 2223 卢布，其实际的增长幅度仍旧十分显著。与此同时，俄罗斯家庭实际最终消费支出也呈逐年递增的势态（详见表 9—8），由 2000 年的 3.8135 万亿卢布增至 2014 年的 44.295 万亿卢布，占国内生产总值的比值，即消费率从 2000 年的 52.3% 增加至 2014 年的 61.6%。由此可见，俄罗斯居民收入的增加，促进了购买力的提升，扩大了消费的需求。而俄罗斯政府推动的一系列民生政策的有效实施，不仅提高了居民的生活质量，更是刺激内需、扩大消费和生产的重要手段。

表 9—8　　俄罗斯家庭实际最终消费（1992—2014 年）

| 年份 | 1992 | 2000 | 2005 | 2007 | 2008 | 2009 | 2010 | 2011 | 2012 | 2013 | 2014 |
|---|---|---|---|---|---|---|---|---|---|---|---|
| 家庭实际最终消费，按现价计算，10 亿卢布（2000 年以前为万亿卢布） | 7.9 | 3813.5 | 12455 | 18928 | 23684 | 25039 | 27962 | 32227 | 36432 | 40573 | 44295 |
| 占 GDP 比重（%） | 42.8 | 52.3 | 57.3 | 57.6 | 56.5 | 63.4 | 59.8 | 57.3 | 57.9 | 60.6 | 61.6[3] |
| 同比上年[1]，% | 97.3 | 105.9 | 110.8 | 112.5 | 109.4 | 95.5 | 104.3 | 105.8 | 106.1 | 104.0 | 100.9 |
| 人均[2]，卢布（2000 年前为千卢布） | 53 | 26014 | 86784 | 132542 | 165920 | 175361 | 195744 | 225775 | 254413 | 282723 | 303200 |

注：①按不变价计算；

② 2005—2010 年的数据采用了 2010 年人口普查的数据；

③克里米亚的数据列入统计。

资料来源：Россия в цифрах 2013，Крт. стат. сб. /Росстат-М.，2013，стр. 127；Россия в цифрах 2015，Крт. стат. сб. /Росстат-М.，2015，с. 117。

随着俄罗斯社保体系重构的成效逐步显现，国内贫困的人口大幅减少，贫困率从 2002 年的 19.6% 下降至 2012 年的 10% 以下。[1] 而居民收入的稳步增长使得一定边际消费倾向条件下的消费能力开始释放。加上俄罗斯是一个典型的低储蓄率的国家，居民用于购买商品和服务的支出占总货币支出和储蓄的比例，基本维持在 70%—75% 的水平，平均消费倾向也一直维持在较高的水平（见表 9—9），这表明俄罗斯居民的储蓄倾向较低，消费意愿较强。这除了与俄罗斯人超前的消费观念和习惯有关之外，还与相对完善的社会保障体系有关。在俄罗斯，基础教育和基础医疗实行免费制，加上有比较完善的社会救助体系，俄罗斯居民相对而言，没有以备不时之需的后顾之忧，加上政府鼓励消费的政策，俄罗斯居民的消费潜力得以释放，国内的消费品零售总额逐年攀升，由 2000 年的

① 参见桑召敏《俄罗斯居民消费分析及对中国企业的启示》，《中俄经贸》2012 年第 8 期。

2.352万亿卢布增长到2014年的26.356万亿卢布，增长11.2倍。2007—2014年的平均增长率为18.75%（见表9—10）。此外，近些年俄罗斯零售企业的年末商品储备期都稳定在27—31天，相比20世纪90年代初期和中期经济困难、物品短缺的年代有所缩短，说明商品的流通和周转比较稳定，货物准备充足，国内消费需求比较旺盛。内需对经济发展的拉动作用得以充分显现。

**表9—9　　俄罗斯居民货币支出和储蓄（1992—2014年）**　　单位：%

| 年份 | 1992 | 2000 | 2005 | 2007 | 2008 | 2009 | 2010 | 2011 | 2012 | 2013 | 2014 |
|---|---|---|---|---|---|---|---|---|---|---|---|
| 货币支出和储蓄 | 100 | 100 | 100 | 100 | 100 | 100 | 100 | 100 | 100 | 100 | 100 |
| 购买商品和服务 | 72.9 | 75.5 | 69.5 | 69.6 | 74.1 | 69.8 | 69.6 | 73.5 | 74.2 | 73.6 | 75.0 |
| 各种应缴款 | 8.1 | 7.8 | 10.1 | 11.8 | 12.3 | 10.5 | 9.7 | 10.3 | 11.1 | 11.7 | 11.9 |
| 获得不动产 | 0.1 | 1.2 | 2.6 | 3.9 | 4.7 | 2.9 | 3.4 | 4.1 | 4.2 | 3.9 | 4.6 |
| 金融资产 | 18.9 | 15.5 | 17.8 | 14.7 | 8.9 | 16.8 | 17.3 | 12.1 | 10.5 | 10.8 | 8.5 |
| 其中：现金 | 13.6 | 2.8 | 1.5 | 3.8 | 0.3 | 0.4 | 2.3 | 1.6 | 0.0 | 0.7 | 0.2 |
| 平均消费倾向 | 81.1 | 84.5 | 82.2 | 85.3 | 91.1 | 83.2 | 82.7 | 87.9 | 89.5 | 89.2 | 91.5 |

注：金融资产即储蓄。平均消费倾向=1-平均储蓄倾向。

资料来源：Россия в цифрах 2015，Крт. стат. сб. /Росстат-М.，2015，с. 126。

**表9—10　　俄罗斯消费品零售总额与商品储备（1992—2014年）**

| 年份 | 1992 | 2000 | 2005 | 2007 | 2008 | 2009 | 2010 | 2011 | 2012 | 2013 | 2014 |
|---|---|---|---|---|---|---|---|---|---|---|---|
| 零售总额（10亿卢布，2000年前为万亿卢布） | 5.1 | 2352 | 7041 | 10869 | 13944 | 14599 | 16512 | 19104 | 21394 | 23686 | 26356 |

续表

| 年份 | 1992 | 2000 | 2005 | 2007 | 2008 | 2009 | 2010 | 2011 | 2012 | 2013 | 2014 |
|---|---|---|---|---|---|---|---|---|---|---|---|
| 年末零售企业的商品储备（10亿卢布，2000年前为万亿卢布） | 0. 8 | 98. 2 | 280. 5 | 478. 1 | 428. 9 | 486. 6 | 591. 9 | 730. 6 | 861. 2 | 1003. 8 | 1133. 7 |
| 储备期（天） | 49 | 29 | 28 | 27 | 28 | 29 | 29 | 29 | 30 | 31 | 29 |

资料来源：Россия в цифрах 2015，Крт. стат. сб. /Росстат-М. ，2015，с. 340。

俄罗斯政府一系列民生政策的落实，在一定意义上释放了居民的消费需求，而消费需求作为最终需求，是拉动经济增长的首要动力，也是实现经济良性发展的重要保证。未来，俄罗斯在提升消费需求方面，还有很大的潜力。按照2010年世界银行对不同国家收入水平的分组标准，人均国内生产总值达3976—12275美元，就是中等偏上收入国家，超过12276美元就属于高收入国家。2004年俄罗斯的人均国内生产总值达4197美元，首次进入中等偏上收入国家行列。2010年俄罗斯的人均国内生产总值首次超过1万美元，为1. 0315万美元，2013年为1. 4612万美元，进入高收入国家行列，相比1999年增长了11倍。1999—2013年，俄罗斯的人均国内生产总值平均每年增加953. 6美元，增幅达71. 7%。如果与具有同等人均国内生产总值水平的发达国家相比，俄罗斯的最终消费率还有很大的提升空间，未来对最终消费经济的贡献率至少还有10%以上的增长潜力。总之，俄罗斯只有不断扩大消费需求，才能转变依靠能源出口拉动经济增长的模式，完成向创新经济的转型。

## 四　社保体系现代化建设的目标、措施与成效

2014年上半年，俄罗斯的社会经济发展保持在良性发展的轨道上，就业和社会公共服务的水平维持在新的高水平，大多数指标为正增长，与提高居民生活水平相关的法律法规体系也在不断完善建设中。但2014

年下半年，俄罗斯的社会经济发展遭遇困境，居民可支配收入下降，商业信心严重受挫，俄罗斯政府不得不紧缩财政预算。这对下一阶段如期实现中长期社会经济发展目标而言，无疑充满了各种挑战。但毫无疑问的是，未来俄罗斯在社会保障体系现代化建设方面，将一如既往地贯彻和执行政府制定的目标和规划，不断提高政府的公共服务水平，扩大社会救助的范围，完善新型社会保障体系建设，以确保新形势下整个社会的稳定与发展。

### （一）新形势下俄罗斯社保体系现代化建设的优先目标和工作重点

为了适应新形势的需要，进一步加强俄罗斯社会保障体系的现代化建设，确保既定的中长期社会保障战略目标得以实现，俄罗斯劳动和社会保障部于 2014 年 3 月 17 日和 7 月 30 日两次对 2013—2018 年五年工作计划进行了补充和修订，进一步明确了未来在社会保障现代化建设方面的优先目标和工作重点：

第一，要确保居民的就业和公平的工资，具体方案通过相应的国家项目《协助居民就业》进行实施，该项目的修订版已于 2014 年 4 月 15 日正式批准，工作重点将集中在以下几个方面：通过技能水平和工作成绩的考核确定职工的工资水平；协助扩大居民的就业渠道；确保改善劳动条件和保护公民的劳动合法权益。

第二，养老金方面，建设的主要目标是积极落实《俄联邦养老体系长期发展规划》，在维持养老体系长期平衡和稳定发展的情况下，确保居民获得能被社会广泛接受的养老金。未来将侧重于制定提高养老金的新管理办法，其中包括：（1）国家政策将重点向老年人、残疾人和失独家庭的居民倾斜，提高他们的退休金和补助金；（2）形成成熟的养老金企业年金制，加大对特殊岗位人力资源利用的资金扶持力度；（3）在分配累积缴存的养老金方面，赋予公民更多的自主选择权；（4）立足于发展非国有的养老保障机构，国家将为其提供额外的税收优惠。

第三，优化人口状况方面，国家承诺抚育多个子女的家庭将享受国家更多的补贴和扶持政策。具体措施通过政府规划的《公民社会帮扶》国家项目得以体现和实施，该项目的最新修订版已于 2014 年 4 月 15 日获得俄联邦政府决议通过，其中最重要的措施是向养育三个及以上子女的家庭提供“母亲抚育专款”（也称“母亲基金”），在子女满 3 周岁前国家将按月发放货币性补贴，并可按规定休满三年产假。此外，为提高哺育期妇女在劳动就业市场的竞争力，国家将优先为她们提供职业技能和再就业培训的机会。

第四，社会保障将以人为本，社会救助将更有针对性，救助体系将更趋于完善。具体的措施体现在相应的国家项目中，主要目标是：（1）使行动障碍人士能够融入社会成为现实；（2）进一步完善公正客观的残疾人评定等级，并给予相应的社会福利待遇；（3）为行动障碍人士提供更好的医疗服务，继续加大对国内整形康复医疗机构现代化建设的力度，进一步提高劳动生产率。

第五，国家的公共服务将秉承开放性和专业性，具体将参照 2012 年 5 月 7 日俄联邦第 601 号总统令《关于完善国家管理主要方向》的有关要求执行。这方面的主要工作将围绕以下三个侧重点展开：一是坚持开放性，这是与社会进行有效相互配合的条件；二是国家公共服务机构必须满足社会需求；三是必须确保专业性，保证公共服务的质量。

从上述《社保部五年工作计划》的重点可以看出，今后俄罗斯社保体系现代化建设的主要方向是进一步明确国家在组织和维持居民社会保障方面的作用，强化社会保障的针对性，继续发展和完善社会保险制度，并且积极展开与社会服务领域非国有机构的合作。

### （二）进一步强化社会救助体系建设，提高弱势群体居民的保障水平

进一步强化社会救助机制、为特殊人群提供必要的社会帮助是俄罗斯社会保障体系现代化建设的重要方向之一。国家围绕长期发展战略规划的目标，制定了一系列相应的具体措施，主要通过实施国家社保项目的形式逐一落实到位。目前，俄罗斯正在实施的项目有：针对弱势群体的《公民社会帮扶》国家项目、针对残疾人士的《无障碍环境》国家项目和针对无业及失业人群的《协助居民就业》国家项目。俄罗斯联邦劳动和社会保障部公布的数据显示，2014 年国家预算对这三个国家项目的计划拨付总额为 1779 亿卢布，实际拨付为 1816 亿卢布。这些项目由俄罗斯劳动和社会保障部统一部署，协同有关部门共同负责具体的实施。每个国家项目都具有很强的针对性，一方面，调集各种社会资源，从不同

的方面提高社会弱势群体的福利，包括老人、儿童、退伍老兵、行动障碍人士、失独家庭、失业人员等；另一方面，通过加强自身机制的现代化建设，努力提升社会公共服务的质量，提高社会保障整体的水平。

1.《公民社会帮扶》项目

该项目由俄罗斯经济发展部协助实施，36 个单位参与实施，项目期限为 2013 年 1 月 1 日到 2020 年 12 月 31 日。财政预算总额高达 94727.66244 亿卢布。2014 年，俄联邦预算对该项目实际拨付额约为 1180 亿卢布。实施该项目的主要目的是为了解决五大社会问题，即：出生率徘徊在低水平、公民社会服务水平未达到现代化要求、对孤儿和无监护人的儿童缺乏更多有效的帮助、解决低保户的贫穷问题以及非营利性民间团体参与社会救助受限的问题。为此，该项目设立了四个子项目，分别是：《展开特殊人群社会帮扶的措施》《居民社会服务发展的现代化》《加大对困难家庭和儿童的社会帮扶力度》和《提高国家对非营利社会服务民间团体支持的效率》。根据规划，到 2020 年，收入低于国家最低保障线的居民占总人口的比例要从 2012 年的 10.9% 下降至 9%，而出生率计划到 2018 年提高至 1.753‰。

在展开对特殊人群社会帮扶的措施方面，受益人群是全俄所有的残疾人家庭和参加过卫国战争的退伍老兵家庭，包括波罗的海三国的老兵。根据俄罗斯联邦养老基金会 2015 年 1 月 1 日公布的数据，全俄目前有近 300 万名的残疾人士和卫国战争老兵及伤亡人士的家属。为保障他们的生活，国家将由联邦和地方两级财政拨付专款，给他们按月提供必要的生活补助，在一些重要的节日还发放专门的节日补助。比如 2015 年在纪念卫国战争 70 周年前夕，由俄罗斯社保部负责，在该项目框架内，向所有健在的参加过战争的老兵和战争受害者发放了 7000 卢布和 3000 卢布不等的一次性补助。为了更好地解决老兵们和战争致残人士的实际困难，俄罗斯“胜利”委员会每季度都要召开一次例行会议，对老兵们亟待解决的各种问题进行专门的商讨，提出帮助的对策。此外，根据俄罗斯联邦政府 2014 年 4 月 15 日批准的项目计划，该项目未来的帮扶对象将进一步拓宽，申请者需要经过有关部门的层层审核，重点向多子女（未成年）的困难家庭倾斜。根据俄罗斯社会保障机构提供的数据，目前全俄总共签署了 3.78 万份社会帮扶的合约，覆盖的人群约有 9.57 万人。其中与多子女困难家庭签署的帮扶合约就有2.88万份，占76%。补助的标准则由各地区根据自身的经济发展水平而定，一次性的补助额度从几万到十几万卢布不等。帮扶期结束后，绝大多数（90%）家庭的人均收入都有所提高。对困难家庭除了货币补助的形式外，还包括提供免费的食品、提供妇女就业帮助、子女教育帮助等多种形式。

在社会服务现代化发展方面，俄罗斯将在一整套社会救助体系的基础上，充分调动所有的社会服务机构，依托联邦财政和地方财政的专项资金，为特殊人群提供更加便捷优质的社会服务。目前，全俄有超过1354家常设的为老人和行动障碍人士提供服务的社会机构，还有2081家流动的或者称之为半流动的社会服务中心。这些机构在2014年共为1760万人次提供了社会性的服务，其中在专业康复部门提供服务的超过92万人次，提供上门医疗服务的为8.3万人次，提供紧急公共服务的达1090万人次。全俄目前有132家专业中心为行动障碍的儿童提供康复服务，其中有2.14万名儿童经过康复治疗后痊愈。此外，在俄罗斯有217家专业的养老院，居住着1.14万孤寡老人，还有145家收容所，为全俄约13.2万居无定所的人士提供必要的社会救助。

在完善困难家庭和未成年多子女家庭的社会资助方面，2014年8月25日俄联邦政府批准通过了《2025年前国家家庭政策构想》（以下简称《家庭构想》），主要目标是强化社会对家庭的保障权益，提高家庭生活质量以及经济独立性，保证家庭成员在社会发展过程中应享有的权利，进一步提高出生率，改善人口问题。该家庭构想的实现分两个阶段，第一阶段为2015—2018年，第二阶段为2019—2025年。国家财政继续为多子女家庭提供“母亲基金”。根据俄罗斯社保部的数据，自2007年1月起，至2014年年末，共有超过560万个拥有两个子女以上的家庭受益。此外，俄罗斯还为家庭困难的残障儿童组织安排免费的康复疗养，其资金主要来自国家和地方两级财政预算和社会爱心企业的赞助。

在支持非营利性公益机构组织方面，俄罗斯社保部将继续完善相关的法律和制度基础，积极促进民间社会服务机构的发展，进一步加强与国家有关机构的合作，建立良好的工作关系。自2015年1月1日起，第464－Φ3号《关于对俄联邦第二部税法进行部分修订》的俄联邦法正式生效。其中，对从事非国有社会服务的机构将给予税收的优惠，促进其提高竞争力。政府将充分发挥主导的作用，对这些机构提供一定的财政支持，创造良好的市场环境，使得它们能够协助政府在社会保障领域特别是社会救助和帮扶的领域，更好地发挥其社会功能，同时创造出一定的社会价值。

2.《无障碍环境》项目

该项目是一项保障残疾人和行动不便人士出行便利，协助其康复、就业，完善综合配套服务的国家项目，于2012年5月正式获得国家批准。根据俄罗斯官方的最新统计数据，截止到2015年1月1日，全俄共有1290万残疾人，其中一级残疾人士1600万，二级残疾人士640万，三级残疾人士430万，残疾儿童有59.04万人。[①] 实施该项目的主要任务是完善残疾人和行动不便人士的重点生活设施，消除与非残障人士的社会隔阂，实现国家社会医疗鉴定体系的现代化，以及保障残疾人士享受平等的康复医疗服务。项目涉及交通服务、体育和文化旅游设施、教育、培训、出版、医疗、通信等众多领域，分别由相应的国家部委分头组织实施。目前，有72个俄罗斯联邦主体参与了该国家项目的实施，2014年国家联邦预算拨款金额为344.406亿卢布，地方财政预算拨款为30.4322亿卢布。该项目的实施提升了国家对残疾人士的社会服务水平，充分体现了国家社会保障的公平性。

3.《协助居民就业》项目

根据俄罗斯劳动和社会保障部公布的数据，2014年俄罗斯失业登记人数为87.65万人，同比2013年的97.38万人减少了10%。劳动力市场的就业形势总体较为平稳，国家经济活动总人口为7540万，其中94.8%即7150万人已安排就业，失业人口为390万。为了促进社会稳定，进一步保障劳动者权益，俄罗斯联邦政府在2014年4月批准了《协助居民就业》的国家项目，旨在建立起一整套促进劳动力市场有效发展的法律机制、经济条件和体制建设。主要任务是：（1）预防劳动力市场趋紧；（2）完善劳动力市场评估机制；（3）根据国家经济需求吸引外国劳动力就业；（4）协助提高职业素养、保护职工健康和公民劳动权利的保护。

---

① Минтруд России，Об итогах работы Министерства труда и социальной защиты Российской Федерации в 2014 году и задачах на 2015 год，с. 50. http：//www. rosmintrud. ru.

该项目包含三个子项目，分别是：《积极的居民就业政策》《失业居民社会帮助》和《外来劳动移民项目和劳动力市场制度的发展》。参与项目实施的国家部门有国家移民署、财政部、劳动和社会保障部。在该项目框架内，制定了一系列详细的帮助促进居民就业的政策与措施，除了按月向失业人员发放救济金，还积极组织职业培训，完善失业登记制度，向特殊人群提供必要的就业帮助。据统计，2014 年，全俄共有 70.5 万人领取了政府发放的月均 3447.2 卢布的失业救济金。此外，由俄罗斯劳动和社会保障部牵头，在俄罗斯联邦主体内每年为残疾人组织提供 1.42 万个专门的工作岗位，以及对抚育 3 岁以下儿童的妇女进行免费的职业培训，并提供兼职的岗位信息等。2012—2014 年，有关部门共创造了 3.94 万个适合残疾人就业的工作岗位，使得残疾人的就业水平总体得到了有效的提高。

总体而言，上述这些国家项目均由政府统筹安排，协调各个相关部门负责实施，分别制定有详细的任务目标和实施路径，且针对性很强，受益人群的范围也较广。未来，这些社保国家项目的有序实施将推动俄罗斯社保体系现代化建设继续前行，不断完善。

### （三）优化强制社会保险制度的实施，完善新型社保体系的建设

俄罗斯推行强制社会保险制度以来，一直立足于遵守强制保险的基本原则之一，即确保被保险人按保险约定的范围与条件及时获得相应的社会保障福利。为此，政府紧跟经济现代化的步伐，推动了一系列改革和试点，修订完善了相应的法律法规，继续强化社会强制保险制度的实施，力求在意外工伤、生育期间和职业病防治方面为保险人提供更加有效的保障。

首先，通过试点进一步完善保险机构、投保人和保险人之间的协调机制，确保保险人在临时性无法工作期间或者生育期间，能够直接从社保基金按月足额获得国家的补助或育儿津贴，或在遇到紧急特殊情况时获得及时免费的救助，避免因投保人单位出现财务困难或者企业破产的情况下，无法保障保险人的权益。俄罗斯从 2011 年起，就此项工作的实施进行了逐步试点。目前已有 10 个联邦主体加入了这项试点工作，首批试点的有卡拉恰伊—切尔克斯共和国、下诺夫哥罗德州。2012 年 7 月，

阿斯特拉罕州、诺夫哥罗德州、库尔干州、新西伯利亚州、坦波夫州和哈巴罗夫斯克边疆区加入了第二批试点。2015 年 1 月起，克里米亚共和国与塞瓦斯托波尔纳入试点范围。该项试点工作的主要目的是进一步加强国家对发放保险补助金的监管，规避补助的发放受到保险人单位财务状况的影响，并且要建立起一个投保人、医疗机构、国家预算外基金机构、社保机构和社会医疗机构间电子数据共享的平台，最终简化保险人获得补助的流程。根据俄罗斯劳动和社会保障部的评估，试点取得了良好的预期，计划在未来进一步扩大推行的范围。

其次，修订有关的法律法规，将强制社会保险范围扩大至在俄境内工作和生活的外籍劳务人员。从 2015 年起，在俄签署劳动合同的外籍劳务人员，同样纳入强制社会保险的范畴。对于缴费期限超过 6 个月的外国劳务人员，有权在满足特定条件的情况下领取临时性的津贴，享受与俄罗斯公民同等的最低保障金待遇。此外，还通过修订相应的法律条款，延长了重症患儿家庭领取国家补贴的年限，即对因照看残疾或重病（如艾滋病病毒携带者、患有恶性肿瘤与并发症等）儿童而无法正常工作的劳动者发放国家补贴，其年限从原先的至患儿 15 周岁延长到了 18 周岁。

再次，筹备建立意外工伤和职业病防治强制保险机制。为此，专门在劳动和社会保障部成立了工作组，研究关于意外工伤和职业病防治方面的强制社会保险改革草案。这项改革的主要目的是进一步优化强制社会保险体制，主要改革方向：一是当发生意外工伤或者出现职业病时，将在俄联邦社会保险基金的支出项下直接向保险人进行支付；二是积极开展防止意外工伤事故和职业病防治方面的专项活动，由联邦社保基金拨款对工矿企业展开劳动环境和条件专项评估，确保防治工作的财务资金保障，进而改善工作环境；三是完善对伤者恢复劳动能力的综合性康复治疗的保障机制。

最后，继续加强对缴纳强制社会保险费的监管和检查力度，加大对拖缴或漏缴保险费的行政处罚，整治相关的经济违法和犯罪活动，打击非法就业和灰色收入，未来将通过立法的形式追究当事人的刑事责任。同时，进一步完善养老基金、社保基金之间的电子报表系统，以及个人信息的电子数据交换平台。未来将统一各部门间保险费核算文件的格式，提高电子化办公的效率和水平。

总之，俄罗斯通过上述这些措施的实施，既加快了相关制度的改革步伐，也进一步完善了新型社保的体系建设；既改善了整体民生的状况，也促进了国内社会的稳定。因此，构建新型的社保体制对俄罗斯克服目前的内忧外患，以及实现经济现代化而言，具有重要的意义。

# 第十章

# 国防工业现状及发展趋势

俄罗斯是国防科技大国，其军用技术的研发具有深厚的理论基础，在绝大多数领域具有明显的技术优势。《2020年前后俄联邦发展国防工业综合体国家政策基础》强调指出："国防工业综合体是国家军事组织体系的重要组成部分，在保障国家安全，以及完成国防和社会经济任务中占据主导地位。"普京总统曾多次指出："在俄武装力量实施大规模武器装备换装的今天，我们要把发展俄国防工业，作为国家优先发展的方向。俄国防工业必须像20世纪30年代初那样，在技术和工艺方面实现历史性创新和突破，以建立和打造俄崭新的武器装备体系。"

俄国防工业主要采取国家单一制企业、国家集团公司、一体化控股公司和股份公司多种经济成分并存的所有制形式，下辖1000多个企业。俄国防工业主要由航空与导弹和航天工业、无线电电子工业、造船工业、核工业和化学工业五大部分组成。俄国防工业采取俄联邦总统—俄联邦政府和政府委员会—俄联邦国防工业管理机构—俄国家集团公司以及一体化控股公司等企业的垂直管理体制。进入21世纪，俄利用大规模换装和高科技迅猛发展的契机，从国家战略层面明确推进军民融合、逐步开放装备建设信息渠道、通过竞争落实和各类计划、利用俄科学院开展国防基础研究、充分发挥数学等学科优势和军事爱好者智力等方面，务实推进装备建设军民融合。近年来，基于俄国防工业在俄军事转型和落实俄国家武器装备规划中扮演了举足轻重的角色，俄政府通过出台国防工业发展战略、修改和颁布相关法律法规、完善国防工业管理和监督体制、强化国防工业人才队伍建设等措施，加快国防工业建设发展步伐。

从世界范围看，国防工业与国民经济发展有着密不可分的关系，两者相互促进、相互融合，是世界各国发展的共同趋势。因特网、核能、微电子、计算机、激光、航天等技术最初都是从国防领域发展起来的，现在已转化应用到国民经济各个领域。经过几十年的发展，世界军民融合的重点，已从军转民逐步走向军民资源共享共建、利用民用高新技术发展实现国防科研生产的深度融合。俄罗斯也不例外，普京明确指出，“重振国防工业和为部队大规模换装是一个重大契机，为其投入的巨大资源将成为俄国家经济现代化的发动机”。根据《2011—2020 年俄联邦国家武器装备规划纲要》，俄斥资 19 万亿卢布（约合 6300 亿美元）进行武器装备的更新换代，确保 2020 年实现武器装备现代化比率达到 70% 的目标。为确保大规模换装目标的实现，俄着手国防工业结构调整，重振曾经辉煌的国防工业，预计 2020 年前，俄国防工业生产能力将从 2007 年的水平提高 5 倍。按照普京的设想，国防工业重建要成为拉动冶金、机械制造、化工、电子、信息技术等多种行业发展的火车头。其中，在航空和空间技术领域军事技术的发展推动民用领域的发展，在电子、新材料、信息和通信技术等领域民用技术将推动军事技术的发展。

## 一　国防工业现状

### （一）总体情况

俄罗斯国防工业被称为“国防工业综合体”或“军事工业综合体”。俄国防工业主要采取国家单一制企业（国企）、国家集团公司、一体化控股公司和股份公司多种经济成分并存的所有制形式，下辖 1000 多家企业，分别隶属于工贸部、国防部、航天署、原子能国家集团公司和“俄工艺”国家集团公司。俄国防工业主要由航空与导弹和航天工业、无线电电子工业、造船工业、核工业和化学工业五大部分组成，呈现出了军品研发与生产多元化和知识密集化、科研生产与试验独立化，以及终端产品生产链条化等特点。俄国防工业企业分布于 64 个俄联邦主体经济区，其中 2/3 的企业集中于俄中部地区、伏尔加河中下游流域地区和乌拉尔地区。这些国防工业区按照城市设计规划建造而成，形成了集中、独立和封闭的地区化和城市化格局。俄国防工业员工超过 200 万人，其中企业人员约占 70%，科研所和设计局人员约占 30%。

### （二）管理体制

俄国防工业采取俄联邦总统—俄联邦政府和政府委员会—俄联邦国防工业管理机构—俄国家集团公司以及一体化控股公司等企业的垂直管理体制。目前，俄国防工业管理体制正处于深化和改革之中，其总体趋势是国防科研与生产规划和费用管理逐步向政府集中，国防工业管理与协调机制由政府多个国防工业管理部门向军事工业委员会融合。其中，俄军事工业委员会发挥了重要作用。俄军事工业委员会是俄联邦政府的常设机构，主要担负组织和协调国防工业和国防军事技术保障、法律法规和国家安全等政策执行情况的任务。2014 年 9 月起俄总统普京亲自担任军事工业委员会主席。俄军事工业委员会主要负责组织和协调俄联邦政府权力机构实施俄联邦军事技术政策、俄联邦发展国防工业政策；拟定和实施国家军事技术保障构想、规划和任务，以及对执行情况实施监督；负责武器、军事和特种装备的研发、生产和经销；遂行国家动员准备和规定范围的其他任务；协调国防工业与军队就国防订货价格问题产生的纠纷，并拥有最终的裁决权。俄极力扩大军事工业委员职能的主要目的在于：进一步强化政府对国防工业的管理和监督职能，提高国防工业企业的独立自主作用和地位，建立适应市场经济发展的崭新国防工业体系，以积极和高效地完成 2020 年前俄国家武器装备规划。

### （三）结构调整

俄改革国防工业结构规划始于 2002 年。根据俄总统普京签署的《2002—2006 年俄联邦国防工业体改革与发展总体规划》，俄决定组建 30—40 家一体化控股公司。所谓一体化控股公司，是指拥有科研与生产协作关系的法人，自愿将其所拥有的部分资产转交给其中一位参与者，并服从于总体利益而合并的一体化控股机构。俄组建一体化控股公司的意图在于：适应市场发展规律、优化组织结构、提升管理效率、拓宽融资渠道、集中资源对生产设备进行改造，以提高生产效率。2007 年前，俄并没有完成总体规划确定的目标，仅组建了“金刚石—安泰”防空系统集团、俄联合航空制造集团、俄联合造船集团、俄“战术导弹武器”控股集团和俄直升机联合制造集团等五家一体化控股公司。尽管组建工作遭受挫折，俄组建一体化控股公司的规划没有中止。

根据2007年4月俄总统普京在国情咨文提出关于“组建国家集团公司”的要求，俄于2007年10月和12月，组建了“俄技术工艺”和“俄原子能”国家集团公司。俄国家集团公司与俄一体化控股公司有着以下本质的不同：一是在组织上，国家集团公司属于非商业性组织，主要依靠国家出资实施组建，行使社会和管理等项职能。二是在管理上，国家集团公司不受政府部门的监控。除了每年向俄总统提交一次包括财政等执行情况总结报告外，国家集团公司无须向总统报告自己的工作。根据俄《破产法》“只有从事商业性组织才具备破产资格”的规定，国家集团公司不具备自行破产资格。此外，国家集团公司都有各自一部法律。三是在所有制形式上，国家集团公司财产100%归属俄联邦国家所有。俄组建国家集团公司目的在于：强化总统对国家集团公司的垂直领导，在科研、财务、价格、产能和干部等政策方面实现高度与集中管理，提高生产效率和降低损耗，增强外资吸引能力和内部工艺创新能力，提升武器与军事装备在国际市场竞争能力和确保在国内市场垄断地位，与世界研发与生产先进武器装备的大国展开竞争，以最大限度满足国内外市场的需求。

2011年3月17日，俄工贸部向媒体正式宣布：俄国防工业企业结构的改革工作已基本结束。其间，共计组建了50家一体化控股公司，涵盖了航空、造船和无线电企业制造等行业，担负60%以上的国防工业产品的研发与生产任务。《2020年前及未来俄联邦国防工业综合体发展的国家政策基础》指出：“为使国有资产构成与国家发展国防工业的职能一致，对国防工业联邦资产进行私有化，包括对国防工业进行结构调整，将国有国防工业企业转制为以国家控股为基础的股份制企业，保证满足国有资产安全和高效利用的要求。”俄国防工业2015年前的主要任务是继续组建和完善国防工业结构，将对“俄技术工艺”集团公司所属的70家企业实施一体化控股公司改造。同时，俄将把军品研发与生产主要集中于35—40家一体化控股公司。由此可见，俄国防工业结构改革的总体趋势是组建一体化控股公司。随着俄国防工业结构改革规划的实施，2012年，俄国防工业生产效率提高了20%。2013—2015年，俄国防工业生产效率预计将再提高10%。2020年前，俄罗斯国防工业生产能力将是2007年的

5 倍：其中 2015 年前将有 80% 的国防工业企业达到上述水平，而到 2020 年 100% 的国防工业企业达到上述水平，并将获得国际市场承认的管理质量许可证。

## 二 务实推进装备建设军民深度融合的主要做法

俄罗斯在历史上就有充分利用全社会力量发展武器装备的传统。进入 21 世纪，俄罗斯更是利用大规模更换装备和高科技迅猛发展的契机，采取各种措施，务实推进装备建设军民融合。

### （一）国家战略层面明确推进军民融合

2014 年 12 月，俄在新版《俄罗斯联邦军事学说》（第四版）第四章中明确提出将“为了保障国防利益，在某些领域实行民用经济和军事经济生产一体化，以统一协调国家的军事经济活动促进国防工业发展；为军用、专用和军民两用的智力活动成果提供法律保护”作为国防军事经济保障的主要任务之一。《俄联邦空天防御构想》将“建立军民协作机制，共享情报资源，共建空天防御体系”作为首要原则。《俄联邦 2020 年前北极国家政策原则》提出要加强在北极地区的军事存在，以扇形原则、先占原则和自然延伸原则为法律依据，主张对北极资源行使主权控制，强势推进军民并重的北极战略。

### （二）逐步开放装备建设信息并通过竞争落实各类计划

在信息方面，根据 2012 年 5 月关于在互联网开放数据的总统令，俄国防部网站设有公开资料库，目前正在征集相关数据；2013 年 6 月，俄在国防部网站首次全文公布了《2013—2020 年国防部活动规划》，按年度详细披露了 2020 年前国防部各部门和军兵种的建设目标，以及有关俄军武器装备、军事科技体系、人员补充、军人福利待遇等方面的发展重点，并从 2013 年起逐年公布各领域进展及相关数据，接受公众的监督；俄国防部、《红星报》、联邦总统等官方网站都可免费查阅与装备建设和国防订货相关的法律法规、总统令和部门规章，为相关企业获取装备采办需求信息提供渠道，方便企业了解军方的装备采办法规制度和要求。在竞争方面，2014 年 12 月，俄罗斯颁布新版《俄联邦国家国防订货法》，将竞争作为国防订货的基础手段，按照单一来源采购和公开采购的分类，通过招标竞争落实装备采购任务，同时，从原则上明确了国防订货反垄断的特殊要求，禁止大型企业滥用市场支配地位。2013 年 2 月，俄修订了《保护竞争法》，进一步细化了保护竞争、反垄断和不正当竞争的要求。

### （三）积极利用俄罗斯科学院开展国防基础研究

俄罗斯科学院是有着近 300 年历史、世界闻名的国家最高科学机构，主要从事自然科学、技术科学和社会科学等领域的基础研究，领导并协调各政府部门、高校的基础研究学术活动。早在苏联时期，科学院就开始承担国防基础研究任务。近年来，俄政府进一步明确了科学院服务国防基础研究的要求。普京在《关于实现俄联邦武装力量、其他军事组织建设与发展，以及国防工业现代化规划》的总统令中明确指出，要“吸纳俄罗斯科学院、国家科学中心和大专院校从事国防建设，以保障高风险研究和基础科学的可持续发展”；在俄罗斯科学院大会上，普京指出，俄罗斯科学院有若干科学中心专门从事国防科研活动，国家鼓励在发展科学技术研究的同时，运用相关成果提高国防水平。目前，俄军事工业委员会科技委员会与俄罗斯科学院共同制定了《俄国防与安全基础与探索规划》，要求利用俄科学院的人才智力优势，为国防基础研究服务。几十年来，俄罗斯科学院利用自身的人才、设施、成果方面的优势，在国防建设的各个领域，承担大量的国防基础研究工作，为俄装备建设做出了突出贡献。

### （四）充分发挥数学等学科优势和军事爱好者的智力服务装备建设

多年来，俄自然科学理论及应用研究水平处于世界先进行列，数学、物理学、化学、电子学、地理学、信息学、人体生物学、生物化学等学科达到国际领先水平。为更好地发挥自然科学对装备建设的推动作用，俄政府将自然科学纳入国家武器装备发展纲要中，使各学科成果能够广泛应用于飞机制造、火箭技术、喷气技术等装备建设领域。其中，特别注重发挥数学在装备建设中的独特优势，在苏联时代就有人提出“数学是斯大林隐藏的最大秘密武器”，今天数学在装备建设中的优势仍然明显，从在结构动力学特性上的精准计算，到在试验样机设计和研制时的数学仿真模型，无不显示出数学在装备建设中的强大功能。此外，俄还注重发挥装备爱好者和民间网络高手的作用。普京在《俄罗斯报》撰文，“国家应积极寻找突破性手段，在科学研究和经验设计工作中鼓励开展良性竞争”“包括在年轻的军事爱好者群体中征集奇思妙想”。为此，俄政府在互联网上公开征集军事爱好者的思想，并将其转化应用到相关装备建设领域。俄政府还动员和组织数量庞大的民间黑客力量，在较短时间内形成强大的军事网络空间力量。

### （五）军队和地方共建共用重大基础设施

在苏联时期，政府就十分重视基础设施建设，投入大量经费建成了各类规模庞大的试验手段和设施，如中央流体力学研究所多个强大的仿真系统和上百个机翼、弹翼仿真模型，中央空气动力学研究所的上百个风洞，可供全国军用和民用飞机、火箭等装备或装置进行配型试验，从低声速至超声速、高超声速飞行器进行风洞试验。为了更好地发挥这些大型设施的作用，政府出台相关政策文件，促进基础设施军民共用共享。2012 年 5 月，普京明确要“创建统一的科研和设计工作信息数据库，将军事专用和军民两用产品设计的相关数据纳入数据库”；2013 年 4 月，俄颁布《关于建立统一的科研和设计工作信息数据库政府令》；2013 年 11 月，俄科学和教育部颁布关于将科研和设计工作纳入国家统一信息系统的管理办法，包括安全与反恐、生命科学、纳米材料、信息系统、战略武器、环境科学、能源等优先发展领域，也包括军事基础研究和关键技术、生物信息技术、机电一体化技术等关键技术的相关科研和设计工作。可以预见，全国“统一的科研和设计工作信息数据库”一旦建成，将极大促进俄国防与国民经济建设各领域的信息互通，全方位提高俄军民高科技成果的应用能力。

### （六）将军用标准化系统根植于国家标准化体系

在苏联时期就建有完善的国家军用标准化体系，军用标准化根植于国家标准化体系，其国家军用标准水平很高，能够按照规定的技术标准，在最简陋的生产设施中生产出高质量的武器装备。近年来，俄政府出台了《俄联邦标准化发展构想》，将军用标准化作为国家标准化工作的一部分，促进军民通用标准化工作。在装备建设领域，使用“纯”军用标准数量较少，多是军民通用的国家级标准，达9000项左右，而国家级军用标准仅为2000项左右。同时，大量使用行业级军用标准，约为国家级标准的7倍，避免了军用标准与国家标准间的重复，使装备所使用的大量标准由工业部门维护管理，也有利于标准化水平随国家整体技术的进步而提高。此外，俄还出台了军用标准化相关法令，要求提高军用标准体系的灵活性，以推进和保证工业基础的适应性及国防动员能力。

### （七）组建若干有效的组织协调机构

为保证装备建设军民融合的顺利推进，根据普京“筹备建立若干有效的组织协调机构，在军事、工业、科技和政界之间实现有效沟通”的要求，2012年起，俄罗斯组建和完善了若干军民统筹协调机构。一是赋予俄军事工业委员会协调军民两大领域活动的职能。俄政府修改《俄联邦军事工业委员会条例》，赋予该委员会凌驾于政府主管国防工业机构和国防部装备采办管理机构之上的组织协调功能，成为军地双方相关重大决策的协调者和仲裁者。二是俄工业与贸易部组织成立跨部门军民两用高新技术创新与转换中心，负责搜集、保存和共享高新技术创新信息，对完成军民两用科研试验效果进行评估，以减少浪费、提高军民两用高新技术创新与转换的透明度和效率。三是在国家层面成立高级研究基金会，资助并组织高风险全新技术的研发工作，包括创新性军用、特种和军民两用技术的研究，并组织国防工业与民间各种力量进行技术攻关，以期恢复苏联时期引领世界军事技术发展的优势地位。

## 三　国防工业发展趋势

近年来，基于俄国防工业在俄军事转型和落实俄国家武器装备规划中扮演了举足轻重的角色，俄政府采取了一系列措施，加快了国防工业建设发展步伐。随着俄政府不断强化国防工业建设发展力度，俄国防工业将摆脱长期依赖苏联工艺生存的尴尬局面、逐渐缩小与世界先进国家研发军事科技与装备水平的差距，提升国家经济实力和国防实力，以确保 2020 年前俄军基本实现由机械化向信息化转型的战略目标。

### （一）出台国防工业发展战略

2009 年 3 月，根据俄总统和总理的委托，俄工贸部组织政府相关权力机构和部门，共同制定了《2020 年前及未来俄联邦国防工业综合体发展的国家政策基础》。同年 8 月 10 日，俄总统梅德韦杰夫正式签署和批准了该文件。《2020 年前及未来俄联邦国防工业综合体发展的国家政策基础》，是根据《2010 年前及未来俄联邦国防工业发展的政策基础》的实施结果，以及对国家安全外部和内部威胁环境分析而制定的，确立了未来国防工业领域国家政策的目标、原则、优先发展方向和主要任务，以及完成这些任务的三个阶段和采取的主要措施。该文件的核心内容，是以发展国防工业技术创新潜力、科研人才潜力和知识储备潜力为重点，系统和高质量对国防工业体系实施深度的改造，按时完成俄国家武器装备规划。

2014 年 12 月，俄最新颁布实施的《俄联邦军事学说》（第四版）明确了国防工业发展的主要目的：确保国家各领域高技术经济的有效运行，以满足武装力量和其他部队在武器装备方面的需要，保证俄罗斯联邦在国际高技术产品和服务市场中的战略存在。进一步明确了发展国防工业的主要任务：（1）在建立集约式科学生产组织机构的基础上完善国防工业综合体；（2）完善在武器装备研制、生产和维修方面的跨国合作体制；（3）按照国家装备计划的规定，确保俄罗斯在战略和其他武器装备生产领域的技术独立性；（4）完善武器装备全寿命各阶段的物资材料供应体系，其中包括国产配件及电子元器件的供应；（5）明确技术发展重点，以确保未来武器装备及系统的研制和生产；（6）保持国家对战略性国防工业企业的监督；（7）加强创新投资活动，以促进高质量的科技革新和生产技术基础更新；（8）研发和推广能保证未来武器装备研制和现役装备生产及维修的、可以实现技术突破的军用和民用基础技术和关键技术，建立超前的科技储备，以研制出更新型的武器装备；（9）完善国防工业发展的规划计划体系，以提高武装力量和其他部队武器装备的保障效能和国防工业拥有高度的动员准备水平；（10）研制和生产新型系统和武器及军事和特种技术装备，提高军用产品的质量和竞争能力，建立武器、军事和特种技术装备全寿命周期管理体系；（11）完善军品订货制度，完成联邦所赋予的任务并提供相应服务；（12）执行联邦法律规定的对国家国防订货主体进行经济激励的措施；（13）通过实施能有效运行和发展的组织——经济机制，完善国防工业的组织能力；（14）完善国防工业队伍，提升国防工业知识潜力，保障国防工业从业人员的社会福利待遇；（15）保障国防工业生产及技术储备，以便研制和生产出一定数量的、满足性能需求的先进武器、军事和特种技术装备。

《俄联邦军事学说》确立的上述优先发展方向，与其说强调了国防工业大规模研发和生产军品的重要作用，不如说突出了国防工业在俄军事转型中的核心地位。如果没有俄国防工业作为坚强后盾，俄军事转型已取得的组织指挥结构等体系改革的成果将会前功尽弃，俄军事转型规划确立的由机械化向信息化转型目标将会化为泡影。同时，俄军事工业委员会还出台了《2020 年前俄联邦发展国防工业综合体总体规划》《2011—2020 年俄联邦国防工业综合体总体发展规划》以及《2009—2015 年俄联邦恢复战略材料总体发展规划》。

根据俄军事工业委员会决定，俄工贸部正在制定《2016—2025 年俄国家武器装备规划》方案。为确保《2011—2020 年俄国家武器装备规划》有效落实，俄工贸部将制定《2016—2025 年俄联邦国防工业综合体发展》和《2016—2025 年俄联邦战略材料总体规划》。2008—2012 年，俄国防工业共计研制和开发了 450 多种新型工业材料和 500 种新型工业材料生产工艺，以用于 100 多种武器与军事装备的生产。《2016—2025 年俄联邦战略材料总体规划》，将重点解决规划确立的新型武器装备工艺与材料相结合的问题。

### （二）修改和颁布相关法律法规

为确保国防工业有效落实国家武器装备规划，近期，俄修改和颁布了一系列新的法律法规：

第一，修改和颁布俄联邦新的《国家国防订货法》。2012 年 12 月，俄总统普京签署了新修改的《国家国防订货法》。俄新修改的《国家国防订货法》最大的变化在于以下几个方面：一是在国防订货价格的制定上，公开了军品的最高利润和最低利润，增强了价格的公开性和透明度，以利于平衡订货商和供货商之间关系。二是在国防订货价格的选择上，规定了军品的现行价格、意向价格和补偿价格等三种选择价格，有利于化解订货商和供货商之间在军品价格谈判中遇到的矛盾。三是突出强调了“优先选购国产武器装备和有限选购国外武器装备”的国防订货原则，以鼓励和扶持国防工业健康有序地发展。四是在国防订货要求上，对未完成国防订货和缺乏国防订货配置将给予经济处罚，以便更加有效地保证订货商和供货商的权益。基于俄《国家国防订货法》增加的新内容，尤其是价格制订的新内容，俄军事委员会将出台一系列辅助性文件，以确保新法规的有效落实。随着俄新修改的《国家国防订货法》出台，俄国防工业完成2020年前俄国家武器装备规划的效率和质量将会大大提高。

第二，修改和颁布俄联邦新的《军事工业委员会条例》。2012年12月，俄政府总理梅德韦杰夫签署关于修改《军事工业委员会条例》的命令。新的《军事工业委员会条例》最大变化是增加了“当国防部和国防企业在国防订货价格问题上出现纠纷时，俄军事工业委员会不仅拥有调解权，而且拥有最终裁决权”的内容，这不仅扩大了俄军事工业委员会的行政权力，而且杜绝了因价格纠纷导致国防订货无法按期完成的问题。

第三，修改和颁布俄联邦新的《行政违法法典》。为确保2020年前俄国家武器装备规划的完成，俄军事工业委员会于2013年4月1日正式颁布实施新修改的《行政违法法典》。新修改的《行政违法法典》，首次对没有及时完成国家武器装备订货合同签署的政府官员和国防工业负责人做出了经济处罚规定：自然人将被处以3万—5万卢布的罚款，而法人将被处以大约100万卢布的罚款。

第四，修改和颁布新的《俄联邦关于商品、生产和服务价格体系》法律。目前，俄国家杜马已完成对《俄联邦关于商品、生产和服务价格体系》法律修改草案的审批，以取代1994年颁布实施的法律。新修改的《俄联邦关于商品、生产和服务价格体系》法律，增加和完善了军队与国防企业建立长期合作体系的内容，将有利于提高国防工业生产的效率。

第五，修改和审批《俄联邦合同体系法》草案。目前，俄国家杜马正在审批由俄军事工业委员会与俄经济发展部共同制定和提交的《俄联邦合同体系法》草案。该法律已于2014年正式出台，这将有利于2020年前俄国家武器装备规划的落实。

### （三）完善国防工业管理和监督体制

基于俄国家武器装备规划任务艰巨而繁重，俄政府强化了对俄国防工业管理机构的改革，尤其是扩大了军事工业委员会协调和监管的职能和权限，以确保国家武器装备规划的落实。

首先，仿照美国国防高级研究计划局组建俄高级研究基金会。2012年10月，普京签署《俄罗斯联邦高级研究基金会法》，标志着俄仿照美国国防高级研究计划局（DARPA）模式的基金会正式进入组建阶段。根据普京批准的基金会法，俄高级研究基金会俄文简称为ФПИ，英文简称为ARF，其主要任务：一是提出有可能出现的对俄国防和国家安全造成严重威胁的技术理念，分析其出现的原因，并找出解除威胁的途径，避免遭到技术突袭；二是负责高新技术的研究、开发和应用，开拓新的国防科研领域，确定专用和军民两用具有革命性、高风险、高回报的研发方向；三是组织武器装备专用和军民两用高技术的科研探索工作，包括创新的思维、设计和技术解决方案；四是对提出的创新思维及其实现计划进行技术管理和指导，提供理论、实验和智力方面的保障；五是对上述创新思维和计划提供资助，以在基础科学发现和军事应用之间架起一座桥梁；六是根据联邦法律和总统的决定完成其他工作。高级研究基金会资金来源主要是俄联邦投入，同时，可接受其他组织的自愿资助。基金会由基金委托委员会（最高管理机构）、董事会、总经理、审核委员会和科学技术委员会组成。基金委托委员会由15人组成，由总统任命，任期不超过5年。基金会主要从事的科研项目一般为期3年，每年确定一次计划。基金会每年向总统提交一份年度报告。

其次，撤销联邦武器、军事和特种技术装备及物资供应署。当前，隶属国防部的联邦武器、军事和特种技术装备及物资供应署负责俄罗斯所有强力部门的装备研制采购工作。为完善国家对武器装备国防订货领域的管理，进一步提高装备研制采购效率，第613号总统令决定，从2015年1月1日起撤销联邦武器、军事和特种技术装备及物资供应署，并将其装备研制采购管理职能分别交由国防部、内务部、紧急情况部、联邦安全局、对外侦查局等强力部门负责，由各强力部门统一管理各自的装备规划计划与研制采购工作。

再次，对军事技术装备实施监护制度。武器装备采办全寿命周期合同管理制度也应当列入过去一年的最重要事件之一。所谓全寿命周期合同管理制度是指，向军队出售某种特定产品的企业将负责产品从开始生产到最终回收的全部过程，并对该项目进行全程跟踪。这一制度也意味着国防部的定价权等经济功能被取消，但各军种需要确立武器性能指标及供应时间，并及时掌握武器的使用、维护、修理、保存情况。根据军事部门的计划，实际上所有国防工业综合体企业都应当保证在最近2—3年内实施全寿命周期管理制度。

又次，在俄军事工业委员会组建若干机构。其中：一是组建十个方向委员会。包括完成国防订货价格制定和财经贷款政策委员会；发展国防工业综合体干部潜力委员会；舰船制造委员会；飞机制造委员会；陆军、空降兵、海军陆战队和内务部队特种装备体系发展委员会；指挥、通信、侦察、电子对抗和信息对抗委员会；航天活动委员会；特种装备和新材料委员会；与集安组织军事经济（军事技术）合作委员会和医学生物问题委员会。这些方向委员会主席的主要职责是，在国防部与国防工业企业之间，就跨军、兵种武器装备研发和生产等问题进行协调。二是设立价格协调委员会。根据原版《国家国防订货法》规定，俄军事工业委员是政府常设机构，主要担负组织和协调俄联邦政府权力机构实施俄联邦军事技术政策基础、实施俄联邦发展国防工业综合体政策基础；拟定和实施国家军事技术保障构想、规划和任务，以及对其执行情况实施监督；负责研制、生产和销毁武器、军事和特种装备，国家动员准备和规定范围的其他任务。新的《国家国防订货法》增加了军队与国防企业之间价格职能的内容。俄军事工业委员会设立了价格协调委员会。价格协调委员会由俄军事工业委员会第一副主席牵头负责，其组成单位包括俄国防部、财政部、经济发展部、联邦物价局和工贸部。随着俄军事工业委员价格协调委员会的设立，俄国防部与国防工业之间长期存在的价格矛盾问题将会得到妥善解决，将大大有利于武器装备规划和武器装备合同的落实。

最后，在俄军事工业委员会增设国企与私企合作委员会。2012 年 8 月，俄总统普京签署命令，决定在俄军事工业委员会增设国企与私企合作委员会。俄军事工业委员会国企与私企合作委员会由100多名国企与私企代表组成，分为10个方向组。为确保国企与私企合作委员会健康有序地发展，俄政府和国家杜马已经通过了俄联邦《国企与私企合作法》草案。该法律草案将经俄总统批准后正式付诸实施。国企与私企合作委员会的主要职责是协助军事工业委员会对国家权力机构监督国防工业研发和生产的职能实施监督；及时掌握和了解军队对国防工业新产品的需求；对用于实施国家国防订货的经费实施监督；协调和组织私企投资者研发制造武器和特种装备等。

### （四）强化国防工业人才队伍建设

20世纪90年代俄经济萧条和国防订货锐减，俄国防工业呈现出专业技术人才严重短缺的趋势，优秀的设计师和工程师缺口大约为20%，而像旋工、钳工和机床调整工等技术工人缺口大约为40%。对此，解决专业技术人才短缺和后备人才断档问题，已成为俄国防工业刻不容缓的任务。

首先，加强专业人才队伍建设规划的出台和落实。2009年3月，俄军事工业委员会颁布了由俄工贸部制定的《2015年前俄国防工业建立多层继续教育体系战略》和《2008—2010年俄国防工业科研人员、专家和行政管理人员培训计划》。2009年，俄国防工业共有20000多人接受了专业技术培训任务。目前，俄军事工业委员会正在研究和拟订《2013—2020年俄国防工业技术熟练干部的训练和进修计划》。同时，俄军事工业委员会加强了对实施组建职业教育培训体系规划情况的监督。根据俄《2010—2020年前发展俄国防工业综合体总体发展规划》，俄军事工业委员会计划利用7年的时间，对国防企业20万工程技术人员进行回炉培训。2012年，俄国防工业已有1255名工程技术人员和472名工程技术人员，分别在俄国家研究与工程技术中心，以及国外进行深造。2013年，俄国防工业进修人员的数量将增加1倍。根据俄军事工业委员制定的培训计划，俄国防工业参加国内进修人员的数量不少于4500名，参加国外进修人员的数量不少于2000名。

其次，俄将依靠提高其工资待遇和改善社会福利等途径，解决技术人才短缺的问题。近3年来，俄国防工业员工的工资增加了40%。俄计划于 2018 年前，将俄国防工业企业员工的工资再增加 1 倍。

最后，实施激励与保护措施。自 2010 年 1 月起，俄工贸部拟定和出台了年轻专业技术人才物质奖励政策。该政策对完成国家武器装备规划做出突出贡献的年龄小于 35 岁年轻专业技术人才，设立了 2 万卢布的月奖金。2010—2012 年，俄国防工业共有 1000 多名 35 岁以下的年轻专业技术人才获得了此项奖励。最后，招聘海外人才。俄军事工业委员会计划从国外招聘专家和技术工人，向其提供居住证和劳务证，甚至不惜向其提供俄罗斯国籍，以解决专业技术人才短缺的问题。

总之，俄国防工业发展现状与发展水平，对于保障俄国家安全具有重要的战略意义，它在许多方面决定了必须不断更新生产设备和工艺流程，以研发和生产涵盖于航空、航天、导弹、核工业、光学、激光、电子、纳米、爆炸、舰船、电子对抗、信息对抗、通信、医疗器械、高技术能源，以及机器、仪表、运输、通信、能源和医疗保健等重要领域的知识密集型的高新技术产品。此外，俄国防工业在国家对外经济交往中，包括在军品出口和开发知识密集型机器制造设备和工艺中，发挥了重要的意义。因此，不断完善俄国防工业法律法规，将国防工业科技潜力转化为国家经济创新资源，确保国家安全和增强国防实力，提高军品和民品在国际市场的竞争力，将是俄国防工业今后优先发展的方向。

# 参考文献

**中文文献**

1. 张建华：《俄国现代化道路研究》，北京师范大学出版社 2002 年版。
2. 刘祖熙：《改革和革命——俄国现代化研究（1861—1917）》，北京大学出版社 2001 年版。
3. 陶惠芬：《彼得使团和岩仓西方之行的比较》，《世界历史》1986 年第 10 期。
4. 王云龙：《现代化的特殊道路——沙皇俄国最后 60 年社会转型历程解析》，商务印书馆 2004 年版。
5. 《列宁全集》，人民出版社 1990 年版。
6. 左凤荣、沈志华：《俄国现代化的曲折历程》，社会科学文献出版社 2012 年版。
7. [美] 尼古拉·梁赞诺夫斯基等：《俄罗斯史》（第 7 版），杨烨等译，上海人民出版社 2007 年版。
8. 《马克思恩格斯全集》，人民出版社 2003 年版。
9. [波] 卡·瓦利舍夫斯基：《俄国女皇——叶卡捷琳娜二世传》，姜其煌等译，上海译文出版社 1982 年版。
10. [苏联] 波诺马廖夫主编：《苏联史》第四卷（俄文版），苏联科学院历史研究所 1967 年版。
11. [俄] 安·米格拉尼扬：《俄罗斯现代化之路——为何如此曲折》，徐葵等译，新华出版社 2002 年版。
12. 陆南泉等主编：《苏联兴亡史论》（修订版），人民出版社 2004 年版。
13. 樊亢等主编：《外国经济史》第二册，人民出版社 1965 年版。

14. ［苏联］苏联科学院经济研究所编：《苏联社会主义经济史》，复旦大学经济系等译，生活·读书·新知三联书店 1984 年版。
15. 宋则行等主编：《世界经济史》，经济科学出版社 1994 年版。
16. ［苏联］尤里·阿法纳西耶夫编：《别无选择》，王复士等译，辽宁大学出版社 1989 年版。
17. 《斯大林选集》，人民出版社 1979 年版。
18. ［俄］米·谢·戈尔巴乔夫：《对过去与未来的思考》，徐葵等译，新华出版社 2002 年版。
19. 姜长斌主编：《斯大林政治评传》，中共中央党校出版社 1997 年版。
20. 李宗禹等：《斯大林模式研究》，中央编译出版社 1999 年版。
21. ［苏联］罗·亚·麦德维杰夫：《让历史来审判：斯大林主义的起源及后果》上，赵洵等译，人民出版社 1981 年版。
22. ［俄］亚·尼·雅科夫列夫：《一杯苦酒——俄罗斯的布尔什维克主义和改革运动》，徐葵等译，新华出版社 1999 年版。
23. ［苏联］罗伊·A. 麦德维杰夫等：《赫鲁晓夫的执政年代》，邹子婴等译，吉林人民出版社 1981 年版。
24. 《戈尔巴乔夫言论选集》，人民出版社 1987 年版。
25. ［俄］格·阿·阿尔巴托夫：《苏联政治内幕：知情者的见证》，徐葵等译，新华出版社 1998 年版。
26. ［苏联］《真理报》1986 年 2 月 26 日。
27. ［苏联］米·谢·戈尔巴乔夫：《改革与新思维》，苏群译，新华出版社 1987 年版。
28. ［俄］Л. Я. 科萨尔斯等：《俄罗斯：转型时期的经济与社会》，石天等译，经济科学出版社 2000 年版。
29. ［俄］普京：《我们需要新型经济》，载《普京文集（2012—2014）》，世界知识出版社、华东师范大学出版社 2014 年版。
30. 《历年来世界前十大经济体及 GDP 数据一览》，中商情报网，http：//www. askci. com/finance/2015/03/04/15516m5pg. shtml。
31. 《历年世界前十大经济体 GDP 及所占世界经济比重列表（联合国数据）》，维基百科，http：//zh. wikipedia. org/wiki/。
32. 商务部综合司、商务部国际贸易经济合作研究院：《2014 年俄罗斯货物贸易及中俄双边贸易概况》，商务部网站，http：//countryreport. mofcom. gov. cn/record/qikan110209. asp？id＝6996。

33. ［俄］德·阿·梅德韦杰夫：《俄罗斯国家发展问题》，陈玉荣等译，世界知识出版社 2008 年版。

34. ［俄］《普京文集（2002—2008）》，中国社会科学出版社 2008 年版。

35. ［俄］《普京文集（2012—2014）》，世界知识出版社、华东师范大学出版社 2014 年版。

36.《普京：国际货币基金组织无法适应形势需重大改革》，中国新闻网，http：//www. chinanews. com/gj/2013/06－14/4926711. shtml。

37. 郭连成：《俄罗斯与国际和区域性金融机构的合作关系》，《俄罗斯中亚东欧研究》2005 年第 6 期。

38.《俄罗斯联邦内政外交大事记（1990—2004）》，世界知识出版社 2006 年版。

39. ［俄］普京：《政府工作报告》（2012 年），转引自新华社译稿。

40. ［美］尼古拉斯·格沃斯杰夫：《新俄罗斯帝国》，［美国］《国家利益》双月刊网站，转引自新华社信息网。

41. ［美］塞恩·古斯塔夫森：《财富轮转——俄罗斯石油、经济和国家的重塑》，朱玉奔、王青译，石油工业出版社 2014 年版。

42. ［俄］E. T. 盖达尔：《帝国的消亡：当代俄罗斯的教训》，王尊贤译，社会科学文献出版社 2008 年版。

43. 关雪凌、程大发：《全球产业结构调整背景下俄罗斯经济定位的困境》，《国际观察》2005 年第 4 期。

44. 郑凯捷：《分工与产业结构发展——从制造经济到服务经济》，复旦大学，博士学位论文，2006 年。

45. ［美］格鲁伯·G. 赫伯特、A. 沃克·迈克尔：《服务业的增长原因与影响》，上海三联书店 1993 年版。

46.《新帕尔格雷夫大辞典》第二卷（中译本），经济科学出版社 1992 年版。

47. 张培刚：《农业与工业化》，哈佛大学出版社 1949 年版（英文版），华中工学院出版社 1984 年版（中文版）。

48. 张培刚：《发展经济学教程》，经济科学出版社 2001 年版。

49. 丹尼尔·贝尔：《后工业社会的来临——对社会预测的一项探索》，新华出版社 1997 年版。

50. 金碚、张其仔等：《全球产业演进与中国竞争优势》，经济管理出版社 2014 年版。

51. 郭晓琼：《俄罗斯经济增长动力与未来发展道路》，《俄罗斯研究》2014 年第 4 期。

52. ［俄］奥斯特洛夫斯基：《21 世纪初中俄能源合作前景与可能性》，2006 年中俄社会科学论坛上的发言。

53. ［英］朱迪·丽丝：《自然资源：分配、经济学与政策》，蔡运龙等译，商务印书馆 2005 年版。

54. 闫林：《后半桶石油——全球经济战略重组》，化学工业出版社 2007 年版。

55. 米军：《当前俄罗斯银行体系发展战略评析》，《东北亚论坛》2009 年第 1 期。

56. 马骥：《俄罗斯存款保险制度的绩效评价》，《俄罗斯中亚东欧研究》2012 年第 2 期。

57. 程亦军：《俄罗斯人口安全与社会发展》，经济管理出版社 2007 年版。

58. 《联合国报告称今后 50 年中欧洲人口将减少 9600 万》，2004 年 12 月 1 日，http：//tech. tom. com。

59. ［俄］列昂尼德·拉德齐霍夫斯基：《知识地缘政治》，《俄罗斯报》2015 年 10 月 13 日。

60. 俄罗斯新闻社：《专家认为俄政府改善人口状况的措施不力》，2006 年 8 月 14 日，http：//rusnews. cn。

61. 俄罗斯新闻社：《俄实施人口规划预算开支将达到 300 亿卢布/年》，2006 年 5 月 23 日，http：//rusnews. cn。

62. ［美］约瑟夫·熊彼特：《经济发展理论》，何畏、易家详译，商务印书馆 1990 年版。

63. ［美］约瑟夫·熊彼特：《资本主义、社会主义和民主主义》，吴良键译，商务印书馆 1999 年版。

64. 张聪明：《当代中俄国有经济比较研究》，社会科学文献出版社 2012 年版。

65. 李中海：《普京八年：俄罗斯复兴之路（2000—2008）》，经济管理出版社 2008 年版。
66. 陆南泉：《俄罗斯“经济病”症结何在》，《经济观察报》2015 年 4 月 11 日。
67. 董爱波、黄东明：《中俄两国欲以小企业博大发展》，http：//news.xinhuanet.com/2015-04/22/c_1115054499.htm。
68. 勾雅文、袁志丽：《2015 中俄中小企业实业论坛开幕 开启合作新方向》，http：//news.163.com/15/0422/11/ANQ7VE5O00014JB5.html。
69. 李福川：《俄罗斯反垄断政策》，社会科学文献出版社 2010 年版。
70. 匡海波：《美国的国有企业》，http：//blog.sina.com.cn/s/blog_5e544a230100ffwq.html。
71. ［苏联］迈博罗达：《当代资本主义：所有制、管理和权力》，周恒云译，江苏人民出版社 1984 年版。
72. 李俊江、何谟吟：《印度国有企业改革及其绩效》，《河南机电高等专科学校学报》2015 年第 2 期。
73. 金察：《巴西的国有经济及其管理》，《中国改革》1987 年第 1 期。
74. 王泰：《埃及经济发展战略及发展模式的历史考量》，《西亚非洲》2008 年第 5 期。
75. 于吉：《埃及经济的几个主要特征及经济体制改革的发展趋势》，《世界经济》1991 年第 5 期。
76. 赵振英：《略论彼得一世的经济政策》，《辽宁师范大学学报》（社会科学版）1987 年第 4 期。
77. 左凤荣、沈志华：《俄罗斯现代化的曲折历程》（上），社会科学文献出版社 2012 年版。
78.《斯大林全集》，人民出版社 1953—1956 年版。
79. 倪明：《国有经济战略性调整与改组研究》，吉林大学国有经济研究中心网站，http：//ccpser.jlu.edu.cn/newtwo/hotsee.php？id=124。
80. 天则经济研究所：《国有企业的性质、表现与改革》，http：//www.aisixiang.com/data/40395.html。
81. 韦森：《探寻人类社会经济增长的内在机理与未来道路——评林毅夫教授的新结构经济学理论框架》，《经济学》2013 年第 3 期。

82. 余永定：《发展经济学的重构——评林毅夫〈新结构经济学〉》，《经济学》2013 年第 3 期。
83. 朱传一、沈佩容主编：《苏联东欧社会保障制度》，华夏出版社 1991 年版。
84. 刁莉、高玉芳：《过渡中的俄罗斯社会保障制度解析》，《经济社会体制比较》2003 年第 4 期，第 102 页。
85. 高际香：《俄罗斯民生制度重构与完善》，社会科学文献出版社 2014 年版。
86. 童伟、伊戈里·戈尔基：《俄罗斯养老保障制度改革：现状、问题及前景》，《俄罗斯东欧中亚研究》2013 年第 1 期。
87. 关博：《俄罗斯医疗保障制度改革的经验与启示》，《沈阳大学学报》2015 年第 1 期。
88. ［美］理查德·莱亚德、约翰·帕克：《俄罗斯重振雄风》，白洁等译，中央编译出版社 1997 年版。
89. 王新宇编译：《俄罗斯贫困人口数量增长近 15%》，2015 年 9 月 11 日，哈尔滨都市信息网，http：//www. hebdsxxw. com/yghl/2015/0911/2811. html。
90. 高际香：《俄罗斯 2020 年前经济社会长期发展战略述评》，载《俄罗斯东欧中亚国家发展报告（2009）》，社会科学文献出版社 2009 年版。
91. 陆南泉：《俄罗斯转型与经济现代化》，《经济观察网》，http：//www. eeo. com. cn/2013/1205/253119. shtml，2013 年 12 月 5 日。
92. 李永庆：《俄罗斯消费市场初探》，《俄罗斯中亚东欧市场》1997 年第 3 期。
93. 郭洪福：《中俄经济社会发展比较研究》，吉林大学，硕士学位论文，2015 年。
94. 陆南泉：《2020 年前俄罗斯经济社会发展的基本政策与前景》，《俄罗斯研究》2008 年第 3 期。
95. 桑召敏：《俄罗斯居民消费分析及对中国企业的启示》，《中俄经贸》2012 年第 8 期。

**俄文文献**

1. Об итогах социально-экономического развития Российской Федерации в 2014 году, http: //economy. gov. ru/minec/activity/sections/macro/.

2. Российский статистический ежегодник (1991—2014 г. ) http: //www. gks. ru/bgd /regl/b14_ 13/IssWWW. exe/Stg/d04/26-04. htm.

3. Национальный доклад, *Стратегические ресурсы России*, информационные политические материалы. Москва, 1996, http: //www. iet. ru.

4. Кимельман. С. , Андрюшин. С. , Проблемы нефтегазовой ориентации экономики России, *Вопросы экономики*, 2006 г. , №4.

5. Министерство промышленности и торговли Российской Федерации, *Развитие промышленности и повышение ее конкурентоспособности*, http: //minpromtorg. gov. ru/.

6. Федеральная служба государственной статистики, Промышленность России (2014), С. 105.

7. Путин В. , *О наших экономических задачах*, http: //putin2012. ru/events.

8. Концепция долгосрочного развития Российской Федерации. http: //www. economy. gov. ru/minec/activity/sections/strategicPlanning/concept/.

9. В. Милов, Проблемы энергетической политики России, http: //www. energypolicy. ru/nep. php, апрель 2005 г.

10. Я. Ш. Паппэ, Российский Крупный бизнес: события и тенденции в 2006 г. , http: //www. forecast. ru, 31 марта 2007г.

11. В. Путин, Вступительное слово на заседании Совета Безопасности по вопросу о роли России в обеспечении международной энергетической безопасности, http: //president. kremlin. ru/, 22 дек. 2005 г.

12. ВТБ: Снижение мировых цен на нефть сильнее всего ударит по “Газпром нефти” и ТНК-ВР, http: //www. Oilkapital. ru, 29. 10. 2008.

13. Peter Stewart, ЮРАЛС укрепляет позиции, Нефтегазовая Вертикаль, №5 2002 г.

14. Виктора Христенко, О развитии ТЭК России, http: //www. min-

prom. gov. ru, 26 октября 2004.

15. Михаил Шалаев, Идем на шельф?, http://www. ngv. ru/articles. aspx? articles_ currentPage = 5&issue = &topic = 1&latestIssue, 12 мая 2005г.

16. Энергетическая стратегия России на период до 2020 года, http://www. government. gov. ru.

17. Ольга Сухова, Кремлевская доля, Госпакет в нефтяной отрасли превысил 34%, http://www. rusenergy. com/pub_ re/a20070719. htm, 19 июля 2007г.

18. Валерий Цветков, Госсобственность и эффективность экономики: особенности национальной модели развития, http://www. cemi. rssi. ru, 10 ноября 2007 г.

19. Дэвид Г. Викто, Надежда М. Виктор, *Нужна ли нам "ось нефти"*?, Россия в глобальной политике, № 2, апрель-июнь 2003.

20. Федор Чайка, Алжир + Россия = ОПЕК?, Известия, 22 января 2007 г.

21. Костантин Симонов, Русская нефть: последний передел, Москва, Алгоритм, 2005 г.

22. В. А. Цветков, Госсобственность и эффективность экономики: особенности национальной модели развития, http://www. cemi. rssi. ru/mei/articles/zve07 – 6. pdf.

23. *Аналитическая служба "Нефтефтегазовой Вертикали"*, ВИНК России: стратегии пятилетки, http://www. ngv. ru/article. aspx? articleID = 24968.

24. В. Милов, Проблемы энергетической политики России, http://www. energypolicy. ru/nep. php, апрель 2005 г.

25. Центр развития, Обзор российкой экономики за 2006 год., http://www. dcenter. ru.

26. Г. Греф, Тезисы выступления на Совете по конкурентоспособности и предпринимательству, http://www. economy. gov. ru, 6. 09. 2006 г.

27. Министерство финансов Российской Федерации, Основные направле-

ния налоговой политики в Российской Федерации на 2008 - 2010гг. , http: //www1. minfin. ru/common/img/uploaded/library/2007/05/taxpol-tend. pdf.

28. К. Р. Белорусец, Перспективы привлечения иностранных инвестиций в топливно-энергетический сектор экономики РФ, Россия и глобальная экономика, № 7, 2007 г.

29. Донской С. Медлить нельзя спешить, Нефть и капитал – 2006 г. №6. с. 138 – 142.

30. Костантин Симонов, Русская нефть: последний передел, Москва, Алгоритм, 2005 г.

31. А. Гранберг: Основы региональной экономики. Издательский дом ГУ ВШЭ. Москва, 2004.

32. А. Малчинова, Доктрина регионального развития Российской Федерации: макет-проект, Центр проблемного ан. и гос. – упр. Проект, М. : Научный эксперт, 2009.

33. Отчет о развитии банковского сектора и банковского надзора в 2014 году, Банк России. , Москва, 2015.

34. Заявление Правительства Российской Федерации и Центрального банка Российской Федерации от 5апреля 2011 г. , О Стратегии развития банковского сектора Российской Федерации на период до 2015 года.

35. http: //www. rusbonds. ru/, http: //www. cbonds. ru/.

36. http: //www. cbonds. ru/.

37. Российская экономика в 2014 году, Тенденции и перспективы, (Вып. 36) Институт экономической политики им. Е. Гайдара. М. Изд-во Ин-та Гайдара. 2015.

38. Окончательные итоги Всероссийской переписи населения 2010 года, http: //www. perepis – 2010. ru/results_ of_ the_ census/results-inform. php.

39. Концепция демографической политики Российской Федерации на период до 2015 года, http: //www. akdi. ru/econom/program/demogr.

HTM.

40. Концепция демографической политики Российской Федерации на период до 2025 года, http: //www. demographia. ru/articles _ N/index. html? idR = 5&idArt = 947.

41. Национальная Иновационная Система России, http: //www. audit-fin. com/fin/2007/3/Chebonarev/Chebonarev% 20. pdf.

42. Инновационная экономика—стратегическое направление развития России в XXI веке, http: //stra. teg. ru/lenta/innovation/515.

43. Развитие иновационной составляющей экономики России: перспективы и роль экономической политики, http: //www. buzdalin. ru/text/innovation_ rus. pdf.

44. Программное заявление ,*Елиной России*, http: //www. ercao. ru/party/.

45. Послание Федеральному Собранию Российской Федерации, http: //archive. kremlin. ru/.

46. Инновационная Россия—2020, http: //datis. pro/upload/aed/Innovative-Russia – 2020. pdf.

47. Анализ состояния национальной инновационной системы России и направления ее развития, http: //sci-article. ru/stat. php? i = analiz_ sostoyaniya_ nacionalnoy_ innovacionnoy_ sistemy_ rossii_ i_ napravleniya_ ee_ razvitiya.

48. Выступление Владимира Путина на расширенном заседании Государственного совета "О стратегии развития России до 2020 года", 8 февраля 2008 года.

49. Обращение В. В. Путина к федеральному собранию РФ, 12 декабря 2012 г.

50. Законодательство РФ по интеллектуальной собственности, http: //elementy. ru/law/intellectual/russian. htm.

51. Федеральный закон от 7 апреля 1999 г. N 70 – ФЗ "О статусе наукограда Российской Федерации".

52. А. А. Агирречу, Историко-географические особенности формирования

наукоградов России，http：//www. dslib. net/.

53. Постановление о создании первой в СССР свободной экономической зоны ，*Находка*，от 24 октября 1990 г.

54. Указ Президента РФ от 4 июня 1992 г. N 548 “О некоторых мерах по развитию свободных экономических зон”（СЭЗ）на территории Российской Федерации”（с изменениями и дополнениями）.

55. Указ Президента РФ от 10. 12. 1992 N 1572 О создании зоны свободной торговли “Шереметьево”.

56. Распоряжение мэра Санкт-Петербурга от 18. 02. 1992 n 191 – р “О создании на территории Санкт-Петербурга свободных торгово-экономических зон и иных субзон”.

57. Россия изымает Крым，http：//www. gazeta. ru/business/2014/05/28/6051733. shtml.

58. Свободный порт Владивосток учрежден в России，http：//ria. ru/economy/20150713/1126417733. html.

59. Федеральное агентство по управлению федеральным имуществом，Отчет о приватизации федерального имущества，http：//www. rosim. ru.

60. Стратегия долгосрочного развития пенсионной системы Российской Федерации，утверждена распоряжением Правительства Российской Федерации от 25 декабря 2012 г. №2524 – р.

61. Россия в цифрах 2000 – 2015гг.，Крт. стат. сб. /Росстат-М.

62. Об итогах работы Министерства труда и социальной защиты Российской Федерации в 2014 году и задачах на 2015 год，http：//www. rosmintrud. ru

63. Разрыв в доходах между богатыми и бедными в России перестал расти，http：//www. business-gazeta. ru/text/12731/.

## 英文文献

1. *OECD. Services*：*Statistics on Value Added and Employment*，Paris：OECD，1996. 1995. 2000.

2. Browning, Singelman, *The Emergence of a Service Society*, Springfield: [s. n.], 1975: 9.

3. OECD, How to Sustain Growth in a Resource Based Economy? The Main Concepts and Their Applicantion to The Russian Case, http: //www. oecd. org, Feb. , 09, 2006.

4. http: //www. stat. org OECD, http: //www. econ. worldbank. org.

5. Russia's National System of Innovation: Strengths and Weaknesses. Studying the Business Sector of Russia's NSI, http: //www. globelicsacademy. net/.

6. Anders Aslund, Russia after the global economic crisis, Washington, 2010.

7. WEF Global Competition Report 2006.

8. Gaidar Institute for Economic Policy, *Russian Economy in* 2013 *Trends and Outlooks* (*ISSUE* 35), Gaidar Institute Publishers Moscow /2013.

9. IMF Country Report No. 14/134/RUSSIAN FEDERATION FISCAL TRANSPARENCY EVALUATION May 2014/By Richard Hughes, Tom Josephs, Viera Karolova, Vladimir Krivenkov, and Gösta Ljungman.